ARENA MRV

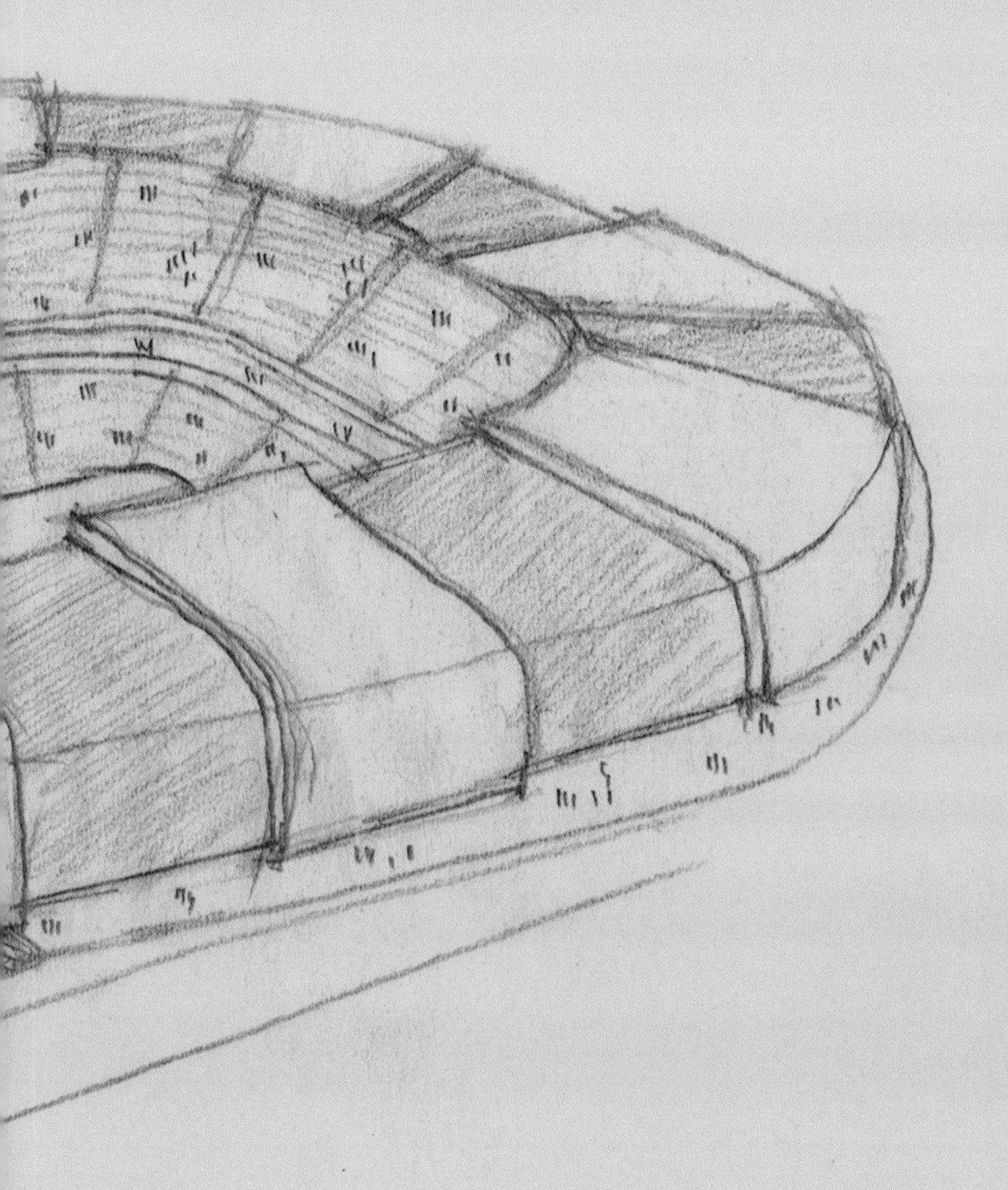

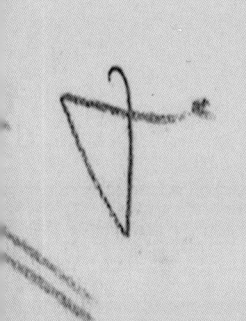

ARENA MRV

A CASA DO ATLÉTICO

Copyright©

Rivelle Nunes e Caio Ducca 2024

Todos os direitos reservados.
Proibida a reprodução, o armazenamento ou a transmissão
de partes desta obra, por quaisquer meios, sem prévia autorização por escrito.

Texto revisado segundo o Novo Acordo Ortográfico da Língua Portuguesa.

Direitos exclusivos desta edição reservados à EDITORA ONZE CULTURAL

Publisher	Marco Piovan
Autores	Rivelle Nunes e Caio Ducca
Consultor de comunicação	Emmerson Maurílio
Projeto gráfico e edição de arte	Dalton Flemming
Capa e diagramação	Newton Cesar
Imagens	Agência I7, Pedro Souza e Bruno Sousa, Arthur William, Daniela Veiga, Pedro Click, Luis A. Florit, Museu Histórico Abílio Barreto e Agência Galo
Pesquisa	Luísa Almeida de Paula
Entrevistas	Enrico Bruno Souza
Organização	João Piovan
Comercial	Iracema Vieira
Revisão	Simone Venske e César dos Reis
Assessoria de imprensa	Futpress
Plataforma de financiamento coletivo	Kickante
Pré-impressão, impressão e acabamento	Gráfica Maistype

Dados Internacionais de Catalogação na Publicação (CIP)
(Câmara Brasileira do Livro, SP, Brasil)

Nunes, Rivelle
  Arena MRV : a casa do Atlético / Rivelle Nunes, Caio Ducca. -- São Paulo : Onze Cultural, 2023.

  ISBN 978-65-86818-18-5

  1. Clube Atlético Mineiro 2. Clube Atlético Mineiro - História 3. Futebol - Brasil - História I. Ducca, Caio. II. Título.

  24-214909   CDD-796.334098151

Índice para catálogo sistemático:
1. Clube Atlético Mineiro : Futebol : História
796.334098151
Tábata Alves da Silva- Bibliotecária- CRB-8/9253

Impresso no Brasil

www.onzecultural.com.br
@11cultural

ARENA MRV

A CASA DO ATLÉTICO

Rivelle Nunes e Caio Ducca

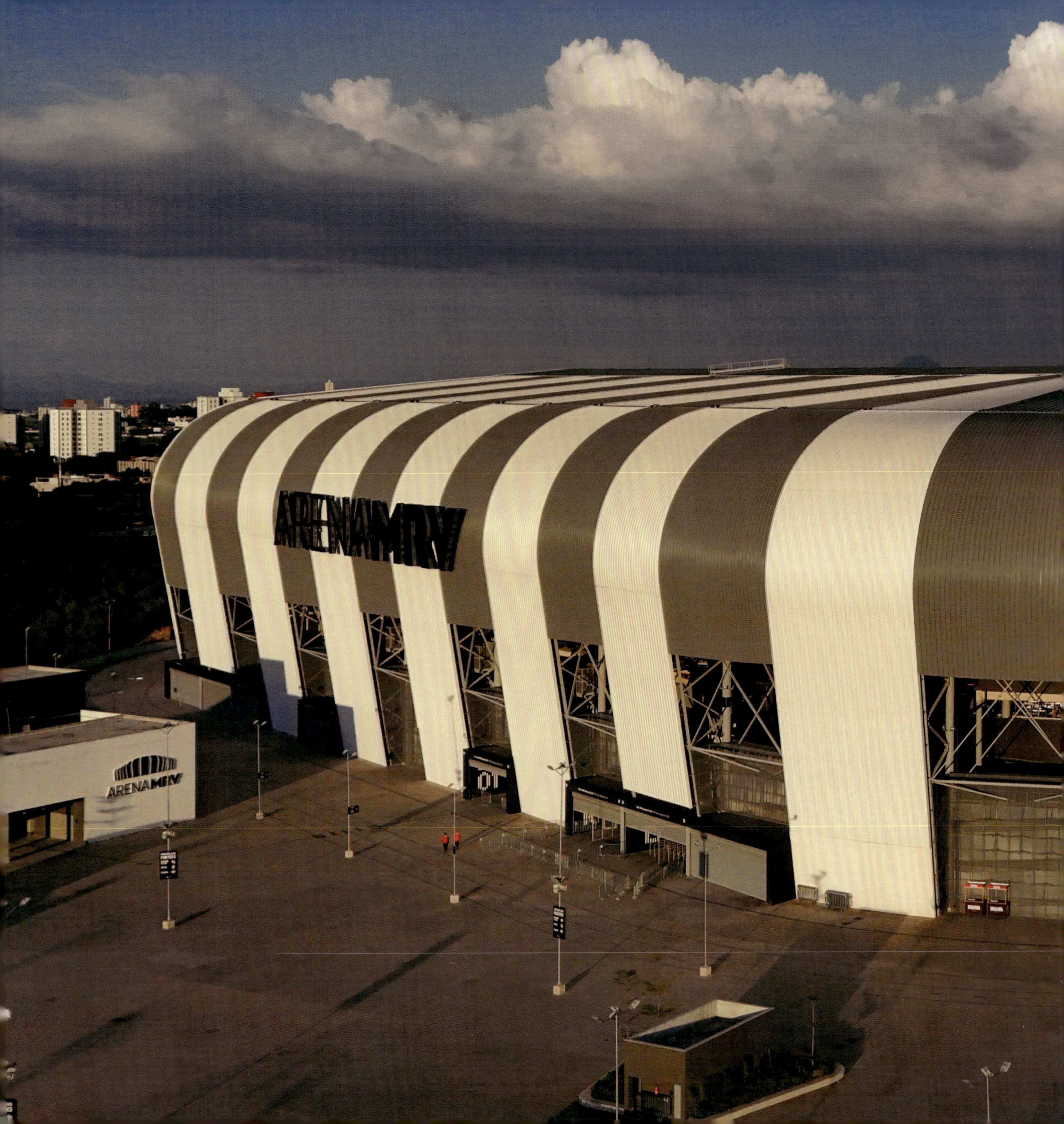

ARENA MRV
ARENA MRV

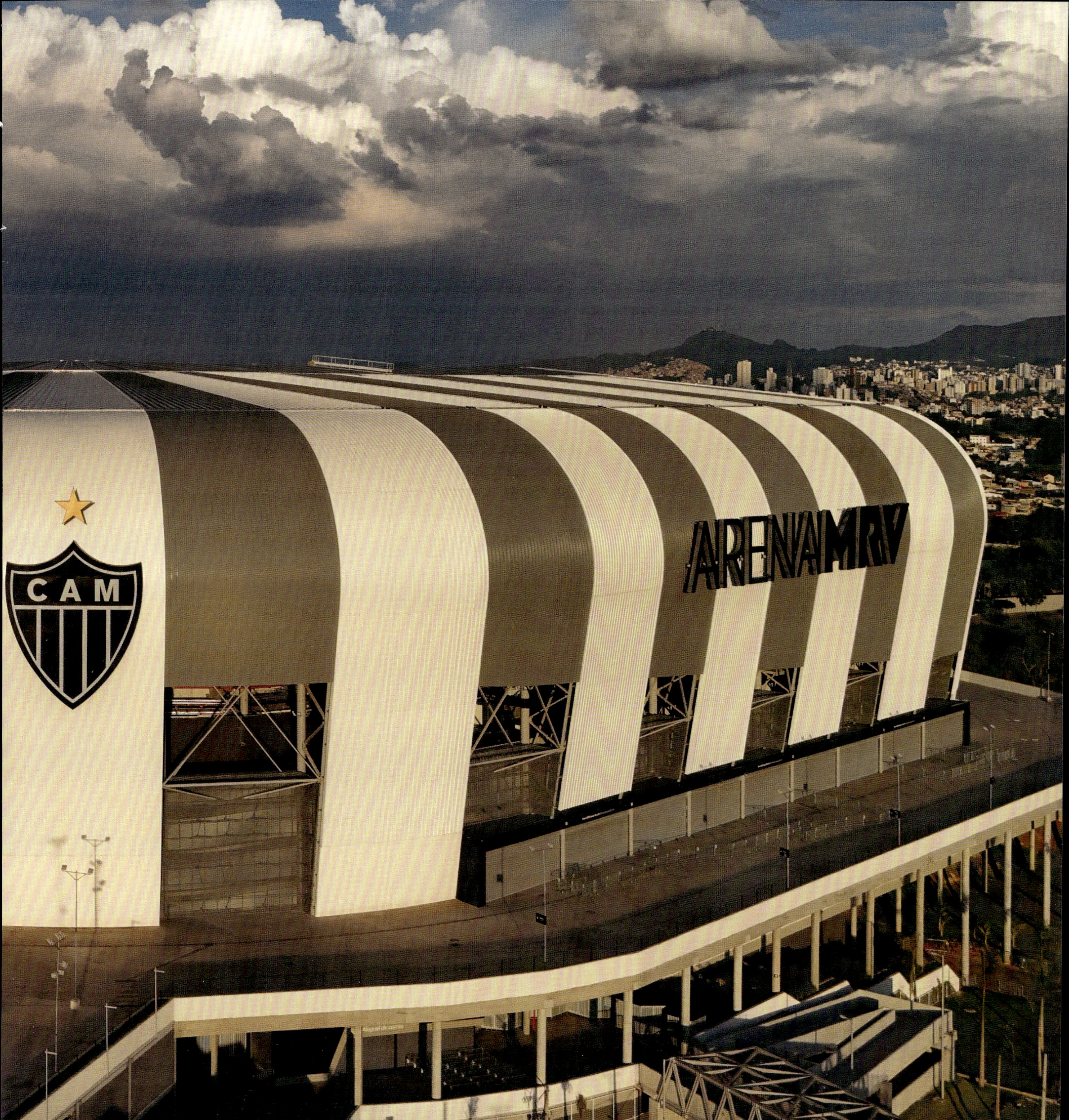
CAM
ARENA MRV

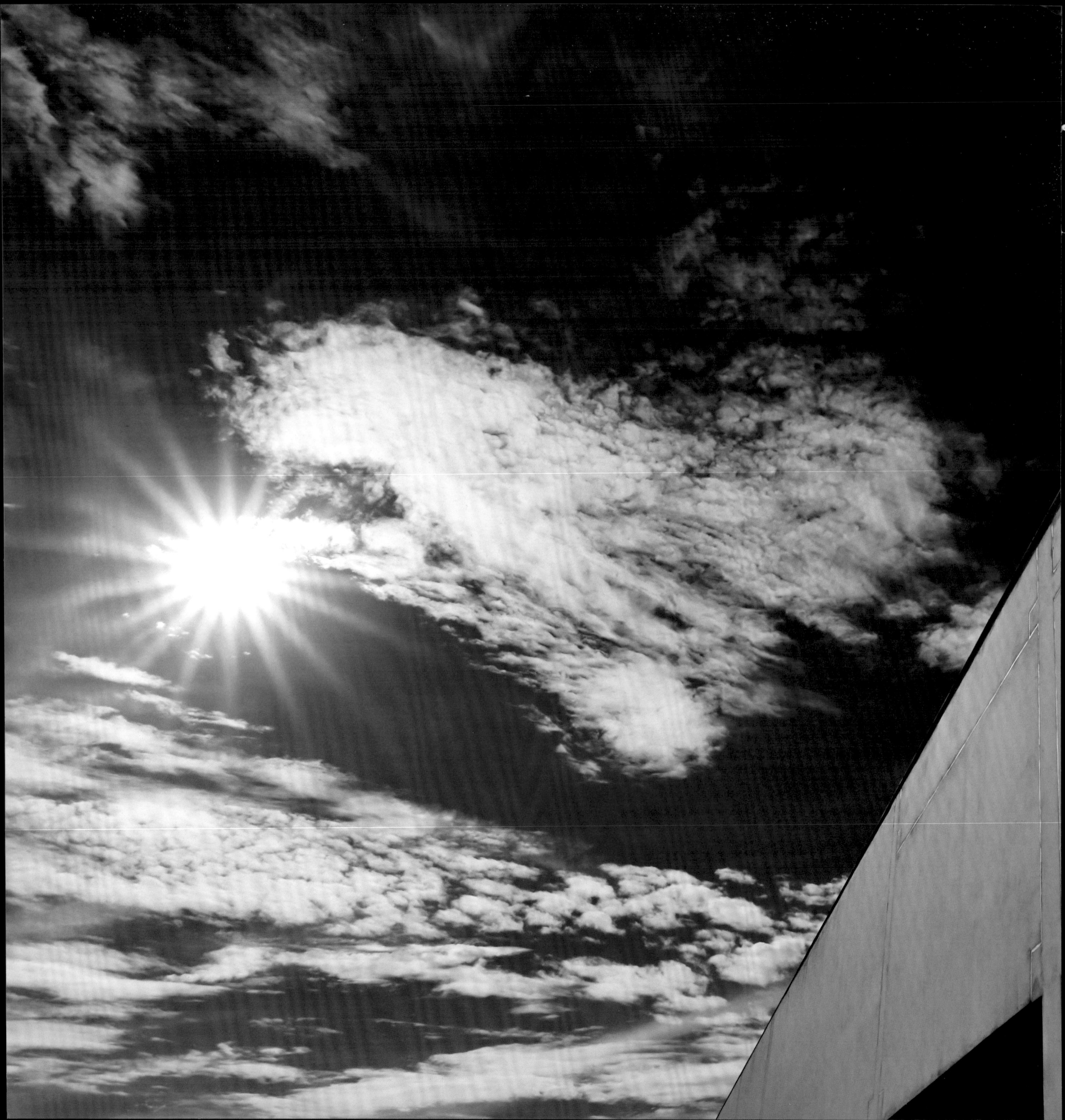

LIBRARY ARENA

Uma realidade chamada Arena MRV

■ **Sérgio Coelho, presidente do Atlético**

A Arena MRV marca o início de uma nova era para o Galo! É um empreendimento monumental e de enorme representatividade para os cenários esportivo e cultural da nossa cidade, uma obra que precisava ter a sua história contada em um livro à altura de sua magnitude.

A Arena MRV é motivo de orgulho não apenas para os Atleticanos, mas para todos os mineiros e brasileiros. Vê-la de pé é a realização de um sonho, que começou com os 4 Rs e se expandiu para toda a Massa Atleticana.

A melhor torcida merece a melhor arena, e a Arena MRV é a mais moderna, tecnológica, inclusiva e sustentável da América Latina.

Com a Arena MRV, melhor espaço do Brasil para shows e eventos, temos certeza de que Belo Horizonte será inserida, de uma vez por todas, no calendário dos grandes artistas e espetáculos que vierem ao Brasil.

Mas quem pensa que foi fácil está redondamente enganado. No começo de tudo, quando a Arena MRV era apenas um projeto, muitas pessoas não acreditaram que ela seria erguida.

A luta foi grande e exigiu que superássemos inúmeros obstáculos, mas valeu muito a pena. Hoje, a Arena MRV está aí, majestosa e imponente, um verdadeiro cartão postal de Belo Horizonte e um grande presente para a torcida do Galo.

Pouquíssimos clubes têm o privilégio de ter uma casa tão moderna como o Atlético tem agora. Por isso, temos que agradecer muito aos 4 Rs pelo empenho que tiveram para que esse projeto tão ousado se tornasse realidade.

Além do ganho financeiro que a Arena MRV proporciona ao Clube, que é incomparável em relação aos outros estádios de Minas Gerais, temos a certeza de que ela será palco de jornadas memoráveis, vitórias inesquecíveis e grandes conquistas do nosso Galo.

Fiquem em paz.

Fiquem com Deus.

Aqui é Galo!

Torcer pelo Atlético é algo inexplicável

■ Rubens Menin, sócio majoritário da Galo Holding

Aqueles que nunca tiveram a oportunidade de vibrar com a Massa fazendo a festa por todos os locais onde o nosso Galo jogou, não podem ser totalmente felizes.

O Atlético é um suspiro de vida!

Tive a oportunidade de assistir a partidas de futebol em inúmeros estádios, cidades e países, e posso afirmar sem medo de errar que eu nunca vi nada que se compare com a torcida do Atlético.

Essa torcida que sempre esteve ao lado do time, nunca o abandonou nem mesmo quando a fase não era boa, a bola não entrava ou quando parecia que o clube não sobreviveria.

E ele só sobreviveu, inúmeras vezes, por causa da sua gente, que sempre estendeu a mão quando parecia que ele ficaria no chão.

Hoje os tempos são outros e o Atlético está no local que o clube merece.

Sempre sonhei em ver o Atlético cada dia maior, mais forte e brigando de igual para igual com clubes do mundo todo. Para isso, era preciso ter uma casa.

Esse passo em direção ao futuro começou como um sonho, que virou uma ideia e se transformou em um projeto. Com muita luta, suor, paciência e apoio de atleticanos abnegados, o que era apenas um sonho transformou-se em uma casa moderna, imponente, bonita e à altura da gloriosa história do Clube Atlético Mineiro.

A Arena MRV está viva, pulsante e pronta para que, daquele gramado, o glorioso Galo colha os frutos que essa torcida merece.

Vamos comemorar, Atleticanos! Nós temos uma casa que podemos ter o orgulho de chamar de nossa!

Viva o Galo, viva a Arena MRV!

O Galo tem um lar para chamar de seu

■ Rafael Menin, CEO da MRV&CO e acionista da Galo Holding

Eu viajei para acompanhar obras durante grande parte da minha vida profissional. Ver paredes subindo representava, para mim, muito mais do que aço, tijolos e massa.

Ali, na Arena MRV, sempre tive a certeza de que estava sendo erguido um lar recheado de esperança e que, em breve, receberia uma família. Todos os dias em que eu tive a oportunidade de visitar aquele imenso terreno, transformado em um gigante canteiro de obras, a sensação era a mesma.

Eu imaginava o dia em que poderia presenciar a torcida do Atlético finalmente recebendo o seu estádio. O Galo sempre mereceu ter a sua casa própria!

É verdade que não foi uma tarefa fácil. Foram inúmeros obstáculos e, assim como um campeonato por pontos corridos, vencidos um a um. Como esquecer que, em meio às discussões sobre licenciamentos, adaptações de projetos e início efetivo da obra, enfrentamos uma pandemia que mudou o mundo? Esse foi, talvez, o maior desafio vencido por cada atleticano que, de alguma forma, deu a sua contribuição.

Finalmente, em agosto de 2023, o Clube Atlético Mineiro voltou a disputar uma partida de futebol na sua verdadeira casa depois de décadas. É certo que empecilhos burocráticos e políticos também apareceram, mas esses ficaram no passado.

E reverenciamos os atleticanos que acompanharam o projeto desde o início e sonharam em ver a Arena MRV erguida, mas não tiveram a oportunidade de conhecê-la, vencidos que foram pela Covid-19. Essa casa é de cada um deles também!

Com um trabalho sério, o Atlético está há alguns anos mudando de patamar, com o objetivo de voos cada vez mais altos, e só não percebe quem realmente não quer. A Arena MRV é a materialização desse planejamento que levará o clube às glórias que o atleticano merece.

O Atlético, desde 2023, tem a mais moderna arena da América Latina, com os mais altos níveis de excelência e qualidade, comparáveis às arenas europeias. Há cerca de 10 anos, esse sonho teve início na Cidade do Porto. Hoje, é logo ali, no bairro Califórnia, na região noroeste de Belo Horizonte, que se ergueu o maior orgulho em concreto da Massa Atleticana, a Arena MRV!

Um futuro concreto para o Galo

■ Ricardo Annes Guimarães, presidente do Conselho Deliberativo do Atlético

O sonho da casa própria chegou ao nosso Galo! A Arena MRV foi inaugurada em agosto de 2023 com imensa emoção, após anos de batalha, suor e esforço para que um futuro ainda mais grandioso fosse pavimentado para o Clube Atlético Mineiro.

Ao ver aquela estrutura grandiosa que abriga 46 mil atleticanos, é impossível não fazer uma pequena viagem ao passado. Em dezembro de 2013, os chamados 4 Rs estavam em visita ao FC Porto, de Portugal. O Estádio do Dragão, inaugurado para a Eurocopa de 2004, pode ser considerada a inspiração para esse sonho ousado, que mais parecia um devaneio de nós quatro.

Destaco que o desejo de ter um estádio próprio se tornou uma ideia fixa no visionário Rubens Menin. O Porto é um clube fora da capital do seu país, mas uma potência de sucesso nacional e continental. E o Estádio do Dragão é uma pedra fundamental nessa história. O Galo precisava seguir o mesmo caminho.

Não foi fácil, sem dúvida. Lembro-me do trabalho realizado nos bastidores para convencer o Conselho Deliberativo, em 2017, de que a melhor escolha seria aceitar a alienação de metade do Shopping Diamond Mall para o financiamento da obra.

Claro, o que foi projetado naquela época precisou ser adaptado a uma realidade muito desafiadora do ponto de vista econômico. Mas a Arena MRV, a nossa casa, quando inaugurada, estava atrás de oito estádios (re)construídos para a Copa do Mundo de 2014, em termos de preço final da obra.

A Arena MRV é o símbolo da grandeza histórica do Atlético, mas, também, será o condutor de novas conquistas e alegrias para a Massa. Uma casa que nos enche de orgulho e que coloca não só o Clube, mas toda Belo Horizonte em evidência mundial. É o local onde todo atleticano infla seu sentimento de pertencimento, com a certeza de que temos nosso próprio terreiro para soltar o grito de "Galoooooooooo!"

O sonho que sonhamos juntos

■ Renato Salvador, vice-presidente do Conselho Deliberativo do Atlético

Em dezembro de 2013, encontrávamo-nos no Porto, a cerca de 300 km de Lisboa, para uma visita ao Estádio do Dragão – F.C. Porto.

No centro do gramado, admirando o belo estádio, um pensamento era comum: a ideia de uma casa própria era para valer ou apenas um sonho, uma espécie de consolo em meio à frustração pela final do Mundial da FIFA, contra o F.C. Bayern, que não veio?

A resposta foi dada em 27 de agosto de 2023, quase dez anos depois, quando o Atlético venceu o Santos por 2 a 0, na primeira partida oficial da Arena MRV. Naquele dia eu, Ricardo Guimarães, Rubens e Rafael Menin revisitamos Portugal.

Essa batalha tem muitos heróis: a Família Menin, sem dúvida, e tantos outros, muitos deles anônimos, mas não menos importantes e valentes. Vencemos ao lado da Massa, a razão de ser do Galo e de tudo o que fizemos e faremos, agora como SAF, pela nossa paixão maior.

Vencemos barreiras técnicas, construtivas, burocráticas e regulatórias. Vencemos pandemia, inflação, juros, má vontade e muita torcida contra. Vencemos dúvidas, medo, ansiedade e erros porque esse era o nosso ideal.

A Arena MRV não representa apenas o início de uma nova era esportiva para o Atlético, mas a entrada – em grande estilo – no mercado internacional de entretenimento, trazendo, além de receita, reconhecimento e reforço de marca em nível global. A arena mais inclusiva, moderna e tecnológica da América do Sul não é apenas orgulho para Atleticanos, mas para Belo Horizonte e todos os mineiros.

Na cerimônia de inauguração da Arena, eu citei trecho da canção "Prelúdio", de Raul Seixas, que meu pai adora: "Sonho que se sonha só, é só um sonho que se sonha só. Mas sonho que se sonha junto é realidade".

O projeto das nossas vidas

■ Bruno Muzzi, CEO do Atlético

Como um atleticano que cresceu na Pampulha, o programa dos domingos era ir a pé acompanhar o Galo no Mineirão. Por essa proximidade, sempre tive noção da grandeza que é o Atlético.

Porém, quando fui convidado pelo Rubens Menin para assumir o projeto da Arena MRV, em 2018, eu não imaginava que estava entrando no projeto da minha vida, responsável por transformar a minha rotina.

Por mais que eu conhecesse a torcida do Atlético, admirando-a nos espetáculos que produzia nos estádios, ter um contato tão próximo com a Massa a cada reunião sobre o projeto, diariamente na obra da Arena MRV e quando entregamos finalmente o estádio, fez com que o meu respeito por essa imensidão que sempre carregou o clube crescesse ainda mais.

Eu vi torcedor bater palmas para uma retroescavadeira, vibrar com uma viga sendo içada, chorar ao ver caminhões andando de um lado para o outro carregando toneladas de terra em um terreno. Assim é o Atleticano, aquele que torce não só contra o vento, mas também contra todas as dificuldades.

Dificuldades que foram inúmeras. Ao vencer um obstáculo, surgia outro maior para desafiar a capacidade de cada um dos responsáveis pelo projeto. Vencemos todos, com perseverança, cautela, inteligência, mas, principalmente, com diálogo, algo de que nunca abri mão.

Com a Arena MRV entregue, é impossível não agradecer a cada operário. Muitos deles deixaram suas famílias em cidades e estados distantes para ajudar, com muito suor, a erguer o sonho do atleticano e que agora transforma a vida do Galo!

Logo após o início das obras, em 2020, um estudo do Sindicato da Indústria da Construção Civil no Estado de Minas Gerais (Sinduscon-MG) apontou que, mesmo em época de pandemia, o projeto da Arena MRV geraria cerca de 13 mil empregos diretos e indiretos, estimulando a economia do estado. Somente no canteiro, foram mais de cinco mil homens e mulheres que passaram por uma obra tão grandiosa.

Arrisco a dizer que a Arena MRV está entre as maiores obras da história de Belo Horizonte. O que mais me orgulha é que subimos um estádio sem um acidente de trabalho que gerasse afastamento com gravidade ou morte, mesmo com todo perigo que ronda um projeto dessa magnitude.

A Arena MRV, que um dia foi um sonho, hoje se tornou uma belíssima realidade! Como sempre dissemos, a casa do Galo não foi feita apenas de aço e concreto, mas também de raça, suor e coração!

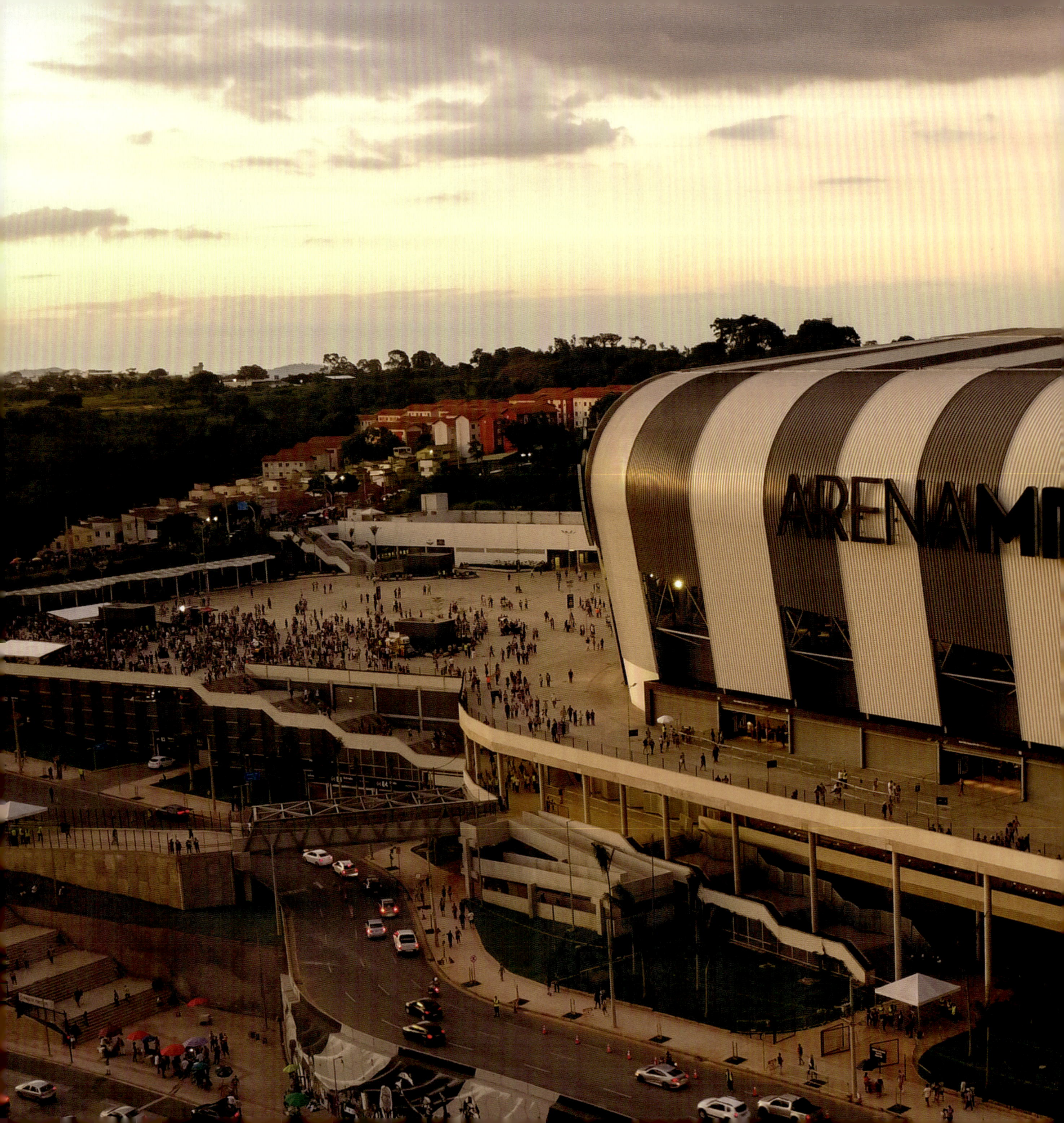
ARENA MR

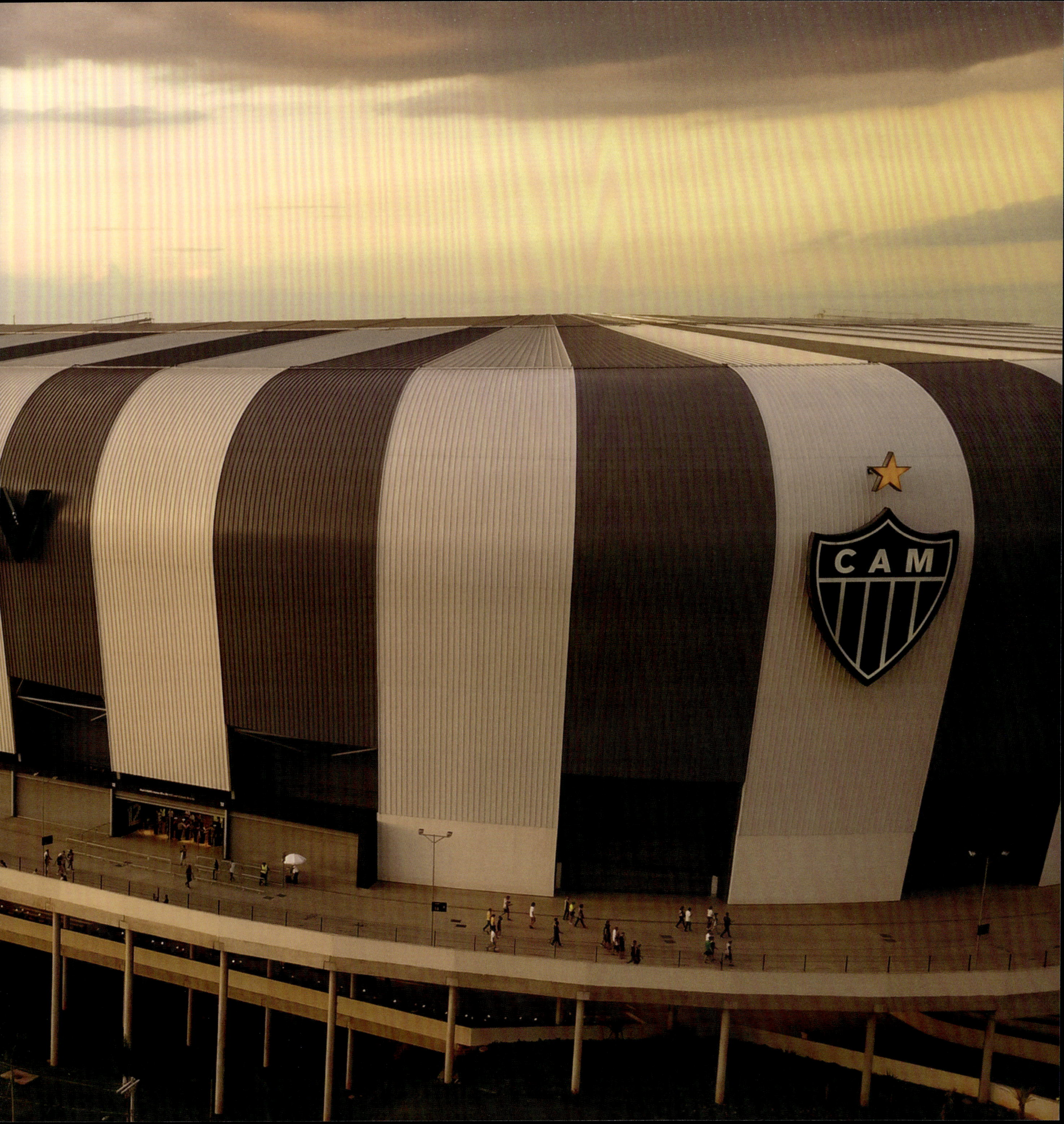
CAM

Carta do autor

■ **Rivelle Nunes**

A primeira vez que li algo sobre o projeto da Arena MRV foi em 2016, em uma matéria do portal *O Tempo*. No texto, a revelação de um dos projetos protocolados na Prefeitura de Belo Horizonte sobre o que viria a ser o Estádio do Galo. Não dei muita importância, pois imaginava ser somente mais um dos diversos projetos que surgiram de estádios em Belo Horizonte, ora para um clube, ora para outro. Eu estava completamente enganado.

Quando aconteceu a reunião do Conselho Deliberativo do Galo, em setembro de 2017, para venda de metade do Shopping Diamond Mall, não tive dúvidas de que o sonho de alguns empresários poderia, realmente, vir a ser uma linda realidade para a Massa!

O tempo passou e fiz de tudo, inclusive enviar mensagens no LinkedIn do CEO da Arena MRV para fazer parte daquele projeto. Comecei a consumir tudo que surgia na imprensa sobre o projeto e quis o destino que, apenas alguns dias após a liberação do alvará para construção, em setembro de 2020, eu entrasse, pela primeira vez, no então canteiro de obras.

Era o emprego da minha vida e, daquele dia em diante, vivi cada momento da obra. Sentei-me nos primeiros degraus de arquibancadas, participei de visitas emocionantes, editei e produzi centenas de vídeos, escrevi inúmeros textos, ajudei na criação de ações que marcariam cada detalhe da construção do Estádio do Galo! Era um Atleticano privilegiado por acompanhar, desde dentro, o sonho de nove milhões de torcedores como eu.

Quando eu recebi o convite para colocar em um livro a história da Arena MRV, o Galo vivia um ano mágico! Era reta final do Brasileiro de 2021 e a expectativa pelo título já falava mais alto do que a dúvida. Quis o destino (olha ele aí de novo), que eu visse o Galo ser campeão brasileiro no canteiro de obras da Arena MRV! Aquela noite mágica na Fonte Nova fez a festa também no bairro Califórnia.

Nessa obra, além da pesquisa, está aquilo que vi e vivi. Não poderia deixar de lado histórias de torcedores que, de alguma forma, estão ligadas à construção ou de operários, funcionários e idealizadores que ajudaram a erguer a nossa casa. Nessas páginas, entre tantos outros, estão o

Felipe, o Wagner, o Wanderlei, o Rubens, o Marcos, o Rafael, a Jéssica, o Bruno, o Rubélio, o Thiago.

Com o passar dos anos, outros livros sobre a Arena MRV surgirão. Essa é apenas a minha contribuição sobre o que foi o projeto de uma década e que virou uma bela realidade. Que seja um documento histórico, uma fonte de consulta para aqueles que, no futuro, interessarem-se por escrever algo sobre o Estádio do Galo.

Este livro é dedicado à Beatriz e à Luiza (as duas "músicas de Chico Buarque" que tenho em minha vida), aos meus pais, a cada um dos mais de cinco mil homens e mulheres que ajudaram a colocar a Arena MRV de pé e aos Atleticanos, vítimas da pandemia, que não puderam ver esse sonho ser concretizado.

"Atleticano e jornalista, necessariamente nesta ordem. Quando ingressou no projeto da Arena MRV, Rivelle começou a realizar o sonho de uma vida inteira."

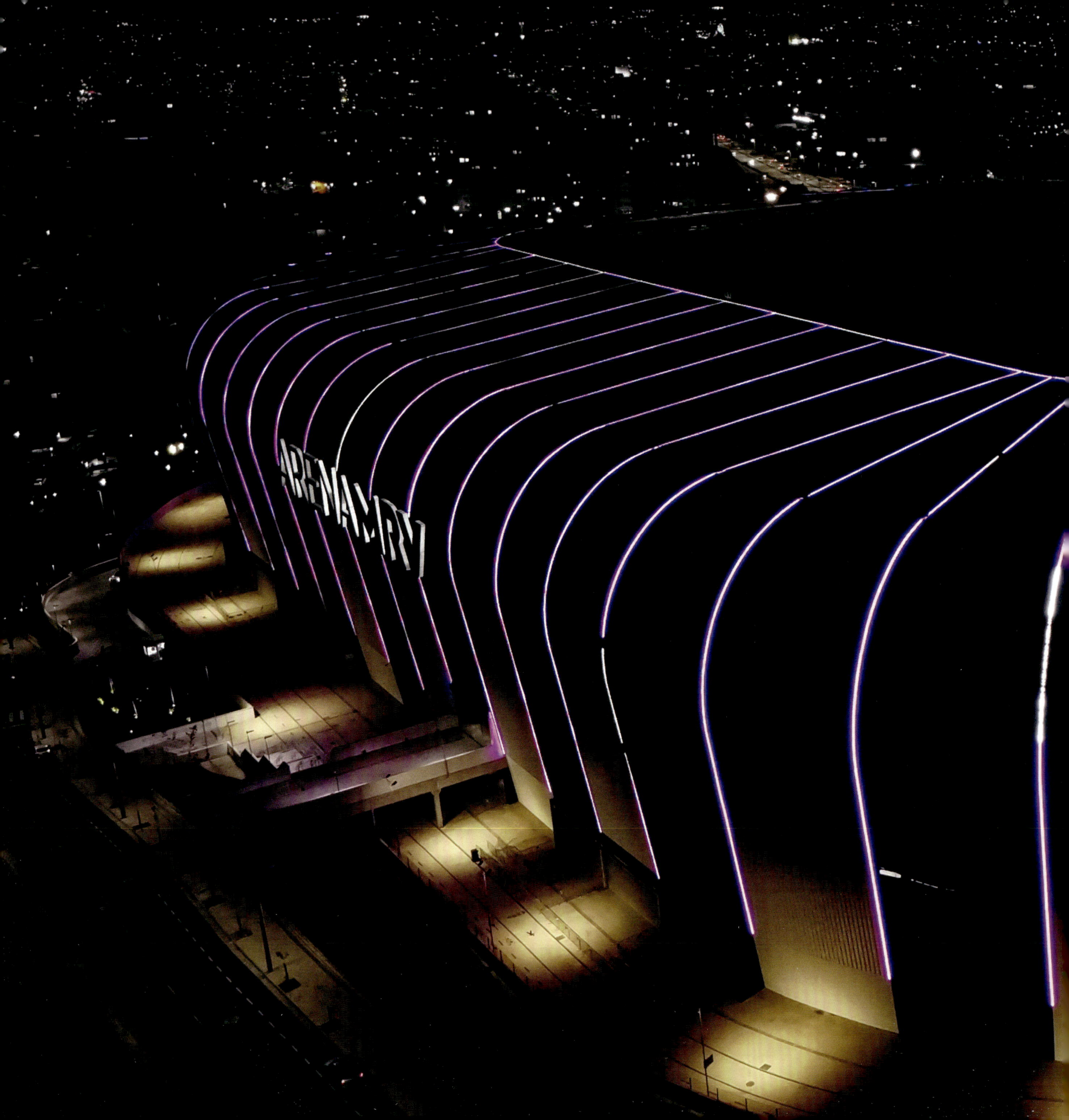
ARENA MRV

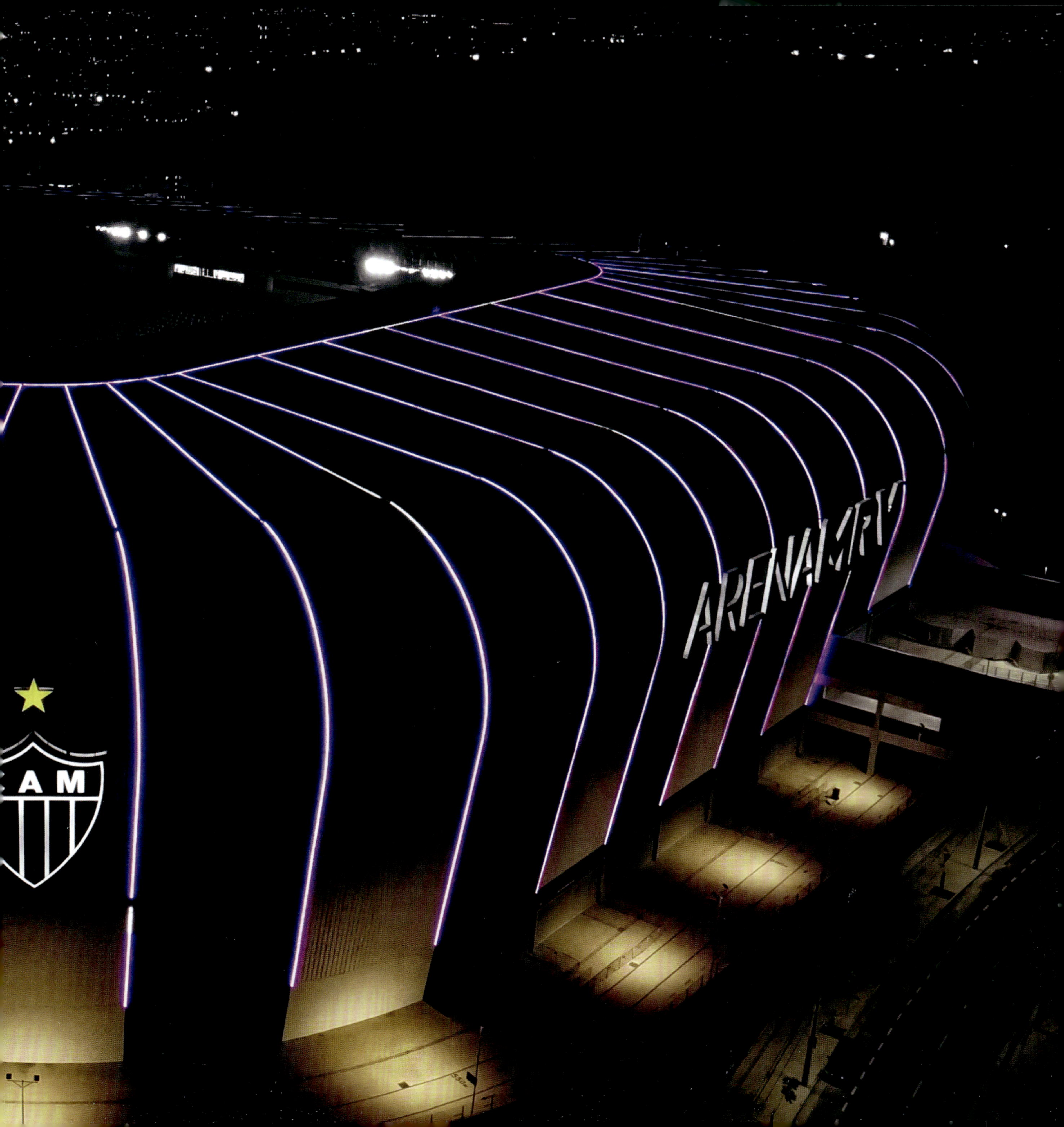
ARENAMRV

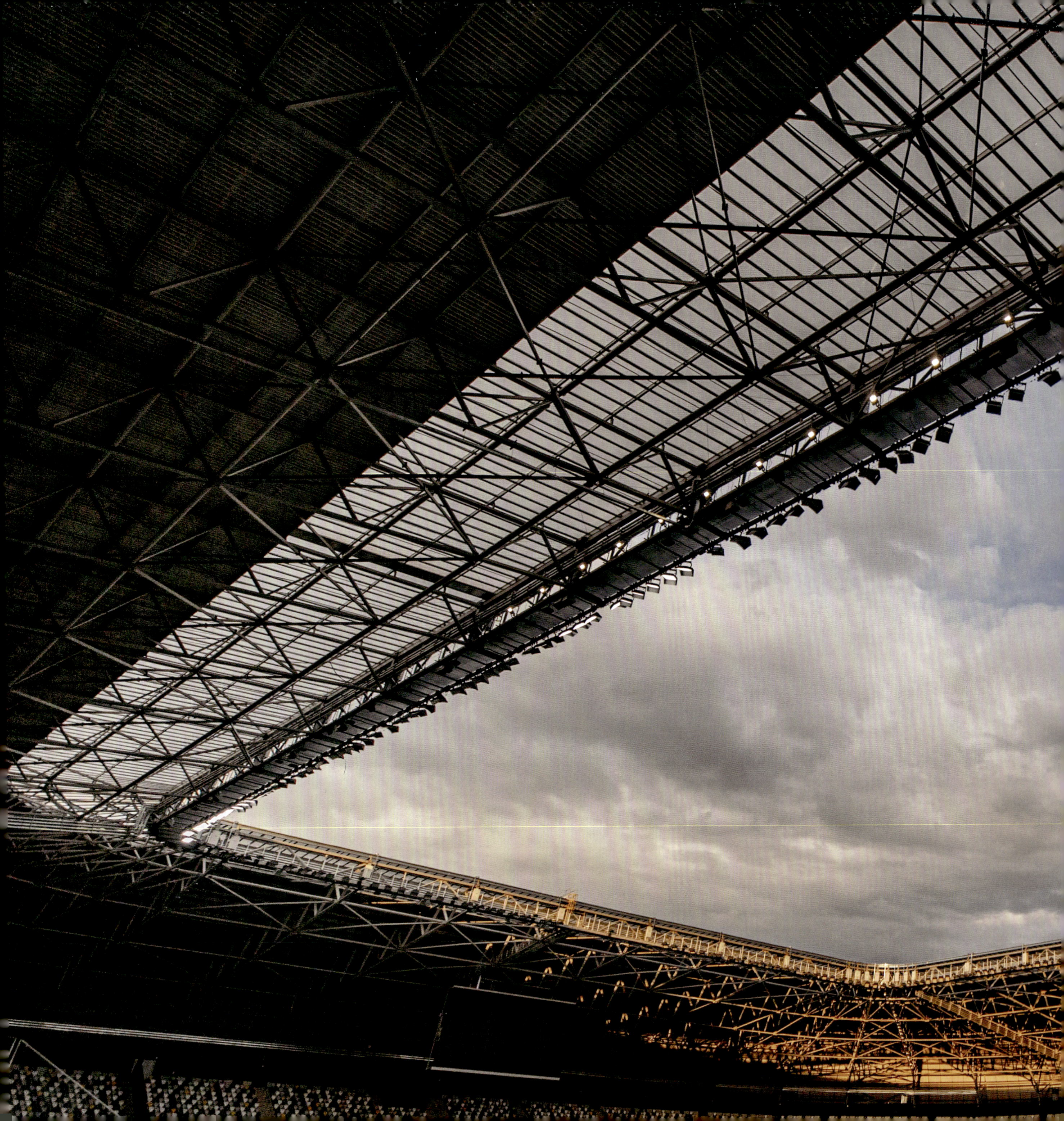

A paixão pelo futebol é capaz de construir histórias incríveis. Essa construção não edifica apenas a arena do time do coração, ela também fortalece a vida de cada torcedor.

No caso deste livro sobre a Arena MRV, a construção não se deu por meio de tijolos, ferragens e concreto, ela se deu com palavras e tinta impressa. E isso só foi possível graças ao apoio de patrocinadores sensíveis que, tal como o Atlético, entendem a importância de eternizar essa história.

A Onze Cultural e o Clube Atlético Mineiro agradecem.

PATROCINADORES

reta | Racional | Multimarcas Consórcios | ArcelorMittal | nexa | Cisco Partner

reta
ENGENHARIA

O melhor caminho entre a **idealização** e a **realização** de um
GRANDE SONHO

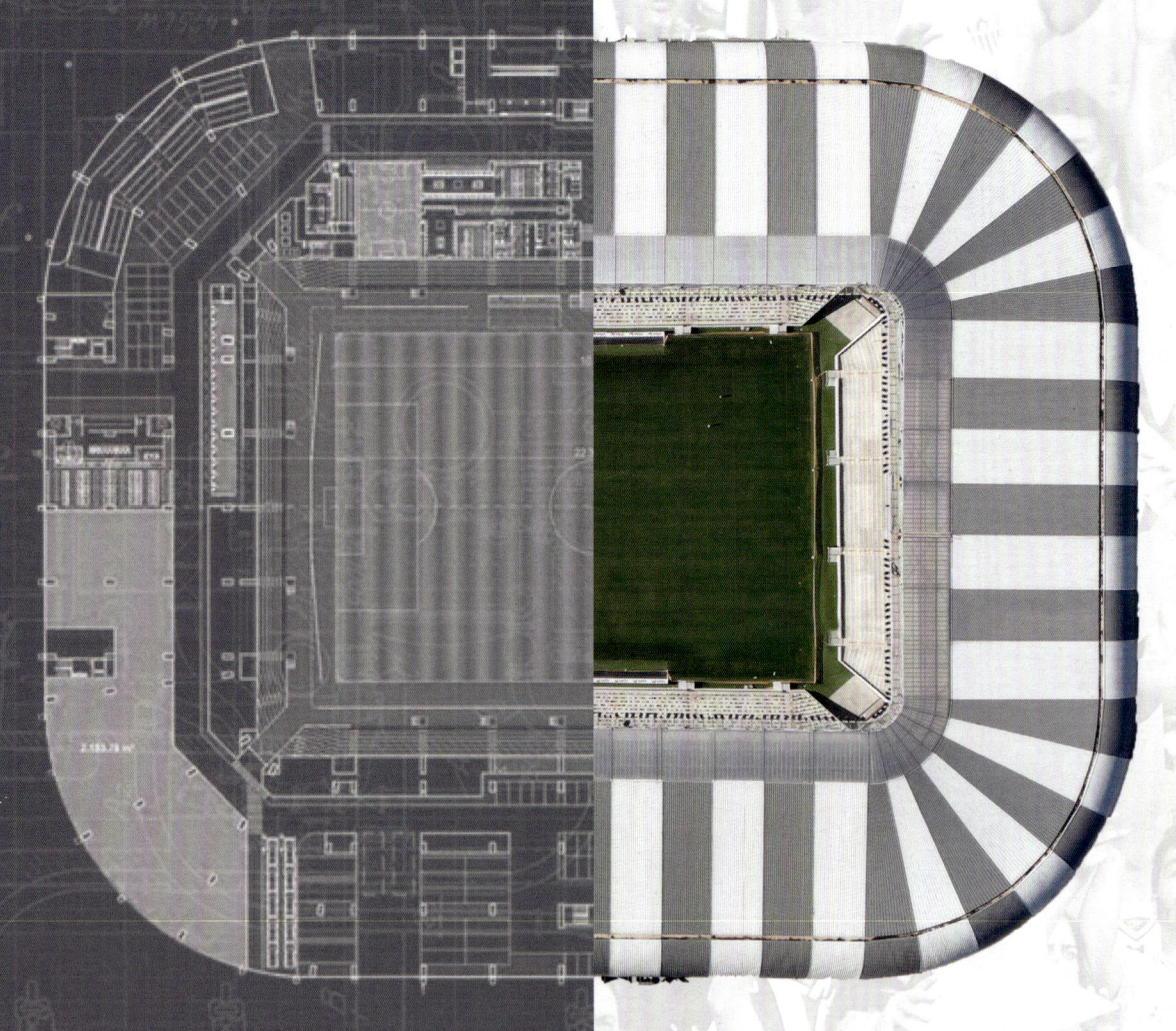

A Reta Engenharia se orgulha por ter realizado a gestão estratégica de implantação de uma das arenas mais tecnológicas do país. Um legado para o futebol, para Minas e para todo o Brasil.

Uma grande conquista é resultado da união de um time.

E nesse campeonato, a Racional Engenharia foi a construtora.

Um empreendimento emblemático entregue em prazo recorde e abaixo do investimento previsto.

Agradecemos à Arena MRV por nos confiar a construção desse sonho.

Racional

Assista ao vídeo do projeto

Multimarcas
Consórcios

UMA SÓLIDA PARCERIA DE SUCESSO

Uma história construída ao longo de 46 anos, tijolinho por tijolinho, transformou-se na maior empresa de consórcio de Minas Gerais e em uma das maiores do Brasil. O segredo foi um atendimento diferenciado e taxas competitivas.

Aponte sua câmera para o QR Code e saiba mais

31 3036.1666
multimarcasconsorcios.com.br

ArcelorMittal, o aço oficial da Arena MRV

Estamos aqui desde o começo, acreditando no sonho de construir a mais moderna arena de jogos e shows da América Latina, em Minas Gerais.

Com segurança, qualidade, sustentabilidade e o aço líder no Brasil.

Vamos celebrar, juntos, na nossa casa.

Direcione a câmera do seu celular para o **QR Code** e assista ao nosso vídeo.

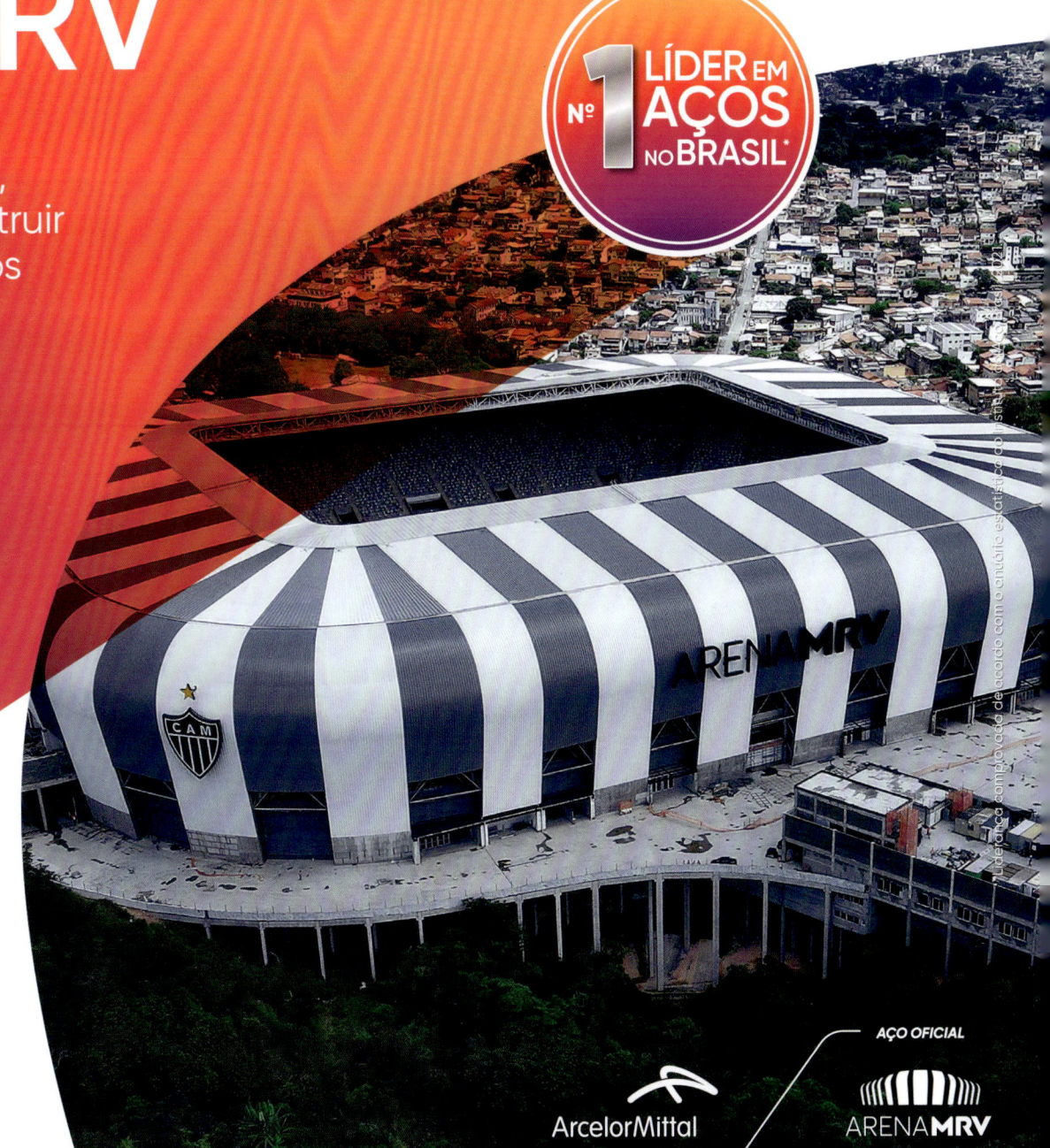

Nº 1 LÍDER EM AÇOS NO BRASIL

ArcelorMittal

AÇO OFICIAL
ArcelorMittal / ARENA MRV

EXPERIÊNCIA DO FÃ TECNOLOGIA FIM A FIM.

Parceira Cisco responsável pelo projeto Arena MRV, a Nexa é referência para projetos de esporte, mídia e entretenimento. Acesse o QR Code e saiba mais.

nexa | cisco Partner

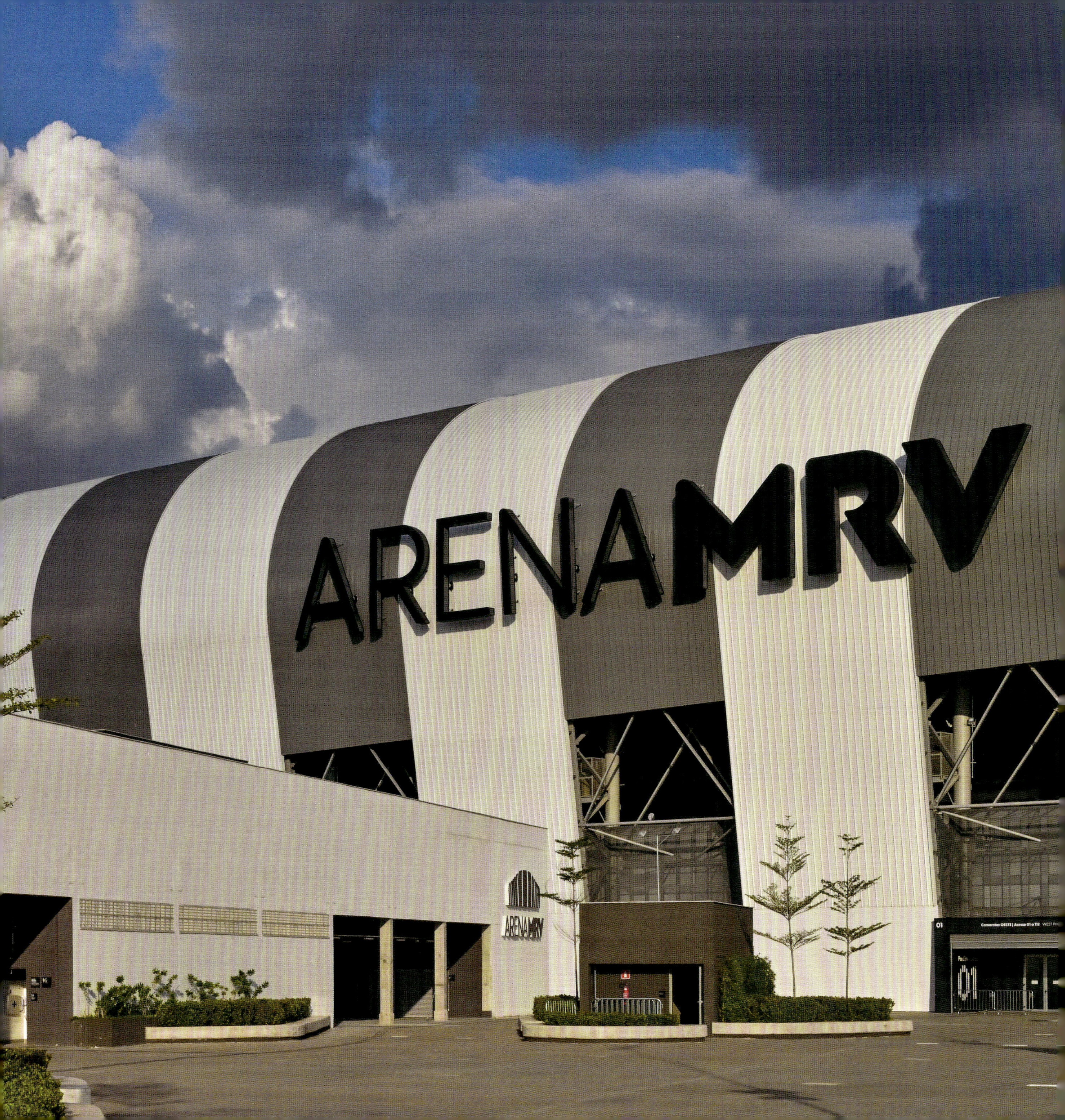
ARENAMRV
ARENAMRV

SUMÁRIO

1
As casas do Atlético 32
- SONHOS E CONQUISTAS 32
- PARQUE MUNICIPAL 32
- CAMPO DOS BARRANCOS 33
- AVENIDA PARAOPEBA 33
- PRADO MINEIRO 34
- FIM DE UMA ERA 34
- ESTÁDIO GOVERNADOR ANTÔNIO CARLOS 35
- LIGAÇÃO UMBILICAL 36
- O ESTÁDIO QUE NÃO SAIU DO PAPEL 37
- ESTÁDIO INDEPENDÊNCIA – UM CAMPO COM VÁRIAS BOAS LEMBRANÇAS 38
- MINEIRÃO, A CASA DO GALO 39

2
O projeto da Arena MRV 48
- O COMEÇO DO PROJETO 48
- A VOTAÇÃO NO CONSELHO DELIBERATIVO 53
- AS CONTRAPARTIDAS 55
- CONTRAPARTIDAS SOCIAIS 58

3
O local do estádio 62
- O BAIRRO CALIFÓRNIA 62
- AS BATALHAS PELOS LICENCIAMENTOS 64
- A CÂMARA VIROU ESTÁDIO 67

4
O passarinho que quase embargou a obra 70

5
A virada de chave e a decisão que viabilizou o projeto 72

6
Terraplanagem começa com uma pandemia no meio do caminho 76

7
O submarino amarelo 82

8
Sobem as estruturas 84
- O TUBO ARMCO 86

9
A cobertura 94

10
Assinatura na última viga ... 98

11
O gramado ... 100
- APÓS A INAUGURAÇÃO ... 103

12
Na instalação do escudo, operários torceram contra o vento ... 104

OBRAS DA ARENA – LINHA DO TEMPO ... 109

13
A obra mais vigiada do Brasil ... 142

14
Quanto custou o sonho? ... 146

OS CONSTRUTORES DA ARENA MRV ... 151

A NOSSA ARENA ... 165

15
Eventos de inauguração ... 198
- NASCIMENTO DO CAMPO: REVERENCIANDO O PASSADO E PREPARANDO O FUTURO, NÓS FIZEMOS HISTÓRIA ... 198
- LENDAS DO GALO ... 214
- JOGO DE INAUGURAÇÃO – GALO X SANTOS ... 241
- SIR PAUL TOCOU NO ESTÁDIO DO GALO! ... 260

Eventos de inauguração: outros shows ... 262
- CELEBRAÇÃO EM BELO HORIZONTE ... 264
- JOTA QUEST ... 268
- MAROON 5 ... 270

A NOSSA ARENA II ... 273

DEPOIMENTOS ... 291
- "CONTAGIANDO MULTIDÕES, DE GERAÇÕES EM GERAÇÕES" ... 292
- ERA TUDO TERRA ... 293
- A CASA DA CACHORRADA QUE VENCEU ... 294
- A FICHA NÃO CAIU ... 295

1
As casas do Atlético

▶ SONHOS E CONQUISTAS

Um estádio como a Arena MRV não é obra do acaso. Trata-se de uma imensa conquista, com significados que vinham sendo construídos ao longo de, pelo menos, 115 anos.

O sonho começou praticamente com a cidade recém-nascida. Belo Horizonte dava seus primeiros passos rumo ao desenvolvimento, na primeira década do século XX, quando seus jovens se reuniam para praticar o futebol.

Trazido ao Brasil pelo paulista Charles Miller, filho de engenheiro escocês e de brasileira descendente de ingleses, o esporte era novidade. A primeira partida havia sido disputada em 1895, em São Paulo.

Sempre sob influência inglesa, o novo jogo ganhava adeptos, a princípio entre jovens da elite e funcionários de empresas britânicas. Em São Paulo e no Rio de Janeiro (aonde chegou por meio de Oscar Cox, filho do vice-cônsul inglês), clubes de críquete e de regatas passaram a incluir o futebol entre suas atividades.

Em Belo Horizonte, o estudante carioca Victor Serpa, em 3 de maio de 1904, realizou uma exibição do esporte bretão no Parque Municipal. Victor chegara à capital mineira para estudar Direito, após ter passado uma temporada na Suíça, de onde trouxe as regras do jogo. A novidade fez sucesso e Victor Serpa fundou, em julho daquele ano, o Sport Club, o primeiro time de Belo Horizonte.

Outras agremiações formaram-se e, em outubro, teve início um torneio. Porém, as chuvas que caíram a partir de novembro atrapalharam sua realização. Além delas, as férias escolares esvaziaram os campos de jogo – muitos estudantes voltaram às suas cidades de origem. Mas o fator determinante para o enfraquecimento do futebol na cidade foi a morte prematura de sua figura central. Victor Serpa faleceu de gripe, no Rio de Janeiro, no início de 1906.

Para se manter, clubes tentaram fusões, diminuíram o valor das altas mensalidades. Mas foi em vão. O futebol perdeu o interesse da sociedade, deixou de ser assunto dos jornais. Em 1907, já não havia mais agremiações futebolísticas em Belo Horizonte.

▶ PARQUE MUNICIPAL

A semente, porém, estava plantada. E germinou no solo mais fértil.

Símbolo do arrojo que guiou a criação de Belo Horizonte, o

Parque Municipal Américo Renné Giannetti foi concebido para ser um dos principais parques do continente. Aarão Reis, engenheiro-chefe da construção da cidade, destinou mais de 550 mil m² à sua instalação (hoje o parque conta com 180 mil m²). Sua importância era inquestionável: foi inaugurado em 26 de setembro de 1897, antecedendo em mais de dois meses a inauguração da capital (ainda inacabada, em 12 de dezembro do mesmo ano).

Além da vasta vegetação, faziam parte do projeto de paisagismo do francês Paul Villon coretos, pontes, lagoas e uma cascata de seis metros. O principal ponto de lazer da cidade tornou-se também local escolhido para a prática de exercícios. Suas pistas de ciclismo favoreceram a criação do Velo Club – primeiro clube esportivo de Belo Horizonte –, que promoveu corridas de bicicleta e velocípede; nas lagoas, provas de natação e, ainda, na pista, as pessoas faziam caminhadas, de 1889 a 1902, quando encerrou suas atividades.

A prática de exercícios físicos incorporou-se ao Parque Municipal. A primeira bola de futebol, levada por Victor Serpa na exibição de 1904, rolou em gramado próximo ao atual Teatro Francisco Nunes. E, pelo visto, mesmo a derrocada dos primeiros clubes de futebol não foi capaz de barrar os jovens que continuavam a jogar bola no parque.

Na quarta-feira, 25 de março de 1908, um grupo de estudantes reuniu-se no Parque Municipal e fundou o Athletico Mineiro Football Club. E, dessa forma, deu início à nossa história.

▶ CAMPO DOS BARRANCOS

Alguns meses mais tarde, os primeiros atleticanos adotaram o primeiro endereço fora dos limites do parque. O caminho que nos levaria à Arena MRV, estádio mais tecnológico da América Latina, teve início com passos improvisados, em terreno de dimensões irregulares.

O campinho da Rua Guajajaras (entre as Ruas São Paulo e Curitiba) tinha aproximadamente 70 metros de comprimento por 30 de largura. Não havia marcação das linhas laterais – a bola estava fora de jogo quando rolava barranco abaixo. Os gols eram marcados por paus fixados verticalmente, fazendo as vezes de traves, com cordas amarradas que simulavam os travessões. As metas tinham de ser montadas e desmontadas a cada atividade, para evitar que fossem roubadas.

O amor pelo futebol, porém, superou todas essas dificuldades. Prova disso foi a vitória no primeiro jogo oficial, disputado no domingo, 21 de março de 1909. O Atlético venceu o Sport Club (agremiação fundada também em março de 1908, reavivando o nome do primeiro clube de Belo Horizonte) em uma partida em que ambos comemoravam o primeiro ano de existência.

Fizemos 3 a 0, com gols de Aníbal Machado (o primeiro da história), Zeca Alves e Benjamin Moss. O Sport pediu revanche. No domingo seguinte, 28 de março, o Atlético aplicou 2 a 0. Um mês depois da primeira partida, em 21 de abril, o confronto foi repetido, novamente com vitória atleticana: 4 a 0.

▶ AVENIDA PARAOPEBA

Vista da Avenida Paraopeba, atual Augusto de Lima

O crescimento da cidade era notável na década de 1910. Para possibilitar as obras de urbanização, que incluíam a região do campinho da Rua Guajajaras, o prefeito Olyntho Meirelles cedeu ao Atlético, em 1911, o campo situado na Avenida Paraopeba (denominada Avenida Augusto de Lima, desde abril de 1935), onde hoje se localiza o Minascentro.

O novo *field* atleticano mostrou a importância de se ter uma boa casa própria. Reformado pelos próprios jogadores e diretores, o campo proporcionou mais prestígio ao Atlético, que crescia em importância ao ceder o espaço para confrontos de outras equipes.

Um marco da época foi o mastro – até então desgastado e sem utilização na estação de trem Central do Brasil –, que recebeu pintura nas cores do clube e foi instalado no campo de jogo. Nele hasteou-se a primeira bandeira alvinegra, costurada pela saudosa Dona Alice Neves, importante incentivadora nos primeiros anos.

O período do campo da Avenida Paraopeba foi determinante para alguns rumos da nossa história. Em 1912, o nome Athletico Mineiro Football Club foi modificado para Club Athletico Mineiro. Considerando mudanças de grafia inerentes às normas linguísticas, esta é a denominação mantida até os dias atuais.

Destaca-se também a conquista da Taça Bueno Brandão, em 1914. O troféu, confeccionado em prata, recebeu o nome do governador de Minas Gerais. Sua disputa envolveu os três clubes em atividade em Belo Horizonte, Atlético, América e Yale, em turno e returno. Com três vitórias e um empate, sem ter levado um só gol, o Atlético mereceu o título mais antigo do futebol mineiro. Com direito a vencer o combinado América/Yale por 2 a 0 no jogo comemorativo de entrega da taça.

O sucesso da Taça Bueno Brandão impulsionou a criação, em 1915, da Liga de Sports Athleticos (depois Liga Mineira de Desportos Terrestres, que originou a Federação Mineira de Futebol). Disputou-se, então, o primeiro Campeonato Mineiro oficial. Participaram Atlético, América, Yale, Cristóvão Colombo e Higiênicos. Com cinco vitórias (sobre todos os adversários), um empate (com o América) e uma derrota (por 1 a 0, para o Cristóvão Colombo, que venceríamos no returno por 4 a 0), o alvinegro marcou 15 gols, levando 5. Sagrou-se o pioneiro Campeão Mineiro. Seu artilheiro foi Meireles (7 gols), seguido por Francisco de Mattos (5 gols), dupla que fora destaque também na Taça Bueno Brandão. As duas competições foram disputadas em campo neutro, no Prado Mineiro.

▶ PRADO MINEIRO

Apesar de ter sido planejado para proporcionar lazer à nova cidade, como se fizera com o Parque Municipal, o hipódromo teve destino completamente diferente.

O hipódromo Prado Mineiro, localizado fora dos limites da Avenida do Contorno, a dois quilômetros do Centro, só foi construído em 1906. Coincidentemente com o período de baixa do futebol, após a morte de Victor Serpa. Tanto que, em 1907, o Prado monopolizou o espaço destinado às notícias esportivas na imprensa. Quando o futebol "acordou", com a fundação de Athletico e Sport em 1908, o interesse pelas corridas de cavalo começou a diminuir gradativamente.

A última corrida foi disputada em 1911. No ano seguinte, a S.A. Prado Mineiro se desfez e o terreno foi repassado ao Poder Público. A grande área delimitada pelas Ruas Platina, Diabase, dos Pampas e Doutor Gordiano – onde hoje funcionam o Regimento da Cavalaria Alferes Tiradentes e a Academia da Polícia Militar de Minas Gerais – tornou-se, a partir de 1914, a principal casa do futebol mineiro.

▶ FIM DE UMA ERA

Podemos considerar as primeiras duas décadas da vida atleticana como uma era romântica. O futebol era esporte amador, sendo o time formado, sobretudo, por estudantes. No final dos anos 1920, três atacantes infernizavam as defesas adversárias. Mário de Castro, Said e Jairo formavam o Trio Maldito, até hoje lembrado e reverenciado, com justiça.

Os três atacantes foram preponderantes, entre outras ocasiões, para a conquista do Estadual de 1927 (nosso primeiro Bicampeonato consecutivo). O título foi garantido antecipadamente com a vitória, no domingo, 27 de novembro daquele ano, sobre a Società Sportiva Palestra Italia (fundada em 1921, mudou seu nome para Cruzeiro em 1942). O acachapante placar de 9 a 2 – sendo 8 dos gols alvinegros marcados pelo Trio Maldito – é o maior da história desse confronto centenário. E foi conquistado na Avenida Paraopeba, mas no campo do América Futebol Clube (no endereço do Mercado Central). Curiosamente, os dois rivais, Atlético e América, tinham seus *fields* um ao lado do outro, de forma que o grande "Derby das Multidões" era uma disputa entre vizinhos.

Voltando aos 9 a 2, podemos recorrer à cobertura da imprensa da época, que enalteceu o triunfo atleticano, para percebermos como aqueles tempos podem soar pitorescos. O jornal *Correio Mineiro* comemorou a presença entusiasmada das mulheres ao evento. "Gentis e graciosas", elas deram ao campo "animação extraordinária e agradável aspecto". Entre elas, encontravam-se as senhoritas Neném Alluoto e Horizontina Federiel, respectivas rainha e grã-duquesa dos "sports de Bello Horizonte". Os elogios continuaram: "E, não obstante aos boatos que correram pela cidade, não se registrou nenhum 'sururu'".

O amadorismo, porém, tinha seus anos contados. O Atlético, sempre protagonista, soube se adaptar aos novos tempos. E cresceu ainda mais com a mudança.

▶ ESTÁDIO GOVERNADOR ANTÔNIO CARLOS

Na década de 1920, a área da Avenida Paraopeba valorizou-se a ponto de a Prefeitura decidir negociar com o Atlético e pegar seu terreno de volta. Em troca, foi oferecido ao clube o lote no quarteirão 13 da 9ª seção urbana, na Avenida São Francisco (que se tornou Avenida Olegário Maciel, em maio de 1935). Esse local, situado na chamada Colina de Lourdes, entre a Avenida São Francisco, Rua Gonçalves Dias, Rua Rio Grande do Sul e Rua Bernardo Guimarães, foi aceito pelo clube em janeiro de 1926. Como a região era menos valorizada que a da Avenida Paraopeba, os alvinegros ainda receberam 350 contos de réis como indenização.

Em 1928, teve início a construção do novo estádio. O apoio do presidente (cargo correspondente ao de governador) do estado de Minas Gerais, Antônio Carlos Ribeiro de Andrada, que garantiu uma contribuição de 300 mil réis e disponibilizou mão de obra, foi fundamental. Tanto que nossa casa foi batizada oficialmente com seu nome, em agradecimento. O Estádio Presidente Antônio Carlos, inaugurado em 30 de maio de 1929, consolidou a importância do Atlético para a capital mineira.

Estádio Antônio Carlos

A "Cidade Jardim" já contava mais de 80 mil habitantes (tinha 55 mil em 1920, e passaria dos 200 mil em 1940, em um crescimento vertiginoso), e seu time de futebol mais popular representava bem o espírito de modernidade e evolução. As excelentes instalações do Estádio de Lourdes o colocavam entre os principais campos do país.

No jogo inaugural, o Atlético de Mário de Castro e Said venceu, de virada, o forte Sport Club Corinthians Paulista (um dos mais afamados escretes brasileiros) por 4 a 2. O resultado surpreendeu e encheu de orgulho os 30 mil espectadores relatados (apesar da capacidade do Estádio Antônio Carlos ser de apenas 5 mil). Ainda em 1929, os atleticanos venceram, por 3 a 1, o Vitória de Setúbal, de Portugal, na primeira partida da equipe mineira contra time estrangeiro, conquistando a Taça Belo Horizonte.

Ninguém menos que Jules Rimet, presidente da FIFA, foi o ilustre convidado presente à inauguração da iluminação do estádio. Em 9 de agosto de 1930, o maior dirigente da história do futebol assistiu à vitória do Atlético sobre o Sport-MG por 10 a 2, no primeiro jogo noturno de Belo Horizonte. A primeira Copa do Mundo, êxito de Rimet, havia terminado dias antes, em 30 de julho, no Uruguai. A relevância dos feitos alvinegros engrandecia o espírito da cidade.

Contribuía para isso a estreita ligação do time com os torcedores. Abaixo da escadaria do setor social, ficavam as moradias dos atletas, estreadas em 22 de setembro de 1933 por Guaracy Januzzi e Nicolino Nascimento Lauria, conhecidos pelo público – que podia assistir gratuitamente aos treinamentos diários no estádio – como Guará e Nicola.

Os dois fizeram parte, em 1937, da imensa conquista da Copa dos Campeões Estaduais, a primeira competição em caráter nacional. Participaram as equipes profissionais campeãs em seus estados, em 1937. O Fluminense representou o Distrito Federal (a cidade do Rio de Janeiro era a capital do Brasil), a Portuguesa defendeu São Paulo (estado então considerado como integrante da Região Sul). O Rio Branco, representante capixaba, passou por um torneio pré-classificatório. E o Atlético Mineiro, que, imbatível em casa e valente como visitante, sagrou-se o "Campeão dos Campeões" (assim definido pelo *Jornal dos Sports*, do Rio de Janeiro), antecipadamente, em 3 de fevereiro, com o triunfo por 5 a 1 sobre o Rio Branco, no Estádio de Lourdes.

Guará foi o nosso primeiro ídolo após a profissionalização do futebol. Mas, pelo alojamento e pelo campo do Estádio Antônio Carlos, estiveram outros nomes inesquecíveis, de Mário de Castro a Reinaldo, passando por Ubaldo.

A Colina de Lourdes foi palco de grande festa da multidão alvinegra, com explosão de fogos de artifício, quando a "Embaixada" (Kafunga, Mão-de-Onça, Zé do Monte, Lucas, Nívio, Vavá e companhia) partiu, em 1950, para a vencedora excursão ao Velho Mundo (a pioneira de uma equipe brasileira de futebol profissional).

Como se sabe, nossos jogadores mereceram o título simbólico de "Campeões do Gelo", tendo sido recebidos por um mar de gente quando voltaram da Europa. Belo Horizonte parou para recebê-los. No Estádio Antônio Carlos, havíamos conquistado o Brasil. E, de lá, abríamos nossas asas para o mundo.

▶ LIGAÇÃO UMBILICAL

O primeiro estádio atleticano foi tão importante que, mesmo décadas depois do seu auge, continuou contribuindo com nosso destino. A construção do Estádio Raimundo Sampaio (chamado Independência por, inicialmente, pertencer ao Sete de Setembro Futebol Clube) para receber jogos da Copa do Mundo de 1950 decretou a perda gradual da importância do Estádio de Lourdes, que encerrou suas atividades em 1968, sendo vendido para a Prefeitura.

Em um prazo de 15 anos, deveria ser instalada ali nova sede administrativa de Belo Horizonte – caso contrário, o terreno seria devolvido ao Clube Atlético Mineiro. Isso aconteceu em 1991. Em seguida, a diretoria alvinegra negociou o arrendamento da área, por 30 anos, com uma construtora e administradora de centros de compra. Dessa maneira, em novembro de 1996, inaugurou-se o Diamond Mall. Em 2017, o clube vendeu 50,1% do shopping à administradora, e o valor arrecadado possibilitou o início da construção, em 2020, da Arena MRV.

Como nada é por acaso, o título da Copa dos Campeões Estaduais (Campeão dos Campeões), conquistado no Estádio Antônio Carlos em 1937, foi homologado pela CBF como título nacional análogo ao da série A do Campeonato Brasileiro. O reconhecimento, às vésperas da inauguração da Arena, reforçou os laços entre a antiga e a nova casa: a Arena MRV promoveu, na noite do sábado, 26 de agosto, um espetáculo de fogos – iniciado às 19h37, em referência ao ano do título. No dia seguinte, a taça de 1937 foi levada ao campo da Arena e apresentada à Massa antes do jogo de estreia. A Arena MRV comemorou a conquista do Campeonato Brasileiro em seu primeiro dia de funcionamento oficial. Não havia melhor maneira de entrar para a nossa história.

▶ O ESTÁDIO QUE NÃO SAIU DO PAPEL

O brasileiro, para se manter informado na década de 1940, fazia uso do rádio, o mais popular dos meios de comunicação, de jornais e de uma revista, que foi sucesso durante décadas. Editada no Rio de Janeiro, uma das sucursais da revista *O Cruzeiro* era em Belo Horizonte. Em sua edição do dia 14 de fevereiro de 1948, a mais popular e importante revista da primeira metade do século XX no Brasil, mostrou mais uma vez a grandiosidade do Atlético.

Em uma ampla matéria de várias páginas, citou a popularidade do clube, os grandes craques, a estrutura, os esportes além do futebol e uma novidade: o projeto do estádio do Atlético, chamado no texto do jornalista Álvaro da Silva de a "Cidade dos Atleticanos".

Segundo a matéria, foi "adquirida larga faixa de terreno no belíssimo e famoso logradouro da Pampulha, os serviços de terra já foram iniciados. O plano do estádio do Atlético – o estádio para Minas – está mais adiantado que o que se idealiza para a Copa do Mundo em 1949 no Rio".

Pelo texto, o projeto era para uma praça de esportes para 85 mil pessoas. Não é impossível acreditar que, caso tivesse saído do papel, Belo Horizonte não contaria hoje com o Mineirão, estádio projetado somente no final da década de 1950 para 130 mil pessoas.

O Atlético almejava mais que um estádio, mas era interessante ter um complexo para a prática de esportes em um terreno de 140 mil m², localizado na Avenida Antônio Carlos. Espaço que, muito provavelmente, receberia jogos da primeira Copa do Mundo após a Segunda Guerra Mundial.

O sonho de uma nova praça de esportes movimentou o imaginário dos atleticanos. "Tornou-se imperioso um novo estádio, um novo conjunto de praças de esporte, onde pudessem desenvolver-se as múltiplas atividades dos seus numerosos atletas e associados", continuou a matéria de *O Cruzeiro*.

Já a revista *Acrópole*, voltada para a arquitetura, apresentou em sua edição de abril de 1949, mais de um ano após a matéria de *O Cruzeiro*, outros dados do projeto do Estádio do Atlético, no qual estavam à frente os arquitetos Icaro de Castro Mello e Oswaldo Corrêa Gonçalves.

"Os acessos seriam feitos pela Av. Antônio Carlos, pela futura avenida que levaria ao Aeroporto e também pela estrada velha da Pampulha e comportaria 45 mil pessoas", traz o texto. Note-se que a capacidade foi diminuída quase pela metade.

Continua a *Acrópole*: "No lado oeste seriam dois pavimentos. No andar térreo, com galeria de circulação, vestiários, sanitários, bares, lojas, bombonieres e túneis de acesso ao campo. Na parte superior, dormitório e apartamentos para os atletas, restaurante, copa, cozinha, bar, salões e dependência do clube. No leste, um pavimento devido à deformidade do terreno. Nele haveria sanitários para o público, bares, cafés. Parte da arquibancada ficaria em um corte do terreno".

O campo teria 105 x 70 metros e seria rodeado por uma pista de atletismo de 400 m de comprimento. Haveria quatro torres de refletores, colocadas a 35 metros de altura. O placar seria inspirado no Estádio Olímpico, de Berlim, na Alemanha, que recebera os Jogos Olímpicos de 1936.

O sonho atleticano de contar com sua ampla praça de esportes durou cerca de dois anos e nunca saiu do papel. Porém, Belo Horizonte não ficaria sem um estádio maior do que os campos em que o Atlético jogava até o final dos anos 1940. Em 1950, na mesma época em que o Alvinegro contava com uma das suas maiores gerações, um gigante erguido no Horto seria a grande casa onde atleticanos se acostumariam a comemorar por mais de uma década.

▶ ESTÁDIO INDEPENDÊNCIA – UM CAMPO COM VÁRIAS BOAS LEMBRANÇAS

Estádio Independência em seus primeiros anos

A construção do estádio Independência coincidiu com uma das mais fantásticas gerações da história do Atlético. Quando a obra do Independência teve início, em 21 de agosto de 1948, comandada pelo Sete de Setembro, time da capital e então dono do terreno, o Galo já era bicampeão mineiro (1946 e 1947) com craques como Lucas Miranda, Carlyle, Lêro, Zé do Monte.

A construção do estádio no Horto não teve influência da realização da Copa do Mundo no Brasil, em 1950, diferente do que se costumou dizer, embora tenha recebido três jogos do primeiro mundial do pós-guerra. Dessas partidas, a mais famosa é considerada a maior zebra da história das copas, quando o time semiamador dos Estados Unidos derrotou a poderosa Inglaterra, por 1 a 0, com gol do haitiano Gaetjens. O campeão Uruguai também passou pelo Horto, goleando a Bolívia por 8 a 0. A primeira partida de Copa do Mundo em Belo Horizonte foi a vitória da Iugoslávia, por 3 a 0, sobre a Suíça, realizada no Independência.

A partir de 1951, mesmo com os clubes possuindo seus próprios campos, como era o caso do Atlético com o Estádio Antônio Carlos, as grandes partidas foram em sua maioria disputadas no Independência.

E foi no Horto, no "campo do Sete", que o Atlético se popularizou ainda mais empilhando taças. Entre 1951 e 1964, o Galo sagrou-se campeão oito vezes nos 14 campeonatos mineiros disputados, com todas as taças sendo erguidas no Independência. Destaque para o primeiro tricampeonato (1952 a 1954), que acabou virando penta, com os títulos de 1955 e 1956. Uma soberania que só aumentou a torcida e a idolatria dos atleticanos por nomes como Ubaldo, que várias vezes foi carregado pela torcida do Estádio Independência até a Praça Sete em festa pelos gols do atacante.

O Independência foi a principal casa do futebol mineiro até a inauguração do Mineirão, em 1965. Com uma nova casa em Belo Horizonte, maior e mais moderna, os grandes jogos se afastaram do Horto por anos.

O Galo voltou a mandar partidas na antiga casa em 1999, quando levou para o agora estádio do América jogos das ótimas campanhas do Brasileiro daquele ano e, também, de 2001.

Uma grande reforma remodelou o Independência, que voltou a ser a casa do Atlético em 2012. Foi no campo do Horto que Ronaldinho encantou a Massa em partidas brilhantes, que o Galo aniquilou adversários em 2013, sob o mantra do "caiu no Horto, tá morto", e que viu Victor virar santo contra o Tijuana, nas quartas de final da Libertadores que se sagraria campeão, não sem antes jogar mais uma vez no estádio para eliminar os argentinos do Newell's Old Boys na semifinal.

Independência após reinauguração

São várias as lembranças dos atleticanos do antigo campo do Sete. Dos mais antigos, que viram grandes esquadrões a partir da metade do século XX, à nova geração que só conheceu o estádio remodelado.

Foi no Independência, por exemplo, que o Atlético encaminhou o título da Copa do Brasil de 2014, ao vencer o rival Cruzeiro na primeira partida da final, por 2 a 0, para duas semanas depois apenas buscar a taça no Mineirão, o seu então salão de festas. O Galo ainda ergueu no Horto os troféus dos campeonatos mineiros de 2012 e 2017.

O estádio está na memória da Massa e, embora tivesse outros donos nesses quase 80 anos de história, todos sabem que quem sempre mandou naquele campo foi o Galo.

▶ MINEIRÃO, A CASA DO GALO

A construção

O estádio Independência foi o principal palco do futebol em Minas Gerais durante 15 anos, mas a necessidade de um espaço maior começou a aparecer na metade dos anos 1950, antes mesmo de a arena completar uma década.

Os grandes centros do futebol brasileiro já contavam com estádios bem maiores ou os estavam construindo, em uma época cuja principal fonte de arrecadação dos clubes era o dinheiro da bilheteria. E é exatamente por esse motivo que o futebol mineiro largava atrás na comparação com as agremiações de outros estados.

O Maracanã, com seus 200 mil lugares, já era uma realidade na Guanabara; Salvador contava com a Fonte Nova, mesmo que inacabada, inaugurada no início da década. No Rio Grande do Sul, o Grêmio jogava no seu Olímpico Monumental; e o São Paulo Futebol Clube realizava o sonho do estádio próprio na capital paulista, com a construção do Morumbi, em 1956.

Nesse mesmo ano, o presidente da Federação Mineira de Futebol, Francisco de Castro Cortes, propôs a construção, em Belo Horizonte, do Estádio Municipal, às margens da atual rodovia BR-040, que liga a capital mineira ao Rio de Janeiro. A ideia era a de que os recursos para a obra seriam obtidos por meio da venda de cadeiras cativas, mas a empreitada demonstrou-se inviável.

O chefe da Assistência Técnica da Federação Mineira de Futebol, Benedicto Adami de Carvalho, preocupado que o assunto não fosse adiante, apresentou ao Conselho Divisional da Divisão Extra de Profissionais um plano que visava à obtenção de recursos para a construção de um estádio a partir da extração de planos extras da Loteria do Estado de Minas Gerais.

Adami assessorou o então deputado estadual Jorge Carone Filho na apresentação do Projeto de Lei à Assembleia Legislativa de Minas Gerais, que autorizou o governador do estado, José Francisco Bias Fortes, a construir um estádio maior para o povo. Com o projeto aprovado, a ideia parecia simples. Parte dos recursos seria obtida por meio da loteria estadual – 10% do valor de cada bilhete vendido seria destinado às obras do novo palco do futebol mineiro.

Foi criado, então, pela Lei nº 1.947, de 13 de agosto de 1959, o "Estádio Minas Gerais". A lei previa também a criação de uma autarquia que administraria o empreendimento, a AEMG, que mais tarde viria a se tornar a Administração de Estádios do Estado de Minas Gerais (ADEMG).

O terreno escolhido ficava aproximadamente a oito quilômetros do centro da capital, na Pampulha, em uma área pertencente à Universidade Federal de Minas Gerais (UFMG). O então reitor da instituição, Pedro Paulo Penido, apoiou a ideia, vislumbrando, na construção do estádio no campus, um atrativo para a urbanização da região, até então isolada. Além disso, pelo acordo, os universitários poderiam utilizar as instalações do complexo esportivo, que seria erguido de acordo com o projeto.

Coube aos arquitetos Eduardo Mendes Guimarães e Gaspar Ferdinando Garreto o desenho do estádio. E a responsabilidade pela obra ficou a cargo de um jovem engenheiro de ideias ambiciosas. Assim, Gil César Moreira de Abreu foi nomeado administrador "do sonho" e, apesar do extremo controle dos gastos, enfrentou, em todas as etapas, grande dificuldade de recursos. O empréstimo inicial de Cr$ 100 milhões foi basicamente consumido nos primeiros serviços de fundação. Por cerca de um ano e meio, a obra seguiu em um ritmo lento.

Com pulso firme e uma dedicação impressionante, a figura obstinada daquele engenheiro, que passou horas na entrada do Palácio da Liberdade para ter uma audiência com o governador e tratar de recursos para o novo estádio, foi muito exaltada pela imprensa. Por esse motivo, Gil César é considerado por muitos o "pai do Mineirão".

Colocar o estádio em pé foi, de fato, uma tarefa árdua e repleta de obstáculos políticos e financeiros. Contudo, em 1963, o próprio futebol se encarregou de mudar esse cenário. Na ocasião, a seleção de Minas Gerais conquistou o Campeonato Nacional de Seleções do ano anterior, derrotando a Guanabara nos dois jogos da decisão, disputados em janeiro, no Independência e no Maracanã.

As disputas entre os estados empolgavam e eram realizadas entre os melhores jogadores de cada federação em um selecionado. Isso tornava São Paulo e o estado da Guanabara praticamente invencíveis. Das 28 competições disputadas entre 1922 e 1959, São Paulo conquistou 13 títulos, a Guanabara (a cidade do Rio de Janeiro permaneceu por um período capital do Distrito Federal, até oficialmente Brasília ser inaugurada) ficou com 14 taças e a Bahia venceu no ano de 1934, sendo o único estado a quebrar a hegemonia dos dois gigantes até o título dos mineiros, quase trinta anos depois.

O triunfo empolgou ainda mais a torcida em Belo Horizonte e impulsionou a obra de construção do Estádio Minas Gerais. A pressão popular e da imprensa, por meio de jornalistas como Benedicto Adami, Osvaldo Faria, Jovelino Nunes, Jairo Anatólio Lima e tantos outros, que empunhavam canetas e microfones contra o regionalismo do futebol mineiro, responsável pelo êxodo dos craques que se debandavam para jogar nos clubes paulistas e cariocas, acelerou a obra que ainda seguia a passos lentos.

Em um jantar em comemoração ao título brasileiro de seleções, que contou com a presença do governador Magalhães Pinto, o capitão do *scratch* campeão nacional, Procópio Cardoso, cobrou o avanço das obras e, pouco mais de dois anos após a conquista do título pela seleção mineira, foi inaugurado o Estádio Minas Gerais.

O novo e imponente estádio foi alçado à emblema para a engenharia nacional ao oferecer inúmeros exemplos de evolução na construção civil, como o uso do ferro e do cimento que possibilitavam estruturas mais amplas e resistentes. A imponência e beleza de suas linhas, com suas 88 colunas e a grandiosa capacidade para receber um público de até 130 mil pessoas, eram motivo de orgulho em Minas Gerais e de inveja em outras praças.

Construção e inauguração do Mineirão, um marco no futebol mineiro

O presidente da Federação Paulista de Futebol, Mendonça Falcão, em visita ao estádio às vésperas da inauguração, declarou: "Está tudo uma beleza. Pena que é um elefante branco e nunca vai ter lotação completa". Grande engano do polêmico cartola.

No dia da inauguração, em matéria do extinto jornal *Diário de Minas*, um vidente de Contagem fez a trágica previsão de que o estádio cairia. O "profeta do apocalipse" obviamente errou, nada aconteceu e o Gigante da Pampulha foi inaugurado com festa no dia 5 de setembro de 1965, com uma partida entre a Seleção Mineira e o River Plate, da Argentina.

Com um público de 73.201 pagantes, a abertura teve muita festa, com direito a música, fogos de artifício, desfile de *misses*, e volta olímpica de Bellini, capitão da Seleção Brasileira no título mundial de 1958. Na partida inicial, a seleção estadual venceu por 1 a 0, com gol do jogador do Atlético, Buglê, aos três minutos do segundo tempo.

A construção do Mineirão foi um marco na vida social e na paisagem da Pampulha. Se os clubes da região, como Iate Tênis Clube, o PIC, o Clube Libanês e o Clube Belo Horizonte, eram sucesso para a sociedade belo-horizontina, o Mineirão ajudou a popularizar a região. O futebol levou o povo para a Pampulha, como bem pontua o livro *Pampulha múltipla*, publicado pelo Museu Histórico Abílio Barreto, explicitando essa relação do estádio com as classes mais pobres da sociedade.

Após quatro meses da inauguração, o Estádio Minas Gerais virou Estádio Governador Magalhães Pinto, por meio da Lei nº 4.072, de 18 de janeiro de 1966, e uma ferrenha briga de egos para saber qual político – Bias Fortes, Jorge Carone ou Magalhães Pinto – teria o nome exposto na placa que receberia os torcedores na entrada do estádio.

Como quem tem a caneta na mão é o dono do poder, o governador que inaugurou a obra também lhe deu o nome oficial e viu na "homenagem" uma grande oportunidade de dar visibilidade nacional ao seu governo. Porém, na boca do povo e do mundo, o colosso de concreto e aço que começou a surgir na distante Pampulha do final dos anos 1950 e inaugurado seis anos depois seria, para sempre, Mineirão. Um palco à altura do futebol mineiro e que, a partir daquele 5 de setembro de 1965, cresceria com uma velocidade impressionante.

O Atlético no estádio

Buglê foi o primeiro atleticano a fazer o Mineirão explodir de euforia, abrindo as portas para uma longa história de conquistas, frustrações, grandes ídolos, e, sobretudo, de paixão do torcedor alvinegro pelo estádio que ele se acostumou a chamar de sua segunda casa.

O Atlético já era, há décadas, o mais popular clube de Minas Gerais e fez do Mineirão um templo para sua fanática torcida. A primeira partida do alvinegro no estádio aconteceu exatamente uma semana após a abertura, ainda como parte do calendário oficial de inauguração, em 12 de setembro de 1965.

O Galo venceu o Siderúrgica, o então campeão mineiro, por 2 a 1, com dois gols de Viladônega e Zé Emílio descontando para o time de Sabará, diante de 47.333 torcedores que foram à Pampulha assistir à rodada dupla, que contou como partida de fundo para a derrota da Seleção Mineira, por 3 a 2, para o Botafogo de Gerson e Jairzinho.

Após ver o rival Cruzeiro dominar os primeiros anos do Mineirão, o Atlético iniciou a década de 1970 apostando em um jovem chamado Telê Santana como treinador. Saindo do Rio de Janeiro, Telê levou o Galo ao primeiro título na Pampulha, o Campeonato Mineiro de 1970, conquistado após uma vitória em cima do Atlético de Três Corações, por 2 a 0, com dois gols do ponta-direita Vaguinho.

Aquele Campeonato Mineiro foi a primeira de várias voltas olímpicas que o Galo se acostumou a dar na pista de brita do Mineirão. Se no ano seguinte o Campeonato Brasileiro foi conquistado no Maracanã, contra o Botafogo, para muitos, o título se desenhou efetivamente após o Galo vencer o São Paulo em casa, na abertura do triangular final, por 1 a 0, gol de falta de Oldair. Após a duríssima vitória, o Galo foi à Cidade Maravilhosa para sacramentar o título de primeiro campeão nacional.

A década de 1970 marcou momentos distintos de euforia e tristeza profunda para o atleticano no Mineirão. Na Pampulha, o Galo conquistou três taças Minas Gerais em cima do maior rival, em 1975, 1976 e 1979; viu surgir uma legião de craques na categoria de base, os quais, em 1976, devolveram a hegemonia do estado ao Galo, ao conquistar o Campeonato Mineiro invicto, após duas vitórias contra o Cruzeiro na final.

No entanto, o estádio também foi palco do dia que, para Reinaldo, o maior ídolo do clube e artilheiro máximo do Galo e do Mineirão, foi o mais triste da história de Belo Horizonte. Em 5 de março de 1978, diante de um Mineirão com mais de 100 mil pessoas, o Atlético perdeu nos pênaltis, invicto e com 10 pontos a mais, o título do Campeonato Brasileiro para o São Paulo. No mesmo ano, ainda, o clube iniciou a maior sequência de conquistas de um clube na história do Mineirão e que perdura até hoje.

O hexa

Entre 1978 e 1983, o atleticano só teve motivos para sorrir quando o assunto era a competição estadual. O Galo reinou absoluto e único dono do terreiro e enfileirou seis títulos seguidos de campeão mineiro com uma legião inesquecível de talentos, como João Leite, Luizinho, Jorge Valença, Toninho Cerezo, Paulo Isidoro, Reinaldo e Éder. Para muitos, a maior geração da história do Atlético. Nas seis disputas que deram ao Galo o hexacampeonato, o time realizou 198 partidas, vencendo impressionantes 132 jogos. Foram ainda 38 empates e apenas 28 derrotas. O Galo marcou 366 gols e sofreu 111. São números que exemplificam a fantástica hegemonia alvinegra naqueles anos no futebol mineiro.

A sequência de seis títulos mineiros seguidos, todos conquistados no Mineirão, uniu-se à gloriosa história do clube dos títulos estaduais de 1970 e 1976. Além desses oito, o Galo ainda seria campeão mineiro jogando na Pampulha em 1985, 1986, 1988, 1991, 1995, 1999, 2000, 2007, 2010, 2013, 2020, 2021, 2022 e 2023[1].

Acostumado a dar voltas olímpicas regionais, faltava ao Galo comemorar com seu povo títulos nacionais e internacionais no Mineirão. Em 1997, para começar a "pagar essa dívida", dois foram conquistados: a Copa Centenário de Belo Horizonte, quando enfrentou times como o poderoso Milan, da Itália, e sacramentou o título com uma vitória em cima do Cruzeiro na decisão, por 2 a 1; e o bicampeonato da Copa Conmebol, após empatar com o Lanús, da Argentina, por 1 a 1, no segundo jogo da decisão.

Foi também no Mineirão que o Atlético viveu a pior página da sua história, quando, após uma campanha desastrosa, empatou com o Vasco por 0 a 0 e foi rebaixado para a Série B. Com uma demonstração de amor poucas vezes vista, a torcida, com lágrimas nos olhos e com a voz ainda embargada, cantou o hino do clube na certeza de que aquela tristeza seria passageira. E realmente foi,

---
[1] Dados até junho de 2023.

porque, em menos de um ano, também em um Mineirão lotado, a torcida carregou o time de volta para a divisão de elite do Campeonato Brasileiro, em uma grande festa após a última partida da Série B de 2006, contra o América de Natal.

Em 6 de junho de 2010, o Atlético fez a última partida do Mineirão antes da reforma para a Copa do Mundo de 2014. O Galo foi derrotado pelo Ceará, por 1 a 0. Mesmo com o revés, como forma de reconhecimento ao torcedor atleticano, a ADEMG, administradora do estádio, colocou no placar do Mineirão uma mensagem de agradecimento à Massa por toda a festa naquelas mais de quatro décadas de convivência. Fogos estouraram na Pampulha, anunciando o fim de uma era, e a casa do futebol mineiro só reabriu as portas mais de trinta meses depois. Após a reabertura, o Mineirão voltou a ser o salão de festas do Galo.

O salão de festas

Um remodelado Mineirão foi entregue em fevereiro de 2013. Assim como fez quando o Galo foi o último campeão no "velho" estádio, com a conquista do Campeonato Mineiro de 2010, a Massa teve a honra de fazer a primeira grande festa naquele que passaria a ser conhecido como o "salão de festas do atleticano", quando o Galo de Ronaldinho se sagrou campeão mineiro daquele ano, superando o rival na decisão.

O melhor momento de 2013 e um dos capítulos inesquecíveis da história alvinegra, porém, ainda estava por vir. Em 24 de julho, após uma dramática disputa com o Olímpia, do Paraguai, o atleticano soltou o grito de campeão da Libertadores! Grito esse que saiu da Pampulha, varou a noite, ultrapassou fronteiras e ecoou pelos quatro cantos do mundo! Era o grito de liberdade para uma apaixonada torcida que tanto sofreu.

No ano seguinte, mais duas conquistas no tapete verde da Pampulha. Em julho, em um estádio que ainda respirava o vexame do 7 a 1 da Seleção Brasileira contra a Alemanha, o Galo, forte e vingador, bateu o Lanús, da Argentina, por 4 a 3, e conquistou a Recopa Sul-Americana.

Em novembro, o ápice do salão de festas! No gol tradicionalmente em frente à Galoucura, Diego Tardelli encheu a rede e o Atlético venceu o Cruzeiro na primeira decisão nacional entre os clubes. Ergueu, pela primeira vez, a taça de campeão da Copa do Brasil. Com quatro títulos em dois anos do novo Mineirão, o Galo mostrava a todos quem era o grande dono do novo palco do futebol em Minas Gerais.

Outras intensas emoções, grandes públicos, jornadas históricas e títulos disputados fizeram parte da história do atleticano no Mineirão até chegar ao inesquecível ano de 2021. A volta do público ao estádio em meio à pandemia da Covid-19 tinha que acontecer justamente com a presença daquele que sempre lotou aquelas arquibancadas, o atleticano. Com mais um show que a Massa se acostumou a assistir naquele ano, o Galo atropelou o poderoso River Plate, de Marcelo Gallardo, por 3 a 0, pela Copa Libertadores da América! Dali até o final da temporada, foi uma festa após a outra, sempre com o Mineirão lotado.

A Massa contava os dias para, após cinquenta anos, comemorar o tão sonhado título de campeão brasileiro. A conquista foi na Bahia, mas a grande festa tinha que ser em casa, nos braços do seu povo. Uma multidão de aproximadamente 60 mil pessoas viu atletas e ídolos do passado erguerem a tão sonhada taça de campeão brasileiro, contra o Bragantino, em uma comemoração que ficou para a história do clube e do estádio. O Galo ainda daria mais um show na Pampulha, ao golear o Athletico Paranaense, por 4 a 0, e se encaminhar também para a conquista da Copa do Brasil de 2021.

As histórias do Atlético e do Mineirão se confundem. Gigantes, foram fundamentais na vida um do outro. Podemos tratá-los como amigos de uma vida inteira. E a convivência entre amigos é feita de altos e baixos, alegrias e decepções, mas sempre fazendo muito bem um ao outro. É verdade que, algumas vezes, afastaram-se, assim como acontece nas melhores amizades. Mas ambos sabiam que o outro estava sempre ali, pronto para uma reconciliação, reviver o passado, lembrar dos ótimos momentos e escrever novas páginas, que sempre foram mais de alegrias do que de tristezas e frustrações. No Mineirão[2], o Atlético jogou 1.637 vezes. Venceu 961, empatou 394 e perdeu 282. Foram 33 títulos oficiais conquistados ao longo desses mais de 55 anos. Mesmo migrando, agora para uma casa própria, o Galo sabe que o Mineirão sempre estará ali, de portas e braços abertos. Assim como fazem os velhos amigos.

[2] Dados até junho de 2023.

Em 2021, o Galo encaminhou o bicampeonato da Copa do Brasil no Mineirão.

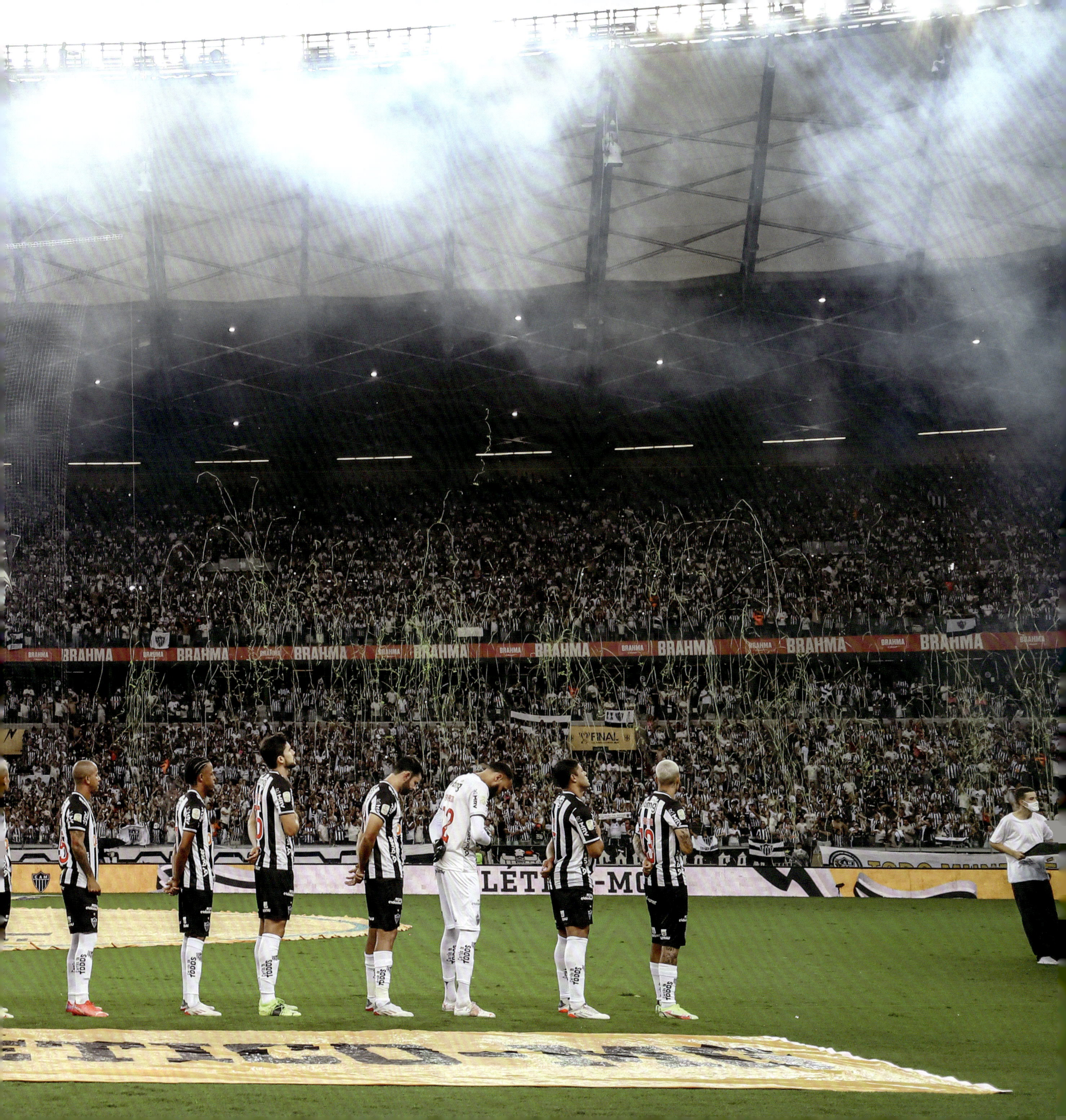
BRAHMA
FINAL

2
O projeto da Arena MRV

▶ O COMEÇO DO PROJETO

A grande expectativa para o atleticano, em novembro de 2013, não estava ligada à reta final do Campeonato Brasileiro. O que o torcedor do Galo fazia naquele momento era a contagem regressiva para o Mundial de Clubes da FIFA, no Marrocos, quando os comandados do técnico Cuca sonhavam em fazer história mais uma vez.

Para o arquiteto Bernardo Farkasvölgyi, porém, além de conter a ansiedade para ver o time entrar em campo, foi necessário conter outra expectativa após receber uma ligação de Hudson Gonçalves Andrade, diretor da MRV Engenharia, chamando-o para uma reunião na sede da empresa. Em um exercício solitário de adivinhação, o arquiteto começava a pensar para qual projeto imobiliário a maior construtora popular da América Latina queria contar com o trabalho dele.

Com 25 anos de profissão, Bernardo é da quarta geração de arquitetos da família húngara Farkasvölgyi. O bisavô e o avô exerceram a profissão em Budapeste e o pai, Ítsvan Farkasvölgyi, mudou-se para o Brasil, em 1956, fugindo da Revolução Húngara, quando já iniciara a vida profissional no ramo, que virou praticamente outro sobrenome da família.

Após a Segunda Guerra Mundial, o Leste Europeu ainda vivia sob o domínio das forças soviéticas, mas, em 28 de junho de 1956, os poloneses se mobilizaram contra o regime totalitário que imperava no país. Ao observar o que acontecia no país vizinho, os húngaros também protestaram contra o domínio socialista e, em 23 de outubro de 1956, a população foi às ruas de Budapeste. Os conflitos duraram semanas e, segundo estimativas, mais de 25 mil húngaros foram mortos pelas forças soviéticas.

Por fazer parte do movimento contra o regime totalitário, o jovem Ítsvan Farkasvölgyi foi perseguido e, com apenas 25 anos, fugiu da sua terra natal com destino aos Estados Unidos. Com escala no Brasil, Ítsvan aproveitou para conhecer um pouco mais sobre o trabalho de um arquiteto icônico, que já havia realizado alguns trabalhos importantes em Belo Horizonte. A estadia na capital mineira não era sem motivo: entrar em contato com a obra singular de Oscar Niemeyer, que, àquela época, já havia deixado para a cidade a Casa do Baile e o Cassino – hoje Museu de Arte da Pampulha. A estadia do húngaro, que seria de alguns dias, tornou-se definitiva.

Ítsvan se encantou com Belo Horizonte, casou-se e continuou na capital mineira, fazendo sua carreira na arquitetura. Entre os relevantes projetos dele na cidade, está a antiga sede da Usiminas, localizada na região da Pampulha, em frente ao campus da Universidade Federal de Minas Gerais, realizada em parceria com os arquitetos Raphael e Álvaro Hardy. A obra foi um sucesso tão grande que Ítsvan fundou, em 1973, a Farkasvölgyi Arquitetura. Em duas décadas, o escritório contou com uma vasta produção arquitetônica sob a coordenação dele, e, em 1990, Ítsvan passou a dividir a direção com seu filho Bernardo, o mesmo que aguardava ansioso o dia da reunião na MRV Engenharia com um dos executivos da empresa.

Com o pai húngaro e sem muita ligação com o Atlético, Bernardo se apaixonou pelas cores preta e branca graças à família materna. "Atleticano não vira, nasce. Quando eu me entendi por gente e conheci o que era o futebol, a primeira coisa que eu pedi foi uma camisa listrada do Atlético. Assim começou minha história com o Galo e eu já comecei a ir ao campo com cinco, seis anos. Depois, já adolescente, saía com os amigos e o destino aos domingos sempre era o Mineirão", recorda.

E o Gigante da Pampulha, com as cores preta e branca das faixas que a torcida estendia nas arquibancadas de concreto, seria a grande referência para o projeto para o qual seria contratado, após a reunião com Hudson Gonçalves Andrade.

Bernardo chegou à sede da MRV Engenharia pontualmente às 9 horas daquele dia 11 de novembro de 2013. Acomodado na ampla sala de reuniões, sentado à frente de Hudson, ouviu, ainda sem acreditar, as palavras que mudariam para sempre a sua já consolidada carreira de arquiteto. "Nós estamos começando a estudar um projeto de uma arena para o Atlético. Ainda é uma hipótese, mas queremos a Farkasvölgyi para fazer o projeto, por ser uma empresa mineira", disse o executivo da MRV.

Em termos de emoção, Bernardo compara aquelas palavras a ganhar na loteria ou ao título da Copa Libertadores que vira diante dos seus olhos meses antes. "Todo arquiteto pensa em fazer um grande projeto. Alguns dizem querer projetar um museu, outros sonham em fazer um ginásio esportivo. O meu sonho profissional era fazer uma arena para o Galo. E, com 25 anos de formado, eu recebo um presente que talvez tenha sido o melhor da minha vida", relembra.

Aquela hipótese mencionada por Hudson, porém, não passava de um sonho distante, tanto para Bernardo quanto para as poucas pessoas então envolvidas no projeto, assim como o fora, para os atleticanos, a conquista do Mundial de Clubes, cuja disputa teria início um mês após aquela reunião entre o executivo e o arquiteto. Sonho este que seria frustrado por uma zebra marroquina.

Segundo o consulado do Marrocos em Belo Horizonte, aproximadamente 20 mil atleticanos foram ao país africano assistir ao Mundial de Clubes da FIFA em 2013. Entre os milhares de fanáticos alvinegros que invadiram Marraquexe, havia um grupo de 15 amigos. Nessa comitiva estavam três nomes muito ligados ao Atlético e patrocinadores daquele time que tinha a ambição de conquistar o mundo. Rubens Menin, um dos fundadores e presidente do Conselho de Administração da MRV; seu filho, Rafael Menin, CEO da MRV Engenharia; e Ricardo Guimarães, um dos donos do banco BMG. De um dos camarotes do Estádio de Marraquexe, eles viram atônitos o amplo favorito Atlético ser batido pelo Raja Casablanca, time da casa, por 3 a 1, e dar adeus à possibilidade de disputar a final do Mundial de Clubes.

Rubens e Ricardo se entreolharam após a partida e, ainda no estádio, comentaram que havia dois lugares em que não queriam estar naquele momento de maneira alguma. Um deles era Belo Horizonte, onde os rivais cruzeirenses comemoravam a eliminação atleticana. O outro era justamente em Marraquexe, devido à frustração que foi ver a interrupção do sonho do Galo ser campeão de forma tão inesperada.

Após distribuir os ingressos da final para os funcionários do hotel em que estavam hospedados, todos torcedores do Raja Casablanca, ocuparam-se com questões logísticas para conseguir um voo que fosse mais rápido e também mais cômodo para todos. Com alguns telefonemas, Ricardo conseguiu que fossem para a cidade do Porto, local onde possuía contatos com empresários ligados a um dos mais populares clubes do país, o Futebol Clube do Porto. Naquela cidade de pouco mais de 200 mil habitantes, distante mais de sete mil quilômetros de Belo Horizonte, o assunto da arena do Galo ganhou ainda mais corpo.

O Estádio do Dragão está localizado na região de Campanhã, parte oriental da cidade do Porto. Com capacidade para mais de 50 mil torcedores, foi inaugurado em 16 de novembro de 2003, em substituição ao antigo Estádio das Antas. Na primeira partida, vitória dos donos da casa sobre o Barcelona da Espanha, por 2 a 0. O estádio recebeu, no ano seguinte, partidas da Eurocopa, entre elas a abertura da competição, quando se enfrentaram as Seleções Portuguesa e Grega. Meses após a inauguração da sua casa, o Futebol Clube do Porto conquistou a Champions League, ao bater na final o francês Mônaco, por 3 a 0.

Era essa história de sucesso que Rubens Menin queria para o seu amado Clube Atlético Mineiro. "Visitamos todas as dependências do Estádio do Dragão, vimos o patrocínio do BMG no museu do Porto, mostraram-nos como são feitas as visitas. E foi justamente nessa visita que o Rubens deu um estalo e a gente começou a conversar de uma forma mais séria sobre o assunto", relembra Ricardo Guimarães.

"Falta para o Atlético um estádio, um campo de futebol, uma arena! Isso mudaria o clube de patamar", foi o que disse Rubens Menin. Aquela derrota em Marraquexe fez com que Rubens e Rafael Menin decidissem capitanear o projeto de uma arena para o Atlético. Era hora de a ideia sair do papel, deixar de ser um sonho distante e passar para a fase de engenharia financeira para definição de custos e prazos e, efetivamente, como colocar em prática aquilo que seria, para os envolvidos, a redenção do Clube Atlético Mineiro.

Os próprios idealizadores, embora já mantivessem contato com o arquiteto Bernardo Farkasvölgyi sobre o projeto da arena para o Atlético, sabiam que tudo ainda era muito incipiente – e, até certo ponto, fantasioso. O projeto foi apresentado para o presidente do Atlético, Alexandre Kalil, e o ano de 2014 foi tratado pelos principais envolvidos como o de gestação de uma ideia.

Embora tudo fosse muito inicial, um consenso havia entre todos: era preciso que o modelo da arena do Atlético fosse diferente do que se via no Brasil, com os estádios recém-reformados ou que estavam sendo construídos para a Copa do Mundo. Era unânime que, para ser realmente viável, o Atlético fosse dono absoluto de sua casa, diferente do que acontece, por exemplo, com o Grêmio e a sua arena ou o rival Internacional e o Beira-Rio. Mas, antes de pensar em modelo de negócio, havia um obstáculo complexo a ser ultrapassado: encontrar um terreno em Belo Horizonte que comportasse uma obra tão grande.

"Eu gosto de falar que os astros estavam alinhados, muitas coisas acontecendo ao mesmo tempo. A chance de uma arena dar certo é muito pequena porque muitas possibilidades estão envolvidas e, muitas vezes, elas são complexas. Foram detalhes difíceis e o terreno foi o primeiro deles. Belo Horizonte tem pouca área disponível, mas eu acredito muito na sorte e que Ele, que está lá em cima, faz as coisas acontecerem. Apareceu o terreno de 120 mil metros quadrados na Via Expressa. Eu não acreditei na hora em que vi aquilo! Não poderia ser verdade", recorda Rubens Menin.

O terreno em questão pertencia à MRV. Porém, como a MRV Engenharia é uma empresa de capital aberto, ela não poderia simplesmente doar o terreno para que o Atlético construísse a sua casa própria, mesmo com o sócio majoritário da empresa sendo Rubens Menin.

A alternativa encontrada foi criar uma Sociedade de Propósito Específico (SPE) que, grosseiramente falando, nada mais era do que um CNPJ que possuía um terreno. O que aconteceu para que o sonho, ainda distante, ficasse um pouco mais viável foi que Rubens Menin, como pessoa física, comprou o terreno pelo seu valor de mercado, aproximadamente R$ 40 milhões – o valor histórico do terreno é de aproximadamente R$ 20 milhões, que corresponde ao que a MRV pagou por ele. Por regras contábeis, esse é o valor registrado em balanço, o que causa certa confusão nos torcedores quando a imprensa divulga valores referentes ao terreno.

Terreno da Arena MRV no início de 2020

Com a compra realizada por Rubens Menin, as cotas da SPE passaram a ser de propriedade dele, que as doou integralmente ao Atlético. O clube integralizou essas cotas dentro de um fundo de investimento como forma de proteger a futura arena de bloqueios judiciais, tão comuns em clubes de futebol. Essa movimentação jurídica e contábil foi o primeiro passo significativo para que a Arena MRV realmente saísse do papel, mas a caminhada ainda seria longa.

O ano de 2014 estava finalizando e o torcedor atleticano estava em festa com a conquista inédita da Copa do Brasil. Um feito épico após viradas espetaculares nas quartas e na semifinal em cima do Corinthians e Flamengo, respectivamente, e uma final tranquila, com duas vitórias contra o arquirrival Cruzeiro. O Atlético tinha um novo presidente e 2015 certamente seria um ano decisivo para as pretensões do Galo de ter uma casa para chamar de sua.

ATA DA REUNIÃO EXTRAORDINÁRIA DO CONSELHO DELIBERATIVO DO CLUBE ATLÉTICO MINEIRO REALIZADA NO DIA 18 (DEZOITO) DE SETEMBRO DE 2017 (DOIS MIL E DEZESSETE).

Aos 18 (dezoito) dias do mês de setembro de 2017 (dois mil e dezessete), no Auditório "Elias Kalil", localizado na Sede Social do Clube Atlético Mineiro, localizado à Av. Olegário Maciel, nº 1516, reuniu-se, em segunda convocação, às 9h (nove horas), o Conselho Deliberativo do Clube Atlético Mineiro, regularmente convocado pelo seu Presidente, Conselheiro Rodolfo Gropen, conforme Edital publicado no jornal "Estado de Minas" de 21 (vinte e um) de agosto de 2017 (dois mil e dezessete), segunda-feira, página 08 (oito) e enviado a todos os Senhores Conselheiros por correspondência individual e por e-mail (aos que possuem endereço eletrônico cadastrado na Secretaria do Conselho) e devidamente afixado na Sede Social e nas unidades denominadas Labareda e Vila Olímpica, com a presença dos Senhores Conselheiros cujas assinaturas constam do termo lavrado em livro de presença e a seguir relacionados, por ordem alfabética, que foram os seguintes: 001 – Abílio Gontijo Júnior, 002 – Achilles Farnezi Lobo, 003 – Adalberto Mendes Salles, 004 – Adamastor Nascimento Machado, 005 – Adriana Branco Cerqueira, 006 – Afonso de Araújo Paulino, 007 – Agnaldo José Nogueira, 008 – Agnelo da Conceição Vinagre, 009 – Alberto Carlos de Freitas Ramos, 010 – Alberto Pinto Coelho Júnior, 011 – Alexandre Dias Campos, 012 – Alexandre Felipe Valadares, 013 – Alexandre Gonçalves, 014 – Alexandre Kalil, 015 – Alexandre Machado Vilela, 016 – Alexandre Victor de Carvalho, 017 – Altivo Horta de Castro Filho, 018 – Aluízio Calixto, 019 – Amadeu Brasileiro dos Santos, 020 – Amir de Souza Halabi, 021 – Ana Helena de Queiróz Gomes, 022 – André Luiz Pinto, 023 – André Maurício Ferreira, 024 – André Nunes Lamounier, 025 – Antônio Almeida Lopes, 026 – Antônio Augusto Junho Anastasia, 027 – Antônio Azan, 028 – Antônio Cadar Neto, 029 – Antônio do Monte Furtado Filho, 030 – Antônio Elias Moysés Neto, 031 – Antônio Felício Nemer, 032 – Antônio Moysés da Silva, 033 – Armando Carmo Couri Filho, 034 – Armando Freire, 035 – Arnaldo Aluísio Electo Camargos, 036 – Arnaldo Mello Figueiredo Júnior, 037 – Benedito Lélis Matos Siqueira, 038 – Bernardo Mares Guia Farkasvolgyi, 039 – Carlaile Jesus Pedrosa, 040 – Carlos Alberto Barbosa, 041 – Carlos Alberto da Costa, 042 – Carlos Alberto dos Santos, 043 – Carlos Antônio Goulart Leite Júnior, 044 – Carlos Donato Carceroni Duarte, 045 – Carlos Eduardo Porto Moreno, 046 – Carlos Henrique Brandão Côrtes, 047 – Carlos Márcio dos Santos, 048 – Carlos Olavo Pacheco de Medeiros, 049 – Castellar Modesto Guimarães Filho, 050 – Castellar Modesto Guimarães Neto, 051 – César Augusto Sizenando Silva, 052 – Cláudio Freitas Utsch Moreira, 053 – Cláudio Márcio de Melo Antunes Corrêa, 054 – Cláudio Rosa Cesário, 055 – Clóvis Tarcísio Ferreira Pinto, 056 – Dacilo Cândido, 057 – Dalton Oliveira da Conceição, 058 – Dalton Soares Lopes, 059 – Daniel Chequer

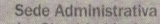

Ata da reunião do Conselho Deliberativo que aprovou a venda de metade do Shopping Diamond Mall

▶ A VOTAÇÃO NO CONSELHO DELIBERATIVO

O caminhoneiro Rubélio Vieira saiu cedo de casa, na região do Barreiro, naquele 18 de setembro de 2017. Ao se despedir da esposa, avisou-lhe para não o esperar porque o dia seria longo. Ele não sairia em viagem com o seu caminhão, como já havia feito milhares de vezes. O destino dessa vez era bem mais próximo: a sede social do Atlético, no bairro de Lourdes.

Rubélio não queria apenas acompanhar de perto, mas ser parte daquele dia que prometia ser um dos mais importantes da história do clube do coração. O Conselho Deliberativo do Atlético votaria naquela segunda-feira a aprovação ou não da venda de parte do Shopping Diamond Mall, o que, caso aprovado, viabilizaria o início da construção da Arena MRV.

Às 7 horas da manhã, antes mesmo dos primeiros conselheiros chegarem para votar, Rubélio já estava na porta da sede de Lourdes para uma vigília que duraria o dia todo. "Eu até fiz um slogan que gritava para as pessoas e os conselheiros que chegavam. Era uma boca de urna! Eu gritava sempre: 'Sim! Sim, pelos seus filhos e pelos seus netos, um estádio novo, bonito e moderno'".

Aos poucos, outros atleticanos começaram a ocupar a calçada na Avenida Olegário Maciel. Faixas de torcidas organizadas apareceram, outras com dizeres firmes ajudavam a pressionar, caso algum conselheiro ainda estivesse indeciso. "Conselheiros: a Massa quer o estádio do Galo" e "Conselheiros: estádio sim! O Galo precisa ter sua casa" eram algumas delas. Todos os grandes veículos de comunicação de Belo Horizonte colocaram jornalistas de plantão para acompanhar a chegada dos conselheiros atleticanos.

Em setembro de 2017, a Massa comemorou o início do projeto da Arena MRV

A voz rouca e forte do caminhoneiro Rubélio chegava a ecoar dentro do auditório onde acontecia a votação, no terceiro andar da sede. "Queriam me tirar da frente da sede, a torcida que não deixou", relembra. A boca de urna fez efeito e, no meio da tarde, o projeto foi aprovado pelo Conselho Deliberativo. A primeira das várias horas que Rubélio passaria fora de casa por causa da Arena MRV terminava com um final feliz.

O dia da votação no Conselho Deliberativo era o primeiro passo de uma jornada enorme rumo à Arena MRV. Mas o trabalho de convencimento dos conselheiros foi tão árduo quanto erguer as primeiras colunas da casa própria do Atlético. Uma luta de anos que começou com pequenas reuniões com conselheiros até culminar com a aprovação.

"Foi um trabalho de mais ou menos dois anos, sentando Rubens Menin, Daniel Nepomuceno, Rafael Menin e eu, para podermos apresentar para grupos de conselheiros a proposta do projeto e entender que o negócio era extremamente viável", relembra Bernardo Farkasvölgyi, conselheiro e arquiteto da Arena MRV.

Por mais que um projeto sólido estivesse sendo construído há anos, e que todos os envolvidos acreditassem no sucesso, os conselheiros teriam que votar sobre a venda de metade de um grande patrimônio do clube para que o dinheiro fosse colocado naquilo que ainda era um sonho. Como forma de convencer os votantes, o clube elaborou um relatório minucioso que foi enviado a cada um dos 420 conselheiros do clube.

No belo material, várias imagens do projeto da Arena MRV, mensagens motivacionais, explicações sobre o empreendimento, a localização, esplanada, estacionamento e um resumo assinado por Bernardo Farkasvölgyi.

"A inspiração para o projeto da arena veio das grandes faixas em preto e branco desfraldadas pela torcida em jogos do Atlético, como também das listras que são a marca das camisas e bandeiras do Galo. O maior desafio foi criar uma identidade visual que fosse reconhecida e admirada pela torcida. Dessa forma, a cobertura do estádio ganhou um listrado em branco e cinza que se repete no desenho do piso no nível térreo e na fachada do edifício-garagem, criando um ambiente que fará o atleticano se sentir em casa".

Aquele projeto que chegou às mãos dos conselheiros meses antes da votação passaria por várias alterações até a construção efetivamente começar. Nele, ainda havia o conceito de um centro de compras, lazer e alimentação com aproximadamente 8 mil m². O edifício-garagem citado por Bernardo possuía 10 pavimentos, 4.450 vagas para automóveis e vans e 116 para motocicletas. Havia ainda heliponto e um anfiteatro com 20.500 m². A capacidade pensada pelo arquiteto era de cerca de 50 mil torcedores. Outro diferencial no projeto era uma área de 28 mil m², com acesso independente, destinada à realização de feiras, exposições e convenções.

O trabalho de convencimento dos conselheiros do Atlético foi árduo e comandado brilhantemente por Pedro Tavares, assessor da presidência e responsável pelo contato com as centenas de conselheiros. Pedrão, como é conhecido nos bastidores do Atlético, recebia e conversava pacientemente com cada conselheiro que o procurava com dúvidas sobre o projeto que, naquele momento, ainda era um sonho distante.

No primeiro momento, as conversas aconteciam com pequenos grupos no universo de mais de 400 conselheiros. "Fizemos várias reuniões, convocações, com diversos grupos de conselheiros, explicando o que era o projeto, o motivo da construção de uma arena, qual a importância de uma arena para um clube de futebol, que isso geraria não só na parte comercial, na parte financeira, mas que aumentaria muito a receita, aumentaria muito o lucro desse clube" recorda o ex-presidente do Atlético e conselheiro grande benemérito, Ricardo Guimarães.

A votação na sede de Lourdes reuniu grandes nomes da política não só atleticana, mas nacional. Os ex-presidentes atleticanos que compareceram à votação se mostraram entusiasmados com a aprovação. "Votei com a absoluta convicção do que tinha que ser feito. É o Atlético crescendo junto da sua torcida", disse o ex-presidente do clube e conselheiro grande benemérito, Ziza

Valadares. Outros ex-presidentes do clube que marcaram presença foram Nélio Brant, Paulo Cury, Afonso Paulino e Alexandre Kalil.

Passava das 15 horas quando o projeto conseguiu o voto de número 260, que garantia a aprovação. A torcida, que esteve presente à porta da sede de Lourdes durante toda a votação, comemorou bastante a aprovação da proposta, com um grande foguetório na Avenida Olegário Maciel, gritos de ordem e, claro, o hino do clube.

Em um vídeo especial da então TV Galo, Rubélio comemora, em lágrimas, a aprovação. "É um momento ímpar. Estou muito feliz. Só peço a Deus que me dê vida para eu ver esse estádio", disse.

O presidente do Atlético na oportunidade, Daniel Nepomuceno, que foi um nome fundamental em todo o projeto, trabalhando arduamente para que chegasse esse momento de tanta alegria, vibrou com a aprovação vislumbrando um grande futuro para o Atlético.

"Parabéns ao Atlético, parabéns a esse Conselho! Parabéns a todos que estão há quatro anos trabalhando e, mais do que pela aprovação, pela seriedade com que foi tratado esse projeto. É o primeiro passo, vamos continuar com a aprovação do projeto no Poder Público. Foi o primeiro degrau e temos vários para fazer o estádio mais moderno da América Latina", falou ao canal oficial do Atlético.

Já era noite quando a secretaria do Conselho Deliberativo do Atlético encerrou a votação. No total, 337 conselheiros votaram. Foram 325 votos a favor e apenas 12 contra.

Após a aprovação, as próximas etapas para a efetivação da Arena MRV eram a consolidação dos termos e ajustes finais com os parceiros envolvidos na construção, para finalização do projeto definitivo; encaminhamento do projeto definitivo à Prefeitura de Belo Horizonte, para liberação pelos órgãos competentes, e a contratação da construtora para início das obras.

O caminhoneiro Rubélio voltou para casa com o sentimento de dever cumprido. Na visão dele, cada grito, cada lágrima e cada palavra ao longo daquele inesquecível dia de setembro teve o mesmo peso dos votos dos conselheiros, e a história do caminhoneiro junto da Arena MRV estava apenas começando. Os atleticanos não sabiam, mas ainda ouviriam falar muito daquele caminhoneiro da Massa.

▶ AS CONTRAPARTIDAS

De todos os assuntos que envolveram as obras da Arena MRV, as contrapartidas foram, sem sombra de dúvidas, o mais controverso e que gerou mais discussões no âmbito técnico. Programas esportivos, analistas políticos, torcedores em mesa de boteco analisaram, com e sem propriedade, os valores e o que foi colocado como contrapartida pelo Poder Público para que o estádio fosse erguido.

Com a obtenção da licença de instalação (LI), o projeto avançou.

O Certificado de Licença Ambiental n° 0814/19, assinado pelo então Secretário Municipal de Meio Ambiente, Mário Werneck, é um documento de 62 páginas. Nele, estão as 84 condicionantes – 49 ambientais e 35 da BHTrans – que permitiriam ou não a obtenção da Licença de Operação (LO) por parte da Arena MRV.

Uma vez que para o torcedor, muitas vezes leigo no assunto, o tema sempre foi tratado com contrapartidas, é importante informar que há outros termos envolvidos no mesmo assunto: compensação e condicionantes. Mas, qual a diferença entre eles?

Compensação é uma obrigação prevista em lei para, como o próprio termo explica, compensar os impactos negativos não mitigáveis. Já a contrapartida em razão do empreendimento, independentemente de previsão legal específica, foi estabelecida entre as partes, o Poder Público e o empreendedor, neste caso a Arena MRV, no curso do processo de licenciamento ambiental. Condicionante é tudo aquilo que condiciona a obtenção de uma licença, podendo ser tanto contrapartida quanto compensação, mitigação ou recuperação ambiental.

Entre as 84 condicionantes há temas como, por exemplo, "Apresentar projeto executivo de engenharia para as vias a serem utilizadas nas rotas de chegada e de saída do empreendimento que apresentarem necessidade de melhoria de infraestrutura, como drenagem e pavimento (revestimento, base e sub-base), considerando que deve ser adequado para absorver o tráfego de ônibus e caminhões". Essa, claramente uma condicionante viária.

Outra condicionante, essa ambiental, fala em "Comprovar a instituição da Reserva Particular Ecológica – RPE", que nada mais é do que a área de cerca de 46 mil m² localizada no terreno da Arena MRV.

Se formos citar uma condicionante social, "Comprovar a implantação dos equipamentos de saúde e educação" é uma delas. Esses equipamentos são o Centro de Línguas e Inovação (CLIC), a Academia da Cidade e o Núcleo Ampliado de Saúde da Família (NASF) construídos e mobiliados pela Arena MRV para uso em prol da comunidade na esplanada do estádio.

Portanto, nota-se que é um engano a exploração na mídia apenas das contrapartidas viárias do entorno da Arena MRV como condicionante na obra. Elas foram, sim, aquelas que demandaram mais recursos, esforços, estudos e agilidade na conclusão, pois sem algumas dessas obras não haveria nem mesmo como um veículo chegar até o estacionamento do estádio.

Com experiência em obras viárias por ter atuado em outros projetos pela Reta Engenharia, Francisco Silvério, coordenador de Projetos da empresa contratada pela Arena MRV como fiscalizadora da construção, foi o profissional que ficou à frente de todos os processos e tocou com muita perseverança e profissionalismo as discussões que envolveram as intervenções que prometiam melhorar o trânsito na região da arena.

"O porte do empreendimento por si só já traduz o grande desafio enfrentado, tanto nas obras viárias quanto no licenciamento da Arena MRV. O processo de licenciamento foi bem longo, duro e cansativo. Tratamos de desapropriação, aprovação da geometria do projeto na BHTrans e tantos outros processos. Isso tudo foi bem difícil, complicado, mas toda discussão com a Prefeitura de Belo Horizonte sempre foi muito técnica e positiva", relembra. Aqui, um ponto importante. Diferente do que o senso comum colocou como verdade, nas reuniões com o COMAM em momento algum foi discutido valor de obras viárias. O assunto sempre foi debatido de forma técnica sobre a necessidade ou não de determinada intervenção.

O primeiro passo para o efetivo início das intervenções viárias foi conseguir com a BHTrans a assinatura nos projetos, o que ocorreu somente em agosto de 2021. O passo seguinte foi efetivamente dar início às desapropriações, em 12 áreas, que receberiam algum tipo de obra.

Em Belo Horizonte, o órgão público responsável pelas desapropriações é a Superintendência de Desenvolvimento da Capital (Sudecap), que prepara todo o memorial descritivo dessas áreas, com o desenho dos limites e quais seriam as benfeitorias, bem como cálculos e avaliações. Porém, com o tempo escasso e conhecendo as amarras burocráticas do serviço público, a Arena MRV assumiu todo esse processo como forma de agilizar os trâmites legais das desapropriações. "As nossas discussões na prefeitura sempre foram muito técnicas, nunca houve 'fura fila'. Nunca houve um pedido na Sudecap para passar a nossa solicitação à frente", ressalta Silvério.

Com um trabalho incansável do time de engenheiros e o apoio da Sudecap, em janeiro de 2022 o processo de desapropriação estava concluído e pronto para que o Poder Público emitisse o decreto de utilidade pública para fins de desapropriação e implantação do sistema viário, pelo menos nas áreas prioritárias.

Em 17 de janeiro de 2022, aconteceu no Centro de Experiências Fassa Bortolo uma reunião com empresas especializadas em grandes obras interessadas em assumir as intervenções viárias prioritárias da Arena MRV. No total, as 12 obras prioritárias contemplavam, dentre outras intervenções, alargamento das vias, viaduto, restauração de pavimentos, construção de uma via marginal, de ruas no entorno e alças.

Onze empresas participaram das primeiras reuniões e o processo de avaliação e posterior contratação foi longo. Naquela época havia uma alta demanda por obras e, por esse motivo, somente três apresentaram uma proposta efetiva. O tempo estava curto e a Arena MRV, por questões orçamentárias e de prioridades nas liberações viárias por parte dos órgãos públicos, decidiu priorizar algumas das obras em detrimento de outras. Após idas e vindas de propostas, rodadas de discussões e negociações, em 16 de agosto de 2022 foi dada a ordem de serviço para que a Construtora Mello Azevedo, a empresa contratada, iniciasse as intervenções.

Era uma corrida contra o tempo, e a partir de setembro de 2022 o entorno da Arena MRV começou a receber máquinas e homens para passar por alterações que mudariam, mais uma vez e definitivamente, a imagem do bairro Califórnia. "Quando há um prazo mais dilatado para terminar as obras viárias, é possível interditar menos vias", explica o coordenador de Projetos da Reta Engenharia. Mas esse não era o caso da Arena MRV, que contava ainda com a iminente chegada do período chuvoso, sempre preocupante em obras dessa magnitude. Por esses motivos, todas as obras foram executadas ao mesmo tempo e houve um impacto maior em toda a região, mas sempre com um diálogo aberto e transparente dos empreendedores com a comunidade, que teria a oportunidade de, graças à casa do Galo, receber melhorias esquecidas pelo Poder Público por mais de 40 anos.

As intervenções se concentraram principalmente nas ruas Cristina Maria de Assis, Walfrido Mendes, Oswaldo Cardoso, Margarida de Assis Fonseca, no bairro Califórnia, e na Gentil Portugal do Brasil, no bairro Camargos. Além disso, foi construída a marginal da Via Expressa para aliviar o fluxo de veículos tirando-os da via de trânsito rápido e os deslocando para as quatro novas pistas de acesso ao estacionamento da Arena MRV. As calçadas também foram ampliadas para quatro metros de largura.

A Arena MRV ficou responsável também por construir uma rua, asfaltada, iluminada e com calçada que serviria como acesso provisório de ligação de dois pontos do bairro Califórnia, entre as ruas Margarida de Assis Fonseca e Cristina Maria de Assis. Essa intervenção fez-se necessária devido à interdição total da rua Oswaldo Cardoso por tempo indeterminado.

De todas as intervenções viárias, uma delas era uma demanda antiga de toda a região. A duplicação do viaduto do bairro Camargos, rebatizado em homenagem à torcida do Galo de "Elevado da Massa", por meio de um decreto assinado pelo então prefeito de Belo Horizonte, Fuad Noman, em 23 de dezembro de 2023.

"O povo do município de Belo Horizonte, por seus representantes, decreta e eu sanciono a seguinte Lei: Art. 1º - Fica denominado Elevado da Massa o viaduto sobre a Avenida Presidente Juscelino Kubitschek, código 306570, no bairro Camargos. Art. 2º - Esta lei entra em vigor na data de sua publicação", diz o texto publicado no Diário Oficial do município.

O curioso é que, por pouco, essa obra quase não saiu do papel. Francisco conta que, de todas as reuniões realizadas com o CO-MAM, a mais estressante e polêmica foi justamente a que se referiu à mudança do texto do viaduto do bairro Camargos. A condicionante 05 da Licença de Instalação (LI) traz em seu texto:

"Apresentar projeto executivo de engenharia para a duplicação do viaduto existente na Rua João Batista Vieira, para permitir a ligação entre os bairros Califórnia e Camargos, incluindo o tratamento das cabeceiras dos viadutos (interseções com as ruas Cristina Maria de Assis e Gentil Portugal do Brasil), com implantação de minirrotatórias."

Mesmo com os responsáveis pelo empreendimento recebendo uma negativa anterior da BHTrans, a Arena MRV requereu em uma das reuniões do COMAM, a partir de comprovações técnicas, a retirada da obra. A justificativa dos executivos da arena baseava-se no fato de que a duplicação do viaduto não traria grandes benefícios para o entorno no dia a dia. A solicitação dos executivos era que, em vez de um viaduto rodoviário, uma obra de alto custo, o COMAM autorizasse a construção de uma passarela de pedestres, de 15 metros de largura, que atenderia o fluxo de pessoas em dias de jogos e eventos, uma vez que o trânsito ficaria fechado para veículos quando a Arena MRV recebesse eventos.

Com a vasta documentação, todos os argumentos técnicos e mesmo com o parecer desfavorável da BHTrans, o assunto foi levado à votação em uma das reuniões do COMAM e os conselheiros do município acataram o pedido do empreendimento, que conseguiu reverter a negativa dada pela empresa responsável pelo trânsito da cidade.

Porém, após longas discussões internas entre as partes financeiras e técnicas da Arena MRV, e prezando o ótimo relacionamento com a comunidade que ansiava havia décadas pela obra, os executivos, liderados por Bruno Muzzi, optaram por retroceder na solicitação feita ao conselho municipal e autorizaram a obra do Elevado da Massa.

Entre 27 de abril e 5 de maio de 2023, uma complexa operação teve que interditar parcialmente durante o dia e totalmente durante as madrugadas a Via Expressa, uma das principais ligações entre as cidades de Belo Horizonte e Contagem, para o içamento das vigas de duplicação do Elevado da Massa. Foram içadas 21 vigas no total. Sete delas com 10 metros de comprimento e pesando, cada uma, aproximadamente 20 toneladas. Outras sete vigas que compõem o viaduto pesam, cada uma, 27 toneladas e possuem 15 metros. Ainda havia as sete maiores, com 41 metros e 73 toneladas. Três guindastes foram responsáveis por suspender cuidadosamente, durante aquelas madrugadas frias, toda essa imensidão de concreto. Ao fim dos trabalhos noturnos, foi concluída mais uma etapa tensa, perigosa e delicada do projeto e, mais uma vez, sem acidentes.

O transtorno no trânsito durante toda a operação foi mínimo e os moradores dos bairros Califórnia, Camargos e Santa Maria viram um antigo sonho se tornar uma bela realidade graças ao colosso que agora fazia parte da paisagem. Era a Arena MRV, mais uma vez, mudando para melhor a vida dos vizinhos.

Parte das atenções nos dias que antecederam à primeira partida oficial do Atlético na Arena MRV, contra o Santos, em 27 de agosto, estavam voltadas para a mobilidade. Equipamento novo e desconhecido da grande maioria dos 30 mil atleticanos ansiosos por conhecer a nova casa, e em um dia de chuva.

Mas, assim como a Massa saiu festejando a primeira vitória atleticana na nova casa, o resultado da operação de trânsito para a aguardada estreia foi comemorado pelos engenheiros e responsáveis pelo tráfego. O acesso ao estádio funcionou perfeitamente e sem retenções, tanto na chegada quanto na saída, para grande maioria da torcida.

A operação colocada em prática, com inversão da mão de direção na Via Expressa no sentido Belo Horizonte para Contagem, proibição de circulação de veículos no entorno do estádio e o incentivo de uso de transporte público, como metrô, funcionaram e a mobilidade, uma das grandes preocupações em dias de eventos, revelou-se, na realidade, um sucesso.

▶ CONTRAPARTIDAS SOCIAIS

O Instituto Galo

Eleito presidente do Atlético para o triênio 2021/2023, o administrador de empresas Sérgio Batista Coelho tem na filantropia um dos seus pilares de vida. Ele mantém em Crucilândia, cidade a 124 km de Belo Horizonte, a Associação dos Protetores das Pessoas Carentes (Assopoc), referência na assistência social e no acolhimento humanizado de idosos, adultos, jovens, crianças e pessoas com deficiência múltipla e intelectual em situação de vulnerabilidade social.

59

Com um olhar tão sensível para aqueles que mais necessitam, uma das contrapartidas sociais da Arena MRV foi tratada com toda a atenção necessária durante o mandato do novo presidente atleticano. A criação de uma associação civil sem fins lucrativos, com foco na promoção de saúde, lazer, educação e bem-estar social foi uma das condicionantes da obra, foi um dos acordos firmados com o Poder Público para a construção da casa do Galo. Nasceu, assim, o Instituto Galo, uma associação sem fins lucrativos, projetada para realizar ações diversas em benefício das pessoas em situação de vulnerabilidade social.

O braço social do Atlético foi acolhido pelo presidente. Sob o comando de Maria Alice Coelho, esposa de Sérgio Coelho, o IG, como ficou conhecido internamente o Instituto Galo, realizou entre fevereiro de 2021 e o final de 2023 mais de mil ações, com mais de 240 mil pessoas beneficiadas de diversas camadas da sociedade.

Além disso, mais de um milhão de pessoas foram impactadas em campanhas de conscientização e mais de 600 instituições foram beneficiadas a partir de fontes de receita alternativas, como incentivos fiscais por meio das legislações vigentes no país, doações e percentual do faturamento da Arena MRV assim que o estádio entrasse efetivamente em operação. Desenvolvido em formato pioneiro no futebol brasileiro, o Instituto Galo tem orçamento totalmente independente dos cofres do Clube.

Projeto musical, de esporte, cidadania, reconhecimento e valorização de ex-atletas e funcionários do Galo abriram as portas do Atlético para um público carente de atenção, afeto e cuidado. Pacientes de câncer ou que necessitavam de transfusão de sangue, idosos e pessoas em situação de rua que sofriam com o frio tiveram a mão estendida pelo clube mais popular de Minas Gerais por meio do Instituto Galo.

Uma importante ferramenta de inclusão dos públicos acolhidos pelo Instituto Galo é o mascote do Atlético, o Galo Doido, que, vestindo a camisa da solidariedade, participa das ações promovidas pelo instituto visitando creches, asilos e as mais variadas instituições. Além de levar a solidariedade a crianças, adultos e idosos, o Galo Doido distribui brindes, auxiliando na atleticanização das pessoas. Somente no final de 2023, na casa do Galo Doido Noel, local em que o mascote recebia o público gratuitamente para fotos, foram distribuídas mais de três mil camisas do Instituto Galo.

Preocupação ambiental

Na metade do século XX, Belo Horizonte ostentava com orgulho o título de "cidade jardim", graças ao grande número de áreas verdes disponíveis no município. A principal avenida da cidade, a Afonso Pena, possuía em toda a sua extensão um corredor com mais de 300 fícus, árvores que foram cortadas no início da década de 1960.

O progresso que expandiu a cidade para regiões mais afastadas, como a Pampulha, na década de 1940 e 1950, contribuiu para que outras áreas verdes da cidade sumissem do mapa ao longo do tempo. Tema recorrente principalmente nas últimas décadas, a questão ambiental é tratada com muita cautela devido à importância da preservação dos espaços naturais nas grandes cidades. E com a Arena MRV não seria diferente.

Das 84 condicionantes constantes na Licença de Implantação do empreendimento, 49 delas são ligadas à Secretaria de Meio Ambiente. A arena foi erguida em uma área onde há um resquício de Mata Atlântica, o que obrigou que vários acordos e determinações impostos pelo Poder Público fossem cumpridos pelo empreendimento no que se refere ao meio ambiente.

Entre as contrapartidas, a Arena MRV tem a obrigação de manter o terreno da Reserva Particular Ecológica (RPE) íntegro. "A RPE é um tipo de unidade de conservação no âmbito municipal de Belo Horizonte, e ocorre quando um particular quer preservar uma área ambiental. Tem todo um procedimento de instituição, é um processo bastante burocrático", ressalta o biólogo Manuel Gontijo, que ficou à frente de todo o processo. A RPE é uma área de preservação de caráter perpétuo. A Arena MRV não pode destruir aquela área para fazer estacionamento, por exemplo. O compromisso é de mantê-la intacta, além de ter a obrigação de recuperá-la e fazer com que se mantenha protegida.

Gontijo relembra que em janeiro de 2020, quando Belo Horizonte recebeu uma das maiores chuvas já registradas em sua história, antes do início efetivo das obras, houve uma erosão que resultou em uma ruptura na RPE. "Antigamente, todo o terreno sofria com lançamentos clandestinos de lixo, entulho, principalmente próximo às ruas, e no local onde aconteceu a ruptura, o terreno ficou encharcado por causa de entulho e acabou deslizando. A Arena MRV recebeu a incumbência de fazer um Plano de Recuperação de Áreas Degradadas (PRADE) nessa área que foi afetada."

Esse foi apenas um dos compromissos firmados com o Poder Público relacionados ao meio ambiente. O Secretário Municipal de Meio Ambiente de Belo Horizonte, Mário Werneck, foi um dos mais importantes profissionais envolvidos em todo o processo de licenciamento ambiental do projeto da Arena MRV. À frente da Secretaria, participou de centenas de reuniões com o Ministério Público, comunidade e responsáveis pelo empreendimento sempre mediando para que uma obra tão importante para a cidade saísse do papel. "Eu posso dizer, como secretário e como cidadão de Belo Horizonte, que eu pude aprender muito com esse processo. Você aprende com os erros e com os acertos. E durante essa caminhada de toda a equipe com os empreendedores, afirmo que fiquei muito feliz por participar desse projeto na condição de secretário", relembra.

Outra importante condicionante foi o plantio de 46 mil mudas de árvores em parques da cidade como medida compensatória do desmatamento causado em parte do terreno. A Arena MRV recebeu a incumbência de arborizar parques da cidade, durante 10 anos, com o plantio de 4.600 mudas por ano.

O número representa uma árvore para cada assento do estádio do Atlético e corresponde a cerca de 10% do total de árvores atualmente existentes na cidade. "É um privilégio e uma satisfação enorme podermos contribuir para a arborização dos parques de Belo Horizonte. Temos o compromisso de ser uma arena sustentável e queremos compartilhar essa visão com o nosso torcedor", ressalta o biólogo e coordenador ambiental da Arena MRV.

No final de 2023, terceiro ano após o início do plantio, parques públicos da cidade já haviam recebido 13.800 mudas, fruto da construção do estádio do Atlético.

3
O local do estádio

▶ O BAIRRO CALIFÓRNIA

O local onde hoje está o bairro Califórnia era parte do terreno da fazenda Coqueiros, pertencente à família Camargos, importante sobrenome dos primeiros anos da capital mineira. Na década de 1920, os proprietários decidiram pelo loteamento do terreno, dando origem ao bairro Camargos, vizinho ao Califórnia, que, naquela época, ainda era uma região desabitada. A iniciativa de transformar a região em um loteamento se deu apenas na década de 1960. No entanto, por muitos anos, a falta de plantas regularizadas dificultou a aprovação, na Prefeitura de Belo Horizonte, de projetos urbanísticos para o local e, também, de achar interessados em financiar as construções.

A situação do bairro começou a mudar somente no final da década de 1970, graças ao esforço de uma associação de moradores que trabalhou pela urbanização da região. Fundada em 1973, a Associação Urbanizadora do Bairro Califórnia (ASSUCAL) conseguiu, em 1978, as aprovações necessárias que visavam ao desenvolvimento do bairro.

Uma curiosidade é que houve uma briga pelo direito de utilizar o nome Califórnia entre a ASSUCAL e os moradores do Conjunto Califórnia, empreendimento habitacional vizinho, já lançado e prestes a ser inaugurado. Atuando de forma política, a Prefeitura de Belo Horizonte se viu obrigada a aprovar os dois loteamentos com o mesmo nome. As duas regiões são separadas somente pela BR-040, que liga Belo Horizonte a Brasília.

Devido à separação geográfica ocasionada pela BR-040, o bairro Califórnia é ainda mais ligado aos bairros Santa Maria e Camargos do que ao conjunto habitacional. A população dessas três localidades da região noroeste da capital mineira, com pouco mais de 26 mil habitantes, segundo o Censo de 2010, representa 1,1% da população de Belo Horizonte.

A luta do Califórnia para conseguir melhorias com o Poder Público é antiga, o que ajuda a explicar que, das três localidades, é a que possui menos habitantes, com cerca de 6.080 moradores, enquanto o bairro Camargos conta com mais de 13 mil e o Santa Maria pouco mais de sete mil, segundo dados do IBGE. No Califórnia, por exemplo, até a década de 90 era proibida a construção de prédios acima de quatro andares, o que dificultou a ocupação da região e o aumento da população no bairro.

O rendimento médio dos domicílios nos três bairros, pesquisados em 2010 pelo IBGE, é inferior ao de Belo Horizonte. Enquanto na capital mineira a renda média é de aproximadamente

R$ 3.722,00, a do Califórnia é de R$ 2.211,00; a do Santa Maria, R$ 2.607,00 e a do bairro Camargos, R$ 3.004,00.

Segundo informações da Receita Federal presentes no Programa de Monitoramento e Acompanhamento dos Aspectos Socioeconômicos das Comunidades Afetadas – um dos vários estudos exigidos pela Prefeitura de Belo Horizonte para autorizar a implantação da Arena MRV –, a região contava com 4.249 empresas ativas em 2020. O comércio é a principal atividade da região, que tem uma grande carência de espaços destinados à cultura, ao lazer e ao esporte. Há na região 22 instituições de ensino, entre creches, Escolas Municipais de Educação Infantil (EMEIs) e Ensinos Fundamental e Médio. Dessas, oito são públicas (três estaduais e cinco municipais) e 14 são privadas.

Antes de as primeiras máquinas começarem a mudar a paisagem da região onde hoje está localizada a Arena MRV, o lugar era bastante ermo. Quem saísse da capital mineira em direção à Contagem, pela Via Expressa, já na altura do bairro Califórnia, avistava, à direita, um terreno baldio com uma área aproximada de 120 mil metros quadrados. Para acessar as ruas do bairro, era preciso sair da Via Expressa, virando à direita, e deixar o terreno para trás. Logo após o viaduto do bairro Camargos, contornar uma rotatória e, depois de uma leve subida, avistar, à direita, novamente, o mesmo terreno. Do outro lado da rua, encontra-se uma rara indústria, a fábrica de salgados Faleiro, uma das mais tradicionais de Belo Horizonte. Avançando mais um pouco, no mesmo lado da calçada, era possível se deparar com um pequeno restaurante e uma padaria com pouco movimento.

"Eu fiz uma aposta quando começaram a surgir informações sobre o estádio do Atlético. Afinal, sempre havia notícias de que o Galo e até mesmo o Cruzeiro construiriam um estádio, né? Mas arrisquei e adquiri essa padaria. No começo, eram tempos muito complicados, de abrir as portas e pagar para trabalhar. Fazia quatro fornadas de pão e sobravam três. Por questão de segurança, eu fechava as portas às 18 horas, porque o local era muito deserto." O relato é de Vanderlei Medeiros, proprietário da padaria localizada em frente ao terreno onde, em breve, seria erguida a Arena MRV.

"Era um tempo de muita incerteza, até que um dia, em 2018, três pessoas que observavam o terreno pararam na padaria. Após um breve papo, um deles me garantiu que poderia ficar tranquilo que o estádio seria realidade", lembra Vanderlei. O comerciante não sabia, mas essas três pessoas eram Bruno Muzzi, e Carlos Pinheiro – os engenheiros à frente da obra da Arena MRV – e Diego Pontes – gerente de Projetos da Reta Engenharia.

Se a mensagem passada por aqueles três engenheiros para o comerciante do bairro Califórnia era de esperança, a incerteza ainda tomava conta de quem estava à frente do projeto da Arena MRV. A aprovação do Conselho Deliberativo do Atlético para a venda de 51% do Shopping Diamond Mall foi apenas o início de uma longa caminhada. As discussões com o Poder Público para que o projeto fosse aprovado em diversas esferas governamentais municipais e estaduais demandaria muito tempo e habilidade.

Ao olhar para o terreno acidentado e esquecido no bairro Califórnia, Muzzi, Pinheiro e Pontes sabiam que vencer os morros e imperfeições daquela área seria o menor dos problemas para tirar do papel a casa do Atlético. No início, as maiores batalhas seriam travadas em escritórios, gabinetes e conversando muito com políticos, técnicos e, também, com a comunidade dos bairros do entorno da Arena MRV em uma árdua tarefa de convencimento.

O desafio estava apenas começando, mas a chama estava acesa e desistir não era uma opção. Mesmo com toda a dificuldade, o Califórnia ganharia um novo vizinho para mudar a paisagem do bairro.

▶ AS BATALHAS PELOS LICENCIAMENTOS

A falta de um profissional que ficasse responsável por colocar tantas questões burocráticas para andar travava todo o projeto da Arena MRV. Foi justamente por isso que, no início de 2018, o engenheiro Bruno Muzzi assumiu como CEO do estádio, com a principal missão de resolver pendências.

Engenheiro civil formado pela Universidade Federal de Minas Gerais (UFMG) e com MBA em finanças, concluído em Atlanta, nos Estados Unidos, Muzzi é de uma família ligada à engenharia civil e o destino fez com que ele também seguisse os passos do pai, Carlos Muzzi, na responsabilidade de levar adiante a obra de um estádio. O pai do CEO da Arena MRV foi um dos engenheiros à frente da construção do Estádio Municipal João Havelange, o Parque do Sabiá, em Uberlândia, o maior palco de futebol do interior mineiro.

Ao lado do pai, Bruno também atuou na obra de uma importante reforma estrutural do Mineirão, na década de 1990, quando foram colocados amortecedores para diminuir os impactos que o pulo das torcidas causava às estruturas do estádio. "A empresa do meu pai participou do processo de licitação da ADEMG (autarquia que administrou o Mineirão de 1965 até 2010) para fazer a reforma estrutural do estádio, quando colocaram aqueles pilares. Eu participei daquela obra durante um ano. A obra consistia em instalar pilares com os capitéis grandes, que tinham seis amortecedores. Era a tecnologia da época e me recordo que havia um macaco hidráulico que pressionava os pilares para ter um certo amortecimento", relembra.

A entrada de Muzzi no projeto teve início por meio de uma conversa preliminar com Rubens Menin, ainda em 2017, mas a contratação só foi efetivada realmente no início do ano seguinte. "O Rubens Menin me convidou para uma reunião na sede do Atlético, em Lourdes. Quando chegamos à sala da presidência, estava acontecendo uma discussão entre diretores, conselheiros e muitas outras pessoas, justamente sobre o projeto do estádio. E o Rubens já me apresentou, informando que eu ficaria à frente da Arena MRV. Eu não havia comentado nem com a minha esposa, ainda. Saí da sede, entrei no carro e fui informá-la pelo celular sobre a novidade", comenta.

Naquela época, a expectativa era a de que as obras tivessem início ainda em 2018. Entender todo o processo e formar uma equipe foram os desafios iniciais assumidos pelo CEO. O primeiro passo foi ligar para um antigo amigo, também engenheiro, Carlos Antônio Pinheiro, o Carlinhos, que se tornou o diretor de engenharia do projeto e homem de confiança do Muzzi. O passo seguinte foi a contratação da gerenciadora da obra. Após um processo de seleção, pelo qual passaram várias empresas, a escolhida foi a Reta Engenharia.

Quando foi contratada, a Reta Engenharia era uma empresa com cerca de 25 anos de mercado e com forte atuação em todo o território nacional. Do estudo de viabilidade do empreendimento à gestão executiva das obras, a empresa acumulou conhecimento, conquistou a confiança de seus clientes e otimizou o desenvolvimento de projetos complexos, elevando o nível de desempenho de execução das obras.

Com atuação nas áreas de engenharia civil, energia, siderurgia, petroquímica, entre outras, a Reta empreendeu em grandes obras, como a da Penitenciária de Segurança Máxima de Francisco Sá, na expansão da unidade de produção de bauxita da MRN, no Porto de Trombetas, no Pará, na Refinaria Alberto Pasqualini, da Petrobrás, no Rio Grande do Sul, dentre outras. Em um primeiro momento, o engenheiro Marcos Cassini foi o profissional designado pela empresa para trabalhar com Bruno Muzzi e Carlinhos no projeto da Arena MRV. Estava formado o primeiro time responsável por iniciar a obra do estádio do Atlético. O local de trabalho seria na sede da MRV Engenharia, no bairro Buritis, região oeste de Belo Horizonte.

"O Marcos me perguntava todos os dias quando as obras começariam. Brinquei com ele que, caso ele me perguntasse novamente, eu o colocaria com a Reta para fora da sala", relembra Bruno às gargalhadas. Não deu tempo de colocar o engenheiro para fora, porque ele assumiu logo em seguida o importante desafio de ser o CEO da Reta Engenharia e designou Diego Pontes para ser o seu substituto na função de gerente no projeto da Arena MRV.

Com a trajetória profissional praticamente toda dentro da Reta Engenharia, a grande experiência de Pontes era em trabalhos nos segmentos de mineração e projetos industriais. Ele havia atuado em obras de infraestrutura, estradas, pavimentação e terraplanagem. Ainda que esses trabalhos o tenham desafiado, não seriam nem de longe o maior da carreira do engenheiro nascido em Brasília. "Antes de entrar no projeto da Arena MRV, a obra mais representativa que eu havia participado tinha sido a de reforço das barragens da Samarco após o rompimento em Mariana". Fora um trabalho pesado, em meio à tensão da questão ambiental desse episódio de 2015. Estar à frente da construção de um estádio para um dos maiores clubes do Brasil, mexeria definitivamente com a vida profissional de Pontes.

O trio formado por Bruno, Carlinhos e Diego foi fundamental para entender todos os desafios e levar adiante o processo de licenciamento da obra que, àquela altura, estava nas mãos de terceiros. Em paralelo e com o objetivo de agilizar processos, eles também trabalharam na antecipação de estudos, projetos e sondagens e o Atlético anunciou, em março de 2018, que a Racional Engenharia seria a empresa responsável pela construção da Arena MRV.

Fundada em São Paulo, no dia 1º de dezembro de 1971, 19 dias antes de o Atlético se tornar campeão brasileiro, a Racional Engenharia tem uma sólida experiência em grandes obras. A empresa construiu hospitais, fábricas, aeroportos, shoppings e diversos prédios por todo o país. Entre os clientes, constam gigantes nacionais e multinacionais.

Com uma nota publicada no site do clube, em 23 de março, o Atlético informou à torcida que a empresa cumpria todos os requisitos exigidos pelo clube, em particular a conjugação de preço, qualidade e garantias, e foi a vencedora da concorrência para construção do sonho alvinegro.

Enquanto isso, no décimo andar da MRV Engenharia, onde foi montado o escritório para gerenciar a construção da arena, Bruno tomava uma importante decisão, a qual, inclusive, iria se mostrar fundamental para destravar os licenciamentos. "Era muita gente envolvida no licenciamento, nós três não entendíamos nada e a cada dia aparecia uma novidade. Comentei que era necessário entender cem por cento do processo para, então, começarmos a conduzi-lo. Não dava para ficar nas mãos de terceiros porque a cada dia mudava algo e ficávamos vendidos", relembra Muzzi.

Foi uma época de muitos estudos e reuniões, principalmente com a Prefeitura de Belo Horizonte (doravante PBH). A primeira tarefa foi entender o que significava cada sigla ligada à PBH. Depois de passar pelo obstáculo de entender as siglas, tivemos como objetivo final de todo o estudo: DAIA (Documento Autorizativo para

Intervenção Ambiental), LI (Licença de Instalação), LP (Licença Prévia) etc.

Outros obstáculos desse longo processo foram aparecendo. Um dos mais complexos foi o do entrave de ter que realizar intervenções em uma Área de Proteção Permanente (APP). Todo o processo da Arena MRV foi elaborado com a possibilidade de a obra ser enquadrada como de utilidade pública, de acordo com a Lei 12.651/2012. Todavia, um entendimento do Supremo Tribunal Federal de 28 de fevereiro de 2018 derrubou essa possibilidade. Esse foi o principal motivo de o projeto não caminhar durante o ano de 2018.

"Você só tinha duas formas de um projeto privado intervir em nascentes – e no terreno da Arena MRV há duas – e em curso d'água: utilidade pública ou interesse social", explica Bernardo Farkasvölgyi. A missão de Muzzi e da equipe era, naquele momento, encontrar uma forma de transformar o projeto em interesse social e fazer com que o governo de Minas Gerais acatasse a solicitação. Se esse desafio não fosse vencido, o projeto seria inviável do ponto de vista legal.

Os trâmites para criar um projeto consistente que atendesse às exigências do governo do estado duraram mais de seis meses. Foi nesse momento que surgiu o Instituto Galo, braço social do Atlético e uma associação sem fins lucrativos, voltado para a realização de ações em benefício das pessoas em situação de vulnerabilidade social. O instituto tem a garantia de que 1,5% da receita líquida da Arena MRV seja destinada para manter projetos sociais, daí o interesse social.

Com o projeto embasado, ele foi apresentado ao governo de Minas Gerais e passou pelas Secretarias de Desenvolvimento Econômico, Ciência, Tecnologia e Ensino Superior (SEDECTES) e de Meio Ambiente e Desenvolvimento Sustentável (SEMAD), antes de chegar à chancela do governador Fernando Pimentel.

A espera terminou em 24 de novembro de 2018, quando foi publicado no Minas Gerais, o Diário Oficial do Estado, o decreto assinado pelo governador Fernando Pimentel:

O GOVERNADOR DO ESTADO DE MINAS GERAIS, no uso de atribuição que lhe confere o inciso VII do art. 90 da Constituição do Estado e tendo em vista o disposto nas alíneas "c" e "g" do inciso IX do art. 3º da Lei Federal nº 12.651, 25 de maio de 2012, DECRETA: Art. 1º – Fica declarada de interesse social, nos termos do disposto nas alíneas "c" e "g" do inciso IX do art. 3º da Lei Federal nº 12.651, de 25 de maio de 2012, considerando a alta relevância e o interesse social do empreendimento indicados pelo proponente e justificados na exposição de motivos da Secretaria de Estado de Desenvolvimento Econômico, Ciência, Tecnologia e Ensino Superior, a obra da Arena Multiuso, a ser executada pela empresa MRV Prime LII Incorporações SPE Ltda., no Município de Belo Horizonte.

Parágrafo único – Este decreto limita-se, em seus efeitos, ao reconhecimento do interesse social do empreendimento referido no art. 1º.

Art. 2º – A autorização de supressão de vegetação em área de preservação permanente, a partir desta declaração, dependerá de procedimento administrativo próprio dos órgãos ambientais competentes, na forma da legislação vigente, sob pena de perda de eficácia deste decreto.

Art. 3º – Este decreto entra em vigor na data de sua publicação. Palácio da Liberdade, em Belo Horizonte, aos 23 de novembro de 2018; 230º da Inconfidência Mineira e 197º da Independência do Brasil.

FERNANDO DAMATA PIMENTEL

Estava vencida uma das mais árduas batalhas que finalmente viabilizou a possibilidade de avançar com os licenciamentos com os demais órgãos públicos estaduais e municipais. No entanto, não havia mais como iniciar a obra em 2018, como estava planejado.

Com o documento do comitê em mãos, em fevereiro de 2019 foi liberado, pelo Instituto Mineiro de Gestão das Águas (IGAM) – órgão vinculado à Secretaria de Estado de Meio Ambiente e Desenvolvimento Sustentável (SEMAD) –, o primeiro dos licenciamentos: a outorga para a canalização do Córrego do Tejuco, com o Comitê da Bacia Hidrográfica do Rio das Velhas.

Entre as deliberações do documento e as responsabilidades da Arena MRV, estavam a obrigatoriedade de o empreendimento manter 23% da área útil do terreno para a preservação e constituição de um parque, e proteger as duas nascentes do Córrego do Tejuco dessa área; a disponibilização de infraestruturas de uso público nas dependências do estádio; a captação de parte da água pluvial para utilização na arena; a instalação de estruturas de microdrenagem da área impermeável, direcionando a água pluvial para uma caixa de detenção, a fim de amortecer as vazões de pico provenientes de chuvas críticas.

Outro avanço foi comemorado em 12 de abril de 2019, uma sexta-feira, com o Conselho Municipal de Meio Ambiente (COMAM). No conselho, que é um colegiado com ação normativa e deliberativa, responsável pela formulação das diretrizes da Política Municipal do Meio Ambiente de Belo Horizonte, foram realizadas diversas reuniões para discutir os impactos da obra e deliberar sobre algumas aprovações.

O COMAM é composto por representantes do Poder Público e da sociedade civil e, especificamente em uma dessas reuniões, obtida a partir de um estudo de impacto ambiental elaborado pela UMA Gestão de Projetos, o clube conseguiu, por unanimidade, a Licença Prévia (LP) que, se não permitia o efetivo início das obras, autorizava a limpeza do terreno e a instalação de tapumes para cercar a área.

Duas semanas depois da liberação da LP, os tapumes começaram a ser instalados. A atividade durou cerca de dois meses e se ainda havia dúvidas na torcida sobre o local onde seria erguido o estádio, o cercamento se apresentou muito mais do que apenas uma questão de segurança. Aqueles tapumes representavam milhões de atleticanos de mãos dadas, abraçando o terreno onde, dentro de alguns anos, estaria cravado um dos maiores orgulhos da atleticanidade: a Arena MRV.

▶ A CÂMARA VIROU ESTÁDIO

A movimentação na Câmara Municipal de Belo Horizonte (doravante CMBH) estava diferente naquela terça-feira, 10 de setembro de 2019. O Plenário Amynthas de Barros, o maior dos quatro da casa legislativa da capital, começava a receber muitos cidadãos, a maioria vestida de branco, e nem todos eles eram belo-horizontinos.

Servidores da Câmara começaram a se preocupar se o espaço comportaria tanta gente e a segurança foi reforçada. O local não lota com frequência, mas, naquela tarde, os vereadores da cidade tomariam uma importante decisão para a torcida do Atlético. Aqueles homens e mulheres de branco eram da Galoucura, a maior torcida organizada do clube, que compareceu em peso para ajudar a pressionar os representantes do povo a aprovarem o Projeto de Lei nº 817/2019, de autoria do Executivo do município.

O PL nº 817/2019 foi enviado para a Câmara Municipal de Belo Horizonte em 29 de julho de 2019, pelo prefeito Alexandre Kalil, que dispunha sobre a "desafetação de áreas públicas para fins de parcelamento do solo". Mas o que é desafetação? E o que havia de público em um terreno onde seria erguida a Arena MRV? O motivo de as galerias da CMBH virarem a arquibancada do Mineirão, com direito a faixas estendidas, músicas de ordem, coreografias, aplausos e vaias, tinha a ver com essas perguntas.

O terreno do futuro estádio atleticano pertenceu a duas construtoras, primeiro à Habitar e, em seguida, à MRV Engenharia, antes de ser comprado por Rubens Menin e doado ao Atlético. Quando a Habitar era a dona do terreno e se interessou em fazer um loteamento no local, por força de lei, automaticamente, parte da área foi doada para o PoderPúblico – esse trâmite é obrigatório para que o município possa construir ruas e praças. Ou seja, uma parcela do terreno, onde no futuro seria erguida a casa do Atlético, ainda pertencia ao povo de Belo Horizonte.

A votação daquela tarde seria em primeiro turno e a aprovação garantiria o reparcelamento do solo e uma transição imobiliária. O Atlético ficaria com a totalidade do terreno antes loteado, conseguindo o que se chama de remembramento. A PBH ficaria com a Mata dos Morcegos – maior área verde do bairro Califórnia, que fica a cerca de 500 metros da Arena MRV, na rua José Cláudio Sanches, uma Zona de Preservação Ambiental que foi adquirida pelo projeto do estádio. O PL ainda garantia que o Atlético seria responsável por gerir e manter, por um período de 30 anos, como parque público, essa área, que agora seria do município.

Mas se tudo que envolve o Atlético acontece com uma certa dose de sofrimento, aquela votação não seria diferente. E não foi. A matéria só entrou em votação após um acordo entre a então presidente da Casa, vereadora Nely Aquino, a bancada cristã e a bancada da esquerda, a qual pretendia obstruir a pauta para impedir a votação de outro projeto. A vereadora conseguiu um acordo entre as duas alas do legislativo municipal, o que permitiu que o PL nº 817/2019 fosse votado e aprovado, o que muito interessava aos atleticanos que lotavam as galerias.

A pressão feita pelos atleticanos certamente surtiu efeito, pois, caso esse acordo não tivesse ocorrido, seria difícil explicar aos torcedores presentes que o sonho teria de ser adiado mais alguns dias ou semanas. Com unanimidade nos votos, os 38 vereadores presentes, alguns deles inclusive torcedores de outros clubes, aprovaram o PL, que passou para votação em segundo turno, o que, grosso modo, não passava de mera formalidade. O estádio atleticano dava mais um passo rumo à concretização, assim como outros tantos tinham sido dados antes daquela tarde agitada na Câmara de Vereadores.

Batalha vencida na Câmara, era hora de conseguir aprovações com os Executivos municipal e estadual. Em 2 de outubro, em reunião extraordinária da Unidade Regional Colegiada (URC) Central Metropolitana, do Conselho Estadual de Política Ambiental (COPAM), realizada na Superintendência Regional de Regularização Ambiental (SUPRAM) Central Metropolitana, na Secretaria de Estado de Meio Ambiente e Desenvolvimento Sustentável (SEMAD), foi aprovado o parecer pela regularização ambiental proposta para a intervenção em Áreas de Preservação Permanente (APPs).

Com a aprovação, a Arena MRV obteve, com o Instituto Estadual de Florestas (IEF), o Documento Autorizativo para Intervenção Ambiental (DAIA), uma das condicionantes para a obtenção da tão almejada Licença de Instalação (LI), que garantiria o início das obras. Esse era o próximo e decisivo desafio.

O assunto estádio do Atlético gerava tanta expectativa na torcida e imprensa que o auditório da Secretaria Municipal de Meio

Ambiente também lotou na reunião do COMAM do dia 20 de dezembro de 2019. Ao chegar ao local da votação, Diego Pontes, o gerente da Reta Engenharia à frente do projeto da Arena MRV, percebeu do que se tratava aquela obra para a Massa atleticana.

Naquele dia, a ficha caiu definitivamente para o experiente profissional. "Quando eu vi a repercussão, a quantidade de pessoas da prefeitura, da comunidade, da imprensa, todo mundo interessado em saber o que estava acontecendo naquele auditório e acreditando que a obra de fato iria iniciar, ver todo aquele movimento foi muito representativo para mim. Ali, caiu a minha ficha do tamanho do projeto que estávamos trabalhando", lembra.

A obtenção da LI chegou de forma unânime, com os 13 conselheiros votando favoravelmente à liberação das obras. Quando o Secretário Municipal de Meio Ambiente, Mário Werneck, foi ao microfone decretar que estava liberada a LI, gritos de "Galo" e aplausos ecoaram pelo auditório lotado.

A autorização foi mais um presente de Natal para o torcedor alvinegro, que fazia festa por todo o estado de Minas Gerais desde o rebaixamento do maior rival, o Cruzeiro, para a Série B do Campeonato Brasileiro, decretado em 8 de dezembro, após derrota por 2 a 0 para o Palmeiras, em casa. Enquanto o sofrido torcedor rival destruía o Mineirão, deixando um prejuízo de mais de 300 mil reais para a então principal casa do futebol mineiro, o final de 2019 para o atleticano era de extrema euforia.

O presidente do clube na oportunidade, Sérgio Sette Câmara, comemorou mais essa aprovação de um projeto tão desafiador. "É uma honra poder anunciar à torcida do Galo que as obras do estádio irão começar. Tenho certeza de que, na nossa nova casa, vamos ser ainda mais gigantes e alcançar grandes conquistas", destacou em um vídeo preparado pelo Departamento de Comunicação do Atlético. O vídeo alternava depoimentos do presidente Sette Câmara e do maior ídolo e artilheiro do clube, Reinaldo, além de imagens do projeto, da torcida e algumas palavras, como "conquista", "paixão", "emoção".

Essa etapa garantiu que o clube pudesse iniciar a movimentação de terra e terraplanagem. A LI foi obtida somente após o cumprimento de 50 condicionantes e mais cinco medidas compensatórias, que constavam na Licença Prévia (LP), etapa vencida em abril. "Tudo que é do Galo é muito difícil, mas era realmente uma área complexa e um projeto realmente de impacto. É um projeto de aprovação densa, mas o momento é de comemorar e, sem dúvidas, para a região, é uma vitória muito grande para a comunidade", disse à época, para a TV Galo, o CEO da Arena MRV, Bruno Muzzi.

O licenciamento da Arena MRV foi tão sofrido como aguardar uma cobrança de pênalti no último minuto em uma partida decisiva da Copa Libertadores. Mas sofrimento mesmo passaria o mundo já no começo do ano seguinte. Antes de as obras efetivamente começarem e de o sonho do Atleticano avançar, o mundo passaria por uma crise sem precedentes em mais de 100 anos.

4
O passarinho que quase embargou a obra

Em abril de 2019, o Conselho Municipal de Meio Ambiente (COMAM) de Belo Horizonte concedeu ao Atlético a Licença Prévia (LP) para a construção da Arena MRV. A autorização atestava a viabilidade ambiental do empreendimento e permitia que o clube instalasse o canteiro de obras no terreno. Era mais um passo na longa caminhada até o efetivo início das obras. Porém, mais uma vez, estava prestes a entrar em campo uma frase que o atleticano tanto se acostumou a ouvir e declarar em algumas das suas mais épicas jornadas: "Se não é sofrido, não é Galo".

O sofrimento, desta vez, não viria de um pênalti contra no último minuto ou daquela virada improvável. Desta vez, o adversário estava nos gabinetes. E a arma de ataque dos que ameaçavam o sonho da Massa era um pequeno pássaro de nome inusitado: o capacetinho-do-oco-do-pau.

Quando o Ministério Público de Minas Gerais (MPMG) entrou com uma Ação Civil Pública e pedido de Tutela de Urgência Cautelar, o terreno de cerca de 120 mil metros quadrados, onde o sonho atleticano começaria a ser erguido, já estava cercado por tapumes.

O MPMG foi taxativo: exigia a suspensão imediata dos procedimentos de licenciamento ambiental da Arena MRV. A alegação era a de que seria construída "em área de grande relevância ambiental e ecológica, qual seja uma Área de Preservação Permanente – APP, com fragmentos de Mata Atlântica – Floresta semidecidual secundária, em estágios inicial e médio de regeneração; além de conter 2 (duas) nascentes, que deságuam no Córrego do Tejuco; e um brejo. Ressaltou ainda que a região é habitat da ave capacetinho-do-oco-do-pau, a qual corre risco de extinção". Ironia do destino: uma ave com 13 centímetros – e 13 é o número do Galo – colocava em risco o sonho atleticano da casa própria.

O capacetinho-do-oco-do-pau é uma ave encontrada somente no Brasil, principalmente nos estados de Mato Grosso, Espírito Santo, São Paulo, além, claro, de Minas Gerais. Mas a argumentação do MPMG sobre a existência da ave no terreno da Arena MRV não era novidade para os líderes do projeto, uma vez que, em 2018, já havia sido detectada a existência desse pequeno pássaro, por meio de um levantamento de animais existentes no terreno apresentado à Prefeitura de Belo Horizonte, após um estudo feito pela UMA Gestão de Projetos. Morador ilustre da área, o capacetinho-do-oco-do-pau tinha como vizinhos outros animais, como cobras, calangos, anfíbios e roedores.

"Na própria condicionante da prefeitura existe o pedido de cuidado com o pássaro e outros animais. Isso já foi abordado pela prefeitura e a gente precisa respeitar o que ela nos solicitou. A lista que a prefeitura usa para classificar o pássaro é uma lista em inglês, que se chama *Least-concern species* (Espécies pouco preocupantes). Ela classifica como algo de menor preocupação. Não está efetivamente em ameaça de extinção", disse o CEO da Arena MRV, Bruno Muzzi, ao *Jornal do Brasil*, na época do embargo pedido pelo MPMG.

Embora considerassem relevantes as preocupações externadas pelo Ministério Público, argumentos para garantir a continuidade do projeto não faltavam para os executivos à frente do empreendimento. A Arena MRV estava licenciada conforme legislação ambiental e urbanística, sem nenhuma irregularidade e, além disso, a LP foi motivo de extensas e exaustivas análises técnicas por parte de órgãos estaduais e municipais. Isso sem contar as mais de 50 condicionantes para garantir a preservação do meio ambiente ao redor da casa do Atlético.

A Arena MRV se tornou responsável pela criação de uma reserva ecológica na Área de Proteção Permanente (APP) do terreno, com projetos de conservação das nascentes e da vegetação existentes. Especificamente sobre o capacetinho-do-oco-do-pau, um programa de proteção da espécie já estava em andamento.

5
A virada de chave e a decisão que viabilizou o projeto

O Thiago Maia se sentou à mesa para o café, brincou com as filhas e ligou a TV antes de sair para o trabalho. Na verdade, pouco dormiu naquela noite de janeiro de 2020. Pelos telejornais da manhã, ele soube da demissão do treinador do Atlético, Rafael Dudamel, e do diretor de futebol, Rui Costa.

Na noite anterior, no interior de Pernambuco, o Atlético escrevia uma das mais tristes páginas da sua história ao ser eliminado da Copa do Brasil nos pênaltis pelo Afogados da Ingazeira, clube que na oportunidade disputava a quarta divisão do futebol brasileiro.

Se para a torcida a temporada de 2019 havia terminado com euforia pela queda do rival para a Série B do Campeonato Brasileiro, a seguinte começou com esperança. O Atlético havia contratado o disciplinador Rafael Dudamel, que fazia bom trabalho na Seleção Venezuelana. O novo comandante foi recebido com festa e carregado nos braços pela torcida no desembarque no Brasil.

Além disso, o time começava a se reforçar: Allan e Guilherme Arana, grandes campeões no ano seguinte, já estavam no time titular daquele vexame no Sertão do Pajeú. O treinador não resistiu à eliminação na Copa do Brasil e foi demitido após 10 jogos no comando do time.

Na longa noite, a imagem do goleiro que jogou de boné, o fraco futebol do time e os problemas causados por aquela eliminação precoce não saíam da cabeça do responsável pela área financeira do projeto da Arena MRV. Thiago fez todo o percurso até a sede da MRV Engenharia calado e assim subiu até o décimo andar do prédio. Ao entrar na sala, encontrou-se com Bruno Muzzi, Carlos Pinheiro e Diego Pontes e desabafou:

"Podemos guardar as nossas coisas e parar o projeto do estádio, né? Quem comprará cadeiras cativas depois do que aconteceu ontem?" Da mesma forma como estavam, os três continuaram e dirigiram olhares sem palavras para Thiago. Não havia o que dizer, a venda de metade do Shopping Diamond Mall, as cadeiras cativas e camarotes eram importantes ativos para a captação de recursos para a obra e, a preocupação com o desempenho do time em campo realmente fazia sentido. Quem apostaria em comprar cadeiras cativas de um estádio que ainda era um sonho com o time mal em campo?

Formado em contabilidade pela PUC Minas e com estudos em Controladoria e Finanças pela UFMG, o sonho do Thiago sempre foi ser auditor contábil. Após trabalhar na área na Deloitte, cujo um dos principais clientes no Brasil era a MRV Engenharia, foi convidado a ingressar na maior construtora do país. Permaneceu na empresa por 10 anos até ser chamado para estruturar as áreas administrativa, contábil e financeira do projeto da Arena MRV. Era trocar um emprego e carreira sólidos por um projeto ainda embrionário, cujo *business plan* passava por venda de produtos caros, como as cadeiras cativas e camarotes.

"Pode ir, nós estamos por trás, tratando o Atlético como se fosse uma empresa mesmo, com governança e tudo mais. Pode ir tranquilo que vai ser bacana." As palavras de Rafael Menin fizeram Thiago confiar e embarcar no time responsável por construir a casa do Galo.

E como fazer a torcida se engajar nessa compra para viabilizar o estádio após o clube ser desclassificado por um time sem expressão de uma das mais importantes competições do país?

O momento da virada de chave na vida profissional de Thiago coincidiu com uma reviravolta também na história do Atlético. Rubens e Rafael Menin, ao lado de Renato Salvador e Ricardo Guimarães, começaram a ter mais acesso aos bastidores do clube, muito além dos assuntos que se referiam somente à Arena MRV.

Como bom atleticano, em pouco tempo a decepção de Thiago passou. O clube contratou um treinador de renome, Jorge Sampaoli, o time continuou sendo reforçado e os caminhos alvinegros começaram a mudar ainda em fevereiro.

No projeto da Arena MRV, a consolidação da negociação de percentual do Diamond Mall com a Multiplan, que garantiu o efetivo início dos pagamentos da empresa pelos 50,01% do centro de compras, aconteceu em janeiro com a assinatura do contrato. O primeiro valor ainda demoraria a entrar nos cofres da Sociedade de Propósito Específico (SPE), o que aconteceu somente em junho.

A movimentação financeira e os acordos feitos por Bruno Muzzi e Thiago Maia com as empresas responsáveis pela fabricação das estruturas da Arena MRV (Codeme, das estruturas metálicas, e Precon, dos pré-moldados) meses antes foram, na opinião do CEO, um dos maiores acertos de todo o projeto.

"Antes de receber a parcela inicial da venda do Diamond, eu precisei montar uma operação financeira para fazer a antecipação do valor, porque era preciso comprar o aço da obra. Na época, o preço do aço estava em R$ 2,75 o quilo, que foi o valor que pagamos. Quando começamos a conversar, o preço estava em R$ 2,50. As equipes da Codeme e da Precon já imaginavam que o valor subiria para cerca de R$ 3,00 ou R$ 3,20 o quilo", recorda.

Após finalizada a operação financeira, assim que o valor caiu na conta da Arena MRV, Muzzi negociou com as empresas e comprou todo o aço da obra. O caixa ficou praticamente zerado, mas o que aconteceu alguns meses depois mostrou como foi acertada a decisão do CEO.

O preço do quilo do insumo disparou e chegou a R$ 7,00. Com esse valor, se o pensamento estratégico não tivesse sido colocado em prática, o projeto estaria inviabilizado. Foi um golaço que garantiria o início da obra.

Licenças concedidas, terreno cercado e aço comprado, a expectativa pelo efetivo início das obras aumentava a cada dia. A Racional já estava contratada há cerca de dois anos e mantinha uma equipe mínima trabalhando nos projetos e no planejamento, aguardando a autorização para colocar o time em campo.

"O modelo que a Arena MRV decidiu executar envolvia a construtora na fase da engenharia para conseguir fazer o planejamento na hora certa da obra. Antes de todos aqueles projetos de construção que você tem no projeto, há uma parte de planejamento e detalhamento técnico das engenharias aplicadas, que foi a grande chave do sucesso da implementação no prazo e no custo", ressalta o CEO da Racional Engenharia, André Simões.

O planejamento proposto pretendia que o período de execução das obras fosse concomitante ao detalhamento final da engenharia do projeto. Nessa parte, todas as soluções idealizadas pelo arquiteto seriam confirmadas ou novas soluções propostas. Com o atraso na obtenção do alvará de construção, não foi possível a execução simultânea da obra com o desenvolvimento da engenharia.

Enquanto as máquinas não entraram na obra, obviamente o ritmo da engenharia foi bem tímido. A Racional começou a desenvolver o planejamento de engenharia trabalhando intensamente a partir do momento que o alvará de construção foi executado. A construtora começou a se mobilizar para detalhar toda essa engenharia restante enquanto realizava a complexa movimentação de terra da obra.

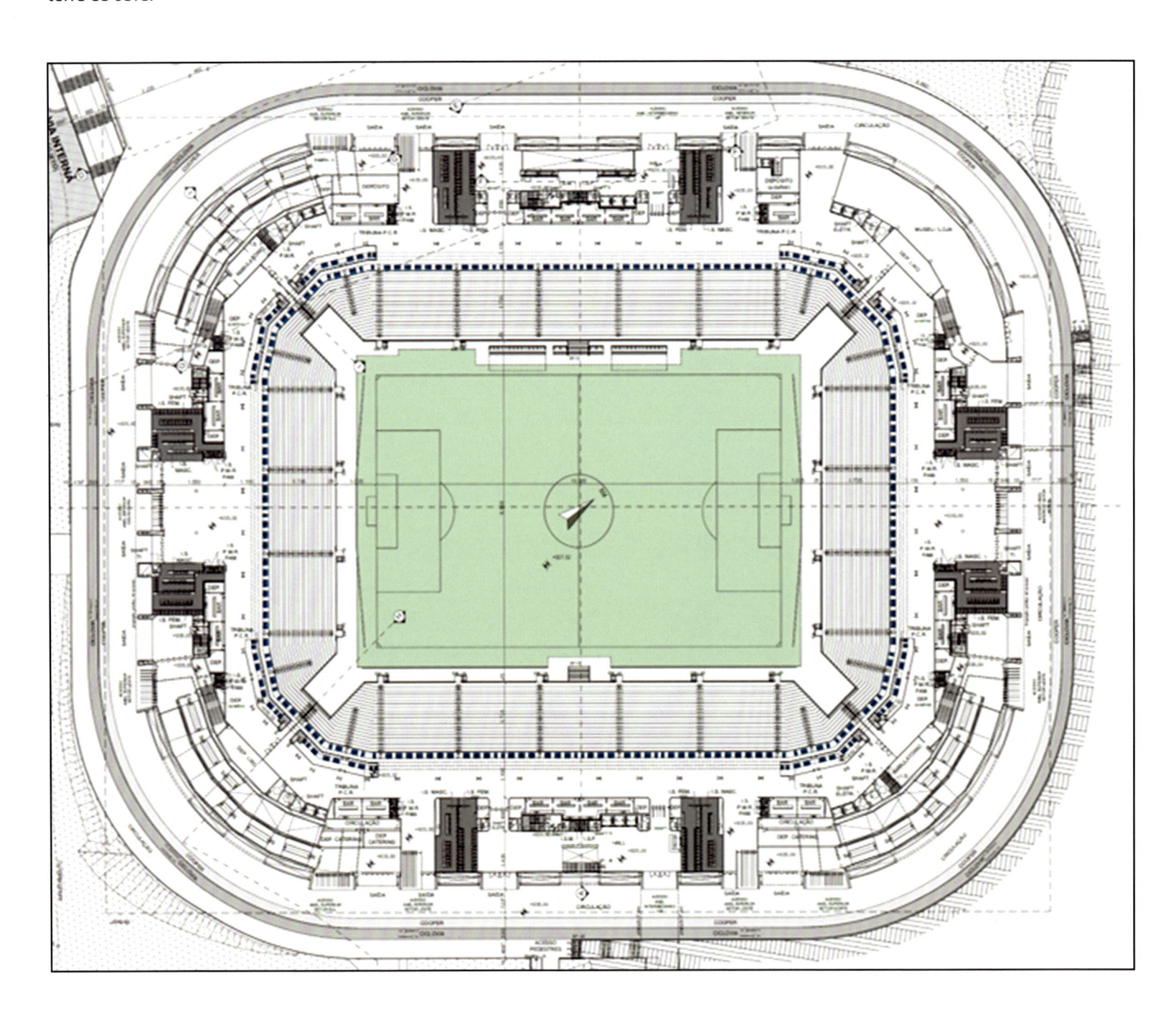

PAVIMENTOS

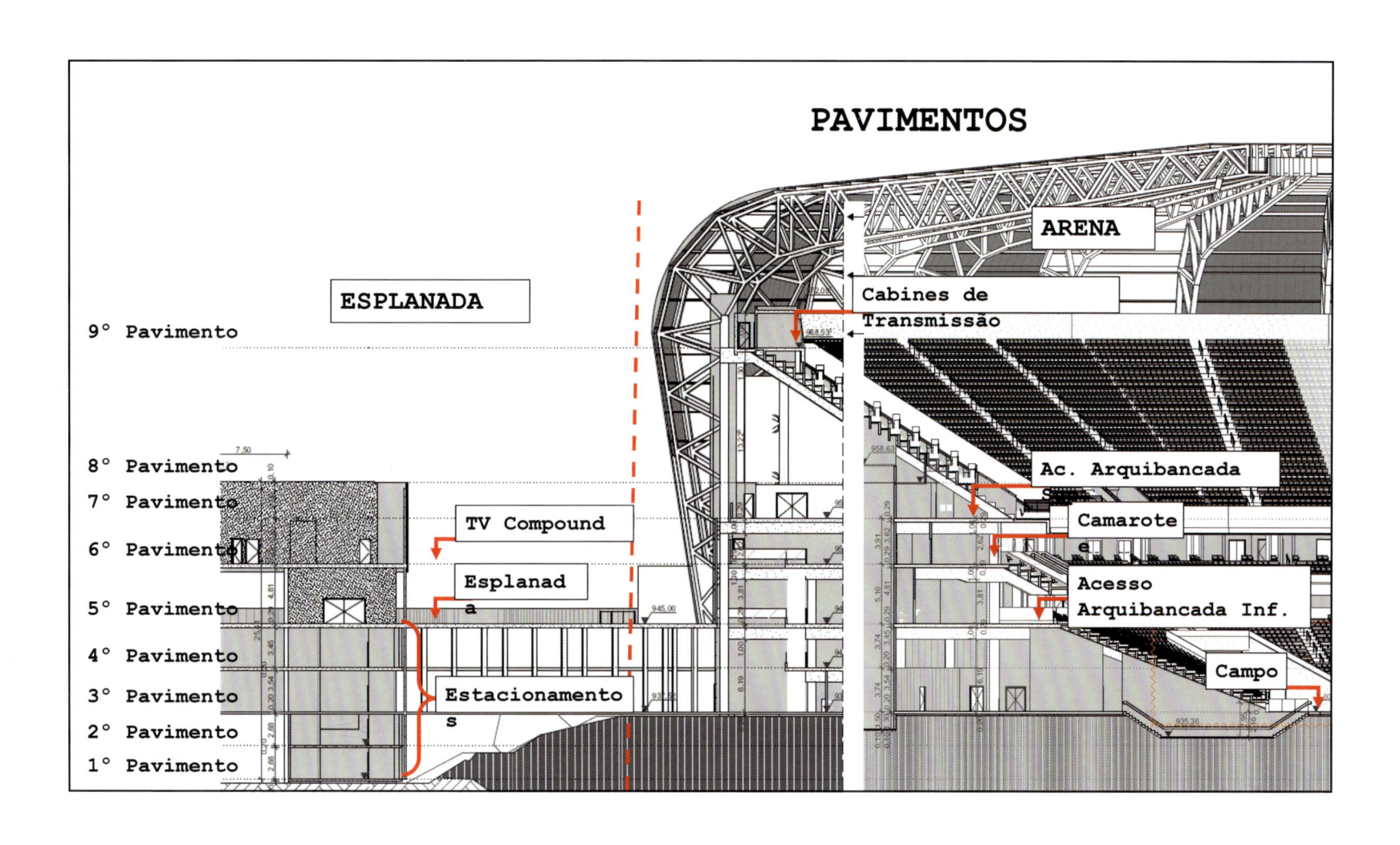

ESPLANADA

ARENA

- 9° Pavimento
- 8° Pavimento
- 7° Pavimento
- 6° Pavimento
- 5° Pavimento
- 4° Pavimento
- 3° Pavimento
- 2° Pavimento
- 1° Pavimento

- TV Compound
- Esplanada
- Estacionamentos
- Cabines de Transmissão
- Ac. Arquibancada Sup.
- Camarote
- Acesso Arquibancada Inf.
- Campo

6
Terraplanagem começa com uma pandemia no meio do caminho

A Prefeitura de Belo Horizonte (PBH) emitiu a licença para movimentação de terra na área onde seria construída a Arena MRV no dia 16 de março de 2020. Esse documento autorizava a entrada das primeiras máquinas no terreno. Quando foi vencida mais uma etapa burocrática do sonho atleticano, o mundo não era mais o mesmo.

No último dia de 2019, a Organização Mundial da Saúde (OMS) recebeu os primeiros alertas de um vírus que estava causando casos de pneumonia na cidade de Wuhan, na China. Era uma nova cepa de um coronavírus que jamais havia sido identificado. Com poucas informações, era inimaginável que uma pandemia começaria a assustar toda a população mundial meses depois. Nos primeiros dias de 2020 aconteceram as primeiras mortes, no Oriente. Era questão de tempo para que o vírus se espalhasse pelo mundo.

Um dia depois de uma mulher de São Paulo, de 57 anos, ser a primeira vítima fatal do coronavírus no Brasil, a Organização Mundial da Saúde (OMS) decretou que o mundo vivia uma pandemia. Era o dia 11 de março de 2020 e naquele momento eram cerca de 118 mil casos em todo o mundo e mais de 4.200 mortes.

Em Belo Horizonte surgiam as primeiras quatro confirmações e serviços que não foram considerados essenciais deixaram de funcionar. A notícia pegou a todos de surpresa e a sociedade teve que se adaptar.

"A equipe responsável pelo planejamento da obra da Arena MRV trabalhava na sede da MRV Engenharia, e eu entrei no projeto exatamente no que dia em que a cidade fechou. Saí para almoçar meio-dia e, quando voltei, a MRV já estava evacuada. Pegamos a mochila e fomos para casa. No tempo de *home office*, era reunião remota em período integral. Tinha dia que começávamos as reuniões às 7h30 e parávamos somente às 23h. Eventualmente a gente visitava a obra. Foi um processo bem complicado", recorda o engenheiro Francisco Silvério, segundo profissional da Reta Engenharia a entrar no projeto da Arena MRV.

O avanço de casos e óbitos era assustador, mas a construção civil foi colocada como atividade essencial em todos os decretos da PBH que determinavam o que poderia ou não funcionar na cidade, tanto que a supressão vegetal no terreno continuou acontecendo. Isso fez com que os trabalhos no terreno não fossem interrompidos, mas os operários começaram a conviver com mais um item de proteção individual obrigatório, a máscara de proteção facial.

A supressão vegetal na área da Arena MRV havia sido autorizada pelo Instituto Estadual de Florestas (IEF), por meio do Documento Autorizativo de Intervenção Ambiental (DAIA), em dezembro de 2019. Esse trabalho começou em fevereiro e foi bastante delicado, pois foi necessário efetuar todo o manejo de fauna e flora.

Havia, inclusive, a participação de biólogos na equipe. "Todas as árvores que estavam sendo cortadas passavam por uma avaliação para verificar a presença de ninhos ou se havia animais ou toca próximos. Se algo fosse encontrado, deveria ser feita a realocação, o afugentamento ou se acontecesse de algum animal se machucar, era necessário pegá-lo e levá-lo a uma clínica veterinária", conta Manuel Gontijo, biólogo da Golder (hoje WSP), empresa contratada para prestar consultoria ambiental no projeto da Arena MRV. Todo esse longo processo de manejo e supressão durou cerca de dois meses e somente após a conclusão, em abril, a obra começou efetivamente.

Era uma manhã nublada de segunda-feira, 20 de abril de 2020, e uma ansiedade semelhante a ver o time entrar em campo numa decisão de campeonato tomava conta do bairro Califórnia. Cerca de 20 profissionais envolvidos na obra estavam na rua Cristina Maria de Assis aguardando a chegada das carretas com as máquinas. Junto dos coletes e capacetes, máscaras de proteção facial para evitar a Covid-19 faziam parte do uniforme dos funcionários.

Em tempos de isolamento social, alguns jornalistas e dois torcedores empunhando uma bandeira do Atlético acompanharam o momento em que o primeiro trator de esteira foi descarregado, passou pelo portão e se posicionou para iniciar o trabalho.

"A expectativa é a melhor possível! Eu moro na região há 50 anos, cresci aqui e estamos ansiosos para ver o começo dessa obra logo, a gente nem dorme direito!", falou com a imprensa presente o torcedor Jorge Luiz Ferreira, 51 anos, à época.

Alguns funcionários atleticanos que presenciaram aquele momento não esconderam a emoção ao perceber que estavam prestes a fazer parte da história do clube de coração. Era dia de começar a erguer a casa do Galo!

"É um momento muito especial para a massa atleticana. Nosso sonho de ter um estádio próprio começa, efetivamente, a se tornar realidade. É um grande presente e um orgulho enorme para todos os atleticanos. Agradeço, de coração, a todos que estão ajudando o Galo a construir a melhor arena do Brasil", declarou o presidente do clube, Sérgio Sette Câmara, ao site oficial do Atlético.

Talvez ninguém estivesse com tanta euforia para vencer mais uma etapa como o CEO da Arena MRV: "Esse é um dos principais marcos da Arena MRV desde a aprovação da licença de instalação. Para nós, é motivo de grande alegria chegar à etapa da terraplanagem, pois o nosso planejamento está tomando forma. Há anos já temos uma equipe multidisciplinar empenhada no projeto e vejo que estamos muito alinhados para que cada etapa caminhe conforme o cronograma estabelecido", comentou Bruno Muzzi com os jornalistas.

Estava dado mais um *"check"* no cronograma de todo o projeto, o que para o atleticano era a grande realização de um sonho. A Arena MRV estava saindo das plantas, das reuniões, dos gabinetes e plenários e entrando efetivamente na vida de cada um.

Em um cenário de pandemia, a preocupação com a saúde dos operários e funcionários precisaria ser redobrada.

"A Racional, desde o início da pandemia, procurou se organizar e se munir de informações para que a construção não parasse. Foi uma diretriz muito forte do André (*Simões, CEO da Racional*) para tentar deixar todo mundo bem seguro, mas seguir forte porque a empresa depende disso para poder continuar. As obras precisavam continuar, tanto que o mercado de construção entrou dentro da categoria de serviços essenciais. A gente podia rodar devido à importância da construção para a sociedade", relembra Luiz Bruzza, gerente da Racional e homem forte da construtora no canteiro de obras da Arena MRV.

Mesmo com toda a movimentação de trabalhadores no terreno em diversas etapas da obra, em todo o período de pandemia apenas 92 casos de Covid-19 foram registrados em um universo de mais de três mil operários. Uma amostra de como foi eficaz todo o trabalho de prevenção realizado pela Racional Engenharia.

A importância de ter esse olhar, entender que as pessoas precisavam ficar afastadas e com o uso de máscara, transformou o ambiente da construção civil do ponto de vista das relações pessoais. Era preciso ter cuidado com os operários não somente dentro da obra, mas também nos alojamentos, uma vez que grande parte dos homens que colocaram a mão na massa para erguer a Arena MRV eram de outros estados.

Foram implantados rígidos protocolos e ações de prevenção à Covid-19, como testagens periódicas, isolamento dos casos positivos, acompanhamento médico e, quando foram liberadas as primeiras doses, absoluto incentivo à vacinação. A obra sempre se baseou nas instruções da OMS e da Agência Nacional de Vigilância Sanitária (Anvisa).

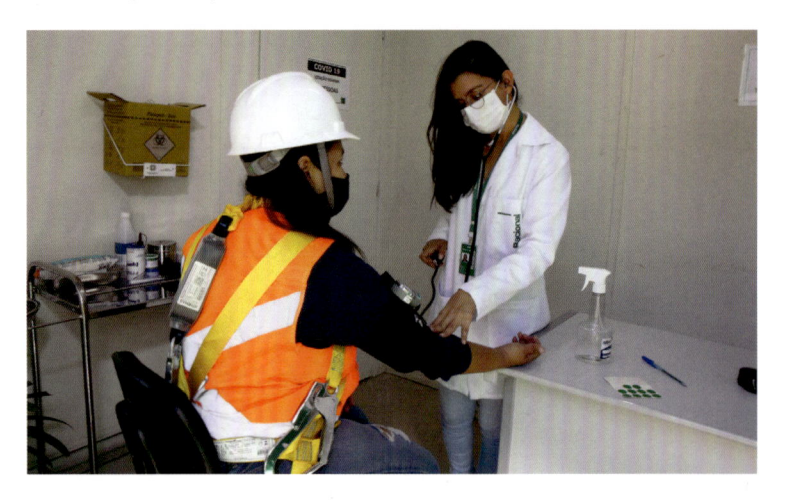

A pandemia causou, somente em 2020, mais de 195 mil mortes no Brasil. Os números assustadores ainda seriam superados no ano seguinte, justamente o mais vitorioso na história do Atlético. Em 2021 foi o período em que mais famílias pelo país choraram as perdas dos seus entes devido ao coronavírus. Segundo dados do Ministério da Saúde, 424.107 brasileiros foram vítimas fatais da doença naquele ano. Quantos desses eram atleticanos, com o sonho de acompanhar a evolução da construção da nova casa, e não tiveram oportunidade?

Um deles, o médico Marcos Abreu, passou para o seu filho mais novo, Guilherme Tavares, a sua paixão pelo Atlético. Mineiro de Pará de Minas, Marcos teve uma infância difícil. Filho de um plantador de tomates e de uma dona de casa, e com uma condição financeira complicada, ele amadureceu o seu amor pelo Galo por meio do rádio, acompanhando as narrações de grandes nomes como Vilibaldo Alves e Willy Gonser.

Começou a frequentar o Mineirão quando veio morar em Belo Horizonte para vencer na vida. Com muita dedicação, virou estudante da Faculdade de Ciências Médicas, uma das mais conceituadas escolas de medicina no Brasil. Marcos foi o primeiro da família a cursar uma faculdade.

As dificuldades que enfrentou na infância fizeram com que se preocupasse cada vez mais com o próximo. Fez carreira como médico do SUS, ajudando pessoas com menos condições de ter um atendimento de saúde digno. No seu coração, a medicina dividia espaço com a família e com o Clube Atlético Mineiro, que era sua válvula de escape da tensão que faz parte da rotina de um profissional responsável por cuidar de vidas. E ele conseguiu passar para o filho mais novo, Guilherme, todo amor quando o assunto era o Galo.

Eles pisaram pela última vez, juntos, em um estádio de futebol em 7 de março de 2020. Naquela tarde de sábado, Atlético e Cruzeiro disputaram no Mineirão um clássico muito especial para os atleticanos. Era o primeiro encontro com o rival que amargara o rebaixamento para a Série B meses antes. O Mineirão estava enlouquecido e, entre aqueles mais de 53 mil torcedores, lá estavam pai e filho.

O gol de Otero que decretou a vitória atleticana por 2 a 1, já nos acréscimos, foi a última comemoração deles e de toda a Massa por mais de um ano dentro dos estádios. No celular de Guilherme ainda está a mensagem que o pai lhe mandou no dia seguinte: "poxa Gui, adorei ir ao jogo com você ontem, te amo!" Guilherme sentiu algo diferente naquela mensagem. Entre tantos "eu te amo" que ouviu ou leu do pai ao longo da vida, aquele parecia ter a necessidade de colocar algo para fora.

Embora não fosse da linha de frente de combate ao coronavírus, como todos os médicos preocupados em enfrentar a maior crise sanitária do mundo, Marcos atendeu casos de crianças com Covid. Em 29 de dezembro de 2020, quando começou a sentir os sintomas que conhecia bem, fez o teste. A falta de ar chegou no dia seguinte e Marcos se dirigiu ao hospital, mas foi liberado para retornar a casa.

No dia 31 ele melhorou, passou o réveillon com a família, mas no primeiro dia do novo ano acordou bem pior, com a saturação baixa e, novamente, foi para o hospital para uma angustiante internação que mexeu com toda a família.

Como o futebol ficou quatro meses parado devido à pandemia, no dia 20 de janeiro de 2021, o Atlético entrou em campo para enfrentar o Grêmio ainda em partida válida pelo Campeonato Brasileiro do ano anterior. Com o pai intubado, Guilherme se sentou na varanda de casa, olhou para o céu e começou a conversar com ele, que já estava com uma situação irreversível, segundo os médicos que o atendiam.

"Ele ainda não tinha falecido, eu me sentei na varanda, olhei para o céu e comecei a conversar com ele como se já estivesse lá, no céu. O Galo empatou aquele jogo com o Grêmio e naquela conversa eu fiz a promessa que a gente seria campeão do Brasileiro de 2020. Se não fosse naquele ano, seria no seguinte", relembra com saudades o filho. O doutor Marcos faleceu dois dias depois, no dia 22 de janeiro de 2021. Guilherme cobriu o caixão do pai com uma bandeira da grande paixão de ambos, o Atlético.

Com o início da vacinação, a vida começou a voltar ao normal, mesmo que lentamente. O retorno dos torcedores aos estádios foi gradativo e a primeira partida em que o atleticano retornou ao Mineirão foi em 18 de agosto de 2021. A Prefeitura de Belo Horizonte liberou 30% da capacidade do estádio e, com uma série de protocolos a cumprir, como apresentação de comprovante de vacinação, teste negativo de Covid-19 e uso de máscaras, a Massa viu uma das maiores apresentações da história do Atlético. Agora sem o pai ao lado, Guilherme estava entre aqueles mais de 17 mil torcedores vivendo uma noite especial.

Depois da morte de Marcos, ele começou a gravar vídeos para a rede social Tik Tok como uma carta aberta em que conversava com o responsável pelo seu amor ao Galo em datas especiais. Um deles viralizou na véspera da partida contra o time argentino e emocionou os torcedores que tiveram acesso ao conteúdo. Na mensagem, uma singela homenagem ao maior atleticano que Guilherme teve a oportunidade de conhecer.

"*Oi, pai! Amanhã seria a realização de um dos nossos maiores sonhos. Depois de quase dois anos de pandemia, a gente ia voltar para ver o nosso Galo no estádio, pai. Eu tinha te prometido, Marcão, que eu ia te levar comigo nesse jogo, que iríamos juntos gritar o nome dos jogadores e apoiar o time. Eu estou aqui com aquela sua blusa, que o senhor ganhou de aniversário no ano passado, que eu só usei duas vezes na vida. No seu aniversário, hoje e amanhã (dia do jogo). Ela vai simbolizar sua presença no estádio amanhã, pai, e eu espero que o senhor classifique a gente. Eu vou gritar como sempre, torcer como nunca para a gente se classificar e te dar esse presente, Marcão. Te amo.*"

Como se estivesse atendendo ao pedido de Guilherme, em uma partida impecável, o Galo venceu o River Plate por 3 a 0 e avançou às semifinais da Copa Libertadores. Era a primeira vez que Guilherme assistia a uma partida no Mineirão sem a presença do amigo que o ensinou a amar o Galo.

No final do ano, contra o Bragantino, quando o time levantou a taça de campeão brasileiro em um Mineirão lotado de homenagens a quem não teve a oportunidade de ver o time enfim ser bicampeão do Brasil, Guilherme desabou a chorar lembrando de quem herdou a paixão pelo Atlético.

"Eu me recordo que, ao ver a festa naquele Mineirão que eu ia com ele, já estava tão emocionado. Fiquei imaginando como seria na Arena MRV, que ele não presenciou nenhum jogo. Foi me dando aquela mistura de felicidade com gratidão por tudo que ele me proporcionou, por estar vivendo tudo isso. Ali foi uma sensação que eu nunca senti", relata.

O médico tinha o grande sonho de ver a Arena MRV pronta. Em rodas de conversas entre atleticanos, imaginava comemorar as vitórias do Galo com o filho na nova casa. Se não está mais fisicamente presente junto do filho, Guilherme o sente em vários momentos relacionados ao Atlético e sabe que cada dia que ele subir os degraus das arquibancadas da nova casa, ao seu lado estará aquela criança que plantava tomates e que se tornou o estudante dedicado, o familiar amoroso que bancou estudo do irmão mais novo, o médico que fazia questão de ajudar o próximo e, principalmente, aquele de quem herdou o amor pelas cores preta e branca.

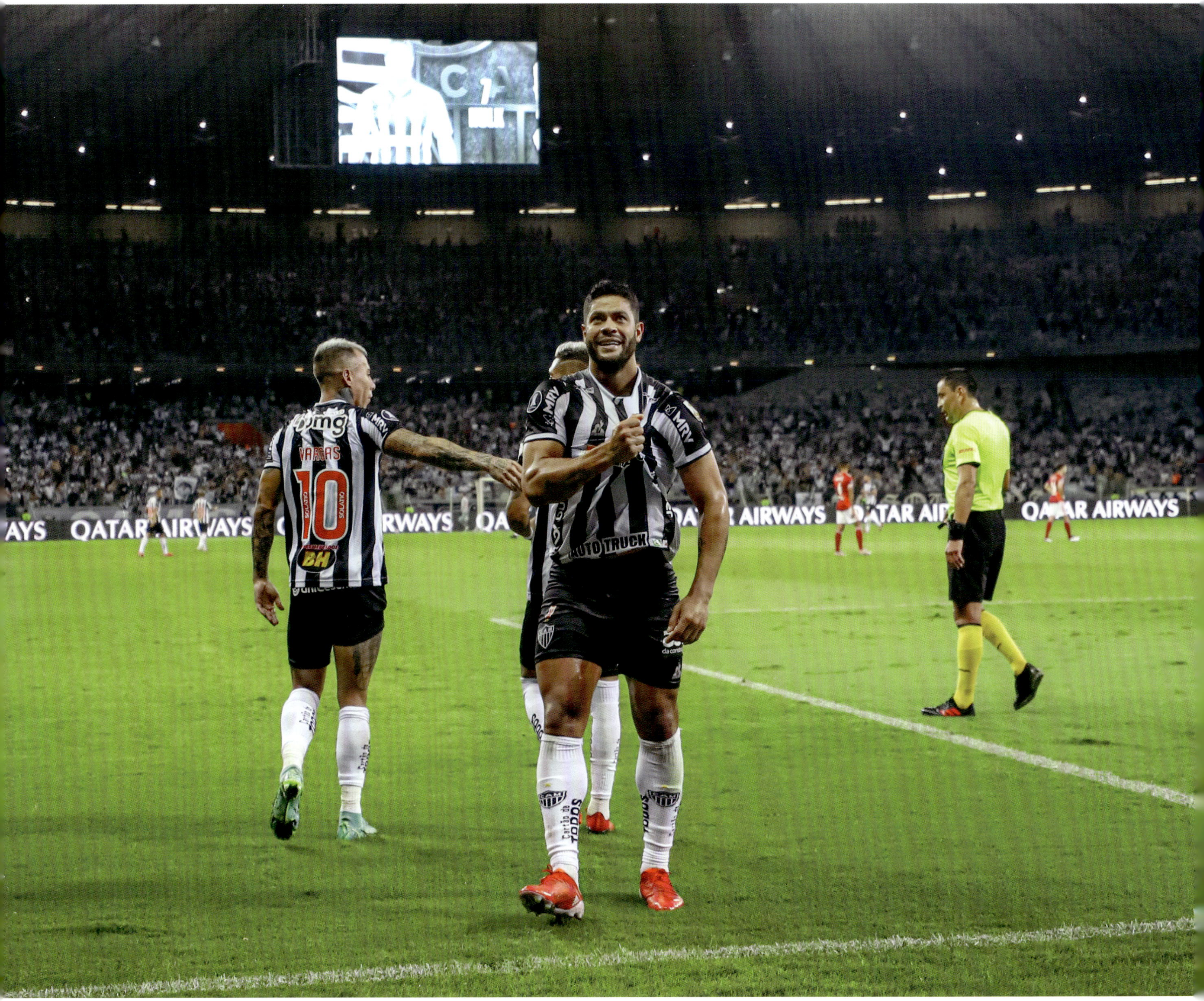
QATAR AIRWAYS
VARGAS
10
MRV
AUTO TRUCK

7
O submarino amarelo

Voltando ao início da obra, a movimentação de terra foi uma das mais importantes e desafiadoras etapas de todo o projeto. "Em abril de 2020, a gente iniciou a primeira etapa de terraplanagem, acho que foi um desafio significativo para o projeto, porque havia um córrego e um desnível muito grande no terreno. Foi necessário um corpo de aterro de mais de 20 metros e isso não é uma coisa simples, não é corriqueiro ter um empreendimento desse tipo, nesse terreno, numa área urbana como é no entorno da arena", revela o gerente do projeto pela Racional Engenharia, Luiz Bruzza.

Por meio do desassoreamento, as camadas de terra foram substituídas e compactadas em espessuras de 20 cm. Esse processo seguiu até que o aterro atingisse a cota de projeto, que para o nível do campo, está na referência de nível 927,00.

Para se ter uma dimensão do volume de terra, durante a fase de movimentação foram doadas para a Fundação Zoobotânica de Belo Horizonte o equivalente a 250 viagens de caminhões de *topsoil*, um dos compostos do solo, rico em nutrientes e muito utilizado para o plantio de mudas.

Com a etapa de terraplanagem foi necessário construir contenções em parte do terreno. O trabalho ocorria durante 24 horas, com a movimentação de máquinas e, principalmente, de caminhões que transportavam toneladas de terra varando a madrugada.

Essa fase da construção coincidiu com um período de chuvas acima da média, o que exigiu uma revisão minuciosa do planejamento da obra, gerando um desafio adicional de logística com a execução de outras frentes, simultaneamente.

O contratempo mais inusitado de toda a obra aconteceu justamente na terraplanagem. O assunto é tão controverso que há versões para o motivo de uma escavadeira pesando mais de 20 toneladas afundar no terreno e ficar praticamente submersa por dias em uma porção do córrego que passa por baixo do terreno da Arena MRV.

O que se sabe sobre esse fato é que aconteceu no início da noite do dia 1 de setembro de 2020. Diego Pontes, gerente de projeto da Reta Engenharia, conta a sua versão: "O fato é que ele estava colocando a máquina muito dentro do solo. E ela tem que ficar em um ponto onde há um bom suporte para poder trabalhar sem correr risco de atolar, mesmo sendo um equipamento de esteira. Para a nossa surpresa, quando chegamos na manhã seguinte, a escavadeira estava atolada", recorda.

O que não se pode contestar é que para realizar a canalização do córrego era necessária a retirada do material conhecido como solo mole, formado por material orgânico com elevado teor de umidade e que apresenta baixa resistência aos esforços de cisalhamento (cortar ou causar deformação numa superfície). Quando teve início o processo de retirada do solo mole, constatou-se que o volume era muito maior do que o previsto.

Mesmo com escavadeiras com lanças maiores à disposição, que conseguiam trabalhar estabilizadas no solo mais firme, alguns operadores se aventuravam com equipamentos de lanças menores e ficavam mais próximos de locais com solos mais instáveis. No primeiro dia de setembro, não deu outra. O terreno começou a ceder, como se fosse uma areia movediça, e um desses equipamentos atolou.

Como a obra já despertava curiosidade e drones sobrevoavam o terreno diariamente, os responsáveis pela obra chegaram a colocar uma lona para cobrir a escavadeira. Foram dias e vários estudos até que fosse encontrada uma solução para aquele problema que começava a atrasar o serviço de terraplanagem.

"Foi um problema muito grande. A escavadeira estava atolada havia quase duas semanas e eu chamei uma pessoa de confiança para retirar o equipamento", lembra Bruno Muzzi.

Um guindaste foi contratado e várias contas feitas para dimensionar se haveria ou não capacidade de carga no equipamento para erguer a escavadeira. Além do peso do equipamento, mais de 20 toneladas, era preciso considerar a lama e a água que penetraram na máquina atolada. "Era uma sexta-feira à noite, estávamos lá vendo o guindaste puxando a escavadeira. A sirene do guindaste disparou, o que indicava que ele estava no limite da capacidade de carga. A tensão era enorme, mas, após horas de trabalho, deu tudo certo", conta Muzzi.

Até mesmo para o CEO, a história do "submarino amarelo" ficou sem explicação. Hoje é possível relembrar o caso com boas risadas, mas foi um momento delicado logo no início da construção. "Ninguém sabe ao certo o que aconteceu. Falam que o operador colocou a escavadeira lá e saiu para jantar, nisso o córrego subiu um pouco e atolou a escavadeira. Mas já me falaram também que não foi nada disso. Não tem justificativa ter acontecido aquilo ali no final de um dia, é mais uma história desse projeto tão grande. Foi muito tenso, a gente precisando trabalhar, fazer a terraplanagem, mas parado no lugar mais crítico, que era o final do córrego, que fazia a ligação na caixa final de passagem. Tanto é que aquele aterro ali foi o último a subir", disse.

Um guindaste trabalhou por horas para retirar a retroescavadeira atolada

8
Sobem as estruturas

Durante o sufoco com a escavadeira, a finalização da remoção do solo mole e o avanço da terraplanagem, a Arena MRV conseguiu mais uma importante vitória: a liberação do alvará para que tivesse início a subida das edificações.

A Prefeitura de Belo Horizonte liberou o documento em 4 de setembro. Horas antes, o então presidente do Atlético, Sérgio Sette Câmara, usou sua conta no Twitter (atual X) para anunciar a novidade: "Bom dia, Massa Atleticana! Depois da belíssima vitória de ontem, temos mais uma razão para comemorar juntos: estamos muito próximos do alvará de construção da Arena MRV!", trazia o texto. A vitória que o mandatário se referia foi sobre o São Paulo, por 3 a 0, no Mineirão, pela 6ª rodada do Campeonato Brasileiro de 2020, competição que o Atlético terminaria na 3ª colocação, fazendo uma campanha que empolgou a torcida.

O tão almejado documento autorizava que começasse a ser erguida a edificação, uma vez que até então o que estava liberada era somente a movimentação de terra. O sonho ficava um pouco mais próximo de se tornar realidade. No alvará de apenas três páginas, informações técnicas como a metragem de vários pontos do terreno: garagens (estacionamentos), áreas de uso comum, caixa d'água. O total oficial constante no documento era o tamanho real do sonho atleticano: exatamente 179.078,01 m² de área construída.

Mais um passo dado, era hora de comemorar. A TV Galo enviou o Galo Doido para o canteiro de obras dias após a liberação do alvará para simbolizar mais essa vitória. No vídeo publicado pelo canal oficial do Atlético, no YouTube, o mascote visualizava na tela do computador o documento, mandava imprimir e o fixava em um local de destaque no quadro de avisos do canteiro de obras. No final do vídeo, caminhava para um ponto especial da obra para acompanhar uma queima de fogos, sendo aplaudido por toda a equipe envolvida na obra.

Assista a um vídeo sobre a Arena MRV

Era por volta do meio-dia de uma segunda-feira. A festa no bairro Califórnia e o foguetório pegou de surpresa os moradores e frequentadores da região e não agradou a todos. Dias depois, uma mensagem enviada por uma mãe no perfil do Instagram da Arena MRV reclamava do barulho proporcionado pelos estouros de foguetes no céu do bairro.

Do outro lado da Via Expressa, em um condomínio formado por apartamentos de classe média, vivia a garota Julya Castro, então com 10 anos, sua mãe, Edilaine Castro, e a irmã.

ALVARÁ DE CONSTRUÇÃO	202001174

DADOS GERAIS

Nº Processo	01.062.456.20-07	Protocolo SIASP	0359645-001
Alvará concedido em	04/09/2020	Data de validade	04/09/2024
Tipo de alvará	Alvará na Hora	Data de início de obra	10/09/2020

REQUERENTE

Nome	Arena Vencer Complexo Esportivo Multiuso Spe Ltda
CNPJ	25.090.380/0001-23

RESPONSÁVEIS TÉCNICOS

Projeto
Farkasvolgyi Arquitetura Ltda - CAU 640-8

Obra
Walter Carneiro Genovez - CREA 5060957382

LOCALIZAÇÃO

Bairro Oficial	Zona Fiscal	Quarteirão	Lote(s)
Bairro Califórnia	531	073A	001

DESCRIÇÃO DA EDIFICAÇÃO

Título	Aprovação inicial		
Uso	Não residencial	Lei	Lei 7.166/96 alterada pela lei 9.959/10
Unid. Residenciais	0	Unid. Não Residenciais	2
Área Construída	179.078,01 m²	Área Permeável	47.689,74 m²

Pisos / Blocos

Julya tem transtorno do espectro autista (TEA) e ficou muito agitada com o foguetório proporcionado pelo novo e gigante vizinho. "Ela (Julya) tem uma sensibilidade muito grande. Começou a chorar, pedir colo e para protegê-la. Entrei em desespero, porque também não sabia o que estava acontecendo. Tive que pegar água para ela beber, dar um banho também, porque ela começou a tremer", relembrou a mãe em entrevista ao jornalista Henrique André, que contou em primeira mão a história que será relatada agora.

Para tentar evitar que a situação se repetisse, Edilaine entrou em contato com a Arena MRV por meio de mensagem privada na rede social. Nós, os responsáveis pela obra, estávamos com um problema para resolver. Já era 25 de setembro e no dia seguinte estava programada uma nova queima de fogos para marcar a inauguração do Centro de Experiências.

Era preciso pensar rápido. Houve um diálogo com a mãe da Julya por meio da rede social e decidimos que precisávamos nos redimir e pensar mais na comunidade do entorno. Após conversar com a responsável pelas redes sociais da Arena MRV, Jéssica Meireles, o problema e a solução foram levados à diretoria.

O Departamento de Comunicação do Atlético escreveu uma carta pedindo desculpas por todo o transtorno causado pela queima de fogos, assinou como se fosse uma mensagem direta da Arena MRV, e informou o horário que seriam soltos os fogos no dia seguinte. A carta foi entregue pessoalmente, com brindes da Arena MRV. Entre eles, havia um abafador de ouvidos personalizado com o escudo do Atlético.

Além disso, no texto o Atlético se comprometeu a, sempre que houvesse nova comemoração que causasse barulho, comunicar à Edilaine que, inclusive, possuía o contato de outras mães de filhos com TEA que residiam na região.

"Eu não esperava que eles fossem responder tão rápido, principalmente, de uma forma tão bonita. A Julya ficou muito feliz. Desde pequena usava a camisa do 'Galo Doido', como ela chama o time", relatou Edilaine ao jornal *Hoje em Dia*.

"O que foi mais gratificante foi a carta que nos mandaram, dizendo que hoje terá queima de fogos. Fiquei, como mãe, principalmente de autista, muito feliz", finalizou no relato da reportagem.

Levar o carinho e o pedido de desculpas à Julya e sua família não foi uma ação de marketing. Foi espontâneo, uma forma de demonstrar que a equipe da Arena MRV estava preocupada com a comunidade e entendia os transtornos que uma obra daquele porte poderia causar na região. Receber o abraço de agradecimento da menina, o olhar meigo e carinhoso da sua família, foram prêmios pessoais para mim (Rivelle), que havia entrado para a equipe da Arena MRV há poucos dias.

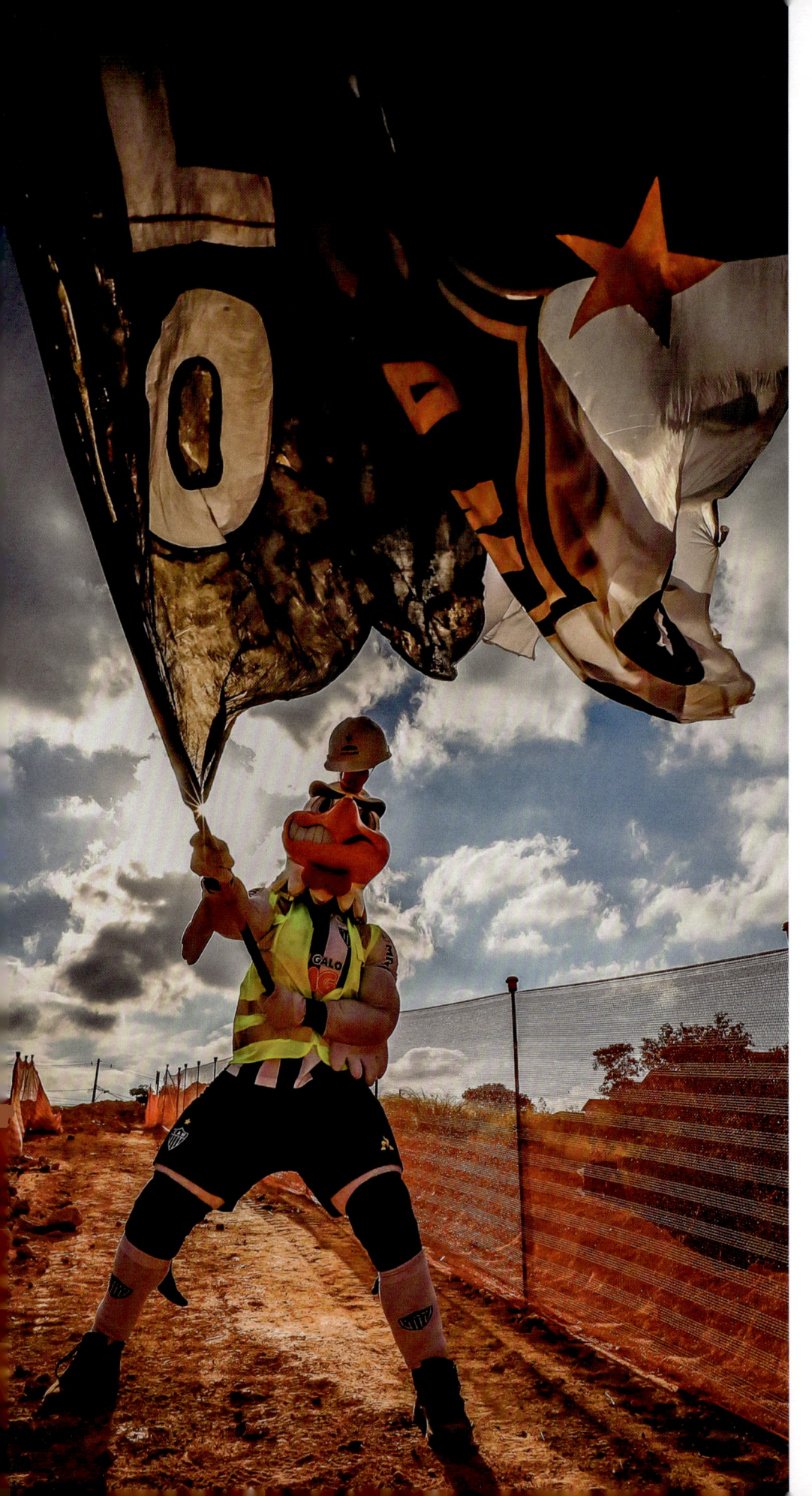

Graças ao pensamento rápido e à empatia de uma equipe sensível aos problemas do outro, consegui ser o emissário de uma mensagem de carinho para uma torcedora tão especial. Não foi uma mensagem minha, longe de ter essa pretensão. Foi o recado de uma equipe inteira, responsável por tocar a obra e formada por torcedores que se preocupavam com o próximo. Uma casa feita por e para atleticanos.

▶ **O TUBO ARMCO**

As frentes de trabalho avançavam e, no mesmo período em que foi liberado o alvará de construção, teve início no terreno da Arena MRV a montagem dos tubos responsáveis pela drenagem das águas. Fabricado pela empresa Armco S/A, a estrutura de aço corrugado galvanizado anticorrosivo, de 1.900 mm de diâmetro, ficou conhecida no dia a dia da obra como tubo Armco.

Com cerca de 300 metros de comprimento, a estrutura, que começa na Reserva Particular Ecológica (RPE), não segue uma linha reta. O tubo começa na mata integralmente preservada onde estão localizadas as duas nascentes, serpenteia pelo terreno e termina na caixa de detenção antes de a água ser destinada à via pública de drenagem.

O motivo da tubulação não seguir uma linha reta é simples: a hierarquia do projeto. Após o projeto arquitetônico, foi elaborado o projeto estrutural. Em seguida, um engenheiro elaborou o projeto das fundações (blocos e estacas). Esses projetos chegaram ao engenheiro responsável pela drenagem, que teve a missão de criar o caminho de forma que não houvesse interferência e conflito com os projetos anteriores.

A tubulação foi construída de forma que uma pessoa consiga andar por dentro dela para realizar possíveis manutenções. "A importância ambiental da canalização é evitar riscos de inundação. A solução de engenharia proposta visou garantir não só a canalização, mas também a coleta da água pluvial proveniente da Arena MRV", escreveu o engenheiro Betinho Marques, do portal *Fala Galo*, no site da Arena MRV, em outubro de 2020.

A canalização do córrego foi concluída em abril de 2021, com a ligação da tubulação à caixa final, que fica localizada próxima da Via Expressa. Paralela à construção do sistema de drenagem e da terraplanagem que avançava, as máquinas e equipes responsáveis pelas fundações trabalhavam nas estruturas que colocariam a Arena MRV de pé.

Em um projeto tão grande como o da Arena MRV, máquinas pesadas trabalharam desde os primeiros meses. Em novembro de 2020, a obra recebeu uma perfuratriz B450 XP, uma gigante responsável por realizar fundações, etapa essencial para subir as estruturas do estádio. Somente a montagem desse equipamento demorou cerca de uma semana.

Se as máquinas foram fundamentais em todo o processo de construção da casa do Galo, obviamente elas não trabalhavam sozinhas. E um dos orgulhos da construção da Arena MRV é que vários dos operários que comandavam esses equipamentos e atuavam em outras frentes eram atleticanos de nascença.

É o caso de Jedeon Tavares, operador de máquinas que trabalhou nos primeiros meses das atividades nas fundações operando um bate-estaca, equipamento utilizado para a execução de fundações profundas.

A rotina de Jedeon foi a mesma durante semanas. Capixaba de Barra de São Francisco, cidade que fica a 470 quilômetros da Arena MRV, o operador de máquinas chegava antes das sete horas da manhã no canteiro de obras. Ele se dirigia ao bate-estacas com todos os equipamentos de proteção individual e, nos braços, uma bandeira que colocava no banco, com todo o cuidado, onde se sentaria para iniciar sua rotina de construir as fundações.

Na peça de decoração, um escudo do Atlético e o desenho de um Galo vestido com uma roupa preta, semelhante à do BOPE, o batalhão da Polícia Militar do Rio de Janeiro que ficou famoso nos filmes *Tropa de Elite*. Abaixo desse Galo e do escudo, a inscrição: Galo de Elite. "Essa bandeira sempre me acompanhou. Quando comecei a trabalhar na construção do estádio do meu time do coração, não poderia deixar de usar, né?", disse orgulhoso.

Mas não era somente com a bandeira que Jedeon fazia questão de demonstrar o amor pelo Galo. Em dias alternados, ele carregava por baixo do uniforme a camisa do Atlético. "Está surrada, mas sempre comigo, no coração! Só não estou com ela quando eu a deixo para lavar", disse na sua simplicidade e cheio de orgulho por ser um dos operários responsáveis por erguer o sonho do atleticano.

A construção das fundações da Arena MRV – estacas e blocos – durou meses.

O trabalho nas fundações aconteceu paralelamente ao início

da subida das estruturas em atividades extremamente sincronizadas. Quando o time responsável pelas fundações liberava a frente de trabalho, imediatamente entravam em campo as máquinas e homens que trabalhavam nas estruturas. Cinco gruas, a maior delas com mais de 60 metros de altura, e oito guindastes atuaram erguendo lajes, vigas e pilares.

As cargas suspensas demandavam muita habilidade dos operadores dos guindastes e gruas, além da atenção dos sinaleiros que trabalhavam com apitos informando quem estava no solo de que naquele momento subiria alguma carga pesando toneladas. Escutar os apitos era, instantaneamente, sinal de que estava proibida a permanência no local e os operários e funcionários precisavam, a todo momento, ter um cuidado redobrado para caminhar dentro da obra, sempre com o olhar para cima.

Os vários meses em que ocorreram içamentos de cargas foram, inclusive, o momento mais delicado da obra no que se refere à segurança do trabalho. "Com toda essa preocupação, nas atividades críticas foram elaborados procedimentos de trabalho visando priorizar a segurança e a integridade dos trabalhadores envolvidos. Além disso, realizamos reuniões com as lideranças para discutir procedimentos de cada atividade, diálogo diário sobre segurança (DDS) e campanhas com todos os trabalhadores com foco na conscientização de prevenção de acidentes", explica Adriano Santos, engenheiro de Segurança do Trabalho, da Racional.

Nos cerca de três anos de obra, aproximadamente 40 profissionais, entre engenheiros e técnicos de segurança do trabalho de diversas empresas, passaram pelo projeto. Devido à magnitude e complexidade das atividades, é unânime entre os profissionais que o trabalho de prevenção a acidentes foi muito satisfatório e os dados comprovam essa percepção.

Segundo a Racional, 30 acidentes foram sem afastamento, em outros 20 houve apenas danos materiais sem comprometimento da integridade dos operários. Durante todo o projeto, 21 acidentes ocasionaram algum tipo de afastamento. O motivo maior de comemoração é que, felizmente, não houve acidentes fatais ou com ferimentos mais graves.

"Segurança do trabalho não é novidade para a gente. Temos os melhores indicadores do mercado, não tivemos que fazer um esforço fora do comum para entender uma obra desse nível de exposição. Já tivemos obras com indicadores de segurança muito superiores, por exemplo, às obras das Olimpíadas de Londres, em 2012", reforça André Simões, CEO da Racional.

As estruturas começaram a subir no final de 2020. Os primeiros pilares chegaram ao terreno da Arena MRV no dia 16 de dezembro em um clima de festa. As duas carretas, com três pré-moldados cada, saíram da fábrica, em Vespasiano, ainda de madrugada. Pelo caminho, curiosos filmavam e fotografavam para postar nas redes sociais aquele pedaço do estádio do Atlético que cruzava o Anel Rodoviário de Belo Horizonte.

Nas primeiras horas da manhã, estacionaram na portaria da rua Walfrido Mendes. Nas carrocerias, faixas colocadas pela Precon anunciavam "Os primeiros pilares da Arena MRV – Jogamos juntos". Mas, faltava algo.

Antes da primeira carreta com a peça a ser instalada – que ajudaria a formar a estrutura da esplanada e estacionamento – ultrapassar o portão, um funcionário colocou com todo o cuidado uma bandeira do Atlético na parte frontal da cabine. Agora sim, aquele veículo estava uniformizado para penetrar no solo sagrado atleticano.

Estava acontecendo naquele final de ano mais uma etapa emblemática da obra, tanto que vários funcionários desceram dos escritórios a fim de acompanhar a chegada das primeiras peças. "Toda nova etapa é comemorada pelas dificuldades que existem. Vamos agora dar início à montagem dos pilares pré-moldados e em janeiro começamos com a instalação das estruturas metálicas", comentou Bruno Muzzi, CEO da Arena MRV, à websérie *A Era Preta e Branca*.

A instalação dos primeiros pilares durou todo o dia. As seis peças foram colocadas bem próximo da Reserva Particular Ecológica, começando a dar forma à esplanada e ao estacionamento. Eram as primeiras de cerca de seis mil, de diversos tamanhos e pesos. "Imaginem só, é uma atividade que precisará ser repetida cerca de seis mil vezes", exclamou, à época, o diretor de engenharia da Arena MRV, Carlos Antônio Pinheiro.

Naquela altura da obra, cerca de 85% da terraplanagem estava concluída. O trabalho nas fundações seria o que mais avançaria nos meses seguintes, com a continuidade da construção de estacas e blocos. No começo do ano chegariam à obra os primeiros pilares metálicos da Codeme, que dariam forma à superestrutura metálica da Arena MRV.

O projeto da Arena MRV é um moderno e arrojado conceito de construção mista, unindo peças metálicas e pré-moldadas, algo inédito nesse tipo de obra. O maior desafio foi conseguir fazer de forma eficiente e segura a junção entre os dois tipos de estrutura em uma obra monolítica, ou seja, que ela tivesse o mesmo comportamento tanto nas estruturas pré-moldadas quanto nas de aço.

Formada por 64 pórticos em treliças, com espaçamento médio de 11 metros e um balanço de aproximadamente 40, 50 metros, a concepção da estrutura da Arena MRV traz o aspecto inovador na engenharia que foi aplicada durante a pré-construção, por ser um elemento estrutural misto em aço e concreto, caracterizado pelas estruturas metálicas e sua conexão com pilares e lajes em concreto pré-moldado.

Um amplo estudo foi realizado para unir os dois tipos de estrutura. A junção é feita entre uma parte de aço com outra de concreto, com armaduras de aço dentro do concreto pré-moldado. Um conector de cisalhamento faz a ligação entre as partes mistas e esses conectores transferem a força do concreto armado para a parte de aço.

A concepção estrutural foi cuidadosamente estudada e otimizada considerando aspectos críticos do projeto como vibrações e acústica. Durante a pré-construção, a Racional realizou diversos workshops em comitês técnicos compostos por engenheiros para a verificação dos resultados estruturais da solução pretendida.

A estabilidade global da estrutura foi garantida pelos contraventos estruturais horizontais e verticais integrados com os pórticos em concreto da edificação. O resultado dessa estabilidade foi ratificado em estudo de túnel de vento realizado na Inglaterra, que avaliou em ensaio específico o comportamento das estruturas pelas características do entorno do estádio, garantindo seu desempenho, estabilidade, qualidade e segurança.

Diferente do que acontece normalmente em edifícios comuns, as estruturas do estádio e da esplanada foram dimensionadas também sob o ponto de vista dinâmico. Essa definição foi necessária pois o movimento coordenado das torcidas organizadas ou da plateia durante um show de música podem excitar as estruturas. Para que a segurança nunca fique comprometida, diversos elementos estruturais foram adicionados para evitar que a mesma entre em ressonância.

Os primeiros pilares metálicos da Arena MRV foram instalados em janeiro de 2021. A obra foi dividida em 10 prédios e os engenheiros avançavam a colocação de cada uma das estruturas a partir do momento que o trabalho nas fundações estivesse finalizado. As grandes colunas de forma arredondada foram a cada dia mudando a paisagem do bairro Califórnia em um trabalho de montagem minucioso.

Quando montadas uma em cima da outra, as duas colunas somam aproximadamente 32 metros de altura. Acima dessas colunas ainda entrariam as treliças e estruturas que formam a cobertura do estádio. Somadas, todas as estruturas metálicas que formam a Arena MRV possuem cerca de 4.500 toneladas.

Os pilares metálicos que dão contorno à Arena MRV foram fabricados pela Codeme, uma das mais conceituadas empresas do mercado. Com mais de 40 anos de atuação, a unidade industrial da empresa é reconhecida como a maior e mais moderna da América Latina e todo o trabalho executado na obra da Arena MRV foi impecável.

Foi um ex-funcionário da empresa o responsável por uma das maiores repercussões de toda a obra. O leitor deste livro saberá, pela primeira vez, o que realmente aconteceu no famoso "caso da macumba". Uma brincadeira entre amigos que, em tempos de redes sociais e mensagens instantâneas, viralizou e tomou proporções que o autor do vídeo provavelmente não imaginaria.

Era o final da tarde de 27 de maio de 2021, quando o ex-funcionário da Codeme, cujo nome vamos omitir, esteve na portaria da obra solicitando que um dos caminhoneiros que estava entregando uma das peças metálicas na obra levasse uma encomenda para o seu filho, também funcionário da empresa, na fábrica em Juiz de Fora.

Como ele trabalhou por muitos anos em fábricas de estruturas metálicas, e era conhecido de funcionários da terceirizada, foi convidado para ver de perto o belo trabalho que estava sendo feito na construção. Dentro da obra, ele sacou o aparelho celular, fez um vídeo e enviou para o filho com a ingênua intenção de mostrar, na fábrica da empresa, para um ex-colega, atleticano doente.

"*Eldinho, beleza? Eu estou aqui no estádio, no galinheiro. Eu trouxe uma macumba que eu fiz ontem lá no pai de santo. Vou enterrar aqui e vocês não vão ganhar nenhum título nesse trem. Nenhum título vocês vão ganhar. Vocês estão ferrados. Um grande abraço, amigo. Fica com Deus*", publicou. O grande erro foi acreditar que o material ficaria apenas como uma despretensiosa gozação entre amigos.

Na manhã seguinte, o vídeo já havia viralizado e causado indignação nos atleticanos. O assunto virou um dos mais comentados na rede social Twitter (atual X) naquele 28 de maio e pautou a imprensa, que começou a produzir matérias sobre a "macumba" do torcedor.

O assunto cresceu tanto que o gerente da Racional, Luiz Bruzza, recebeu uma cobrança familiar sobre o episódio. "Eu recebi uma mensagem do meu sogro, atleticano, indignado e me culpando pelo ocorrido. 'Como é que você deixa esses caras entrarem aí?'. Ele havia recebido o vídeo e falou que eu que tinha deixado o cara entrar. Para ele, o problema era meu!", relembra às gargalhadas o engenheiro.

A equipe de marketing e comunicação da Arena MRV teve que agir rápido para tentar diminuir a repercussão. As informações ainda estavam desencontradas e a solução foi anunciar nas redes sociais oficiais e imprensa que o funcionário seria realocado em outra obra pela empresa, mas, após uma apuração mais minuciosa, percebeu-se que ele não fazia parte do quadro de nenhuma das prestadoras de serviço.

Óbvio que não houve macumba alguma. O vídeo foi uma brincadeira entre amigos que tomou uma proporção do tamanho de uma obra tão visada como a da Arena MRV e de uma torcida fanática e engajada como a do Atlético.

Assustado com a repercussão e com medo que algo acontecesse com sua integridade física, o brincalhão autor do vídeo se refugiou em um sítio na região metropolitana de Belo Horizonte. Por lá ficou escondido por cerca de 40 dias.

Superado o "caso da macumba", no dia 5 de agosto de 2021 aconteceu mais um importante marco da construção da Arena MRV relacionado às estruturas metálicas. Era começo de uma tarde de quinta-feira, quando dois guindastes se posicionaram um de frente para o outro. Eles seriam responsáveis por subir o último pilar metálico da superestrutura.

Como era praxe da equipe da obra comemorar todos os grandes momentos da construção, não aconteceu uma simples subida de uma coluna de aço. Após o final da instalação, uma bandeira gigante do Atlético, com 8 metros de comprimento por 5 metros de largura, foi desfraldada entre as vigas e tremulou para marcar que estava concluída mais uma etapa do sonho alvinegro.

Um dos mais eufóricos para celebrar esse momento era o engenheiro José Carlos Neuenschwander, da Reta Engenharia. "Hoje subimos uma coluna muito importante para a estabilidade da obra, porque é uma das que fazem a junção da estrutura de concreto com a metálica", celebrou o responsável por coordenar toda a parte de montagem das estruturas metálicas e idealizador de marcar esse momento com a colocação da bandeira do Atlético.

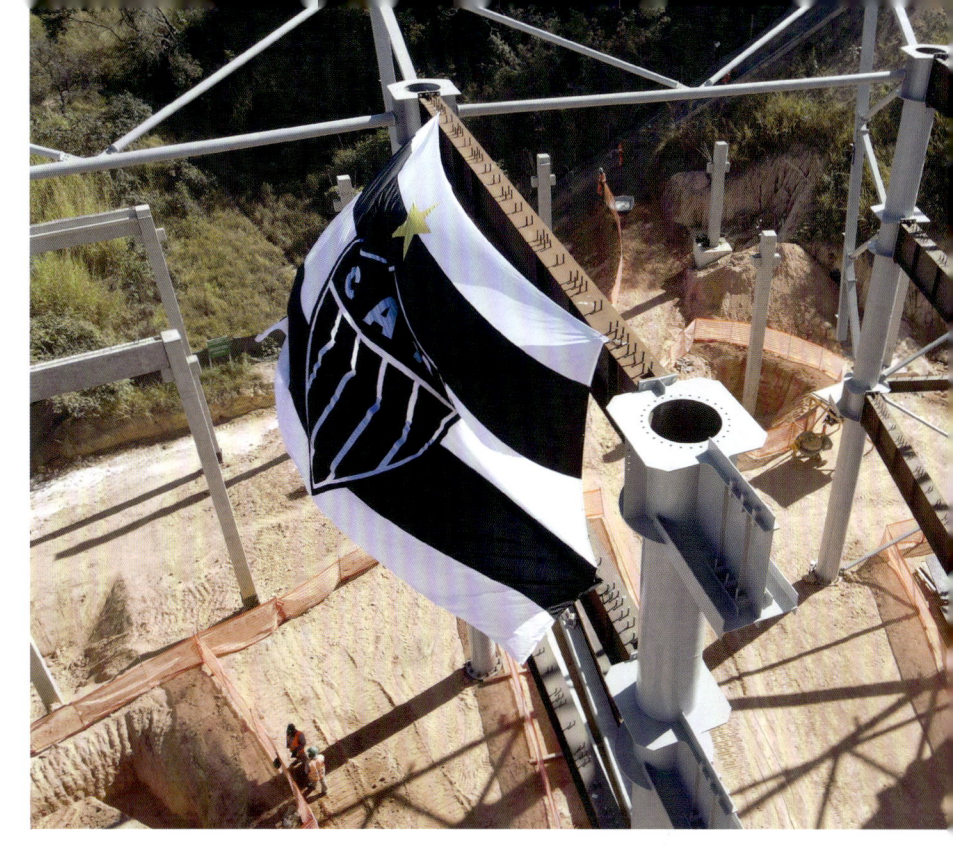

Assista à colocação do último pilar metálico

Colocar uma bandeira atleticana para marcar território pela primeira vez no local por onde passarão milhares de torcedores a cada jogo foi somente mais um momento de emoção que marcou aqueles intensos meses da obra.

Cerca de dois meses antes, o *tweet* de um torcedor sensibilizou toda a torcida do Galo pela serenidade do seu autor. Na segunda-feira, 7 de junho, Felipe Saraiva, de 36 anos, usou sua rede social preferida para dar uma notícia muito triste a quem acompanhava a sua batalha contra um câncer de estômago, que já durava cerca de três anos:

"*Hoje a notícia não foi das melhores. Mas estou bem e com o coração em paz. Reuniram alguns médicos comigo e meus pais. O que foi tentado até aqui não foi eficaz, tentaram de tudo, mas, in-*

felizmente e com dor no coração, digo que possivelmente somente com milagre de Deus irei conhecer nossa casa @ArenaMRV. A minha perspectiva de vida são meses. Poucos meses. Meu corpo já está querendo descansar, apesar da cabeça estar boa", postou Felipe.

"Agradeço tudo que o Atlético fez por mim até hoje. Momentos pra se levar por toda eternidade. [...] Estarei em casa. Ainda verei jogos do Galo pra xingar, passar raiva, comemorar e sorrir. Por quanto tempo? Não sei, o tempo de Deus."

De forma instantânea, uma enxurrada de amor e solidariedade inundou as redes sociais, amenizando, na medida do possível, a dor do Felipe e da sua família. A hashtag #ForçaFelipe ficou entre os assuntos mais comentados no Twitter e um mosaico feito pela Galoucura estampou nas cadeiras do Mineirão a mesma mensagem na partida contra o Remo, pela Copa do Brasil, disputada no dia 10 de junho. As partidas ainda não estavam recebendo público, mas aquela frase nas cadeiras inferiores do Mineirão era como se um grito da Massa enchesse o estádio de amor.

Alguns dias depois, a produção da Globo Minas procurou o clube com a ideia de levar o Felipe para conhecer a Arena MRV. Era uma forma de o torcedor ter contato com a casa do Atlético, mesmo que em obras. A visita seria parte de um documentário que retrataria a luta e a resiliência de Felipe e da sua família diante da adversidade.

A visita foi autorizada e, em 5 de julho, uma grande operação, do tamanho que aquela visita merecia, entrou em ação. O içamento de cargas foi suspenso por alguns momentos no fim de tarde e uma ambulância com uma equipe médica preparada entrou na obra para agir, caso fosse preciso.

Felipe desceu com passos lentos do carro que vinha logo atrás da ambulância, sempre acompanhado do seu pai e grande fiel amigo, Wagner Cunha. Com o capacete da obra personalizado com o seu nome, batia no peito, à altura do coração, local onde fica o escudo mais lindo do mundo. Com um olhar repleto de ternura, Felipe apontava para o céu. Tudo isso captado pelas imagens da Globo Minas.

Cansado e segurando um cilindro de oxigênio, Felipe pediu uma cadeira de rodas. Sentado onde em breve nasceria o campo de jogo, falou com a força de um atleticano acostumado sempre a lutar, lutar, lutar:

"Minha casa em construção. Breve, breve vai estar prontinha. Se Deus quiser, eu vou estar aqui para poder ver. Se eu não estiver, também não me preocupo com isso não".

Ele ficou ali por alguns minutos, até que resolveu se levantar. Virou de costas e logo atrás estavam alguns dos pré-moldados que começariam a formar os degraus da arquibancada da Arena MRV. Felipe caminhou até eles, sentou-se e chamou o pai para estar ao seu lado. Pai e filho ficaram ali, abraçados, contemplando os raios de um belo pôr do sol que passavam por entre as estruturas da arena e conversando. O que disseram um ao outro? Ficou guardado somente para os dois.

A primeira das cerca de 2.300 peças pré-moldadas que formam os degraus das arquibancadas da Arena MRV, uma daquelas em que Felipe e o pai se sentaram, foi instalada no dia 16 de julho.

Felipe faleceu algumas semanas depois, na manhã de 29 de julho. Com reportagem de Maurício Paulucci, produção de Pedro Spinelli e Ana Paula Pimenta, e imagens da repórter cinematográfica Letícia Marotta, o documentário "Vencer, vencer, vencer – A luta de um torcedor atleticano" foi exibido no *Esporte Espetacular*, da

Rede Globo, em 26 de dezembro de 2021, como parte de uma linda homenagem à sua luta.

"O sonho do Felipe era estar lá dentro", disse Wagner da Cunha, o pai. Como um bravo lutador atleticano que nunca desiste, ele conseguiu. A instalação das arquibancadas terminou em 7 de março de 2022.

Meses antes, o Atlético viveria alguns dos seus dias de maior glória. Após a vitória sobre o Fluminense no Mineirão, em 28 de novembro de 2021, por 2 a 1, pela 36ª rodada do Brasileirão, o clube estava prestes a ser campeão da competição após 50 anos. A euforia do torcedor tomou conta de todo o estado e não foi diferente na obra e seu entorno.

Desde o dia da vitória sobre o tricolor carioca, uma peregrinação começou a tornar os arredores da Arena MRV na "Meca Atleticana". Torcedores eufóricos faziam questão de celebrar aquele momento no local em que representava tudo o que o atleticano vivia naquele momento: esperança de dias de glória retratados em concreto e aço.

Até mesmo o clube se empolgou e resolveu preparar uma comemoração que envolvia a obra. Dois dias após a vitória que deixou o Atlético com praticamente as duas mãos na taça, o Flamengo enfrentaria o Ceará, no Maracanã. Caso o rubro-negro tropeçasse, o Galo seria campeão sem entrar em campo. Foi planejada uma queima de fogos dentro da obra para caso o título acontecesse naquela noite chuvosa de terça-feira. O Flamengo não tropeçou, e toda a operação que comemoraria o título teve que ser adiada, mas não por muito tempo.

Dois dias depois, a rua Cristina Maria de Assis, então principal entrada da obra, estava tomada por torcedores. Parecia que o Atlético entraria em campo naquela quinta-feira, 2 de dezembro, na Arena MRV e não na Fonte Nova. A rua estava lotada, policiais faziam segurança; fogos, músicas, cerveja e cantos de guerra faziam parte do cenário. Novamente a queima de fogos foi montada atrás das colunas de aço do estádio e, dessa vez, foi pra valer. Em uma virada emocionante, em cinco minutos o Atlético fez três gols no Bahia e soltou o grito de campeão brasileiro, entalado na garganta havia tanto tempo.

Pela primeira vez alguns funcionários puderam comemorar um título do Atlético dentro da nova casa, e que título! Um carnaval varou a madrugada, do Califórnia à Praça Sete, invadindo a manhã em uma das maiores comemorações da história de Belo Horizonte. O Galo inauguraria a sua casa finalmente sem o peso de não conquistar um Campeonato Brasileiro.

9
A cobertura

Quando a instalação das arquibancadas estava praticamente finalizada, continuava o trabalho intenso de montagem do revestimento do estádio, cuja arquitetura reforça a identidade do Clube. O sistema foi concebido para desempenhar três principais funções: dar estanquidade ao edifício, ser o principal elemento estético e reduzir o impacto acústico no entorno durante os eventos.

Para atender a esses objetivos, o sistema foi composto por camadas de telhas metálicas, conformadas uma a uma, e materiais isolantes e absorventes acústicos para mitigar o impacto sonoro. Este, a lã de rocha, é um importante isolante térmico e acústico.

Para Bruno Muzzi, um dos maiores acertos de toda a obra foi justamente a escolha do material que dá forma à Arena MRV. Segundo o CEO, no projeto inicial, a fachada do estádio seria com uma manta em TPO (poliolefina termoplástica), que é uma excelente solução para impermeabilização de coberturas. Porém, uma visita ao estádio do Corinthians acendeu um alerta nos responsáveis pela casa do Galo.

"O Carlos Antônio Pinheiro (diretor de engenharia) e eu subimos na cobertura e comentei com ele que esse tipo de manta fica encardida, com lodo. Funciona muito bem em questão de estanquidade, não vaza nada, e é de fácil manutenção. Mas a nossa cobertura é uma fachada, não é só uma cobertura de um galpão que você fica com a manta por cima e não aparece. Você tem toda a questão estética", relembra.

Além dessa questão estética, havia também a preocupação com a segurança no que se refere aos testes de incêndio. São dois os principais critérios avaliados nesse tipo de teste, a questão da fumaça e a propagação do fogo. A norma do Corpo de Bombeiros é a mesma em São Paulo, onde está a Arena Corinthians, e em Minas Gerais. Mas a instrução técnica exigida pelo Corpo de Bombeiros em Minas Gerais é diferente do que a corporação paulista exige justamente no critério de propagação. Nesse quesito, a manta não passou no teste, o que acabou sendo motivo de alegria para Bernardo Farkasvölgyi.

"Quando se escolheu a cobertura da arena com uma manta, eu fiquei um pouco chateado porque a manta não chegaria ao tom escuro que pensamos. Seria um cinza mais claro", recorda.

Muzzi também relembra com felicidade a não aprovação da manta TPO. "Graças a Deus isso aconteceu, pois já estava inseguro com a questão estética de sujeira. Com uma negativa formal do Corpo de Bombeiros, começamos a estudar a alternativa de telha metálica e hoje vimos o espetáculo que é em termos de segurança, manutenção e até de estética. Fica muito mais bonito! Então, mais uma vez foi uma combinação com a sorte. E ainda teve a questão da cor, com a telha nós conseguimos escurecer um pouco mais o cinza sem perder o selo de eficiência energética."

A escolha pela telha zipada acabou com esse problema, pois o material chegaria ao tom pensado pelo arquiteto da Arena MRV, algo impossível caso o material fosse de manta TPO.

A escolha da telha zipada gerou um aumento de cerca de R$ 20 milhões em todo o projeto, mas é inegável a beleza que o material garantiu à construção. Em novembro de 2021, a Omnitrade, empresa responsável pela montagem, iniciou o trabalho no revestimento que deixou a Arena MRV e os seus 49 metros de altura ainda mais imponente.

A arquitetura que mudou a paisagem pode ser visualizada há quilômetros de distância, de diversas regiões da cidade e, inclusive, de alguns pontos de municípios vizinhos. A cor escura proporcionada pela telha zipada é uma das grandes responsáveis por essa visualização impactante no horizonte, que ficou ainda mais belo.

Material escolhido, em março de 2022 desembarcou na obra um contêiner vermelho. Nele estava acoplada uma máquina responsável pela fabricação das telhas cujo funcionamento era relativamente simples. De um lado entravam bobinas lisas de alumínio e do outro já saíam as telhas prontas para a instalação. Foi um processo que garantiu agilidade em todo o trabalho de construção da fachada. No total foram utilizadas cerca de 200 bobinas, com um quilômetro cada. A equipe de fabricação conseguia produzir até 300 telhas por dia, dependendo do tamanho.

O grande responsável pelo trabalho foi um engenheiro espanhol, Rafael Fernández, que aplicou na construção da casa do Atlético o mesmo empenho, dedicação, experiência, técnica e material utilizados em estádios como o Santiago Bernabéu, do Real Madrid, na Espanha, Estádio da Luz, do Benfica, e José Alvalade, do Sporting, ambos de Portugal, e do Manchester City, da Inglaterra.

Mais de cinquenta operários especialistas em trabalho em altura foram montando o quebra-cabeças e, aos poucos, a casa do Atlético ganhava contorno. Essa também foi uma etapa tensa no que se refere à segurança do trabalho, afinal, eram dezenas de homens trabalhando em altura que, em alguns momentos, superava 40 metros. Foi mais uma etapa efetuada sem nenhum acidente grave.

Em paralelo à montagem das telhas zipadas, que deram cor final à Arena MRV, os alpinistas também trabalhavam na montagem das outras etapas da cobertura, o aço e a lã de rocha. Foi um trabalho que demandou muito tempo, cerca de oito meses. Os painéis de lã de rocha de alta densidade, utilizados para contribuir com o isolamento acústico, não podem receber chuva, nem mesmo durante a instalação.

O planejamento da montagem foi cuidadosamente pensado desde sua concepção na pré-construção, incluindo o monitoramento das condições climáticas. Também foram adotadas estratégias para mitigar o risco de a chuva encontrar a lã de rocha, como subdivisão dos trechos de obra em partes menores e criação de rufos intermediários provisórios.

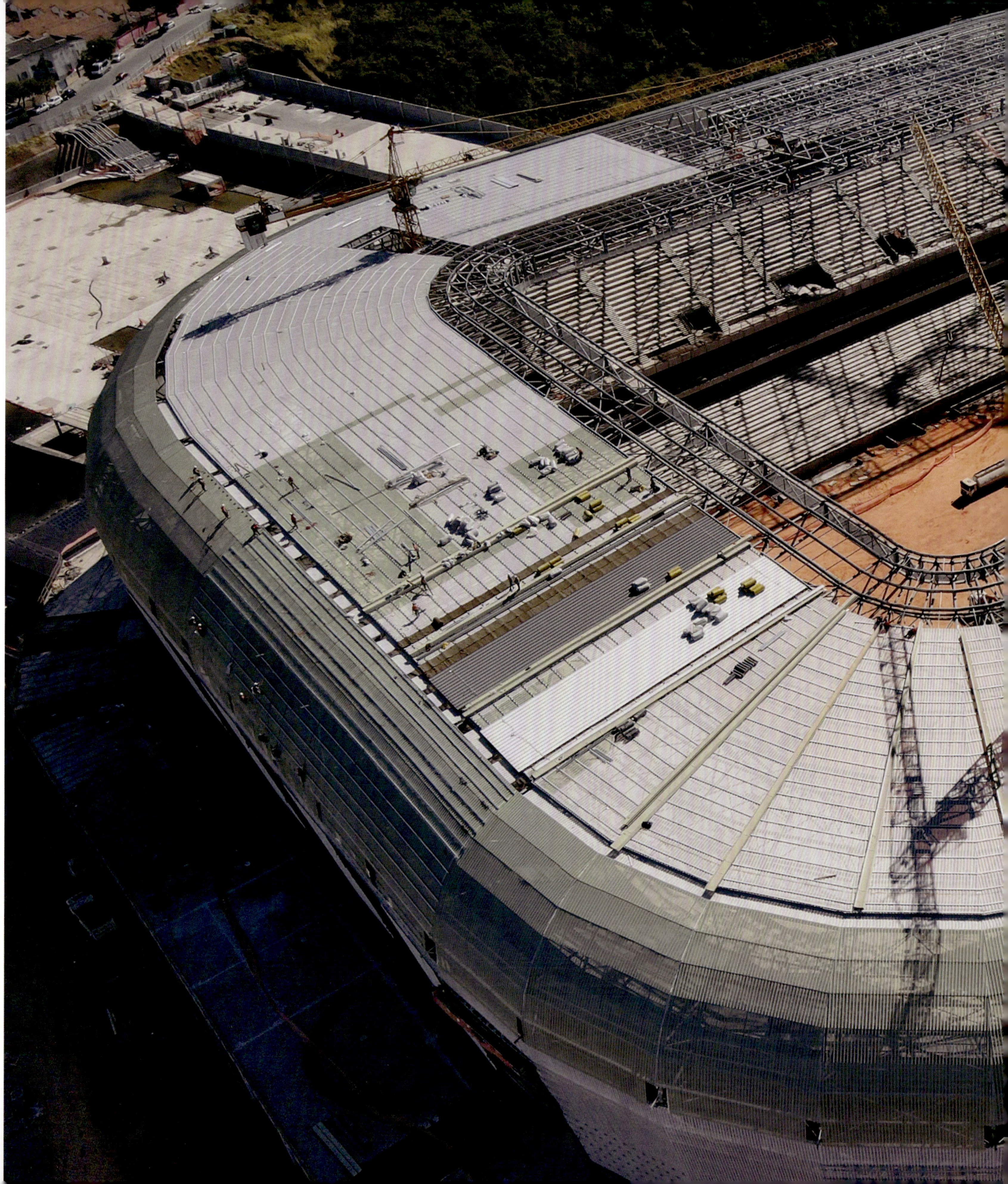

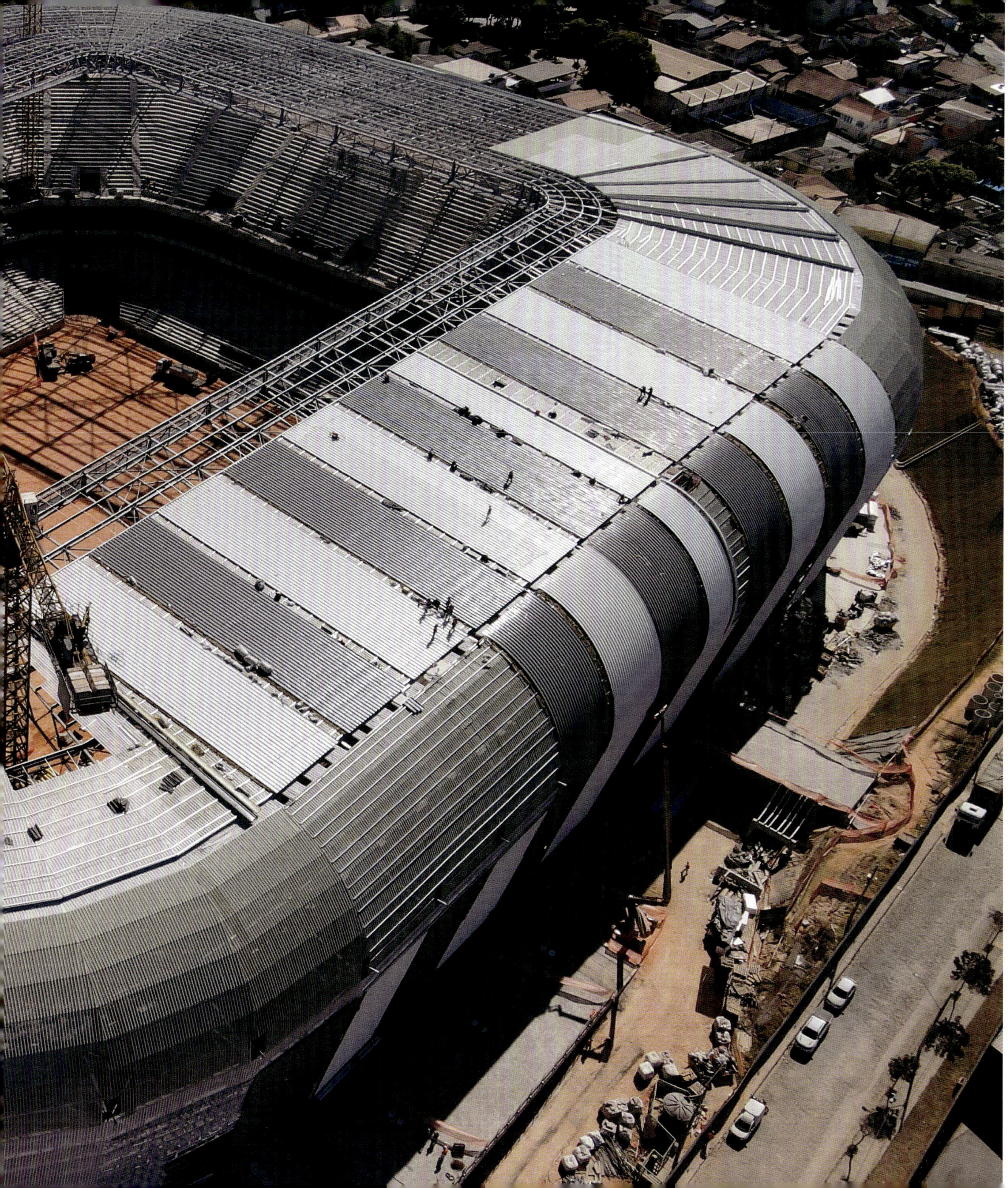

10
Assinatura na última viga

Os engenheiros e funcionários que trabalharam diretamente no planejamento e na construção da Arena MRV dividiram a obra do estádio em 10 prédios e a ideia inicial era que houvesse uma sequência de montagem, fechando todo o anel. Porém, devido aos percalços encontrados ainda na etapa de terraplanagem, houve uma descontinuidade na sequência.

Para se ter uma ideia, os prédios que avançaram mais rapidamente foram o 3, 4, 5 e 8, localizados nos lados leste e norte da Arena MRV, onde a terraplanagem foi finalizada primeiro. Em paralelo, havia trabalhos nos prédios 9 e 10, que ficam do lado oposto ao prédio 4, ou seja, nos lados oeste e sul. "São percalços de uma obra tão grande, mas que pouco impactaram o cronograma", relembra Carlos Antônio Pinheiro, diretor de engenharia da Arena MRV.

Em maio de 2022, foi instalada a última viga metálica da cobertura da Arena MRV. O trecho onde ela está localizada é acima das cabines de imprensa. Antes de ser içada, todos os operários e funcionários da obra puderam deixar suas assinaturas, simbolizando a presença de aproximadamente 800 profissionais que faziam parte da obra naquele momento.

"Na Arena MRV ninguém faz nada sozinho, todos têm sua importância. Fiz questão de que todos pudessem assinar para, de fato, demonstrar isso, que é um conjunto de pessoas capazes de realmente realizar uma obra dessa magnitude", relembrou Bruno Muzzi.

Operários e funcionários deixaram seus nomes, homenagearam familiares, cidades natais e se eternizaram de alguma forma no estádio do Atlético. Os idealizadores, Rubens Menin, Rafael Menin, Ricardo Guimarães e Renato Salvador, o arquiteto da obra, Bernardo Farkasvölgyi e o Galo Doido também deixaram seus nomes naquela viga.

A diretoria executiva do Atlético, representada pelo presidente Sérgio Coelho e pelo vice-presidente José Murilo Procópio, fizeram questão de deixar as suas assinaturas. "É um orgulho muito grande assinar com os operários da obra. É um momento de muita alegria para mim", disse o presidente.

Na manhã de 13 de maio, uma sexta-feira, os guindastes operados por profissionais da Lidel, empresa responsável pela montagem de toda a estrutura metálica da Arena MRV, posicionaram-se e subiram a peça, decorada com uma bandeira do Atlético. As arquibancadas estavam concluídas, estruturas metálicas praticamente finalizadas, pré-moldados em quase sua totalidade instalados.

Estava terminando a etapa das estruturas internas das obras. Era hora de os guindastes deixarem o campo para que a casa do Galo começasse a ganhar o que de mais importante existe em um estádio de futebol, o gramado, e aquilo que de mais simbólico há para o torcedor: os escudos gigantes da fachada externa.

Assista ao vídeo das assinaturas na viga

11
O gramado

Foi com um "chá de revelação", com direito à presença da bateria da Galoucura, do Galo Doido e de muita festa, que a Arena MRV respondeu, no dia 28 de junho de 2022, aquela que foi, sem sombra de dúvidas, a pergunta mais frequente nas redes sociais do estádio durante todo o período das obras: a grama do estádio seria natural ou sintética?

Antes de chegar à conclusão de qual seria o material do tapete verde, diversos estudos de viabilidade técnica, legal e econômica foram realizados. Além da equipe de engenheiros e arquitetos da obra, o Departamento de Futebol do Atlético teve papel fundamental na decisão do tipo de gramado, uma vez que não haveria tempo hábil para discutir com a PBH a possibilidade de utilização do material sintético.

Naquele momento da obra, havia várias prioridades a tratar com o Poder Público, inclusive ambientais, o que suscitou o prosseguimento do conceito inicial de que seria um gramado natural. No futuro, então, seria retomada a negociação para a utilização do material sintético com a PBH.

Mas por que seria necessária uma nova negociação com a prefeitura referente ao campo de jogo? Segundo o Plano Diretor de Belo Horizonte, a obra obrigatoriamente deveria ter um percentual de permeabilidade no terreno que permitisse a infiltração de água no solo. A grama sintética é permeável, porém, a lei municipal entende que, para ser considerada área permeável, precisa ser sob terreno natural e vegetado. A palavra "vegetado" não se aplica à grama sintética.

Com toda essa dificuldade, o martelo foi batido pela utilização do material natural e optou-se pela grama do tipo Bermudas Celebration, a mais indicada para atividades esportivas em locais de clima quente, tanto que é a mais comum nos estádios brasileiros.

O campo da Arena MRV possui dimensões de 105 metros de comprimento por 68 metros de largura, totalizando 7.140 m² de área de jogo, padrão adotado pelas principais entidades organizadoras de futebol, como FIFA, Conmebol e CBF. Além disso, o terreno possui aproximadamente 2 mil m² de grama artificial decorativa dos recuos do campo até o perímetro interno entre a arquibancada e o campo.

Antes da entrada da empresa responsável pelo gramado, a Racional Engenharia precisou trabalhar rápido para substituir o solo do local. Composto por camadas de concreto, pedras e sedimentos de mais de dois anos de obra, essa limpeza foi fundamental antes do efetivo começo da construção do campo.

Em junho de 2022, quando o anúncio foi realizado, o nivelamento e a compactação do solo já haviam sido finalizados pela construtora. A próxima etapa ficaria a cargo da World Sports, empresa escolhida pelo Atlético para uma das mais importantes etapas de toda a construção.

No período da Copa do Mundo FIFA de 2014, a empresa foi responsável pelos gramados da Arena Corinthians, Arena das Dunas, Arena Pantanal e, também, do Beira-Rio, além de mais de 20 campos oficiais de treinamento das seleções que disputaram o Mundial no Brasil. No portifólio da empresa estão também a renovação dos gramados do Estádio do Morumbi e da Vila Belmiro e a construção do campo principal do Centro de Treinamentos do Orlando City, na Flórida, nos Estados Unidos; além de trabalhos no CT do Palmeiras e no Allianz Parque, quando o estádio ainda contava com gramado natural.

Com a empresa escolhida, chegava a hora de iniciar um processo fundamental para a Arena MRV. Os técnicos da World Sports entraram em campo em julho para finalizar o nivelamento do terreno entregue pela Racional e os responsáveis pelo gramado precisaram de paciência.

Na etapa inicial, o trabalho precisou ser realizado com guindastes que, para terminar a montagem das estruturas do estádio, ainda ocupavam o terreno do campo. Um trabalho que dependia de muita sincronia entre os profissionais. Reuniões diárias entre os engenheiros de empresas com obrigações tão distintas garantiram uma harmonia em trabalhos muito diferentes, mas que, naquele momento, precisavam ser realizados de forma simultânea.

A primeira etapa realizada pela World Sports foi uma terraplenagem final no solo, utilizando um moderno equipamento a laser que garantia uma precisão de 0,5 centímetro no caimento do terreno, do centro para as laterais e linhas de fundo. O campo de futebol foi construído no formato de um telhado colonial, com um imperceptível caimento que garantia o escoamento da água da chuva para os dutos de drenagem. De forma automática, uma antena foi responsável por enviar um sinal para o trator que garantia essa incrível precisão milimétrica quando realizava o nivelamento.

"Eventualmente, com uma chuva muito pesada, caso a água demore a penetrar o terreno, ela começa a escorrer por cima, daí a importância desse caimento para as laterais e fundos do campo. É o que chamamos de caimento de quatro águas", explicou o engenheiro Cláudio Godoy, da World Sports.

Após o nivelamento, a etapa seguinte foi a construção do sistema de drenagem. O terreno foi escavado para a colocação dos tubos responsáveis pelo escoamento da água e, em seguida, todo o espaço seria preenchido com mais de 3.000 m³ de brita.

Mas, novamente, o trabalho no campo precisou passar por adaptações, uma vez que começara a desmontagem das gruas e desmobilização dos últimos guindastes ainda envolvidos na obra. Cada uma das três gruas que ainda estavam mobilizadas possuía mais de 60 metros e era composta por pesadas estruturas de aço. O trabalho da World Sports teve que se adaptar à desmontagem desses equipamentos com as peças estocadas no terreno do campo.

Isso impediu que, num primeiro momento, toda a área fosse ocupada com a brita de forma uniforme. Começava uma corrida contra o tempo, uma vez que seria preciso cerca de 120 dias a partir do plantio da grama para que o campo fosse liberado para uma partida de futebol.

Somente em setembro de 2022 o terreno foi totalmente ocupado com a brita, o que permitiu o início da etapa seguinte, o preenchimento do local com uma camada de 30 centímetros de areia e a construção do sistema de irrigação. Essas etapas foram finalizadas no início do mês de novembro, cerca de quatro meses antes da inauguração.

Faltava, agora, o principal, o plantio da grama. Desse momento em diante, ficou proibido o trânsito de quaisquer operários que não estivessem envolvidos na operação do gramado dentro do campo. Essa foi uma forma de garantir que o nivelamento do terreno não sofresse qualquer tipo de interferência que prejudicasse o plantio da grama devido ao pisoteio.

Era início da manhã do dia 24 de novembro, quando o telefone do engenheiro Cláudio Godoy tocou. Do outro lado da linha estava o engenheiro agrônomo Eder Carlos Pires, falando de uma fazenda na cidade de Tremembé, distante 515 km de Belo Horizonte.

"Godoy, temos um problema. Está chovendo muito aqui e não temos como fazer a colheita da grama. Precisamos aguardar uma estiagem para que a colheita possa ser feita da forma ideal."

"Ok, vamos abortar por enquanto a missão plantio", respondeu frustrado Cláudio.

O plantio do gramado da Arena MRV seria feito no formato *springs*, ou ramos e mudas. A característica desse plantio é que as mudas de grama – formadas por folhas, raízes, estolões e rizomas sem a presença de solo – são implantadas no terreno em um único dia. A utilização desse sistema contribui para diminuir sensivelmente os custos na formação de gramados de alta qualidade.

Porém, a colheita do material tem uma característica peculiar: não pode ser feita com o material úmido. Então, a insistente chuva em Tremembé adiava a colheita e o consequente plantio. Uma vez colhido, todo o material precisa ser plantado no dia seguinte, pois, caso ocorresse algum atraso, o material poderia perder qualidade e o trabalho teria de ser refeito.

O mês de novembro terminou e nada de a colheita acontecer. Uma vez que as redes sociais da Arena MRV já haviam anunciado que o plantio estava próximo, a ansiedade da torcida para ver mais essa etapa da obra crescia a cada dia. Quis o destino que, em 2 de dezembro de 2022, dia em que o Atlético comemorava um ano da conquista do Bicampeonato Brasileiro, a chuva cessasse no interior paulista e o plantio fosse realizado.

Embarcada em um caminhão em 20 grandes sacolas, o gramado da Arena MRV viajou durante toda a noite e desembarcou na obra no sábado, pela manhã. O dia nublado em Belo Horizonte não atrapalhou o plantio, muito pelo contrário. Ideal era que a chuva caísse para auxiliar as sementes a penetrarem o solo.

Alguns sócios da Arena MRV e do Galo na Veia foram convidados para, simbolicamente, semear no terreno o tapete sagrado da casa do Galo. Os maiores veículos de imprensa do estado estavam na arena para acompanhar mais um momento histórico na obra que, àquela altura, chegava a 92% de avanço físico.

Precisamente às 18 horas e 2 minutos daquele sábado, 3 de dezembro, o engenheiro Cláudio Godoy usou o WhatsApp para enviar uma mensagem emocionada ao clube: "Missão cumprida! 100% plantado!" O texto estava acompanhado de fotos do terreno coberto com as mudas e um *emoji* com um brinde de duas canecas de cerveja. Era, realmente, hora de comemorar!

Uma das mais aguardadas e importantes etapas do sonho atleticano estava concluída. A Arena MRV tinha, após meses de um trabalho intenso, coordenado e com algumas interrupções, um gramado plantado. Restava, agora, somente a natureza fazer o seu trabalho para que aquele terreno de mais de 7 mil m² ganhasse a cor verde.

▶ APÓS A INAUGURAÇÃO

Após as primeiras partidas e eventos na Arena MRV, o assunto gramado voltou à tona. O número de eventos, incluindo jogos, levantou novamente a discussão sobre a opção do gramado natural em vez do sintético.

Tanto a imprensa, muitas vezes sem o devido conhecimento técnico e aprofundamento no tema, quanto os torcedores e influenciadores criticavam a escolha pelo piso natural. O assunto foi tão polemizado que motivou o clube a fazer um podcast especial, somente para abordar o tema e explicar, de uma vez por todas, os motivos pela escolha da grama natural.

"Conceitualmente, sempre esteve na nossa cabeça que o caminho é o gramado sintético. Desde a concepção. Só que nós temos um problema de ordem legal. Esse campo é computado como área permeável. O gramado natural, por ser uma área vegetada, é entendido como área permeável. O gramado sintético, hoje, à luz do Plano Diretor de Belo Horizonte, não é considerado área permeável", explicou o diretor de engenharia do Atlético, Carlos Antônio Pinheiro.

Além da questão legal, o conceito moderno de uma arena mais fechada trouxe a dificuldade de, em certas áreas do terreno, a incidência de luz solar não ser a ideal. Carlinhos também falou sobre esse assunto no GaloCast. "Nosso projeto é um conceito moderno de arenas, com tendência europeia de configuração arquitetônica. É uma questão de geometria básica. À medida que você aproxima a arquibancada do campo, e cobre a arquibancada, diminui drasticamente a incidência de luz natural", disse.

Para atacar esse problema, o clube adquiriu oito máquinas de iluminação artificial para auxiliar o tratamento do campo de jogo. Elas foram importantes para um gramado novo, recém-plantado, que recebeu nove partidas e quatro shows musicais entre agosto e dezembro de 2023. Além disso, algumas partes do campo foram trocadas ao longo da temporada.

12

Na instalação do escudo, operários torceram contra o vento

O atleticano tem orgulho imenso da sua identidade e das suas marcas. É desnecessário falar sobre o simbolismo do Galo. Ser o único clube tão conhecido por seu mascote quanto pelo nome já diz tudo sobre a representatividade da genial criação do cartunista Mangabeira.

O torcedor do Galo bate no peito e se vangloria por, em mais de 116 anos de história, o Atlético ter sempre as mesmas cores. O preto e o branco fazem parte da alma do atleticano. O escudo, então, é um caso de amor à parte. O Atlético sempre foi Atlético, assim como as suas iniciais C-A-M sempre estiveram presentes em seus uniformes desde os primórdios, até hoje em dia.

Identificar esse orgulho na sua nova casa não poderia ser algo pequeno. No projeto apresentado por Bernardo Farkasvölgyi constava a instalação, em cada uma das quinas da fachada, de um escudo do Clube. O arquiteto já tinha vivido essa experiência de marcar a cidade com o escudo em forma de coração estilizado. É dele o projeto de modernização da fachada da sede de Lourdes, que ganhou um escudo da altura da grandeza do Clube.

Na fachada da Arena MRV estava previsto algo maior. Em cada uma das faces do estádio – norte, sul, leste e oeste – o nome Arena MRV em letras com seis metros de altura e iluminação em led. Os escudos são ainda maiores. Cada um pesa 3.250 kg e possui 12 metros de altura, mais três metros da estrela amarela.

Como a instalação dos escudos e letreiros era cercada por ansiedade da torcida, foi planejado todo um esquema para que as imagens não vazassem. E deu certo! Quando as primeiras peças estavam prontas para divulgação, a Arena MRV recebeu fotos do escudo ainda em processo de montagem na fábrica, em Piracicaba (SP). A imagem era impressionante! Um homem em cima da peça, que estava deitada no chão, quase sumia. A foto foi um sucesso nas redes sociais da Arena MRV e criou um verdadeiro alvoroço na torcida.

Duas carretas foram responsáveis por transportar as peças cuja montagem seria finalizada na obra. Antes do primeiro escudo, chegou o primeiro letreiro, em 24 de agosto de 2022. A instalação foi finalizada 18 dias depois.

Antes da finalização do primeiro letreiro, os operários iniciaram ainda no solo da esplanada a finalização do primeiro escudo. Era uma noite de segunda-feira, 12 de setembro de 2022, quando uma operação que demorou nove horas foi finalizada, mas não sem momentos de tensão e torcida, como tudo na vida do Atlético.

Dois guindastes se posicionaram para içar a peça de mais de três toneladas. Alpinistas aguardavam pendurados em cordas para auxiliar na colocação do escudo no local exato. Engenheiros, operários que não estavam em serviço e curiosos não tiravam os olhos daquela operação. A ordem para içar chegou por volta das 19 horas. O escudo estava em pé, pronto para ser erguido pelos guindastes. A subida começou lenta, mas em poucos minutos alcançou 10 metros de altura, mais um pouco e chegou a 20 metros. Nesse momento, um vento forte passou pela esplanada. O escudo balançou. Foi para um lado, depois para o outro. Por sorte, ele se movimentou de lado, e não para trás, porque se isso tivesse acontecido, ele bateria na estrutura metálica da fachada, o que poderia acarretar um estrago enorme, tanto na peça quanto na edificação.

O vento passou e os operadores dos guindastes, com um manejo exemplar do equipamento, continuaram a operação. Às 20 horas e 45 minutos terminava uma operação que teve início às nove da manhã.

Quando finalmente ele foi fixado no local, aplausos e abraços de operários que fizeram parte dessa importante etapa da obra. "Foi uma operação em que nós, literalmente, torcemos contra o vento! Mas isso é o Galo!", comemorou o engenheiro José Carlos Neuenschwander, da Reta Engenharia.

Os outros três escudos e letreiros foram instalados em cinco meses. A finalização do trabalho foi em fevereiro de 2023. A última peça foi o escudo voltado para a rua Walfrido Mendes e a Via Expressa.

A instalação dos quatro escudos mostrava que, assim como o restante de Minas Gerais, o Califórnia seria definitivamente alvinegro. Estavam instalados e fazendo parte da paisagem do bairro as marcas que mais representam o Clube Atlético Mineiro. Assim como dizem os versos do poeta Felipe Arco, na introdução da música Contra o Vento. Tudo passa, mas o Galo não!

"É um privilégio sinistro carregar essa paixão alvinegra no peito esquerdo desde menino, chega a ser inexplicável.

'Uma vez até morrer', e quando enfim chegar esse dia, quero meu caixão pintado em preto e branco, a cor do meu coração, porque eu sei que tudo passa, mas o Galo, o Galo não, o Galo é pra sempre."

Assista ao vídeo
Uma vez até morrer

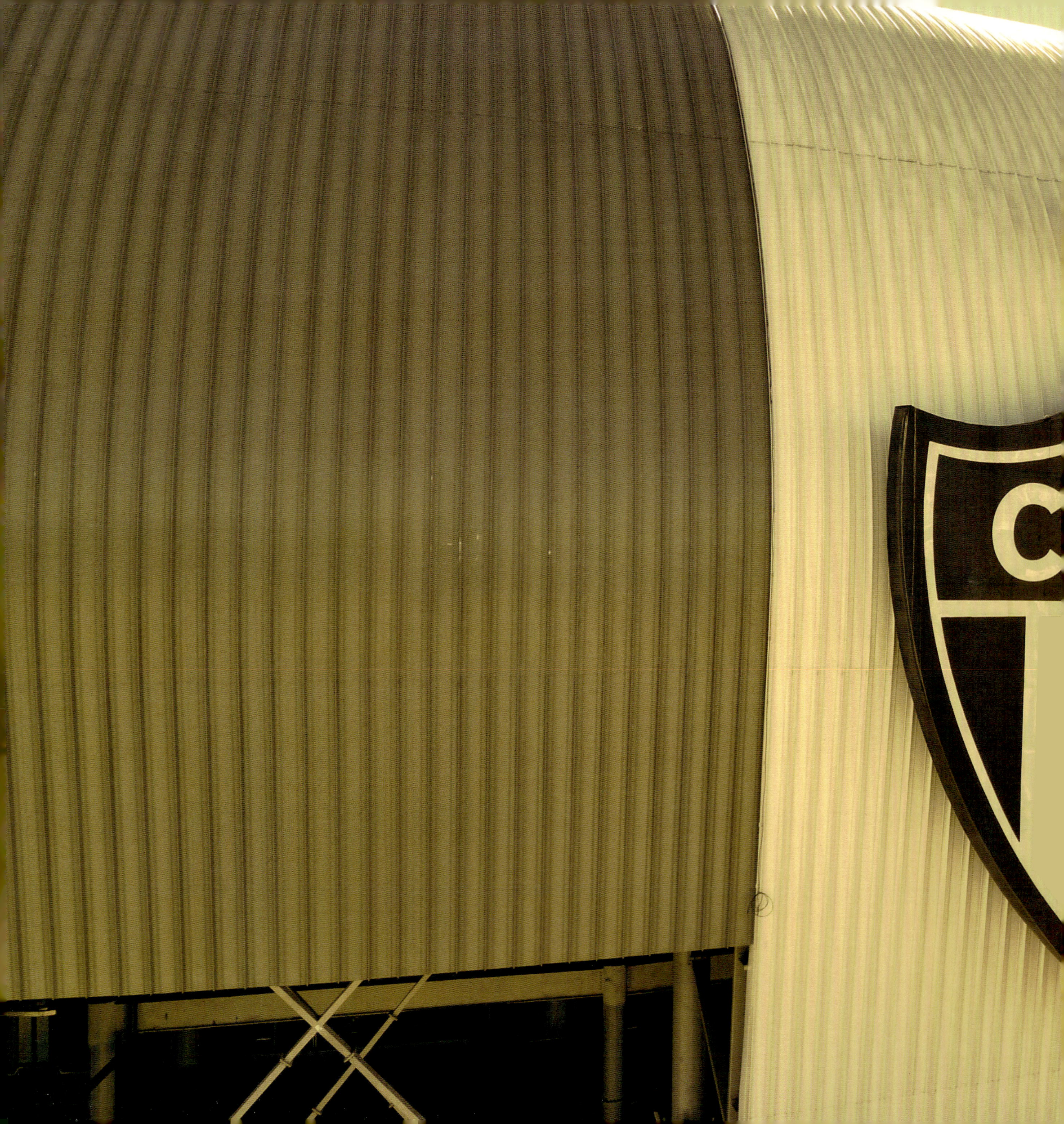

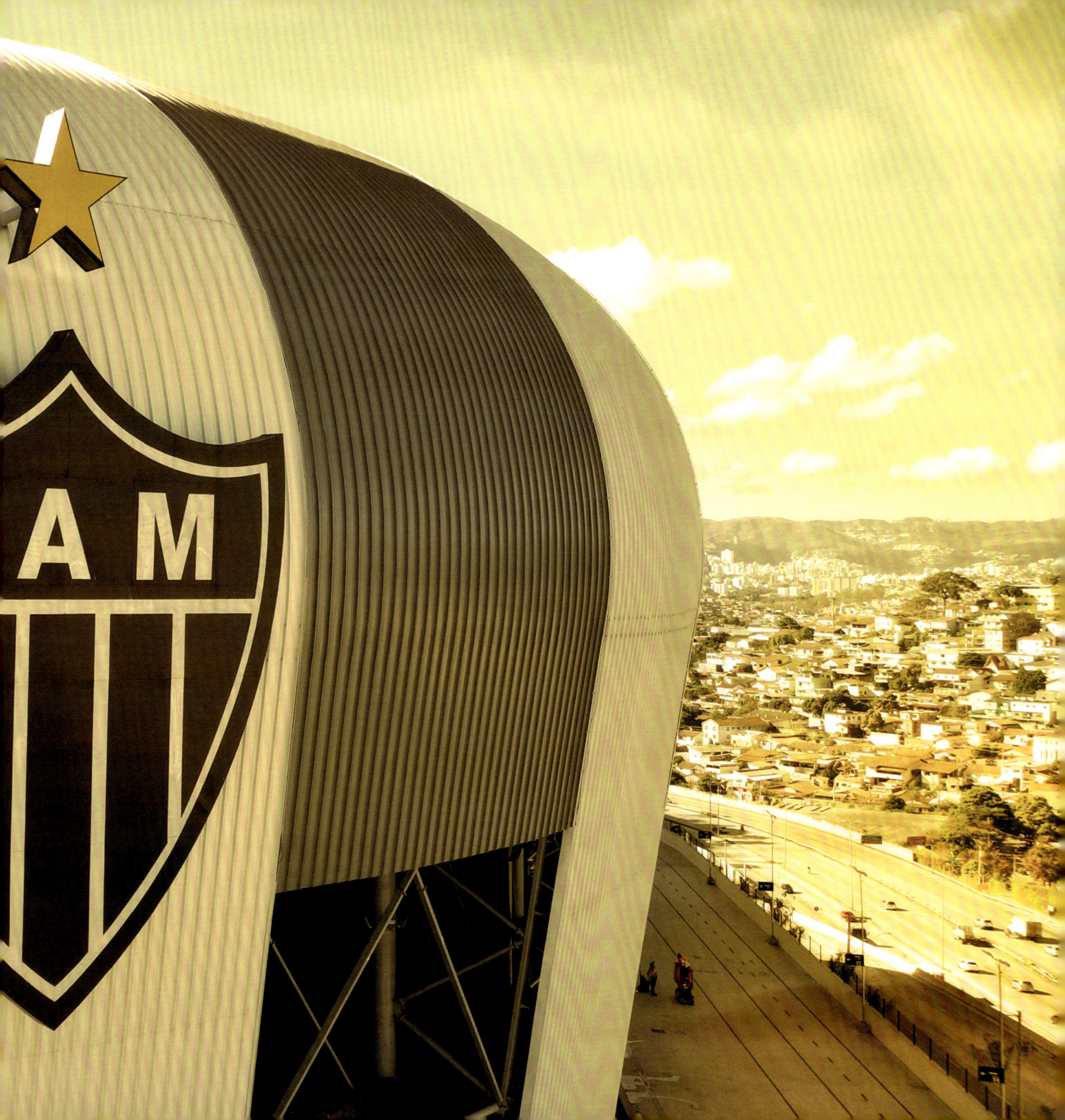
AM

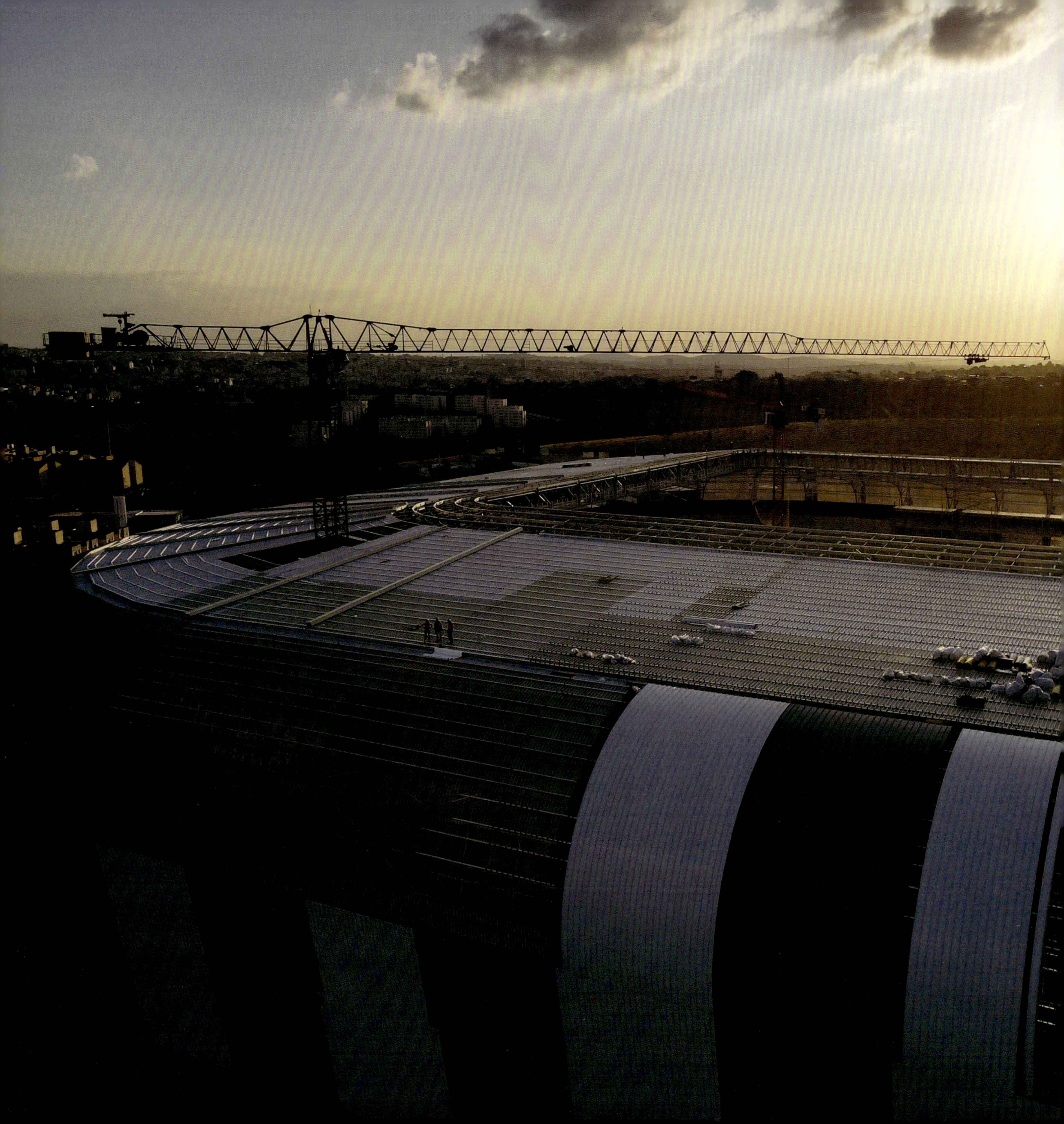

Obras da Arena MRV

Linha do tempo

Assista à *A Era Preta e Branca*

2020

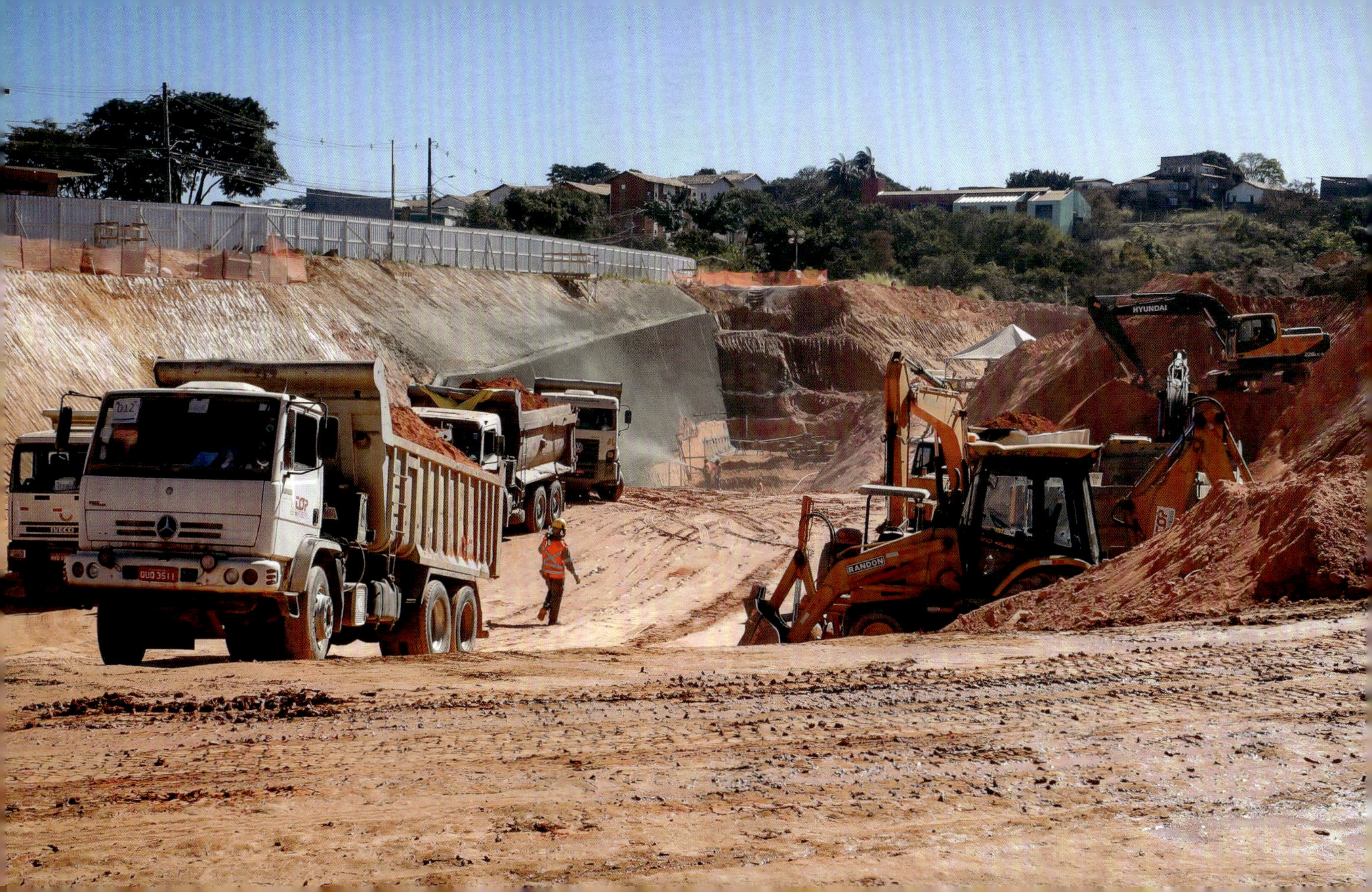
HYUNDAI
RANDON
IVECO

2021

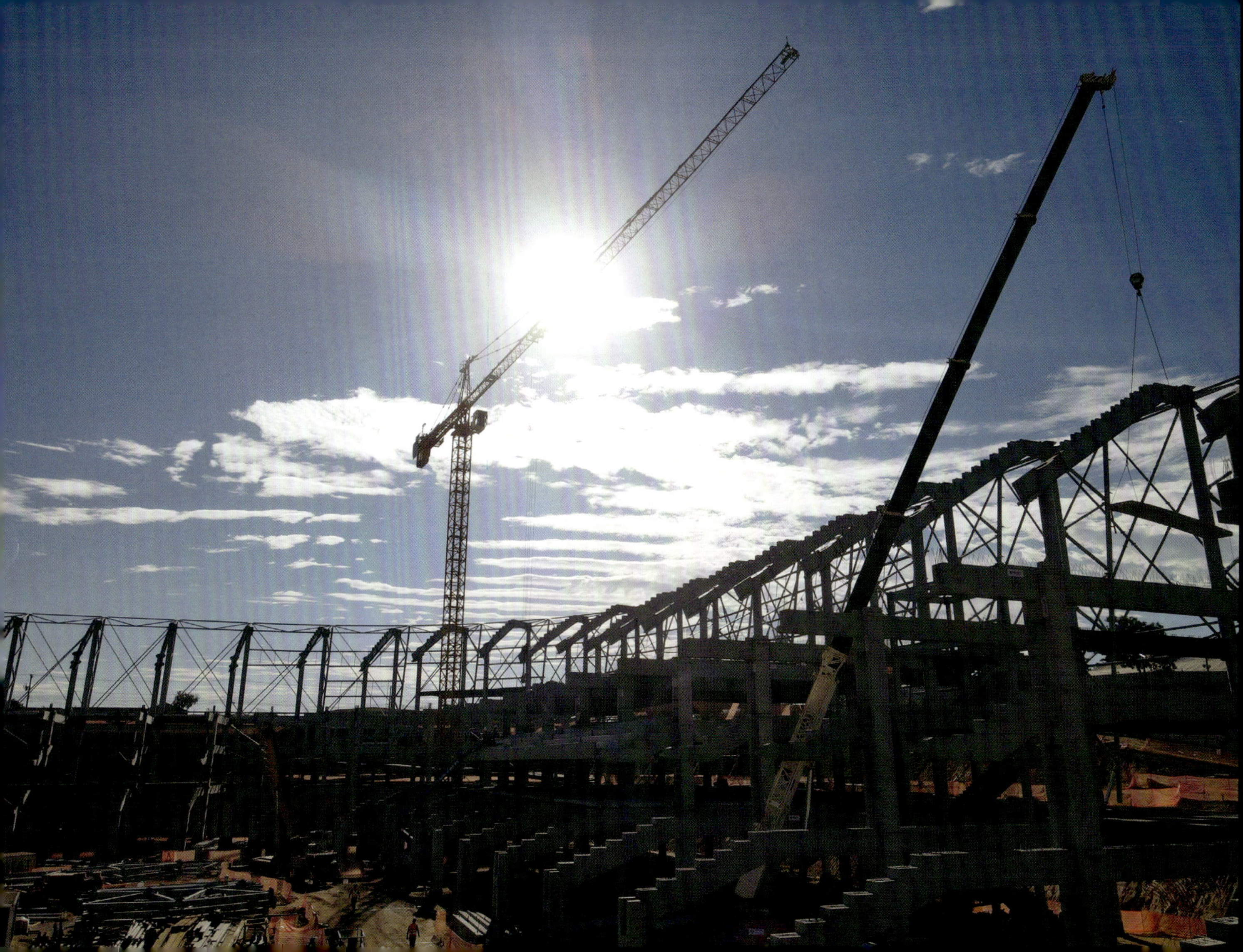

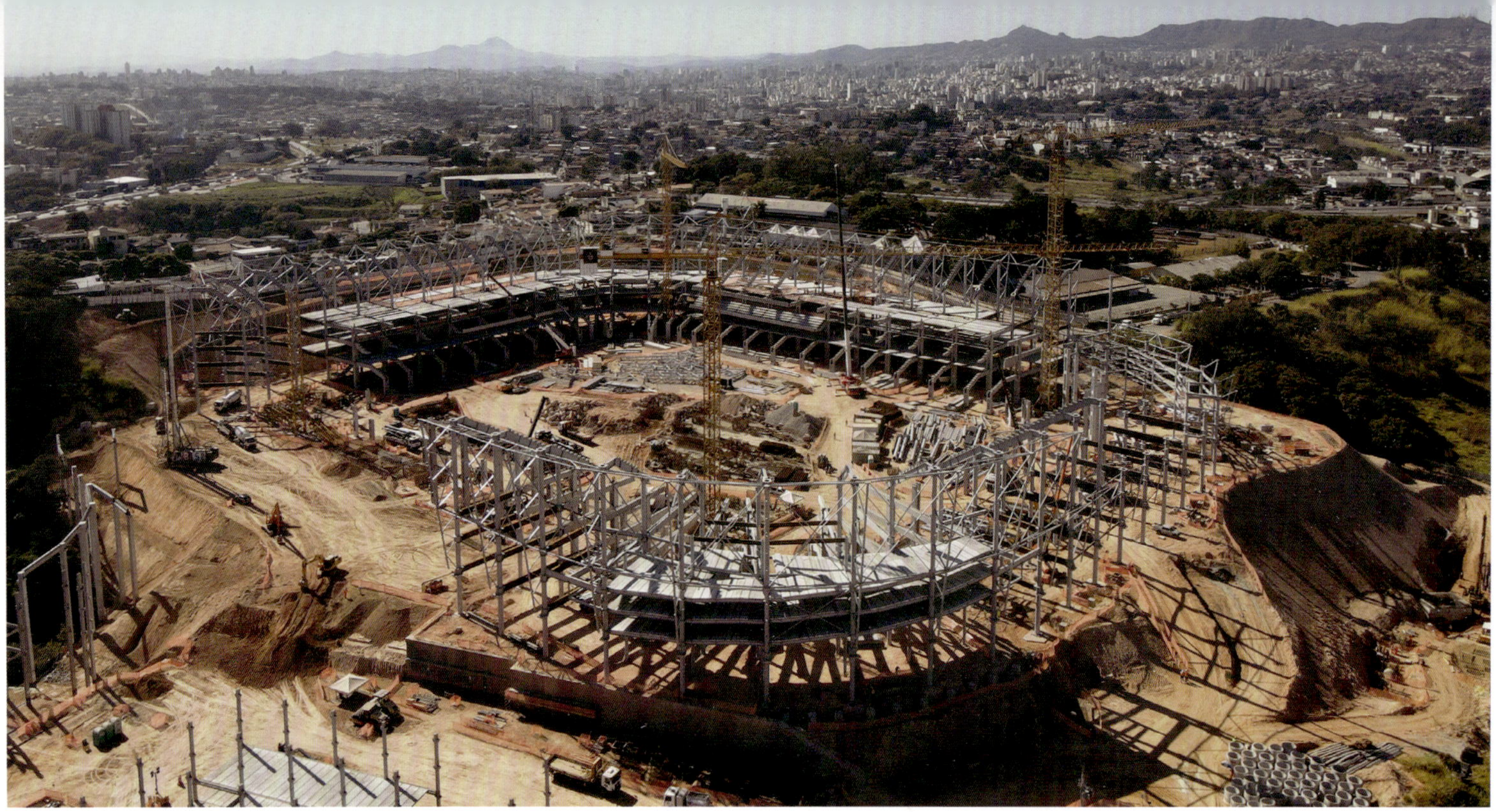

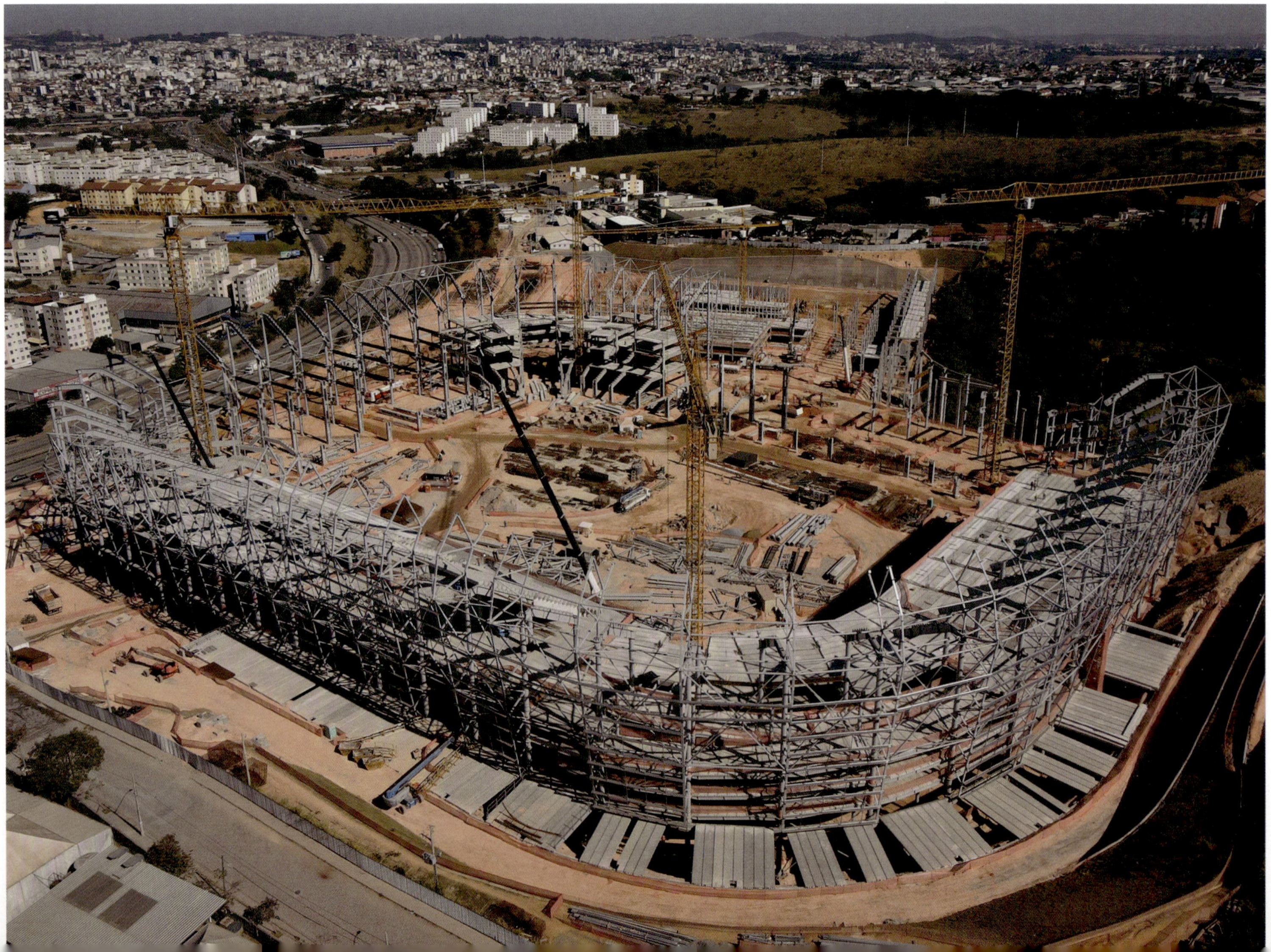

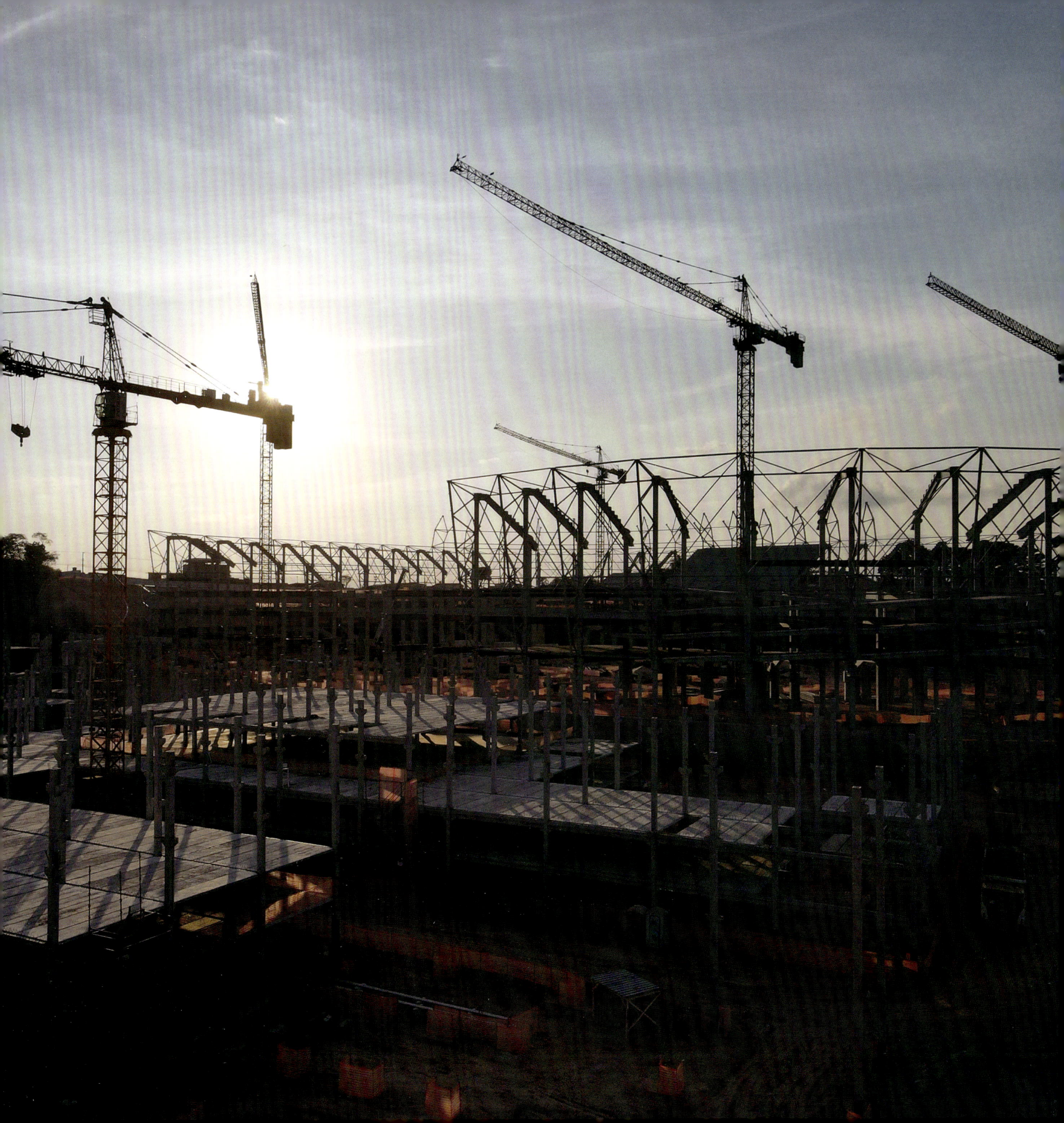

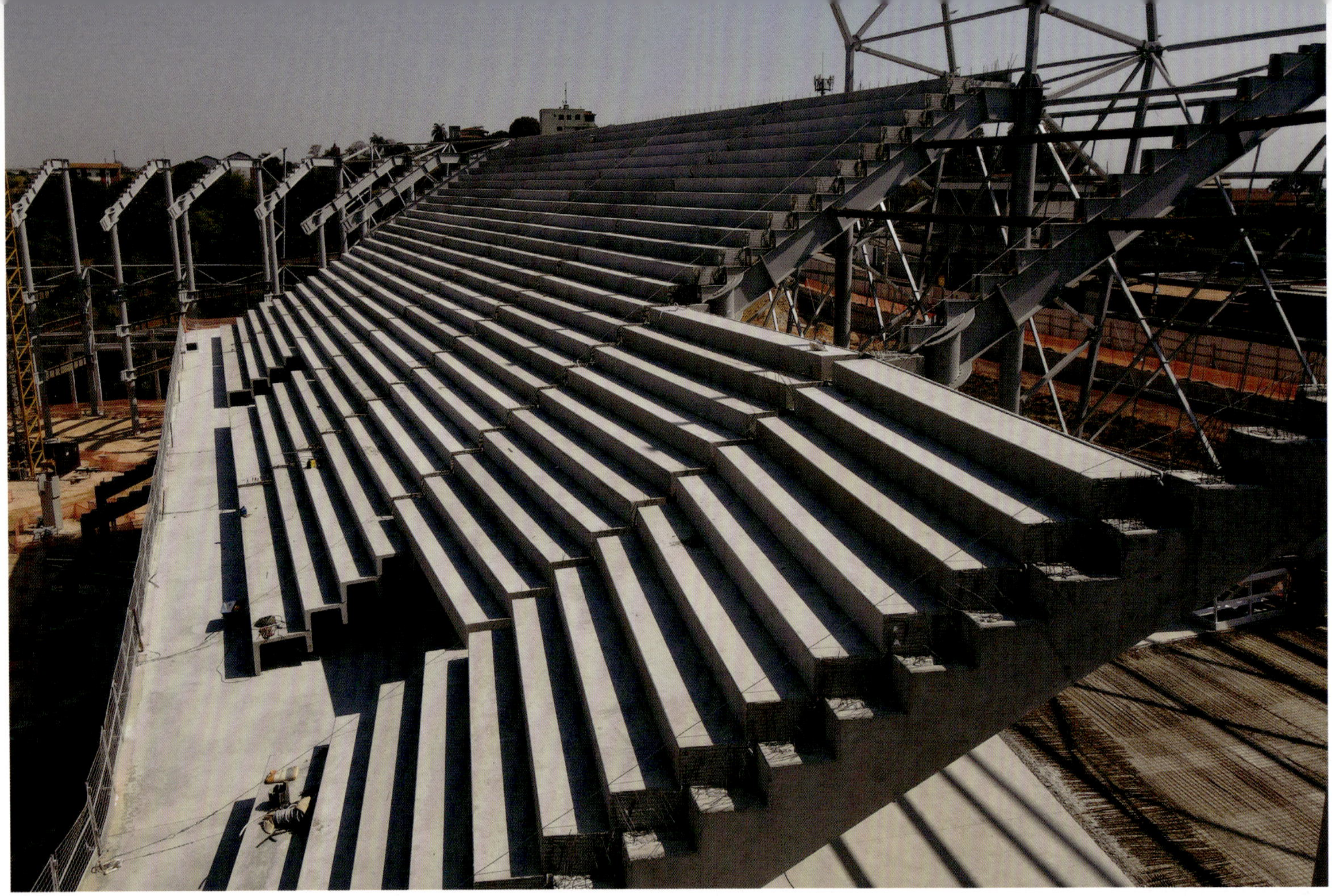

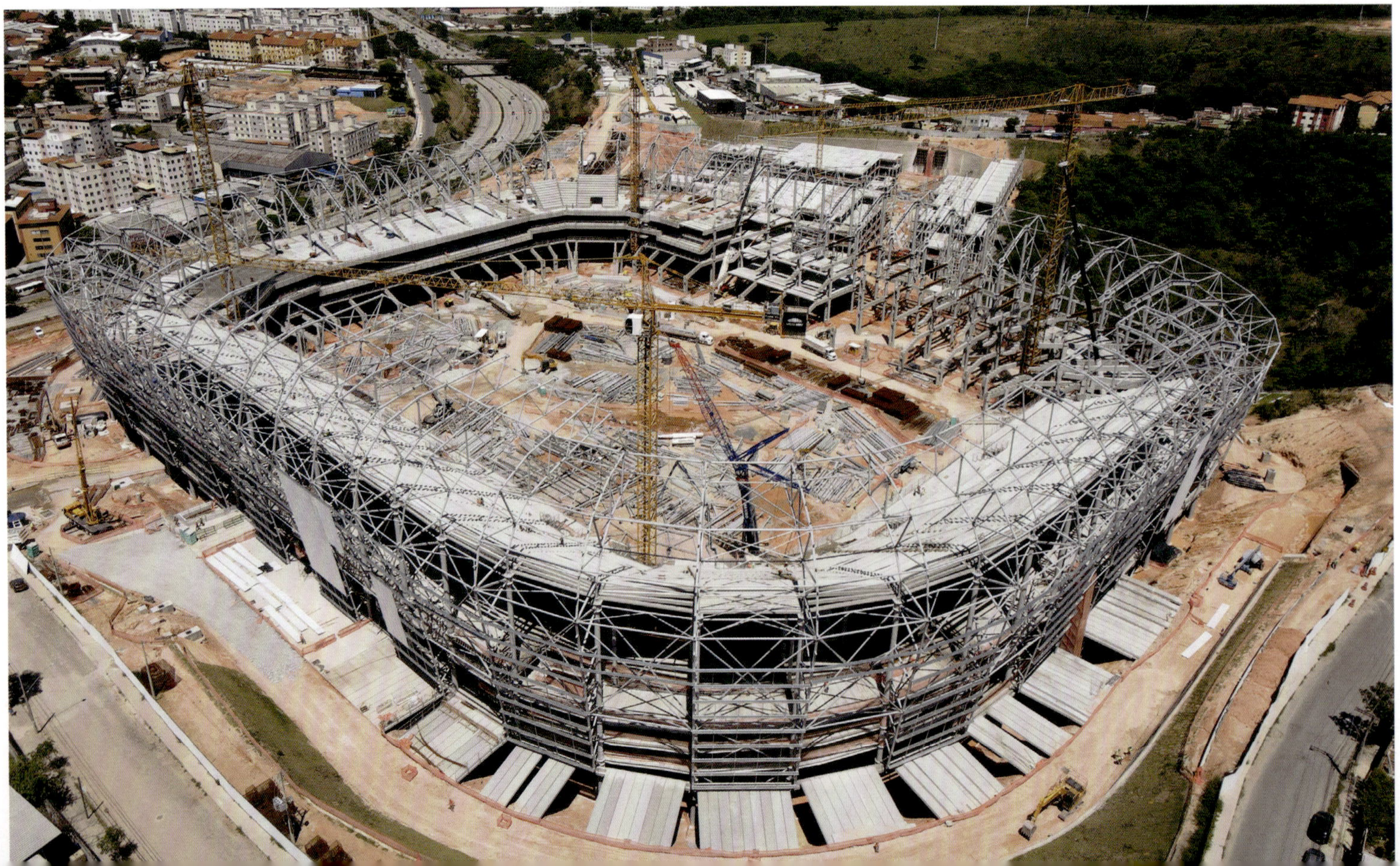

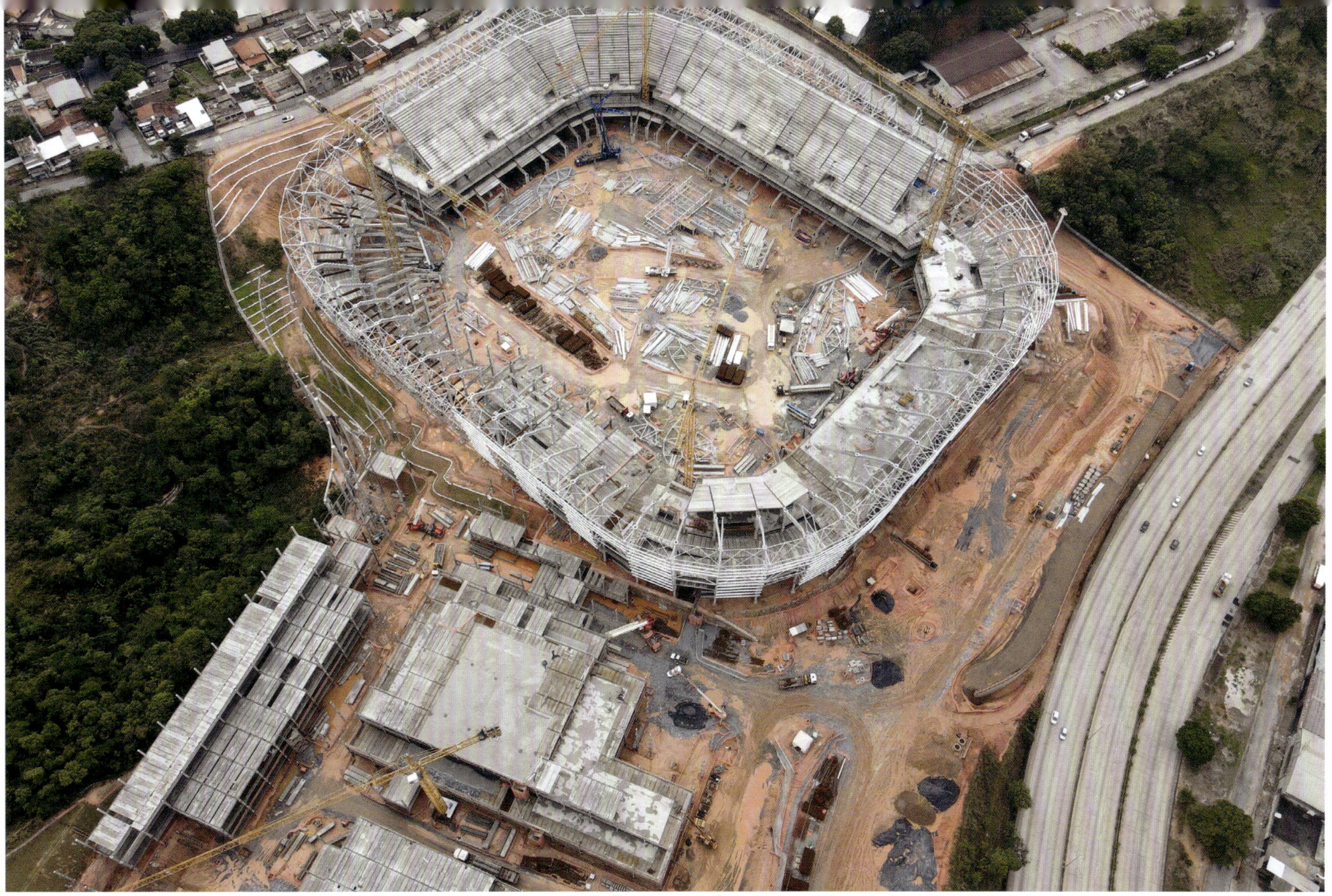

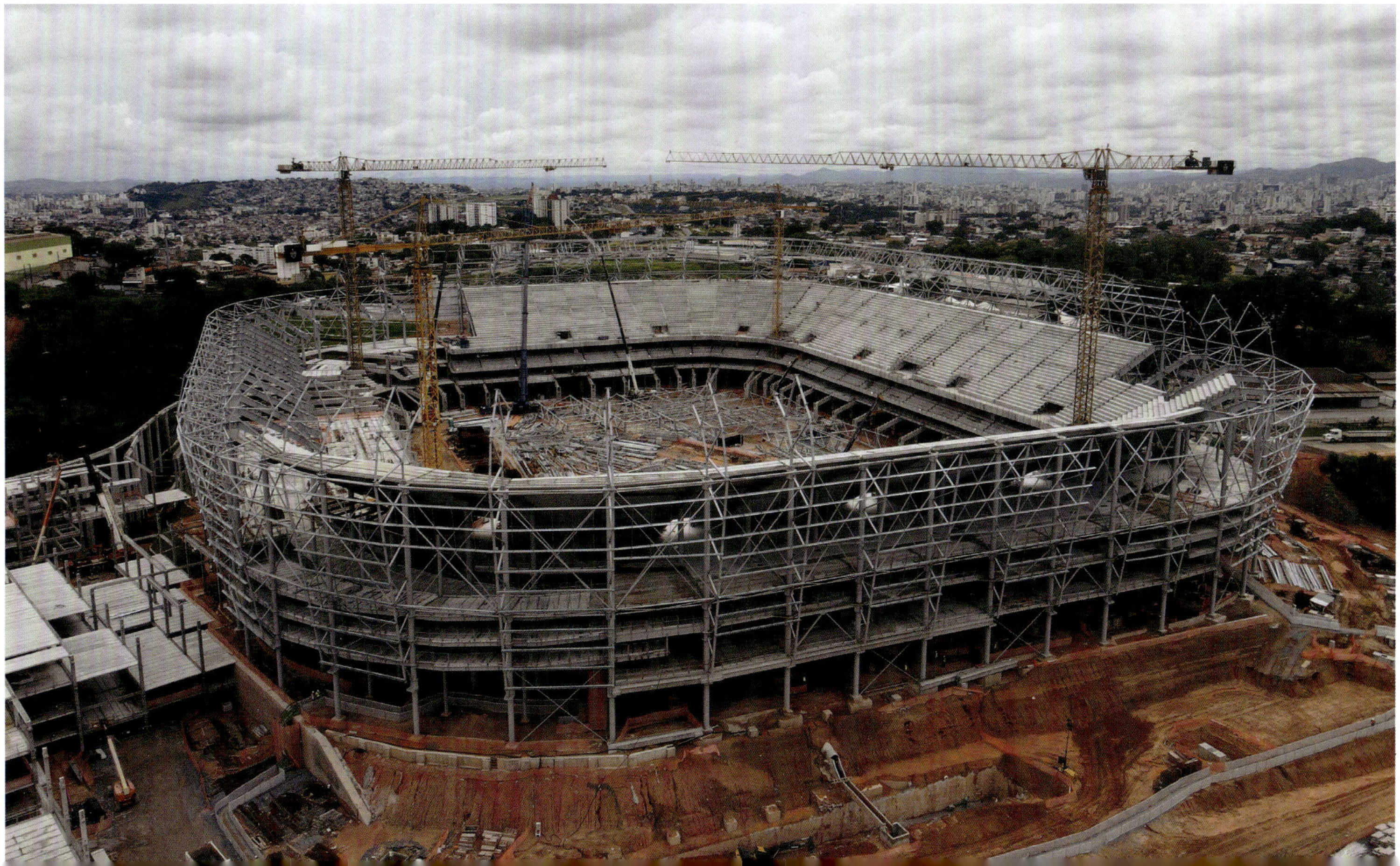

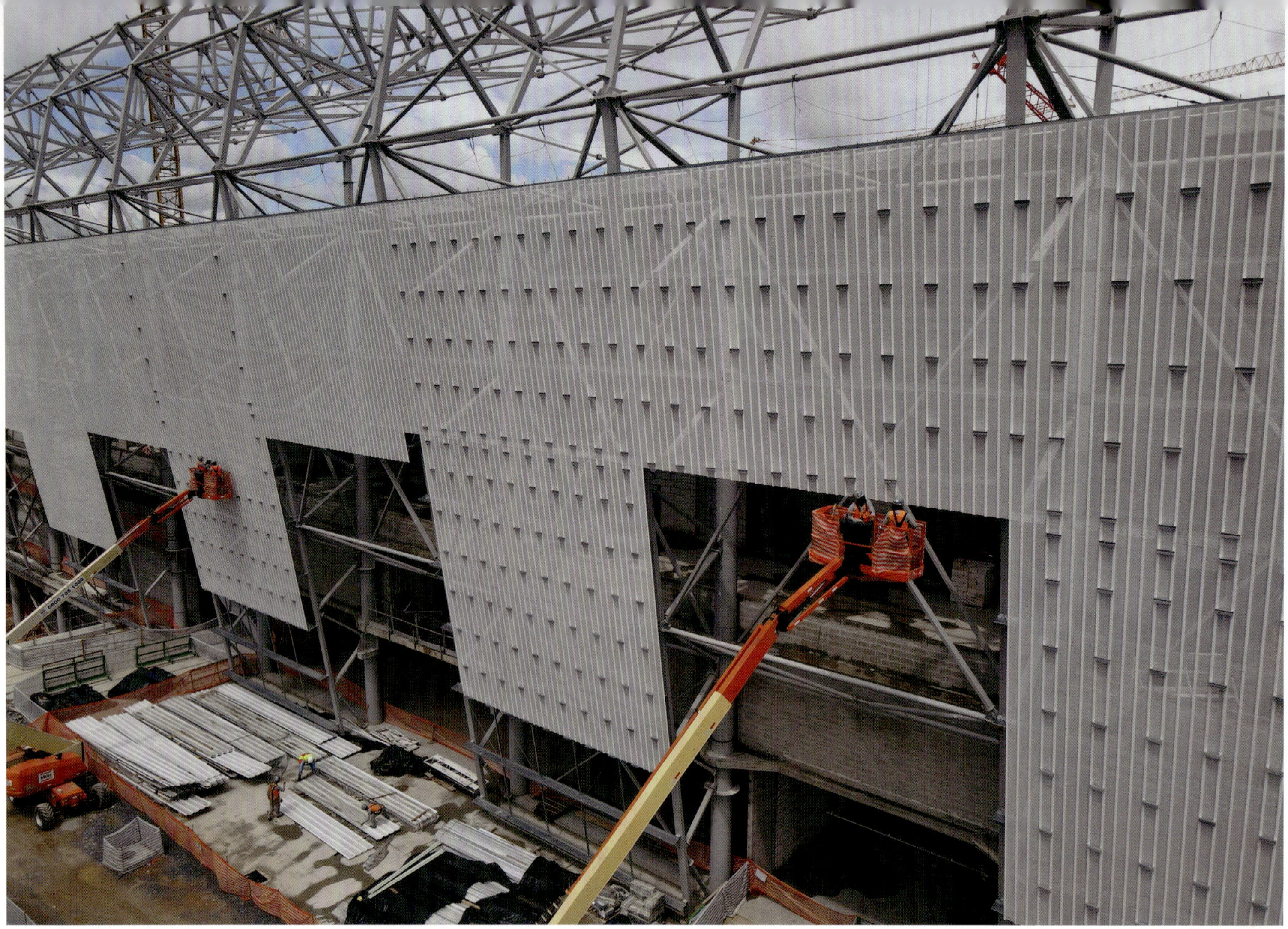

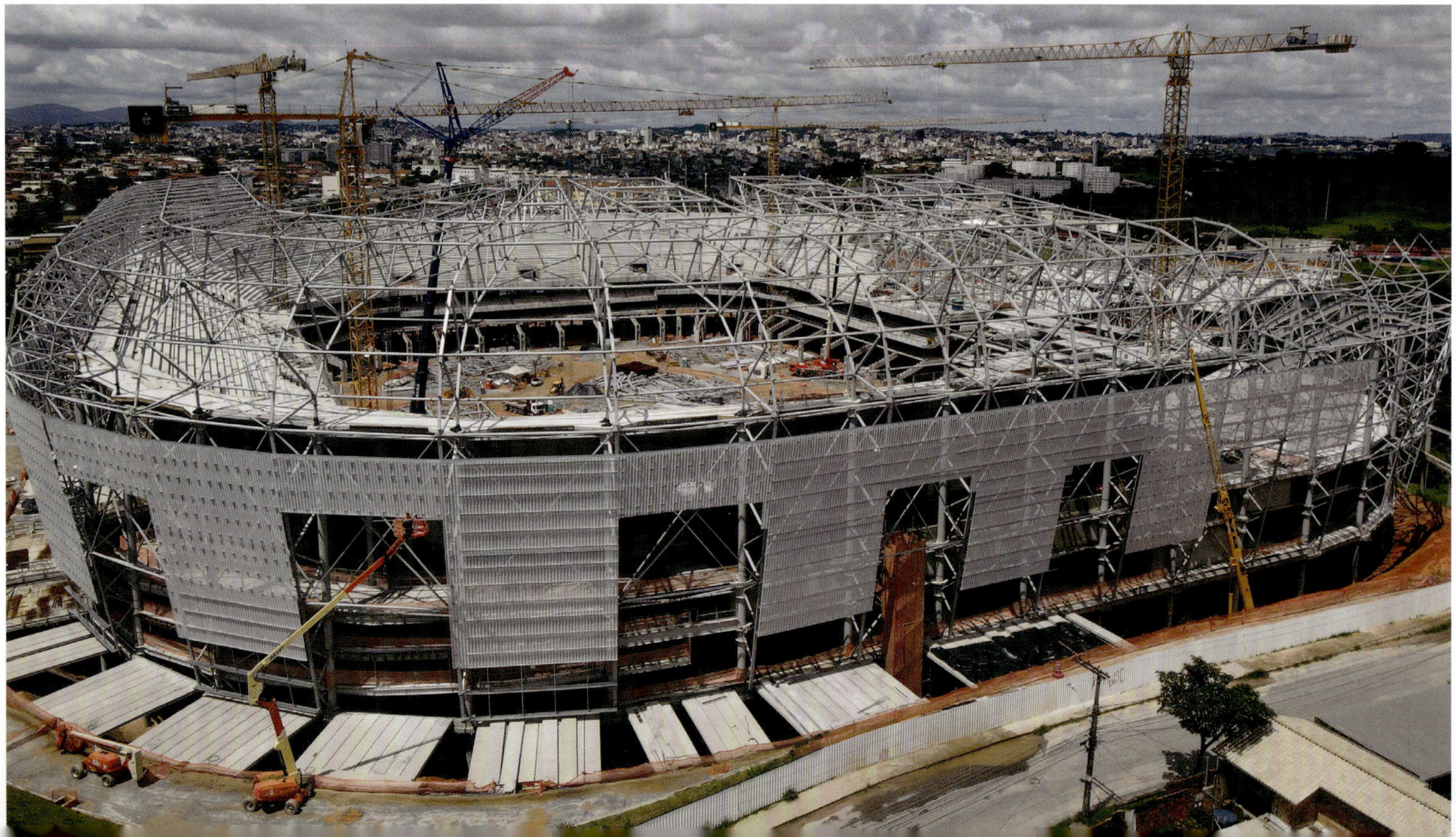

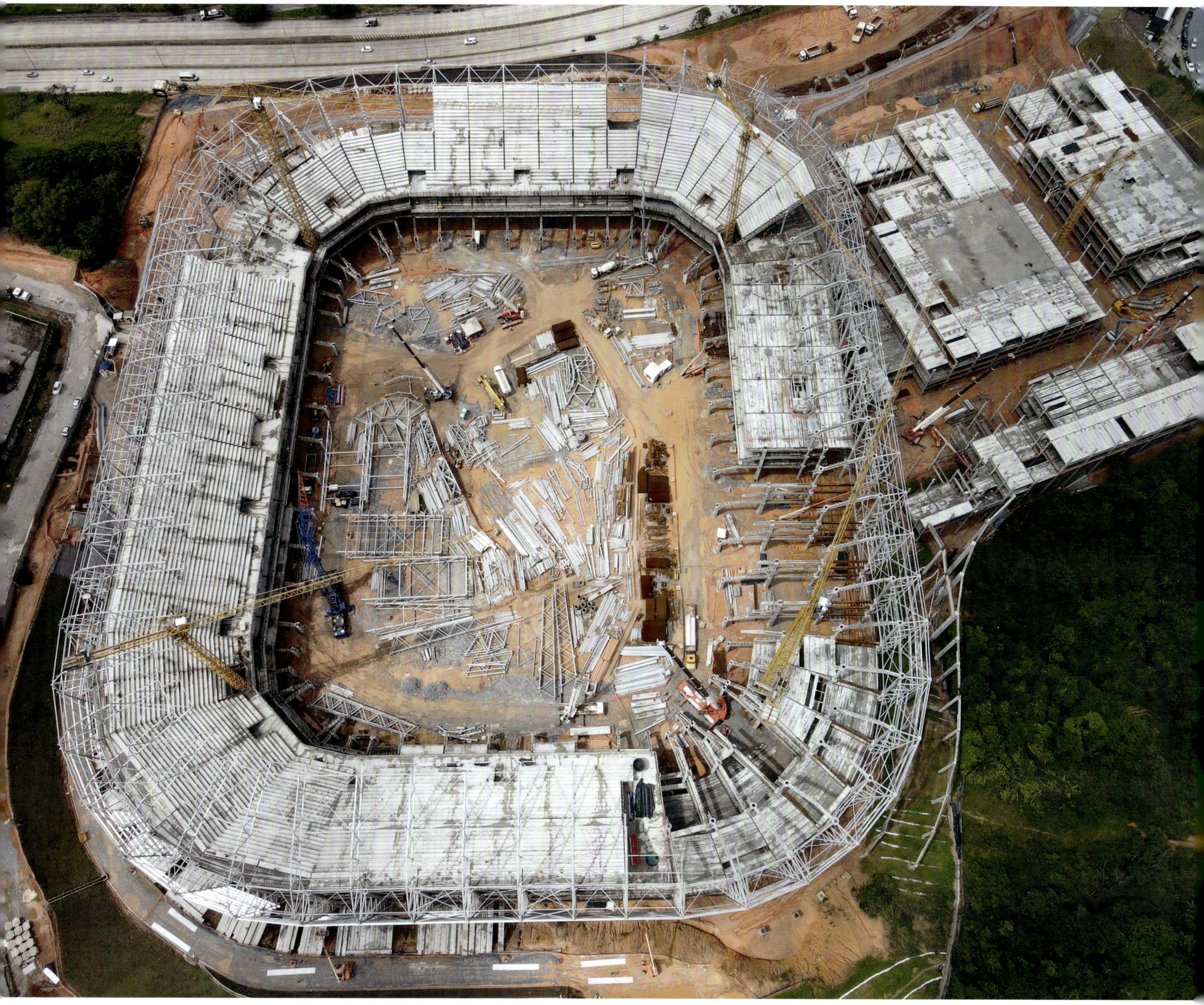

2022

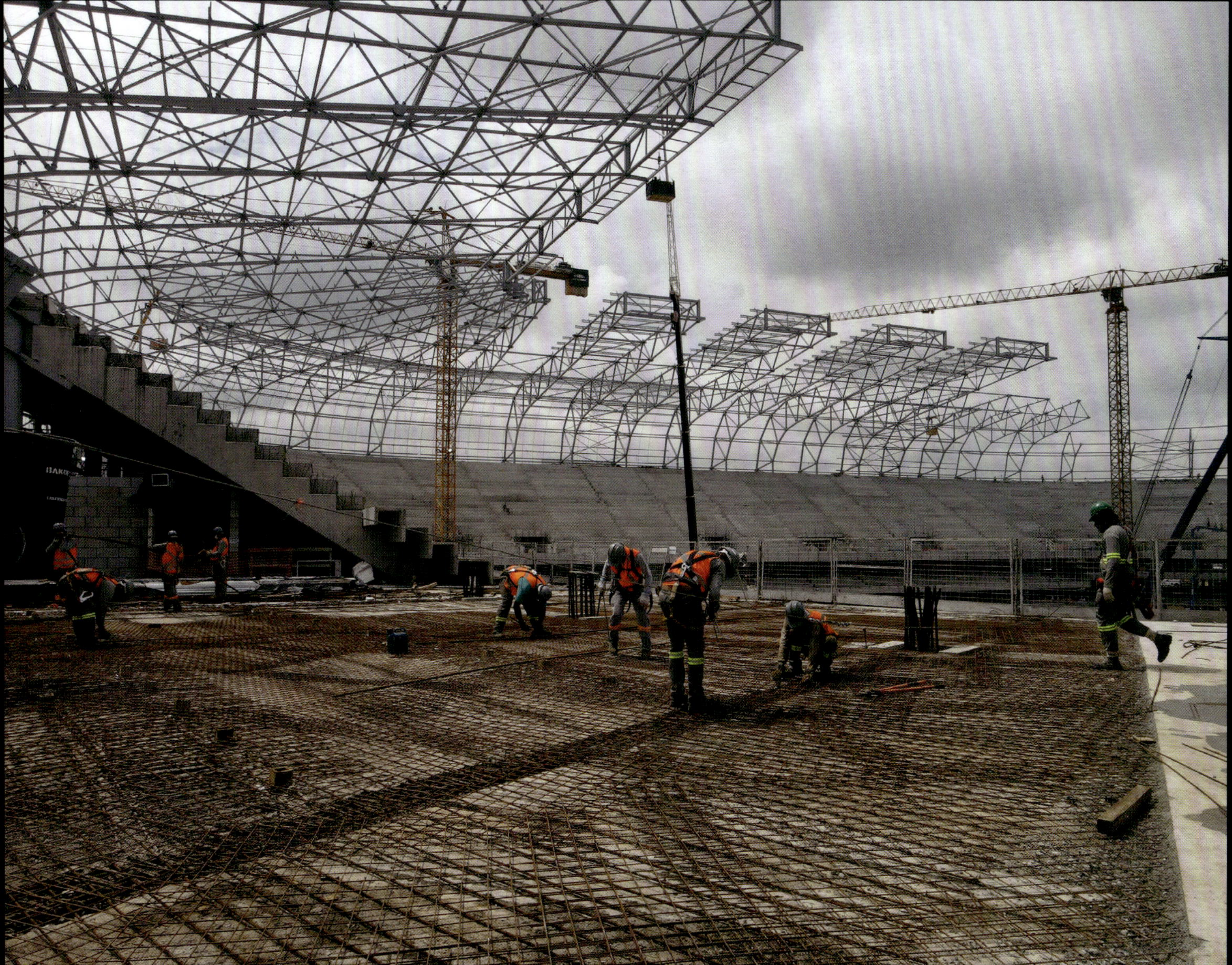

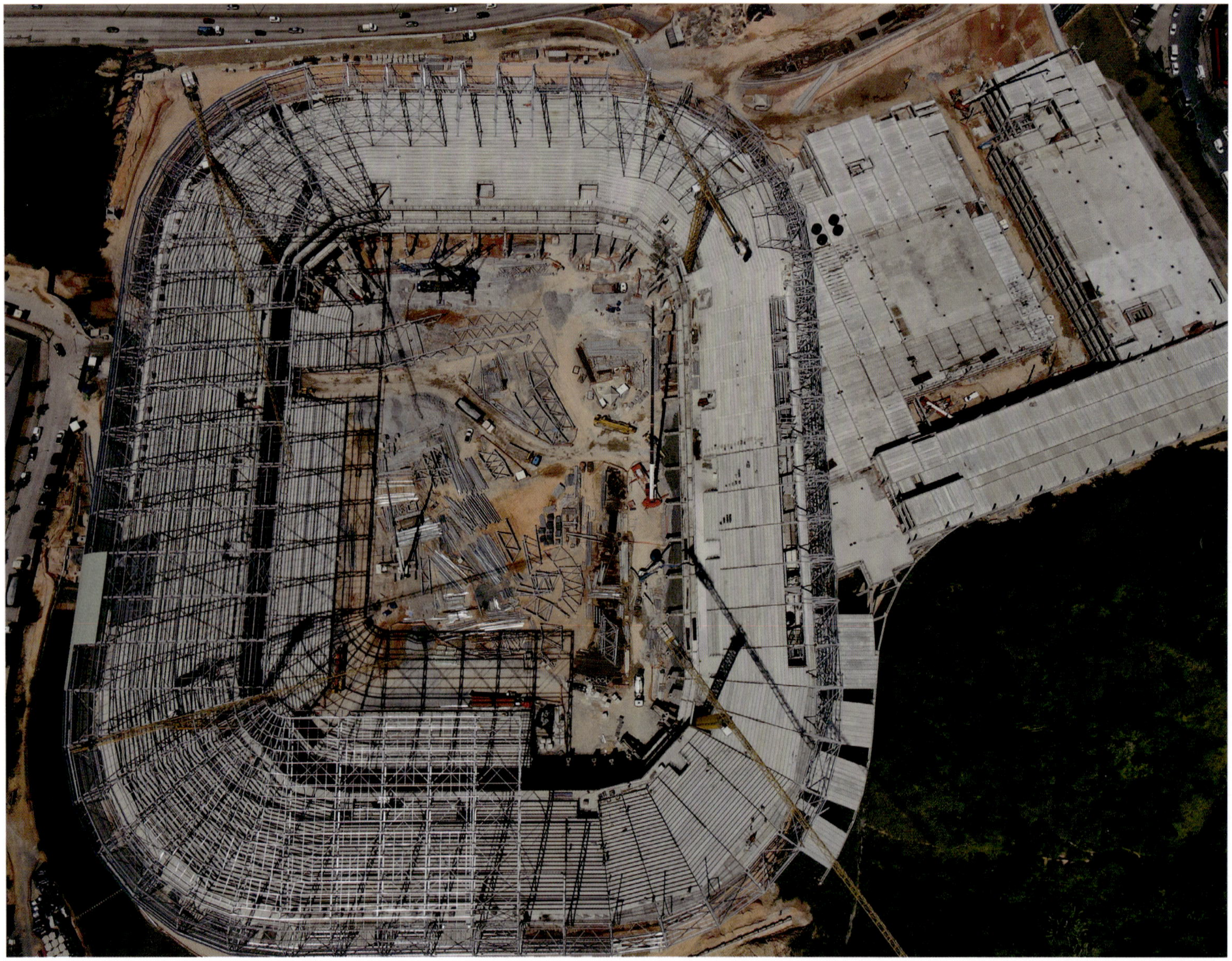

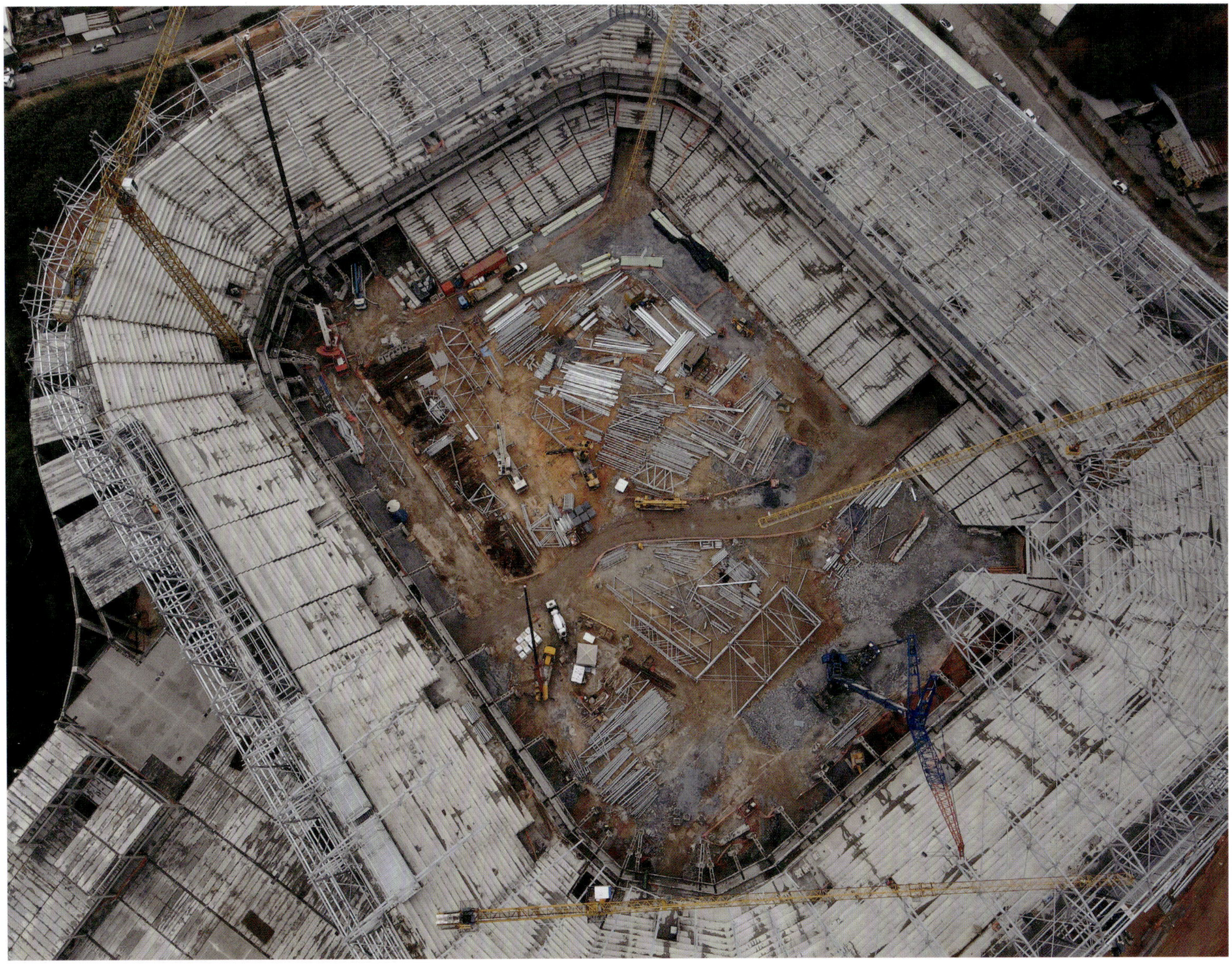

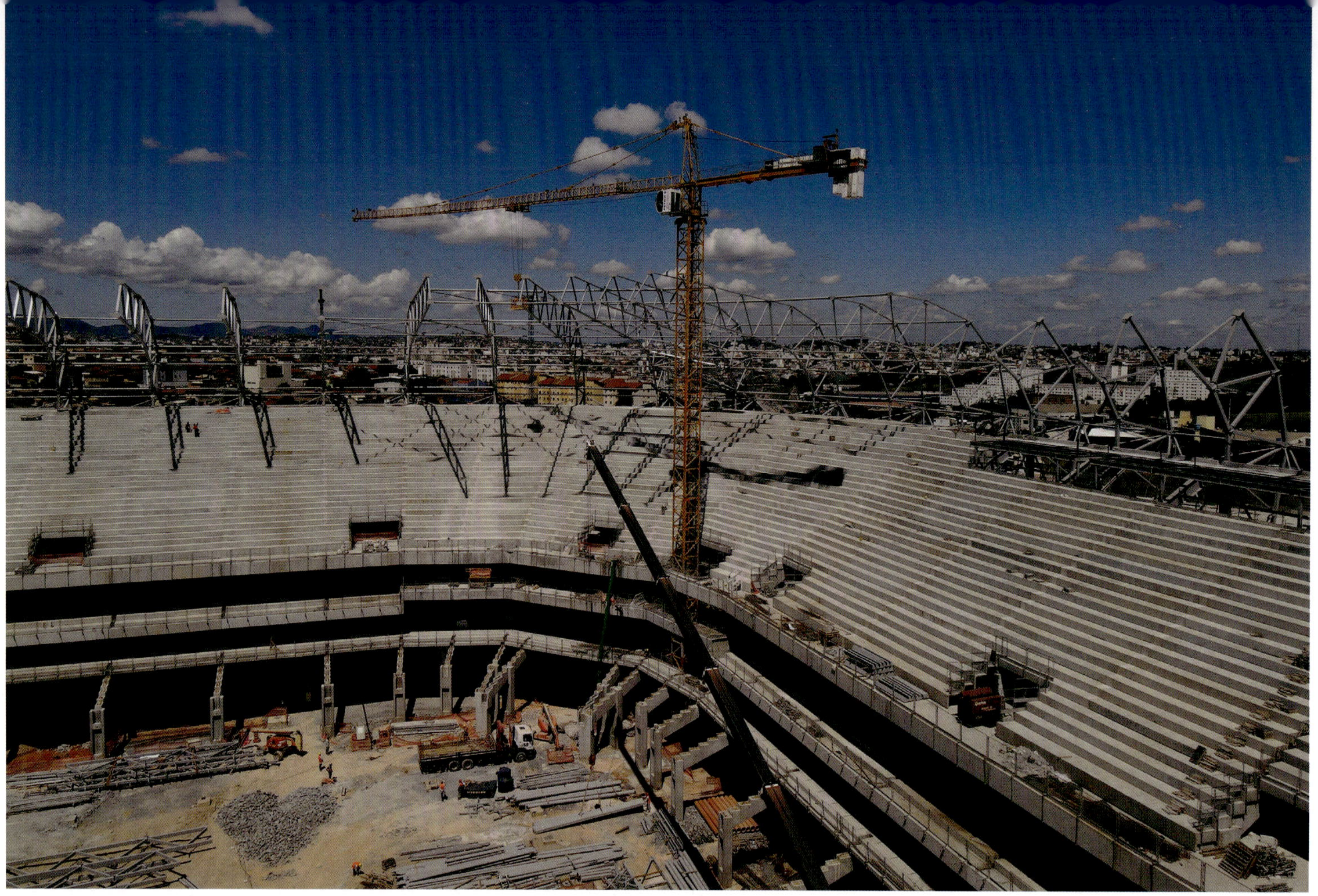

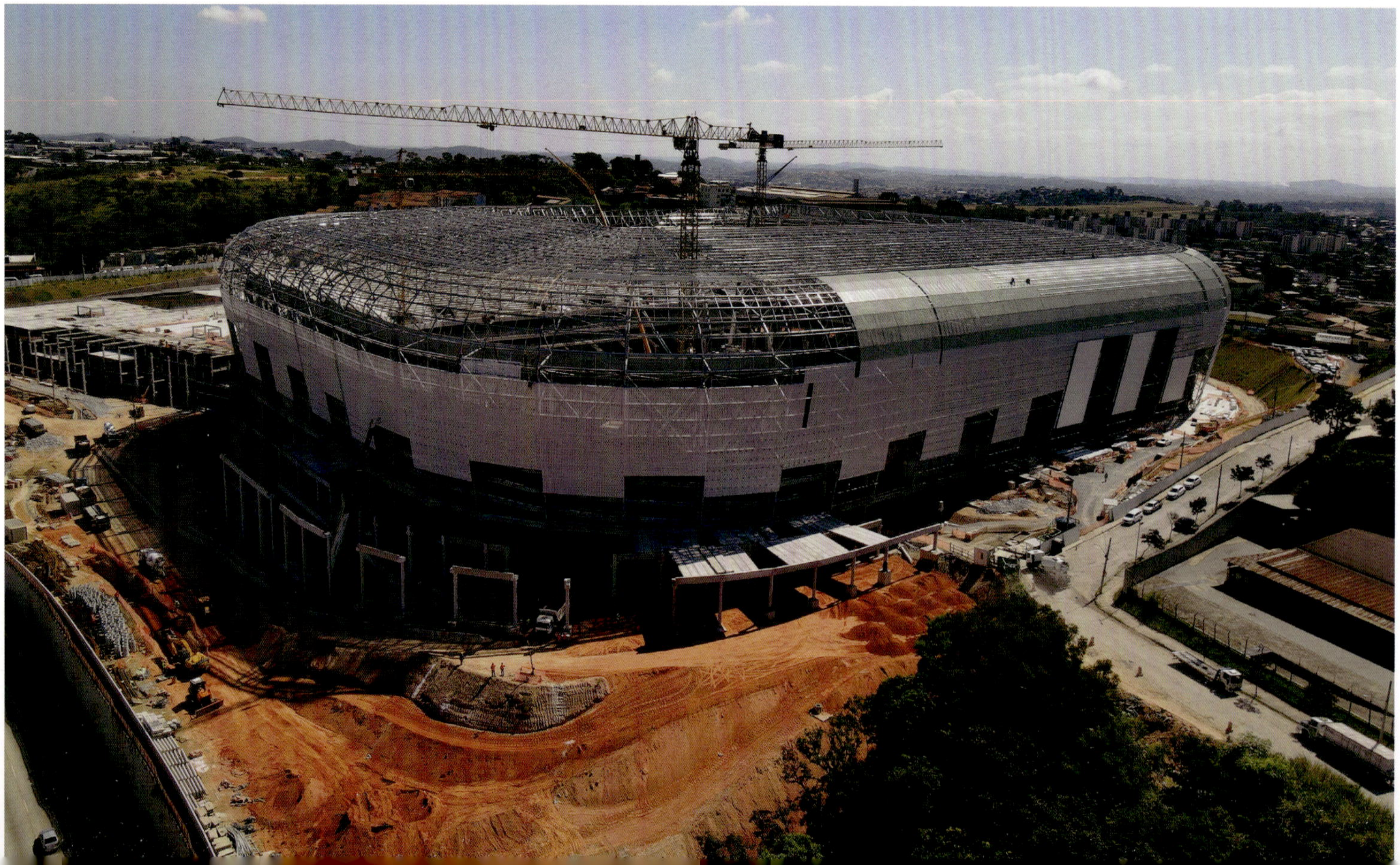

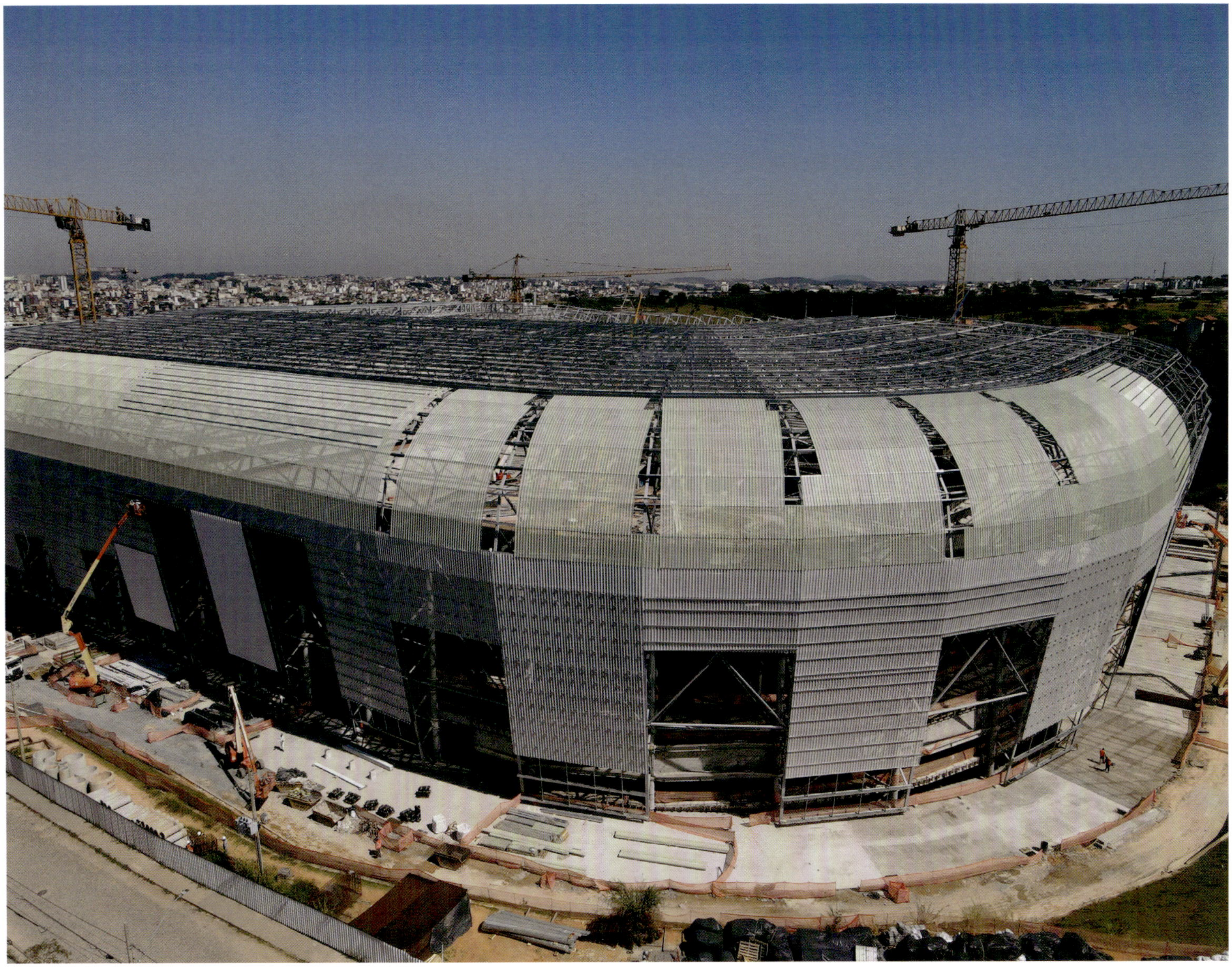

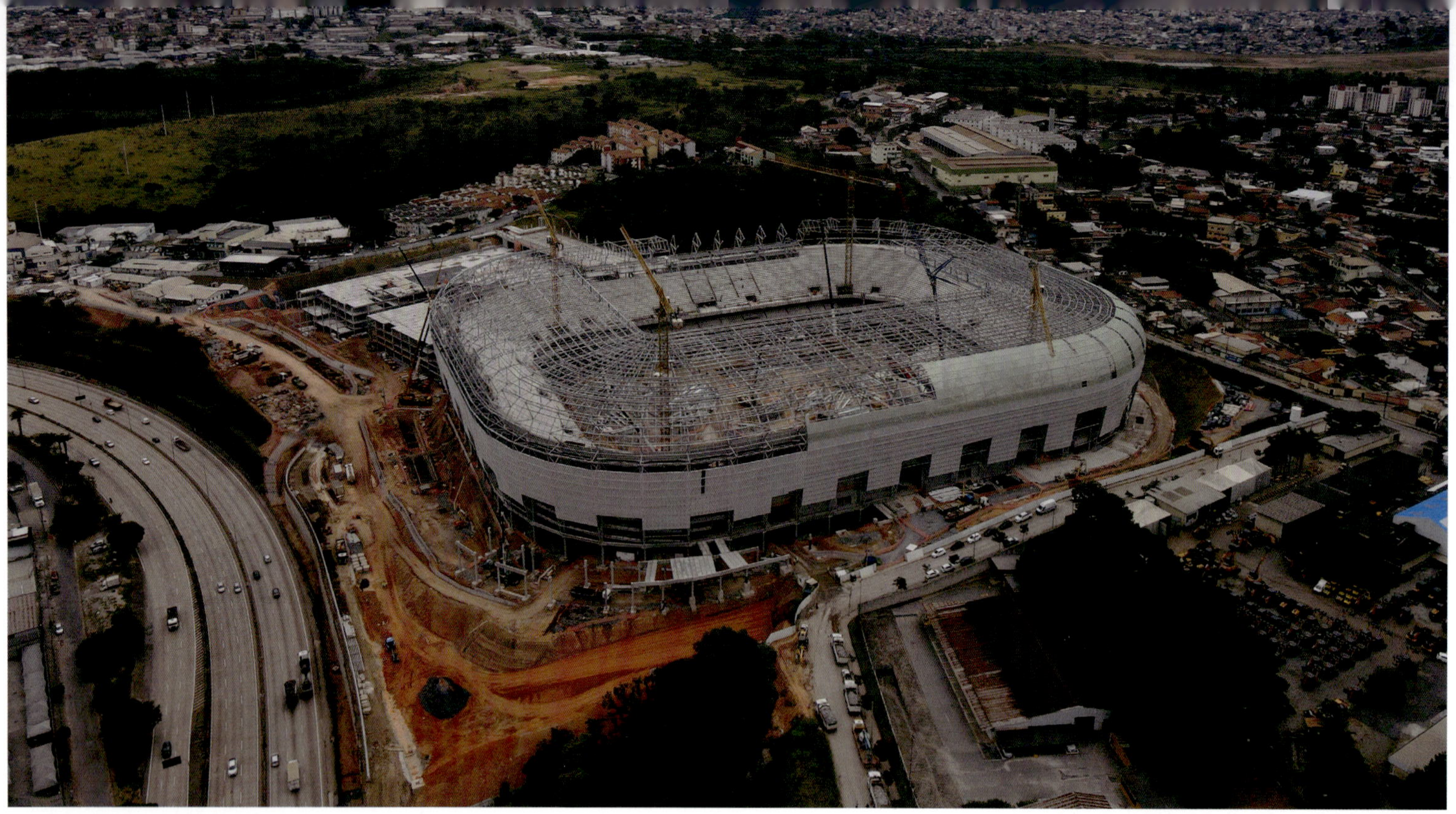

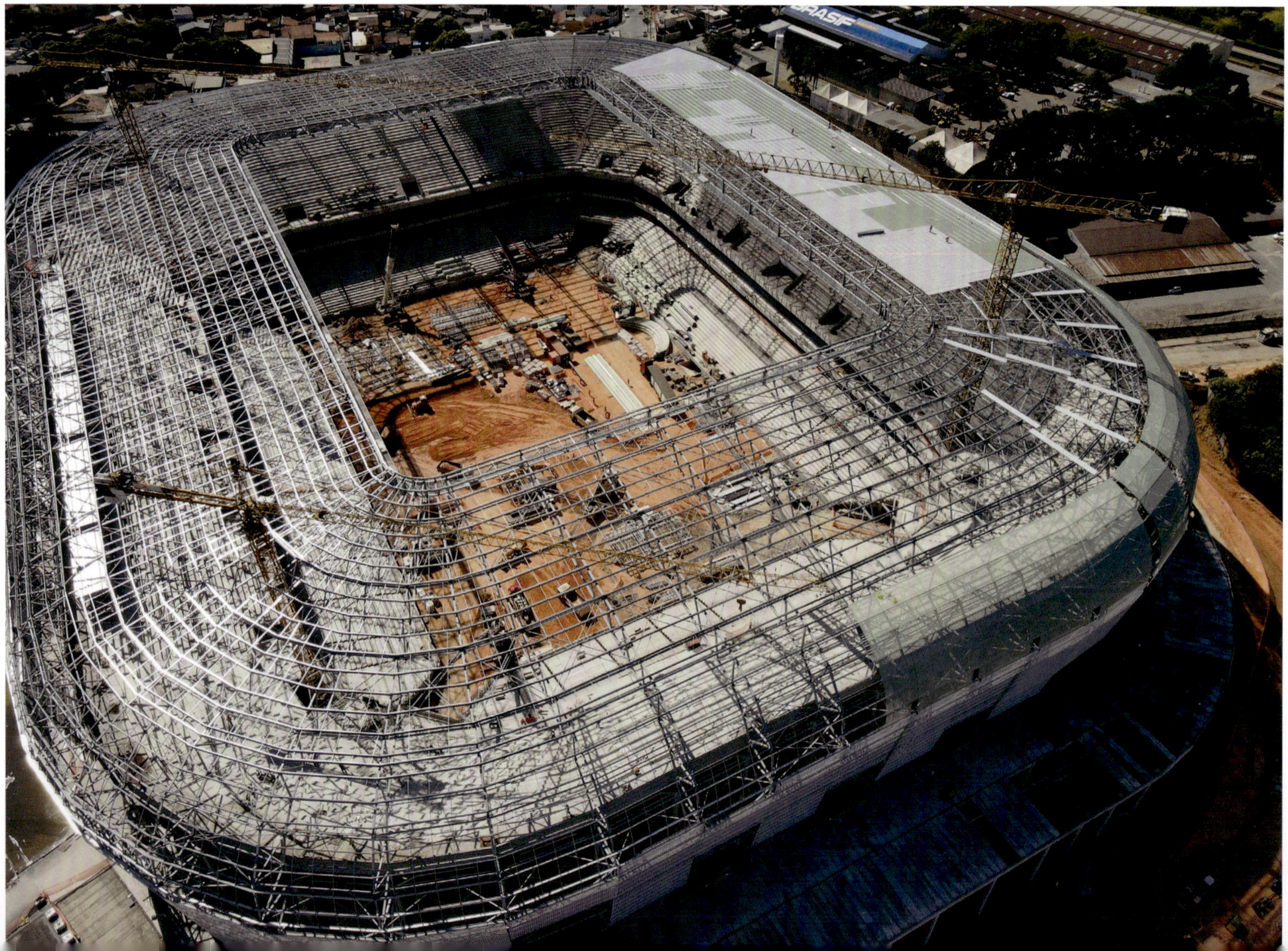
BRASIF

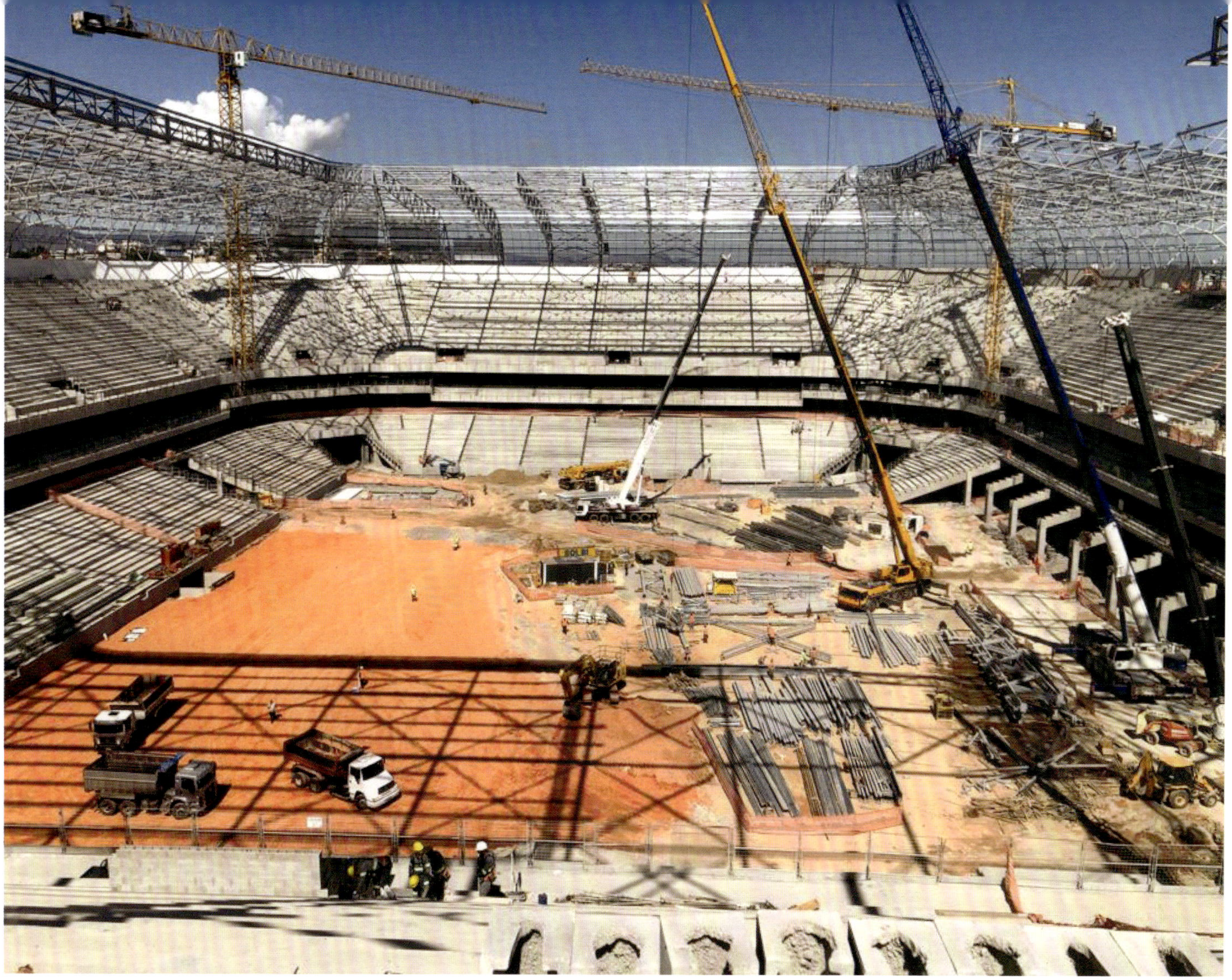

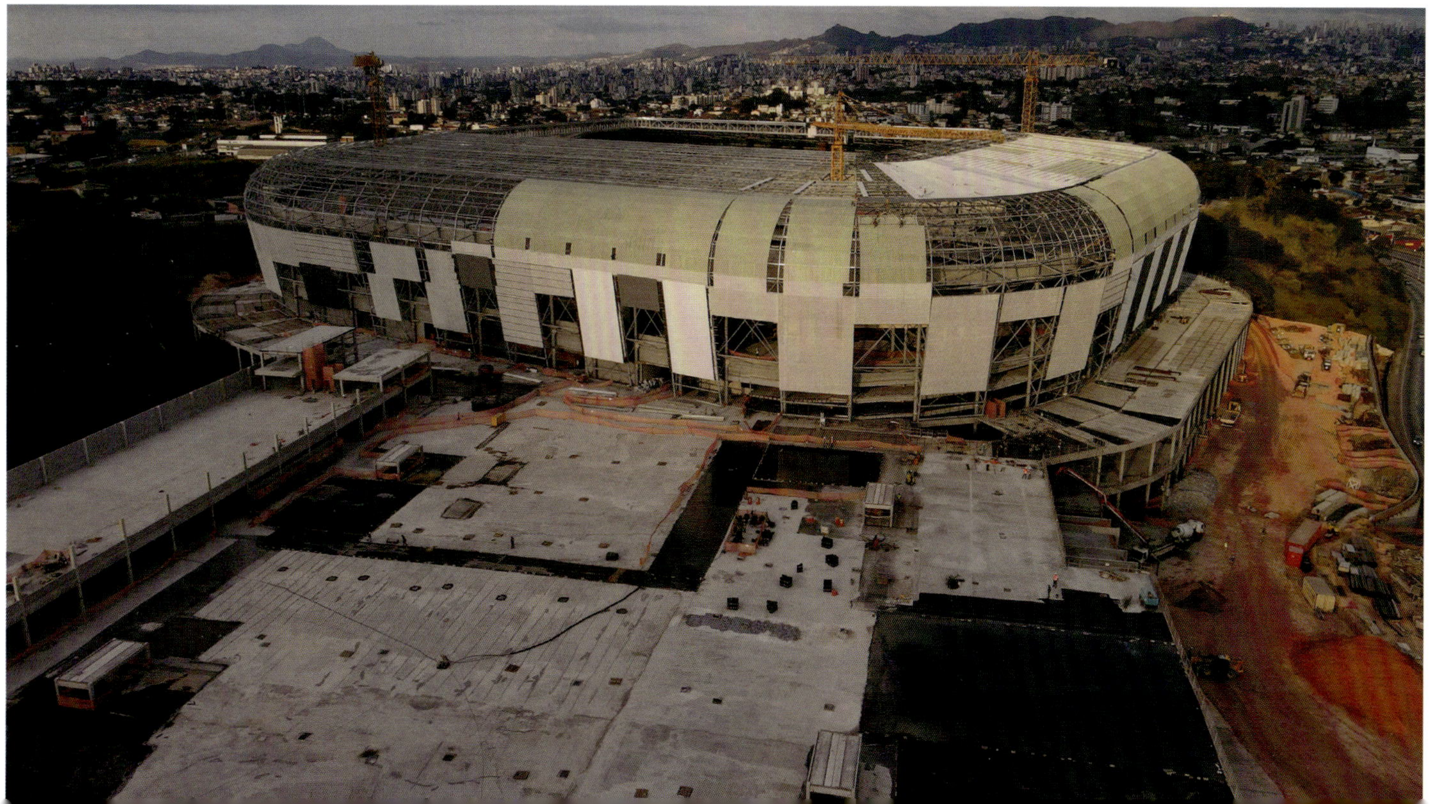

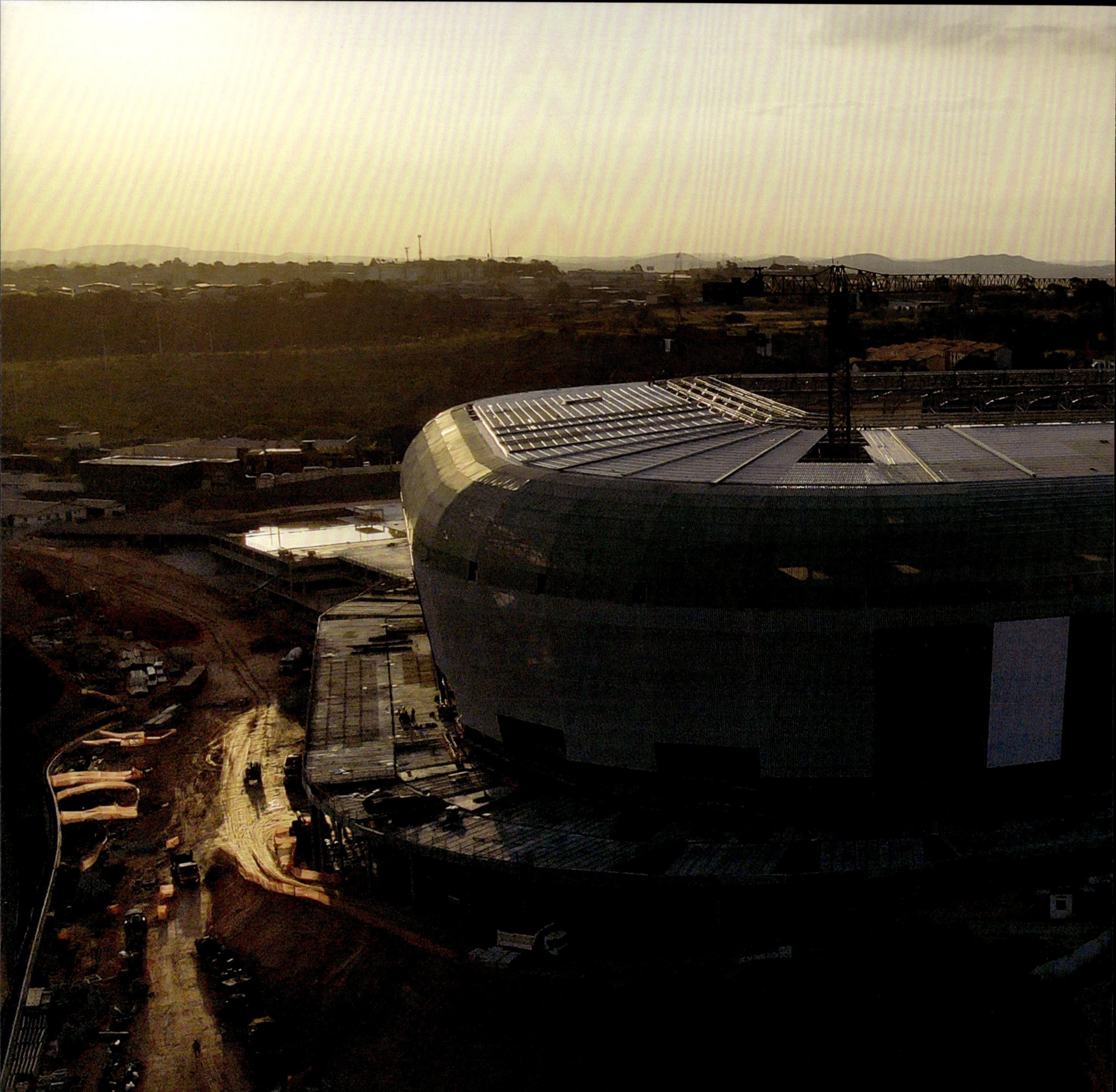

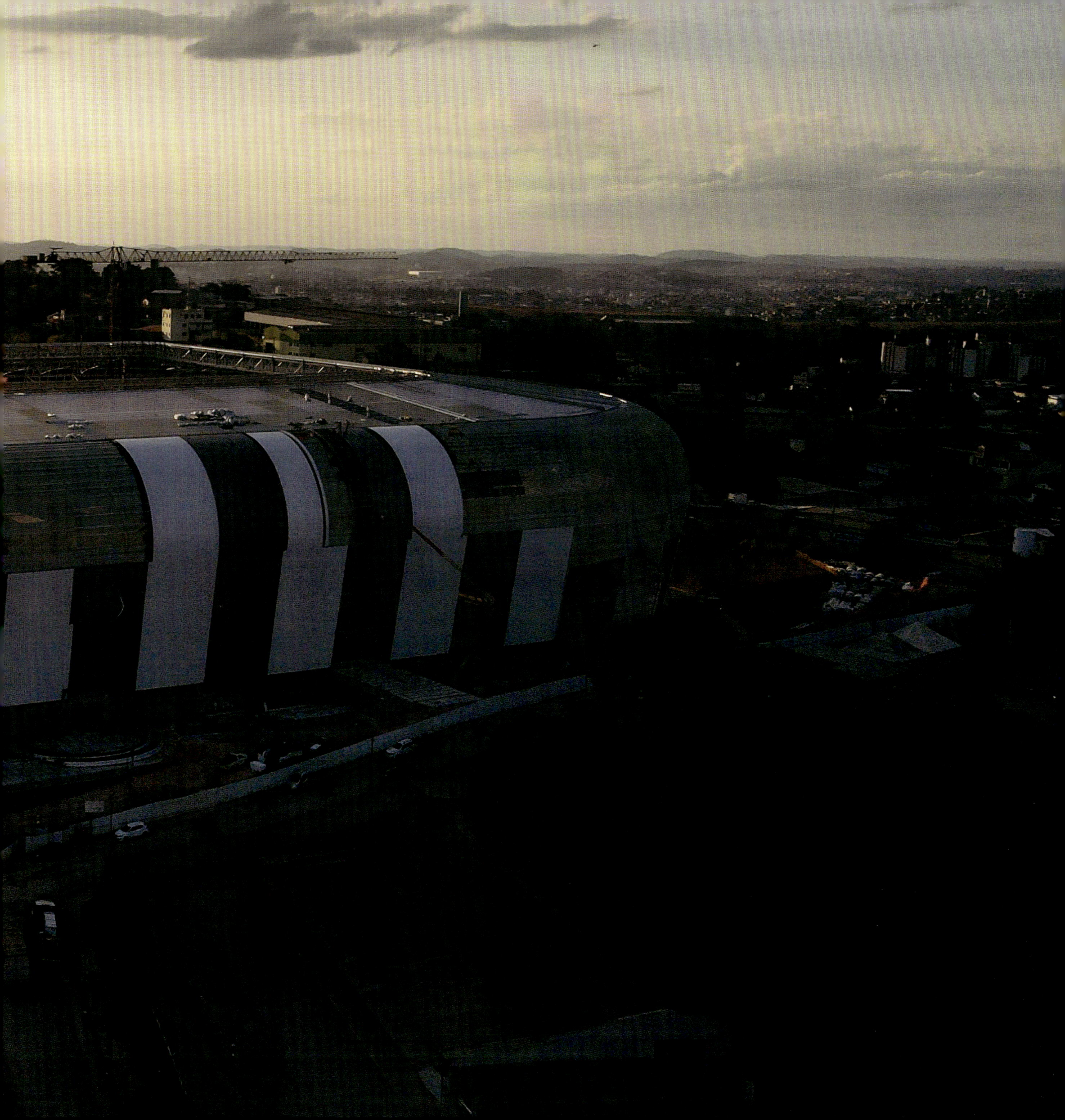

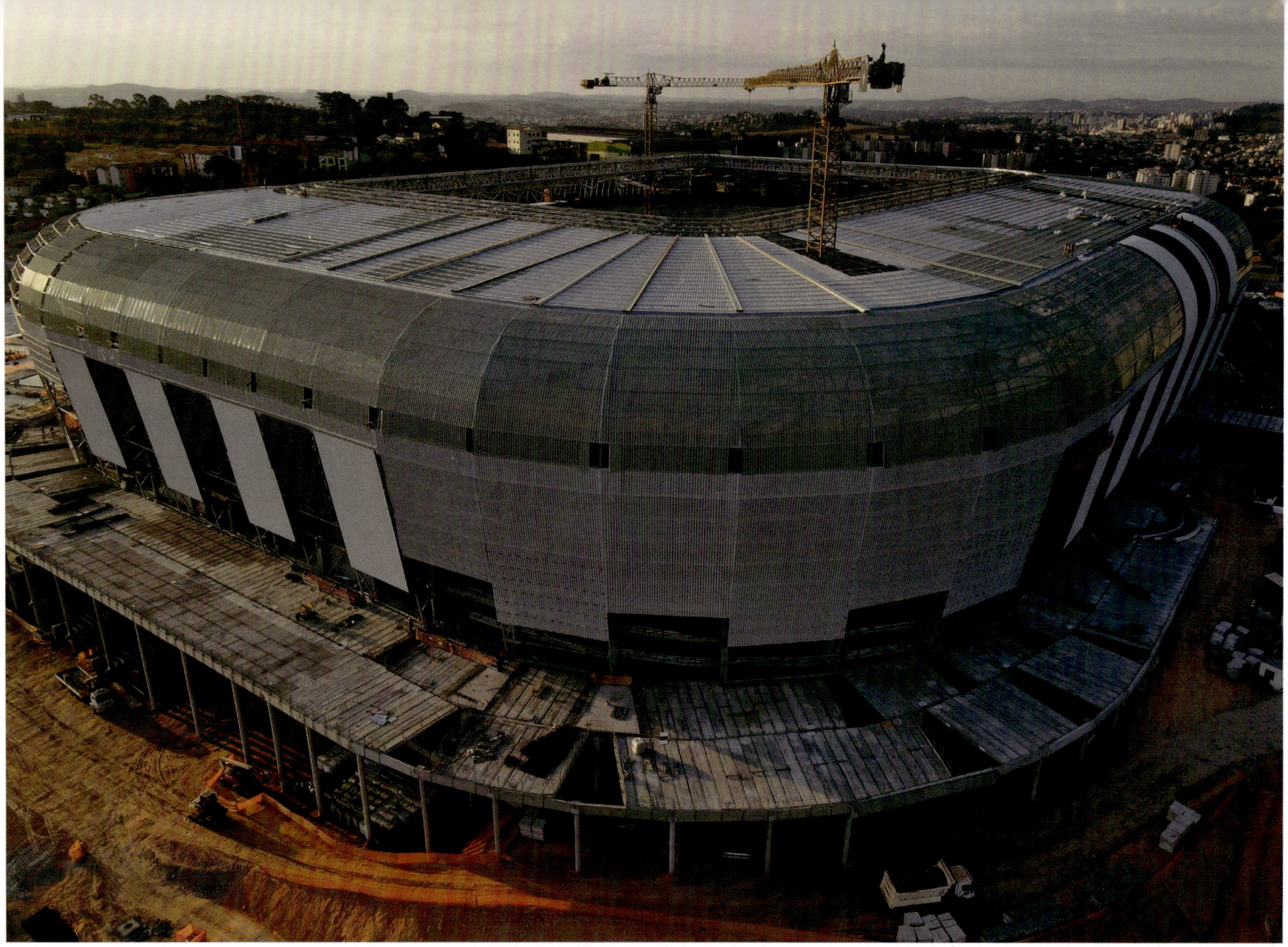

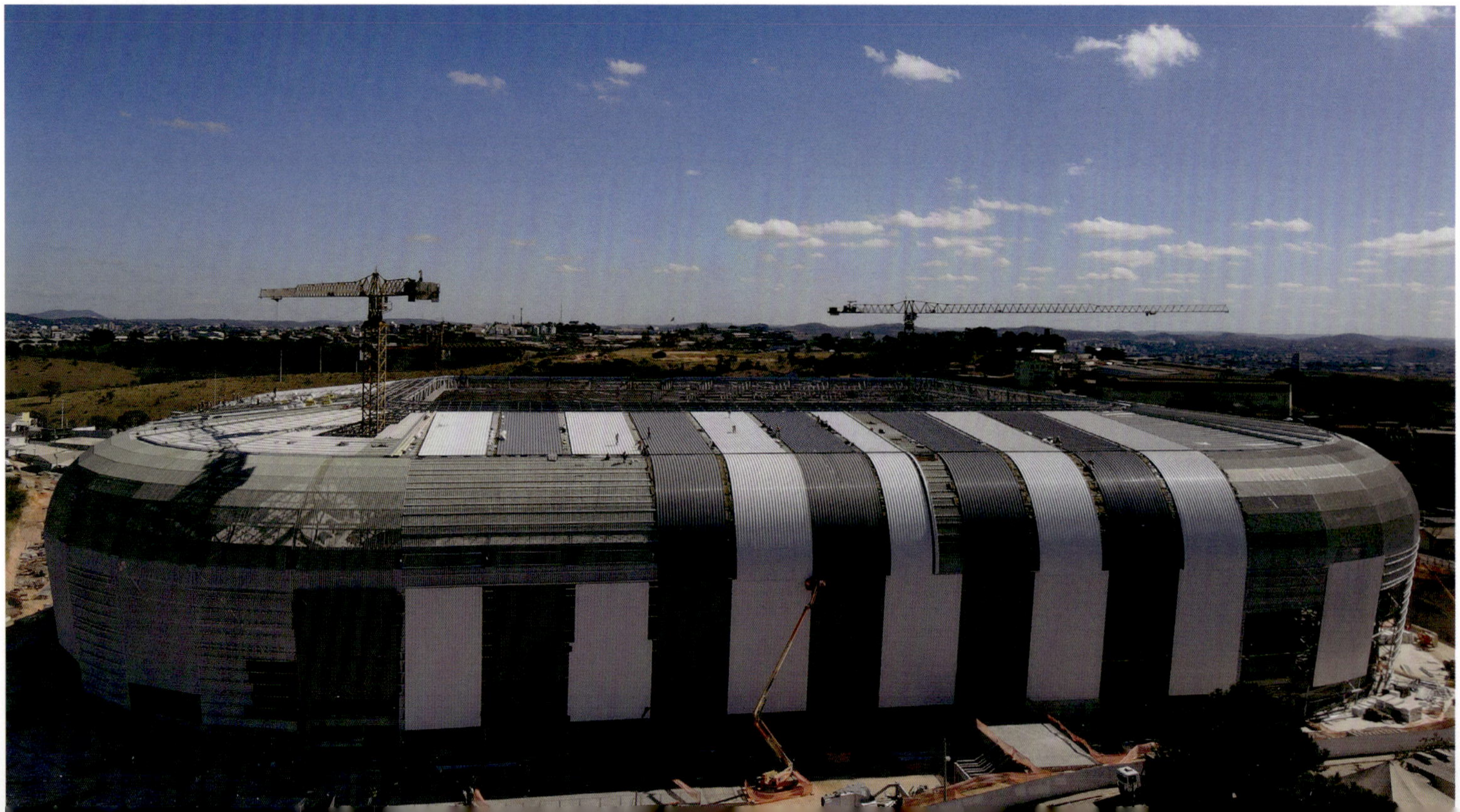

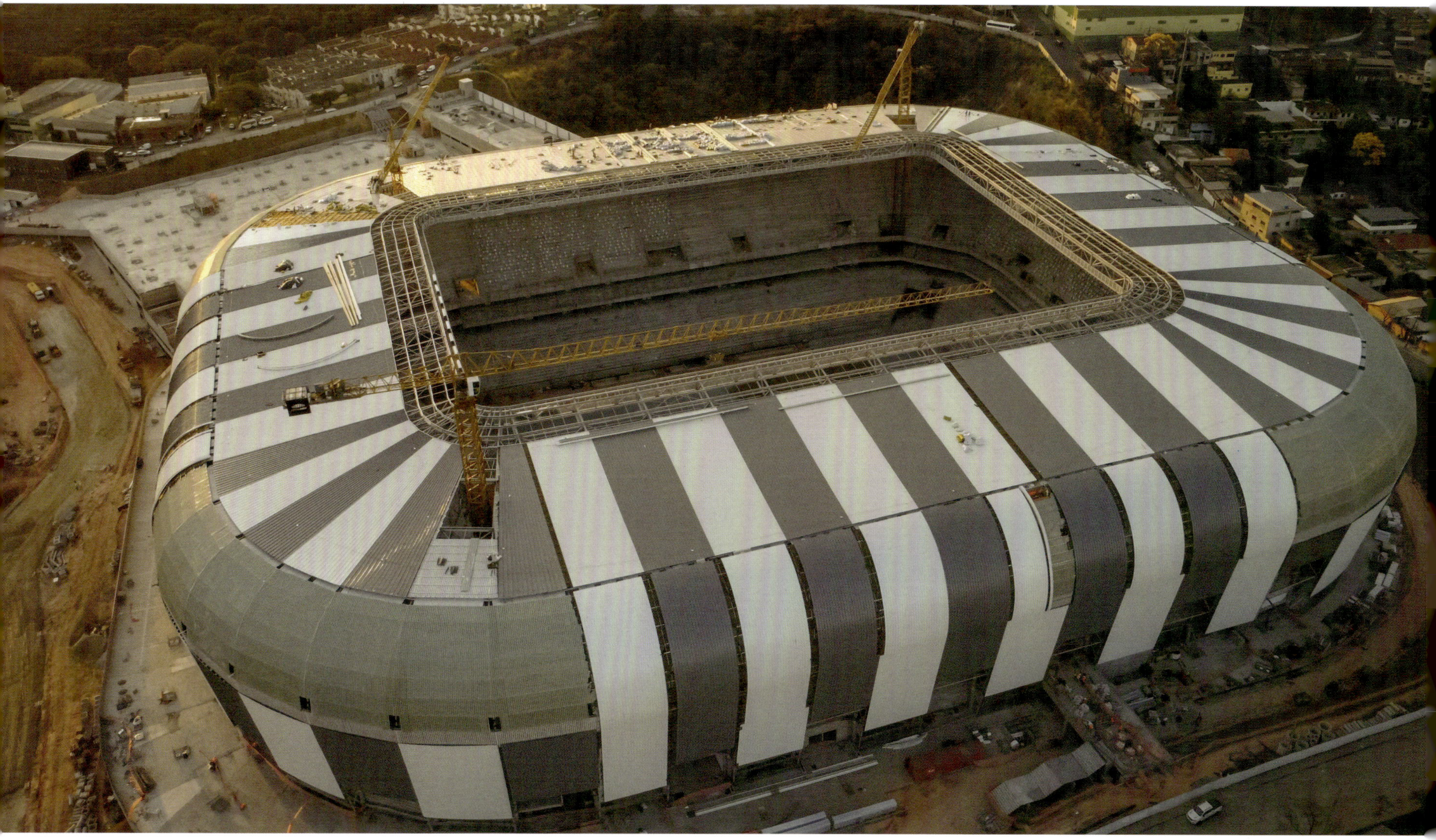

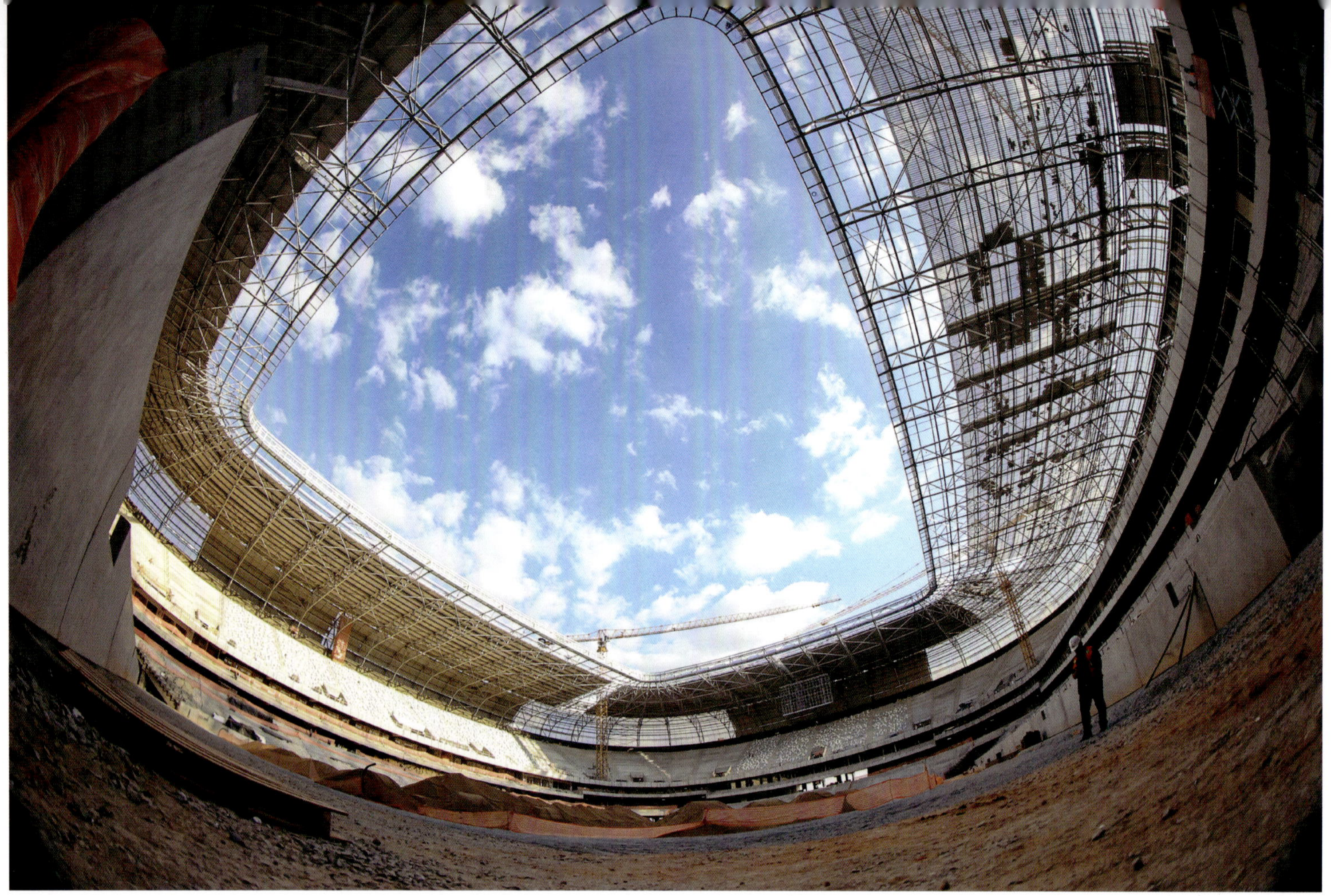

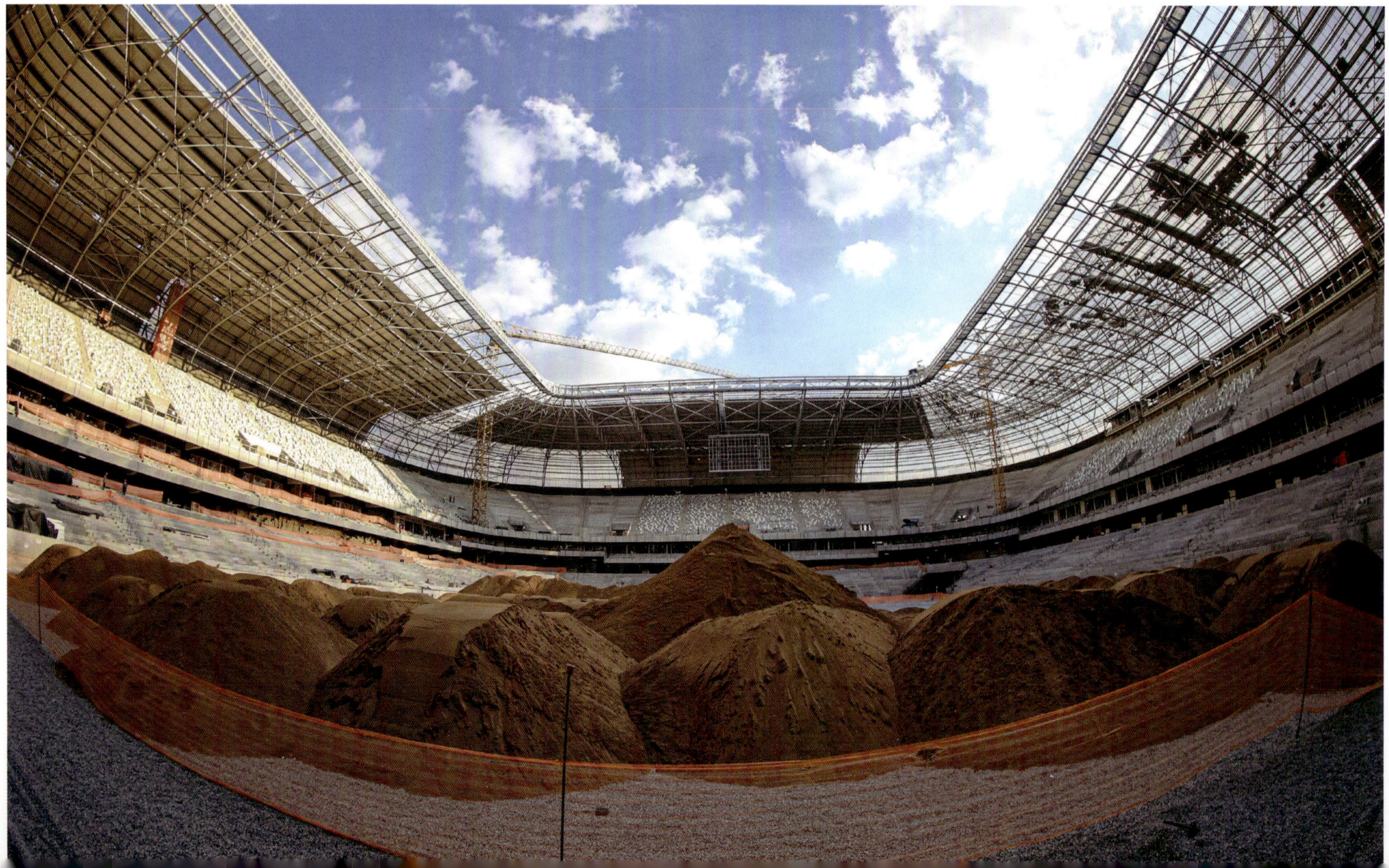

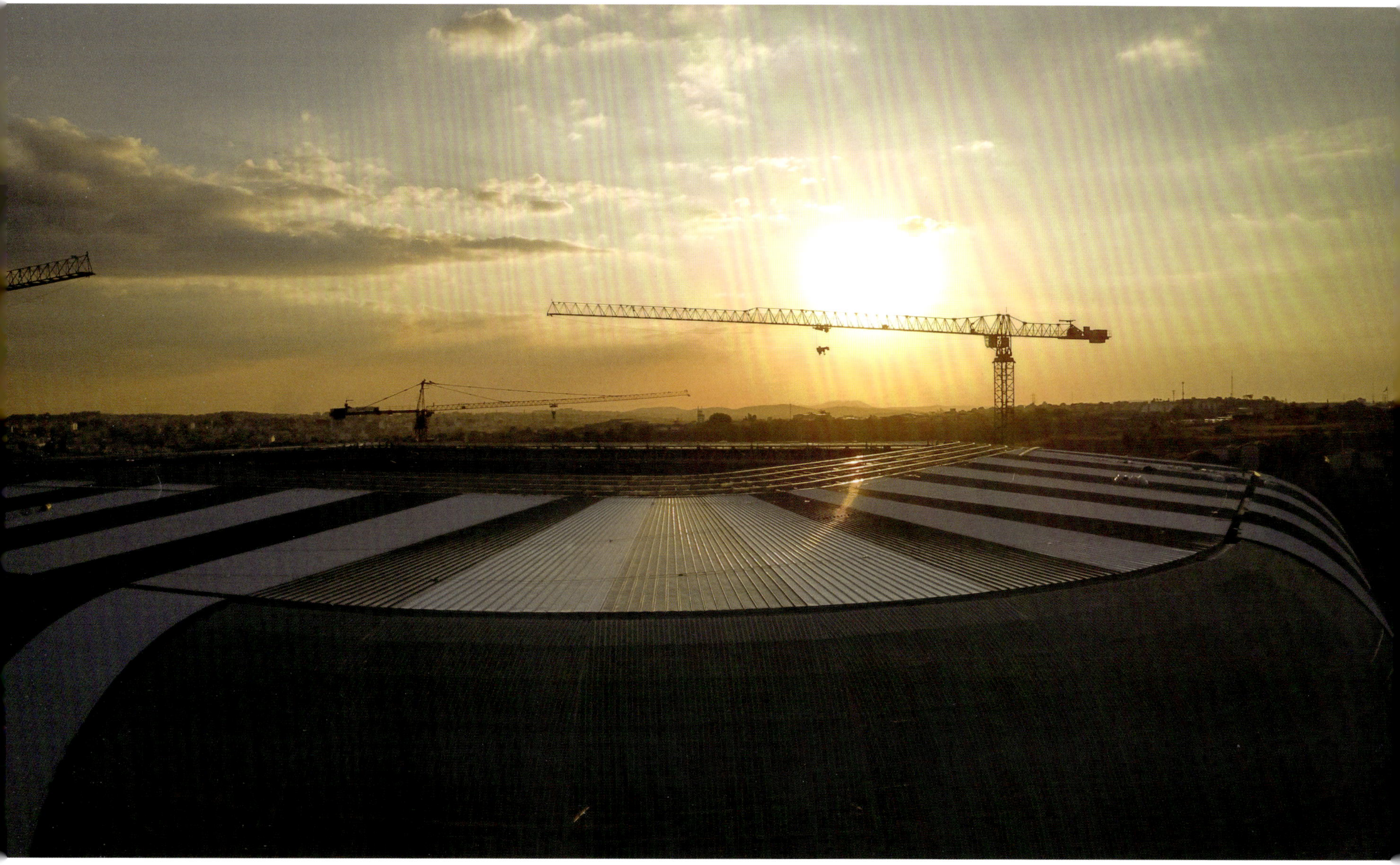

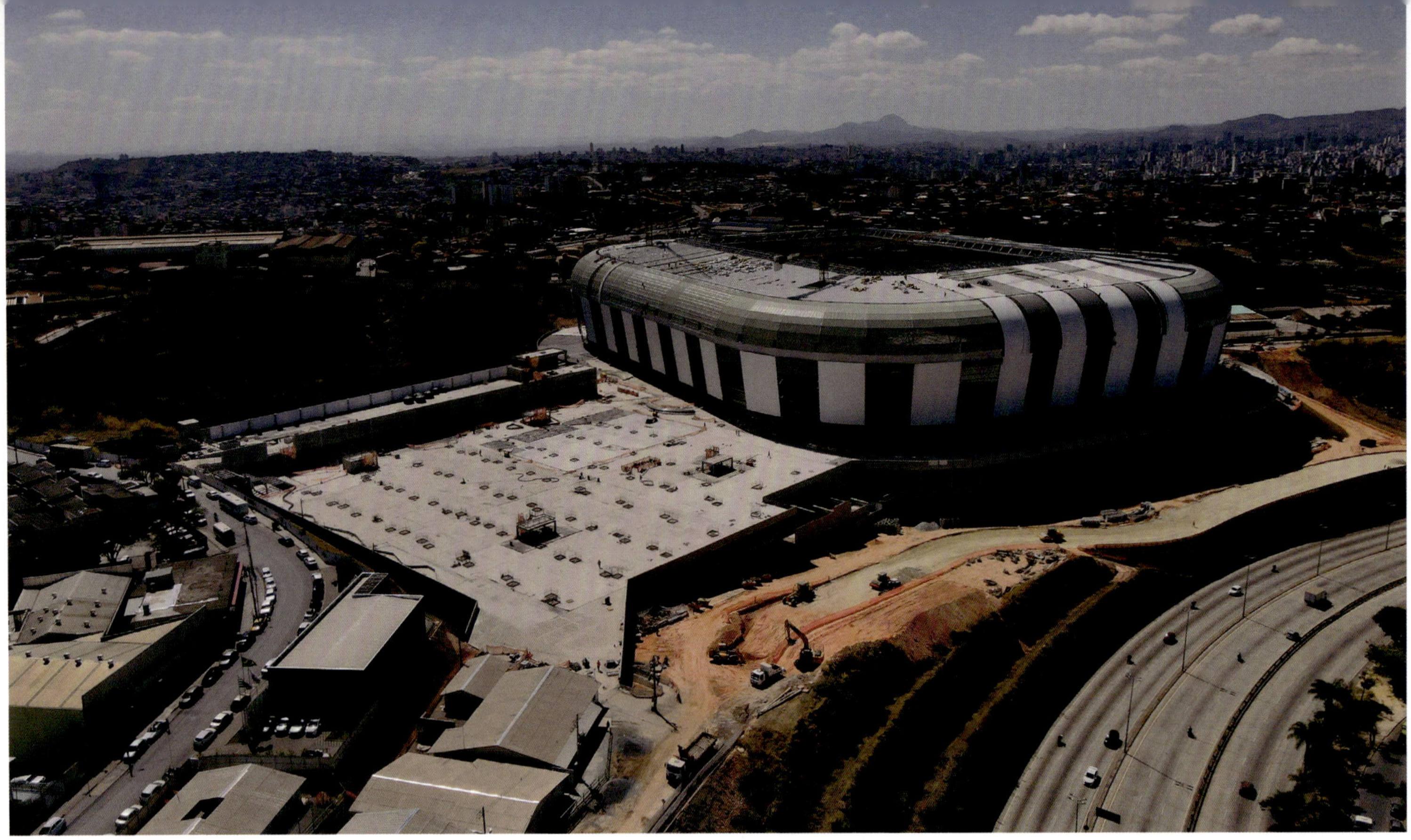

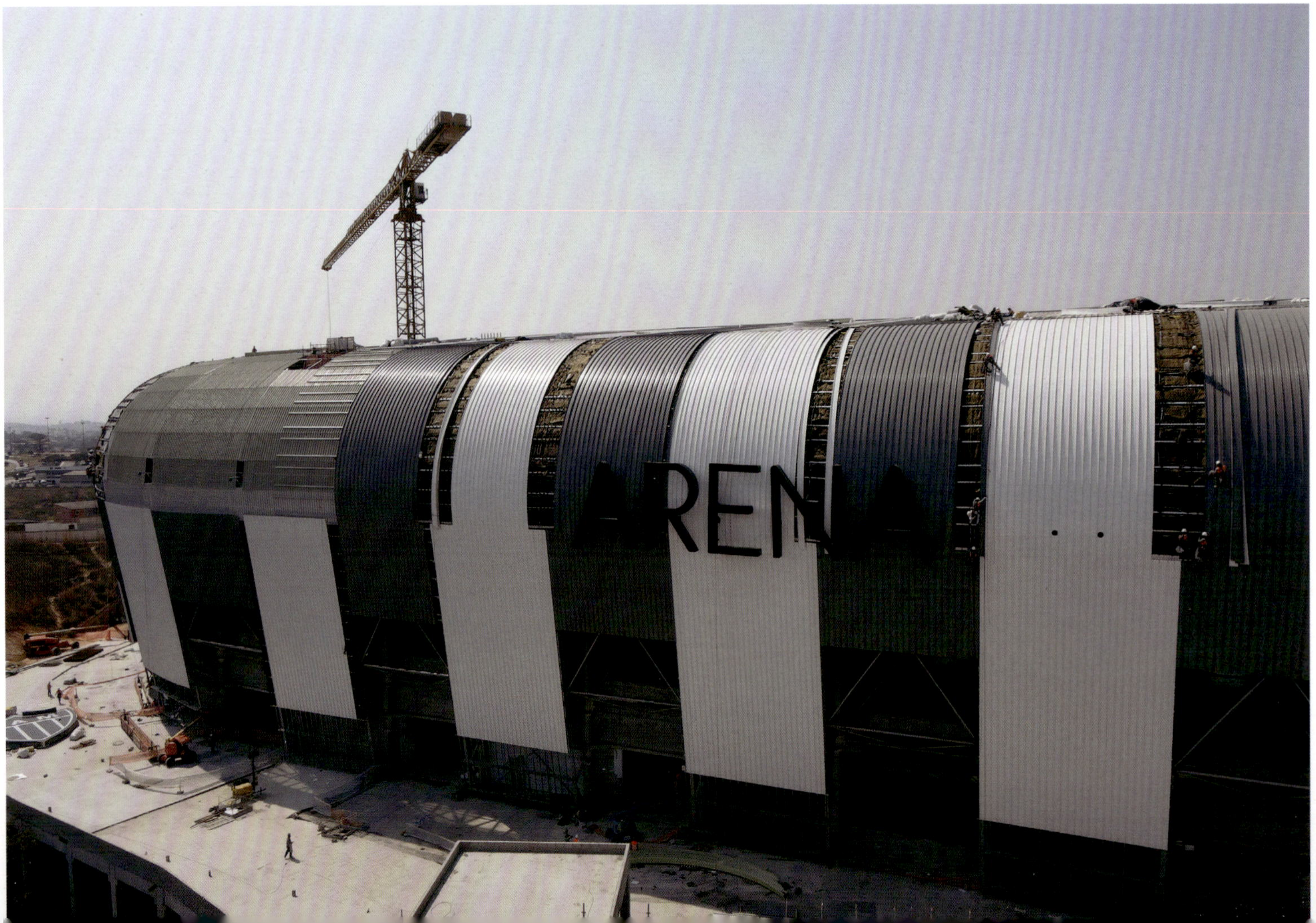
AREN

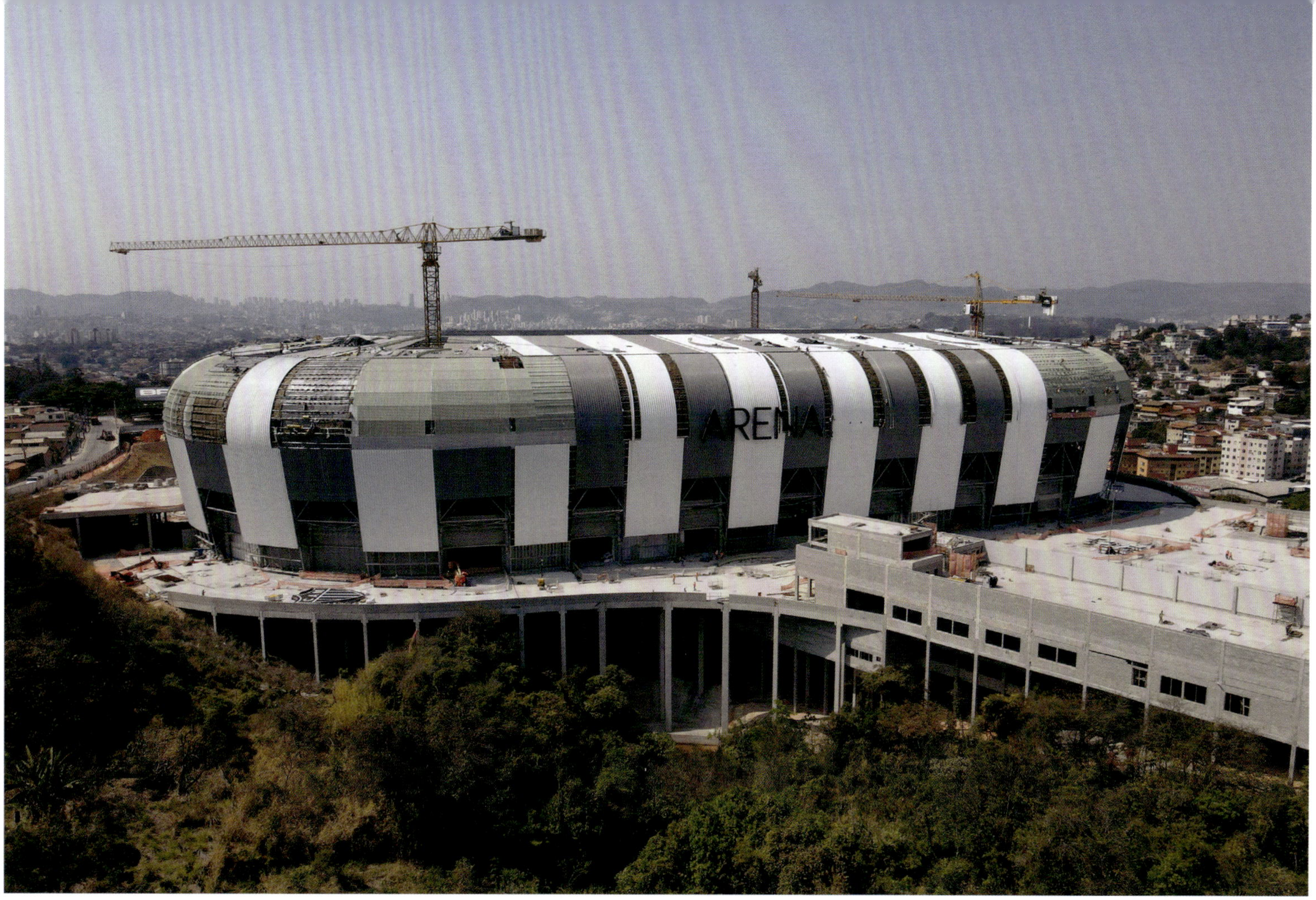
ARENA

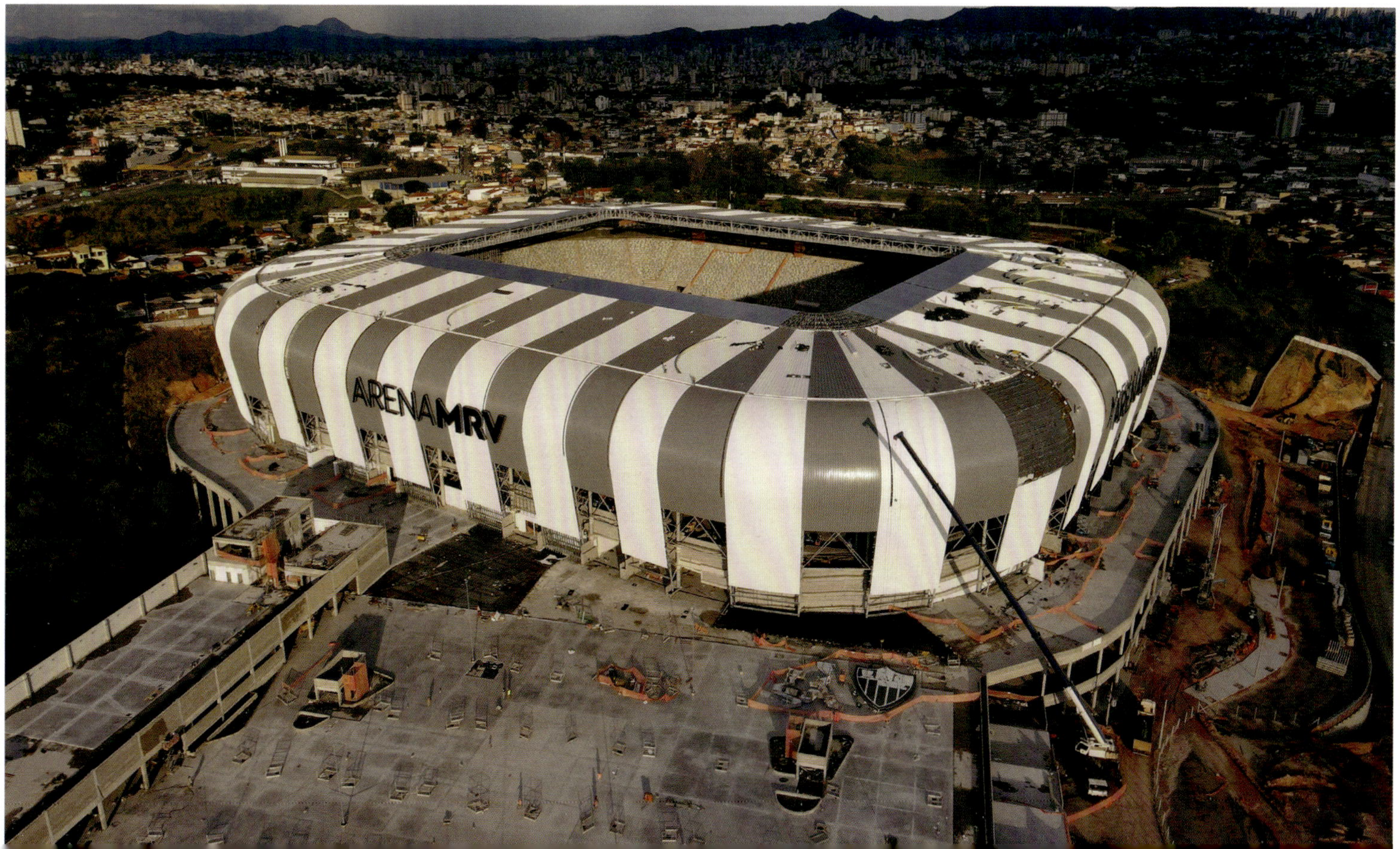
ARENA MRV

2023

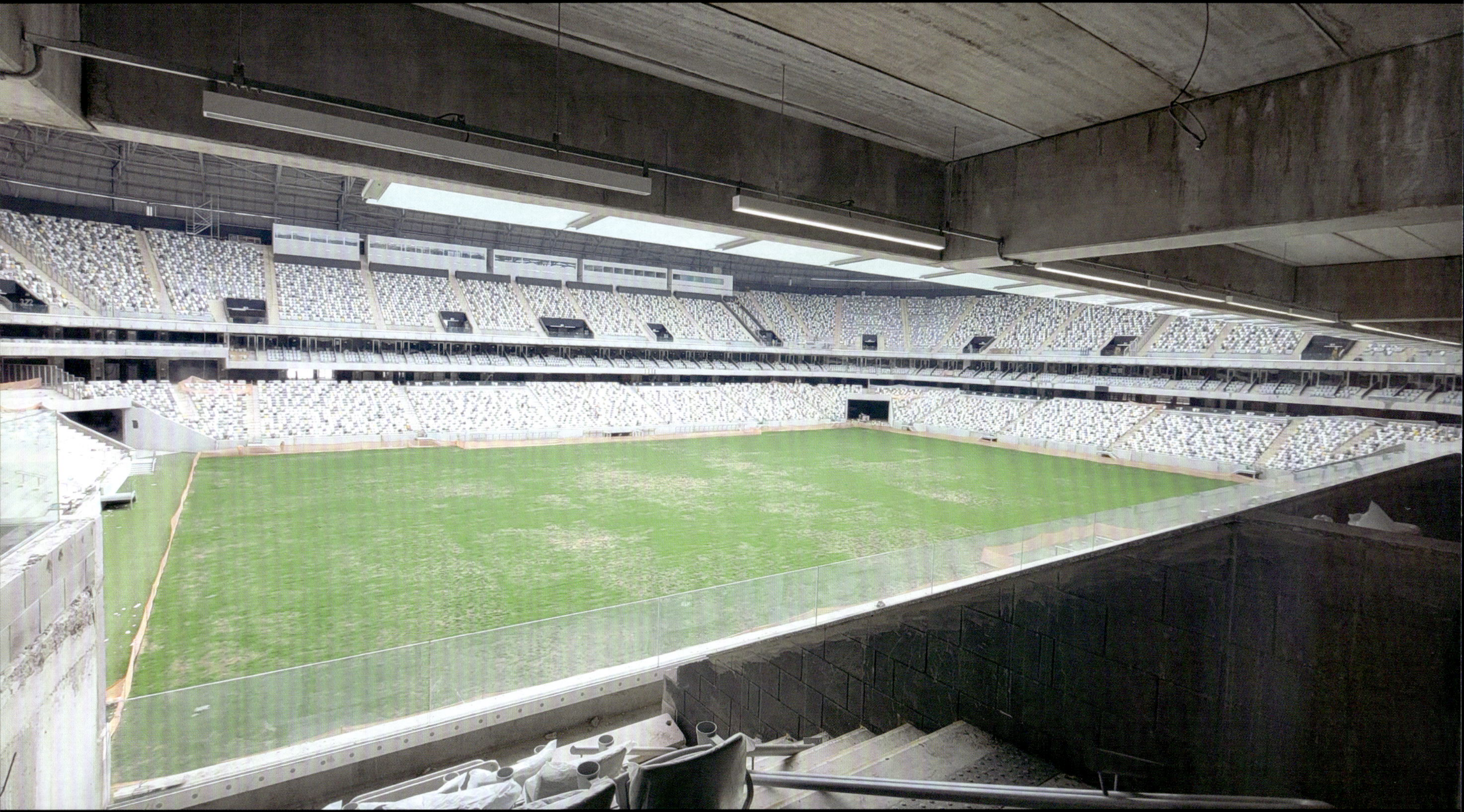

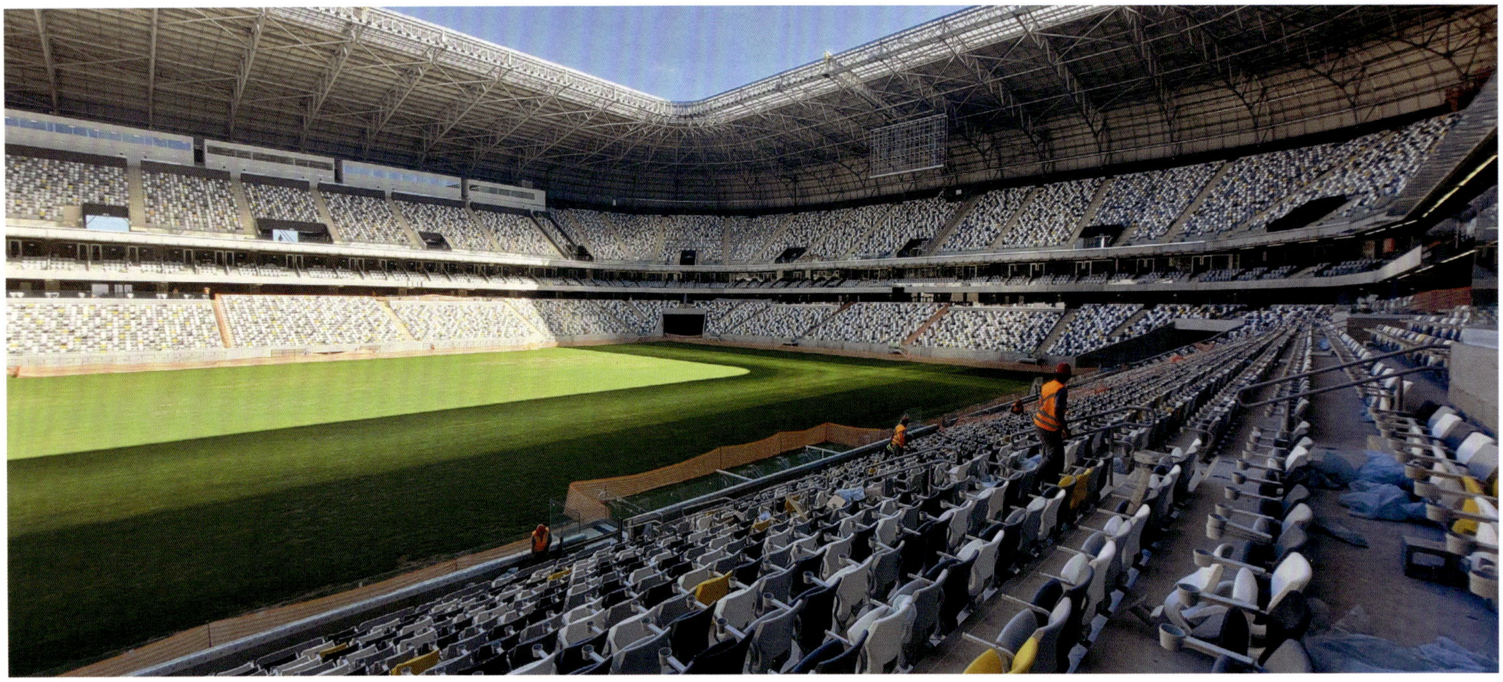

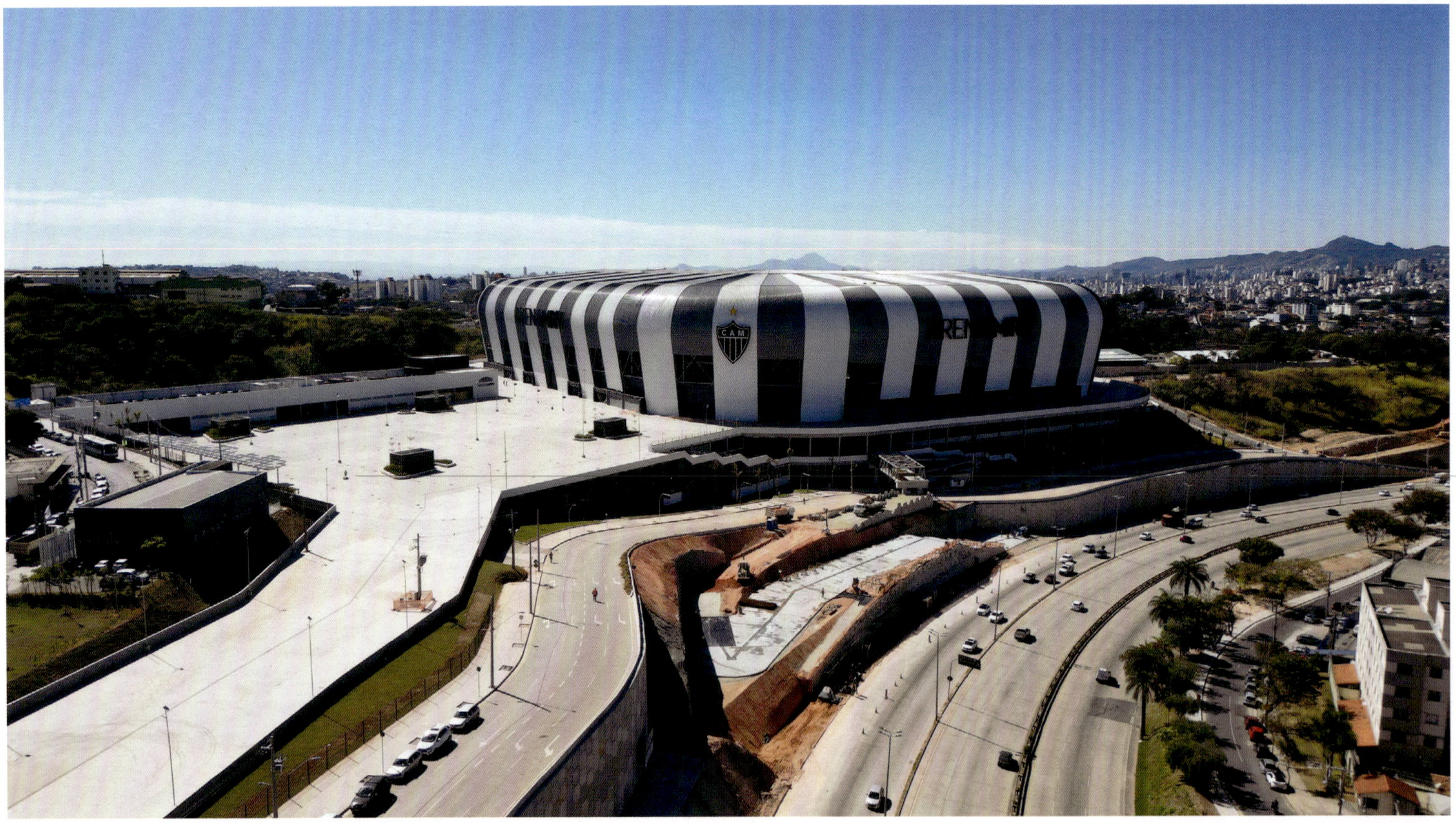

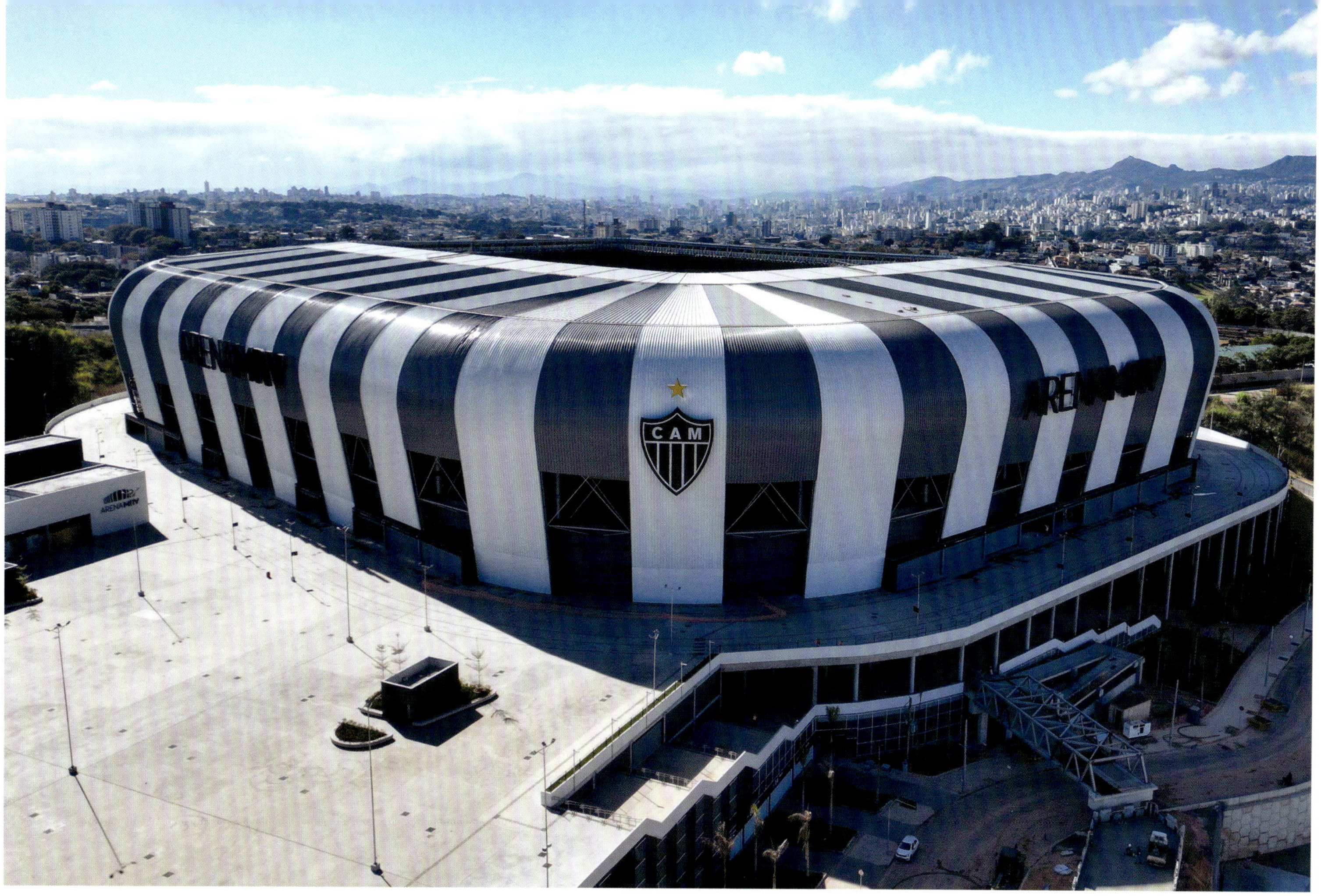
CAM

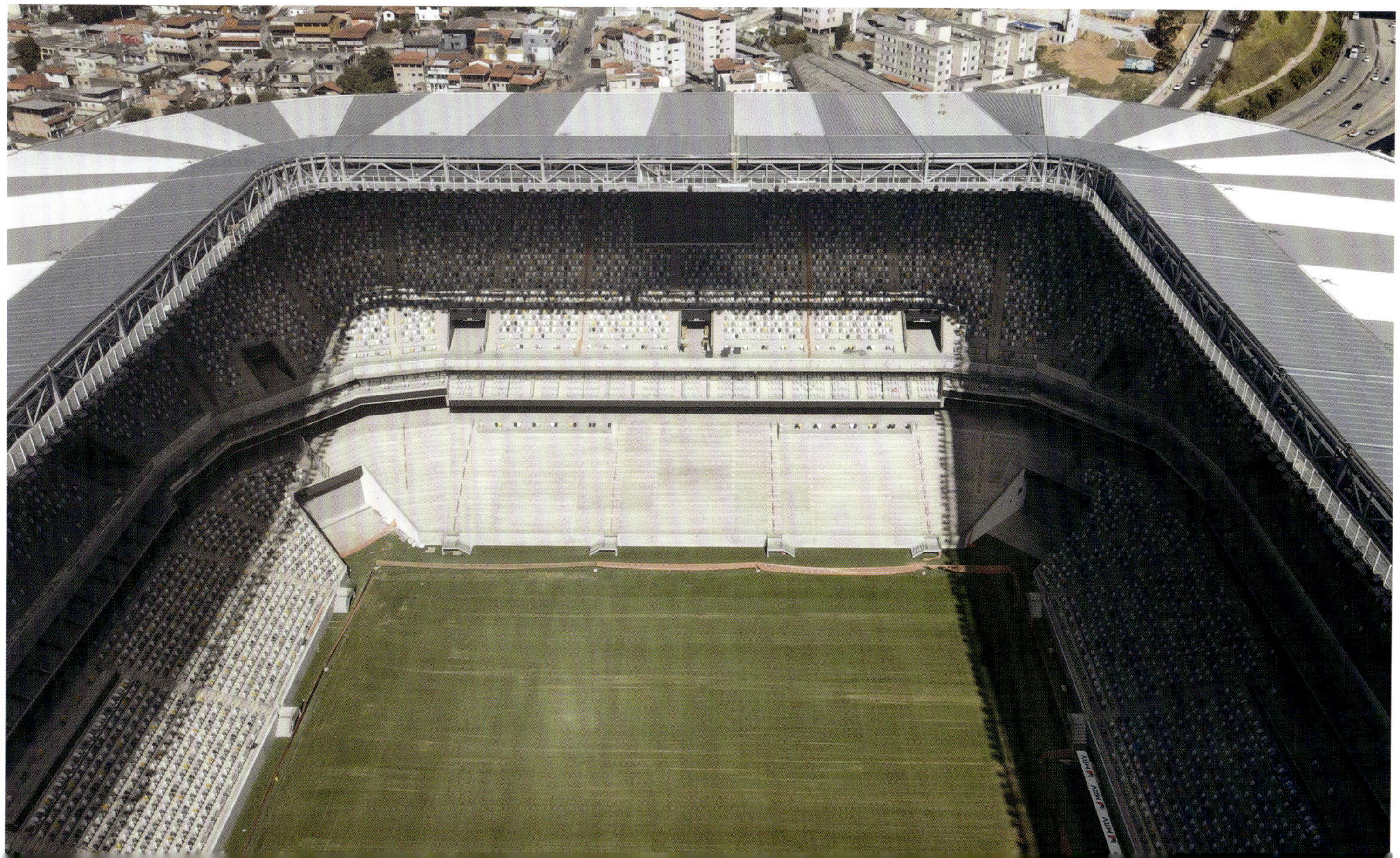

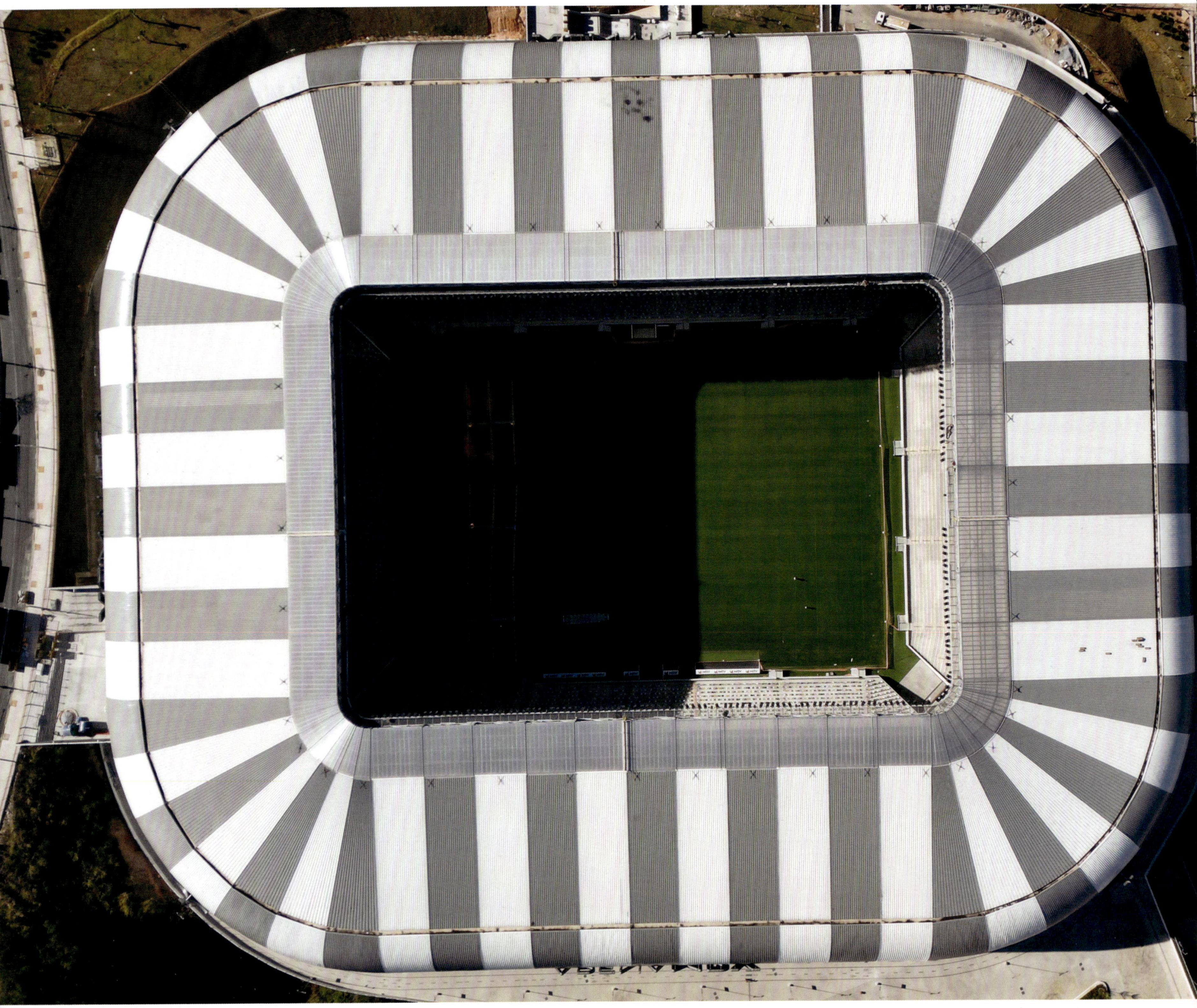

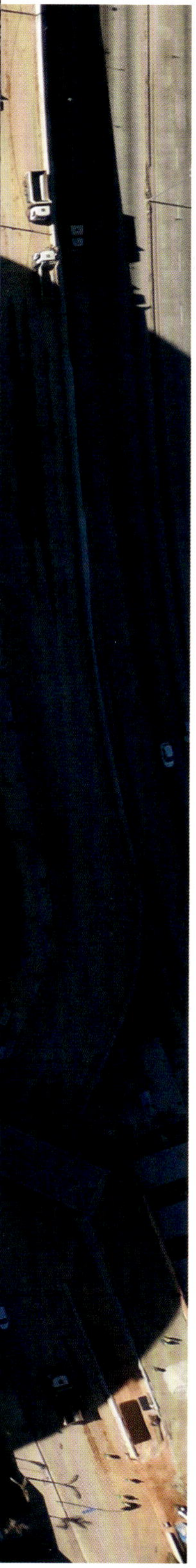

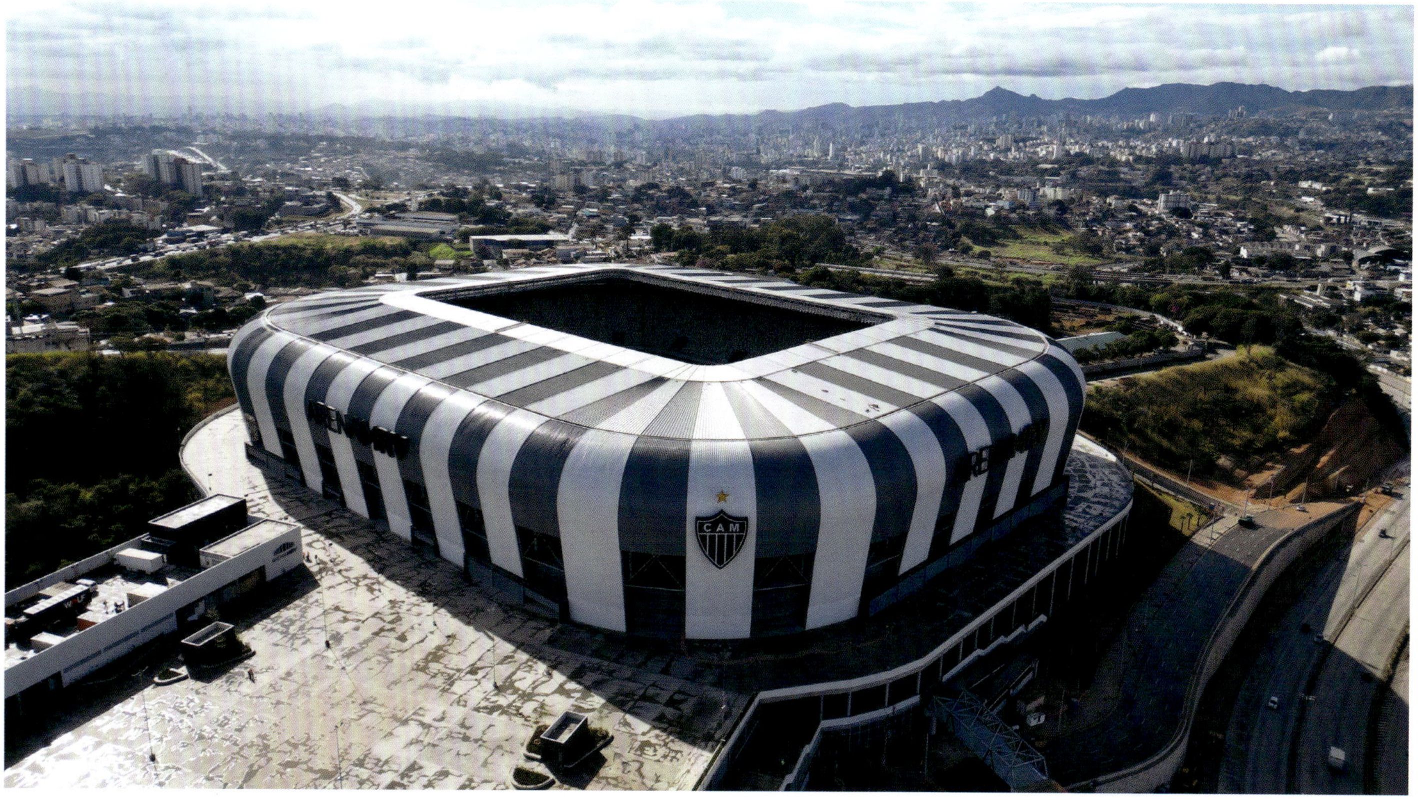
CAM

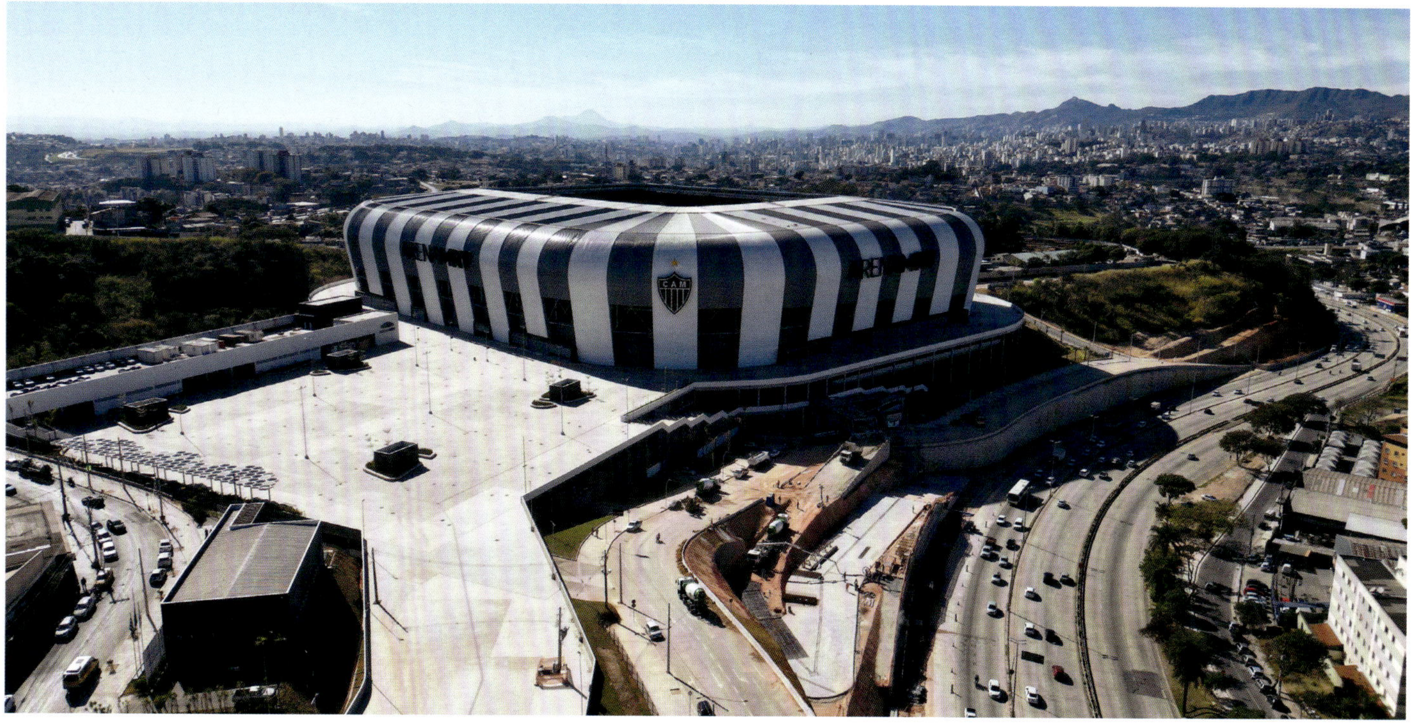
CAM

13
A obra mais vigiada do Brasil

Incansável, Rubélio acompanhou grande parte da luta dos responsáveis pela obra para obter todas as licenças necessárias para o início da construção. Foi presença constante na Câmara Municipal, Assembleia Legislativa, audiências públicas com a comunidade do entorno do empreendimento e nas reuniões do Conselho Municipal do Meio Ambiente (COMAM) de Belo Horizonte.

Em uma das mais importantes reuniões, no dia 19 de dezembro de 2019, quando os conselheiros municipais aprovaram por unanimidade a liberação da Licença de Instalação (LI), documento que efetivamente autorizou o início das intervenções no terreno, o auditório lotado ouviu o grito de "Galo" que saiu da potente garganta do caminhoneiro. Desde aquele dia, a Massa – no meio dela, Rubélio – passou a dividir as atenções entre o Centro de Treinamento e a Sede de Lourdes, gramados em que o time jogava, com o terreno do bairro Califórnia.

A área ainda era apenas um matagal em 2019, mas o projetista de estrutura metálica, Carlos Toledo, vizinho da obra no bairro Califórnia, já fazia fotos do local e publicava em suas redes sociais, como forma de matar a curiosidade de amigos atleticanos que não tinham a oportunidade de ver onde seria erguida a futura casa do clube do coração.

À medida que o projeto da Arena MRV avançava, quando as primeiras movimentações começaram a acontecer, com cercamento do terreno com tapumes e a entrada das primeiras máquinas, a vida do caminhoneiro Rubélio e do projetista Carlos se cruzaram.

Rubélio começou a estacionar o seu caminhão de carroceria, todos os finais de semana, ao lado do terreno para que a torcida pudesse subir e ver a movimentação que acontecia ali, onde, em breve, começaria a ser erguido o sonho da Massa. Um, dois, cinco, dez torcedores. Um dia, entre eles, estava Carlos Toledo, que já havia começado a gravar, para o seu canal no YouTube, o terreno de cima do seu carro, em novembro de 2019, antes mesmo de o COMAM liberar a LI. O Seu Carlos, como ficou conhecido pelos fãs, não perdeu um dia sequer dos mais de dois anos de obra.

"O Rubélio começou comigo, eu que fiz o canal para ele. Eu vinha de carro, estacionava ao lado do tapume e ficava fazendo vídeo em cima do carro. Imagina, com a minha idade, fazendo vídeo em cima do carro", relembra Toledo. Além de incentivador, o projetista também batizou um dos ícones da construção da Arena MRV. Daquele dia em diante, a ferramenta de trabalho de Rubélio Vieira se transformou no *Caminhão da Massa*.

Assim como Carlos Toledo e Rubélio, outros torcedores se interessaram em mostrar para a Massa o que acontecia naquele terreno de cerca de 120 mil metros quadrados. Outros canais surgiram no YouTube, como o *Arena MRV do Galão da Massa*, do motorista de transporte escolar, Edson Ferreira Magalhães, o Edante; e o *Tyrone FPV*, do analista de sistemas, Tyrone Menezes. Já o autônomo Geraldo Queiroz, que já fazia gravações de obras públicas, passou a incluir a mais importante obra privada do estado, a construção da Arena MRV, no seu canal *Minas Gerais para o mundo*. Cada um à sua maneira, todos esses canais alternativos foram os olhos para que a torcida tivesse acesso, de maneira informal, à construção mais importante do mundo para os atleticanos.

O primeiro a mostrar cenas aéreas das obras da Arena MRV foi Tyrone Menezes. No início, ele alternava as postagens com o horário de trabalho. Morador de Contagem, no caminho para o emprego formal, em Belo Horizonte, parava nas imediações da obra e decolava o drone. "Na ida para o trabalho, eu fazia as imagens logo cedo, e na volta também, no período da tarde", relembra. Quando a pandemia afetou o mundo, Menezes foi impactado e o *home office* garantiu mais tempo para que o seu canal crescesse, ganhasse engajamento, qualidade técnica e caísse nas graças da torcida, inclusive de pessoas influentes no projeto da nova arena, como Rubens e Rafael Menin, a ponto de os dois compartilharem nas redes sociais deles o conteúdo produzido pelo torcedor.

Quando deixou o emprego formal, Menezes se dedicou ainda mais ao canal. Como já possuía experiência com imagens áreas, investiu e inclusive alugou um cômodo próximo à obra para garantir mais segurança na realização das gravações. "Eu monetizei o canal. Você acaba conseguindo cobrir os custos de produção. A monetização servia para eu não ter custos com a produção, isso equilibrava", ressalta.

Outro drone que virou presença constante no céu da Arena MRV era o do autônomo Geraldo Queiroz. Com o seu bordão "Já vai sentando o dedo no *like*, pessoal", Queiroz fez sucesso e viu o número de inscritos do seu canal *Minas Gerais para o mundo* subir de forma impressionante quando virou a lente do seu drone para a casa do Galo. "O alerta dos inscritos foi o que me fez começar a fazer os vídeos da Arena MRV. Comecei no dia 26 de abril de 2020 e rápido eu cheguei a 30 mil inscritos no canal", relata. Quando este texto estava sendo escrito, em novembro de 2022, o total de inscritos no canal ultrapassava os 85 mil.

Na mesma época, o motorista de transporte escolar, Edson Magalhães, o Edante, criou o seu canal. Assim como Carlos Toledo, ele é vizinho da obra e começou as gravações com um celular, da janela de casa, para abastecer as redes sociais. "A minha casa é alta. Então, eu via tudo que estava acontecendo, escavadeiras começando. Pensei: 'Eu sou um cara privilegiado, eu tenho que passar isso para frente'. Imagina quantas pessoas queriam estar no meu lugar para ver isso aqui, ver a obra acontecendo?", relembra. Quando a pandemia começou, no início de 2020, e com o trabalho de transporte escolar interrompido, ele teve mais tempo livre. Assim, surgiu o canal *Arena MRV do Galão da Massa*.

Para Tyrone, a constante visita às imediações da obra e a produção de conteúdo de qualidade facilitaram o contato dele com os operários, a ponto de ele ser informado pelos trabalhadores, que acompanhavam seus vídeos, sobre algumas atividades que aconteceriam na obra. "A gente estabeleceu essa relação de parceria, porque os colaboradores também ficavam orgulhosos de ver o trabalho deles sendo executado e mostravam para as famílias que não estavam em Belo Horizonte", disse.

Para os responsáveis pelos canais alternativos, o momento mais emocionante da construção é unânime. Todos se lembram com carinho da instalação do primeiro pilar pré-moldado, em dezembro de 2020. Ele está localizado próximo à Reserva Particular Ecológica (RPE) e a fixação da primeira peça foi o início efetivo do erguimento da edificação. Rubélio, Seu Carlos e Geraldo falam com muito carinho daquele momento, assim como Edante: "Nesse dia eu cheguei a fazer 17 vídeos. Foi um atrás do outro. Filmei até o cara descarregando o pilar", relembra.

Para Tyrone, o momento que confirmou a viabilidade do projeto foi a canalização do Córrego do Tejuco, que passa pelo terreno.

O serpentear da tubulação, evitando as colunas que em breve subiriam no terreno, chamou a atenção do analista de sistemas. "Até então, eu estava incrédulo, apesar de saber da capacidade da engenharia. Mas eu pensava: 'Vai passar um córrego para o resto da vida embaixo do estádio'. E ele continua passando lá até hoje. Então, eu acho que naquele momento foi possível enxergar que acima daquilo ali teria o estádio. Aquele momento ali foi a virada de chave, o momento do: 'Está acontecendo!'", recorda.

O carinho dos torcedores com os canais do YouTube, que foram os olhos da torcida durante toda a construção da Arena MRV, ficou marcado para cada um dos personagens deste capítulo. "As pessoas já quiseram doar dinheiro, comprar drone para mim, mas eu não peço nada. A gratificação que eu tenho é esse carinho que eles têm comigo", ressalta Toledo. Em uma enquete promovida pela Arena MRV, Rubélio chegou a ser o segundo torcedor mais votado e ganhou uma cadeira cativa da Arena MRV. "Essa cadeira que eu ganhei foi um combustível para mim. Eu emagreci 33 quilos porque quero ter saúde para desfrutar esse presente", lembra emocionado.

"Quando o meu drone foi para a manutenção, as pessoas começaram a comentar que eu precisava fazer uma vaquinha para adquirir um reserva. Passei o Pix e a torcida depositava um real, cinco reais. Teve quem depositasse 500 reais. Cheguei a quase 2.800 reais. Completei o restante e comprei o drone", recorda Edante.

Os canais de informação alternativos, que registraram desde o início a construção da Arena MRV, têm, somados, mais de 135 milhões de visualizações. Mesmo sem instalar uma viga, concretar uma laje ou realizar uma instalação sequer, Rubélio, Carlos Toledo, Tyrone, Edante e Geraldo, os donos dos canais, são partes fundamentais da obra. A sensibilidade, dificuldades e a simplicidade deles cativaram a Massa.

O Galo é assim: uma paixão que leva pessoas de diferentes perfis, culturas e profissões a dedicarem horas de seus dias para gravar a construção da Arena MRV, com o único propósito de mostrar a obra aos atleticanos.

O Atlético possui uma força impressionante para unir torcedores em prol dos seus sonhos, seja doando para a compra de um drone, seja depositando dinheiro em um pote para subir em uma carroceria e ver cada detalhe da construção, que hoje é uma bela realidade.

CURVELO
A UNIÃO NOS FAZ PREVALECER
CURVELO
A UNIÃO NOS FAZ PREVALECER
NORTE
TRADIÇÃO DOS BAILES
PITANGUI
BETANO
bmg

14
Quanto custou o sonho?

Em 2014, quando o projeto da Arena MRV ainda estava na cabeça dos seus idealizadores, o Brasil havia acabado de ganhar novas arenas espalhadas por todas as regiões do país. Das inúmeras promessas do tão falado legado da Copa do Mundo FIFA de 2014, uma das poucas que realmente saíram do papel foram os novos e modernos palcos para a prática do mais popular esporte do país, sejam eles construídos, sejam reformados.

Em Cuiabá, Amazonas, Natal, Recife e São Paulo surgiram novos estádios do zero. Porto Alegre, Curitiba, Belo Horizonte, Salvador, Brasília, Rio de Janeiro e Fortaleza viram seus palcos serem praticamente colocados abaixo em controversas reformas.

Na esteira da Copa, Grêmio e Palmeiras também inauguraram suas novas casas que, se não serviram de palcos para a maior competição esportiva do planeta, eram orgulho para suas torcidas.

Mas, quanto custaria um novo estádio em Belo Horizonte? O cálculo era simples: cerca de R$ 10 mil reais por assento. Ou seja, uma casa pensada para 41 mil atleticanos custaria R$ 410 milhões.

Porém, um projeto tão gigantesco e complexo como a da nova casa do Atlético, passaria por mudanças e percalços que jogaram por terra essa estimativa. O primeiro deles surgiu ainda em 2018, quando o contrato para execução das obras da Arena MRV foi assinado com a Racional Engenharia. Naquela época, existiam limitações e incertezas quanto ao escopo que seria executado e quais seriam as alterações que poderiam ser solicitadas pelos órgãos públicos durante o processo de licenciamento.

O detalhamento do projeto, somado ao processo de licenciamento, consultorias e os 5% de contingência, normal em contratos dessa natureza, fizeram ainda em junho de 2018 a expectativa de gastos chegar a R$ 431 milhões.

Quando em 2020, após duras batalhas para obtenção da Licença Prévia (LP) e Licença de Instalação (LI), teve início efetivamente a obra. Nesse momento foi possível efetivamente colocar as máquinas em campo. Enquanto avançava o projeto, os responsáveis pela obra já contavam com uma atualização no valor do empreendimento de R$ 21 milhões, com base no INCC (Índice Nacional de Custo de Construção), taxa calculada a cada mês pela Fundação Getúlio Vargas (FGV) para medir o aumento dos custos dos insumos utilizados em construções. Além disso, com os 5% de contingência o valor atualizado da obra chegava a R$ 463 milhões.

O contrato firmado entre Arena MRV e Racional previa que, após um ano do início da construção, a construtora apresentaria uma nova proposta para execução da obra após um minucioso estudo e a conclusão da engenharia detalhada. A partir desse detalhamento, foi possível elaborar projetos completos contendo todos os cálculos, dimensionamentos, lista de materiais e outras variáveis.

Com esse estudo, o custo da Arena MRV chegava a R$ 612 milhões. É sempre importante lembrar da contingência de 5% que elevava a construção a R$ 623 milhões. O entendimento dessa dinâmica contratual é relativamente simples. Para chegar no valor de R$ 623 milhões era necessário somar o PMG preliminar (R$ 410 milhões), o reajuste pelo INCC e as contingência (R$ 98 milhões), o projeto legal da obra (R$ 32 milhões) e variações acima do INCC (R$ 39 milhões). Além disso, houve várias melhorias no projeto que, somadas, chegavam à casa dos R$ 33 milhões. Com os R$ 11 milhões da contingência daquele momento, o sonho do Atleticano custaria cerca de R$ 623 milhões.

Foram várias as modificações decorrentes do projeto legal. O paisagismo da Arena MRV, exigência da PBH para deixar o clima na esplanada menos árido, modificou as estruturas das lajes do espaço. A carga da laje passou de 500 kg/m² para 1.200 kg/m². Quanto mais concreto, mais custo. A estrutura das cabines de transmissão também passou por modificações, o que exigiu um reforço nas vigas que sustentam o local. A construção das caixas de detenção, final e de infiltração, que passaram a fazer parte do sistema de drenagem, também teve um custo elevado.

Os equipamentos de uso público da Esplanada – o Centro de Línguas e Inovação, a Academia da Cidade e o Núcleo Ampliado de Saúde da Família –, os novos camarotes – naquele momento esses espaços de hospitalidade passaram de 36 para 80 –, novos sanitários na área próximo ao campo para serem utilizados em shows, foram incrementados ao projeto.

Outras modificações aconteceram no credenciamento de imprensa, no vestiário do Atlético e refeitórios. Houve também ampliação de ambulatórios e readequações em áreas internas, como escritórios, cozinhas e, principalmente, o alargamento das bocas de entrada para o campo de jogo, de 5 m para 10 m.

Foram dezenas as alterações para que a casa do Atlético estivesse à altura dos melhores estádios do mundo. Somente a infraestrutura do plano de tecnologia foi orçada em R$ 74 milhões. Em abril de 2023, o valor final do PMG negociado com a Racional Engenharia ficou em R$ 746 milhões. Esse valor inicial do contrato reajustado, somado às melhorias de projeto, seria de R$ 774 milhões. Ou seja, com o contrato assinado no valor de R$ 746 milhões, obteve-se ainda uma economia de 3,62%, fruto de uma parceria e muito trabalho entre construtora e o contratante.

"Construção é uma atividade inerentemente conflituosa, porque é uma negociação ao longo do processo inteiro sobre os direitos estipulados em contratos, o que é aceitável, o que não é. Isso faz parte do cotidiano de qualquer construtora. A Racional é bem vista no mercado justamente por ter uma postura favorável em condições adversas. E eu acho que a postura da Arena foi muito parecida nesse sentido. As discussões foram quentes, foram duras", relembra André Simões, CEO da Racional.

Bruno Muzzi, CEO da Arena MRV e do Atlético, corrobora com o mesmo pensamento. "É isso, é uma relação que cada um defende seu interesse, mas quando vieram coisas inconsistentes a gente não deixou isso ir à frente. Mas se você observar a qualidade da obra, o empenho da turma, a gente sabe que, do ponto de vista de quem coloca para trabalhar é tudo muito mais difícil. A máquina quebra, é o cara que não foi trabalhar, é o concreto que não chegou no tempo certo e secou dentro da bomba, é uma interferência que é dada, vem chuva... O que a gente nunca deixou correr solto foi a questão de qualidade e segurança da obra. Eventualmente, fizemos várias composições com eles para destravar a obra, mas nunca abrimos mão do que estava definido em contrato", finalizou.

É uma conta complexa e o valor fica longe daquele sonhado em 2014. Não há como esquecer que, em meio a modificações, contingências e ampliações, o mundo passou por uma pandemia que elevou os custos da construção civil. Mesmo com todos os incrementos nas cifras, o custo por assento da Arena MRV ficou abaixo de outras arenas similares no Brasil: R$ 16.217.

Com a correção de valores históricos pelo INCC, o custo do Mineirão por assento, em agosto de 2023, ficou em R$ 21.911, a Arena Fonte Nova tem custo de R$ 24.080 por assento. O Allianz Parque e a Arena Pantanal chegam a R$ 26.324 e R$ 26.922, respectivamente, mais de R$ 10 mil acima do valor da Arena MRV, sempre falando em dados de agosto de 2023.

A Neo Química Arena e o Mané Garrincha, os dois estádios mais caros da Copa do Mundo de 2014, chegam a impressionantes R$ 46.132 e R$ 47.491 por cada assento. A Arena MRV ficou, ainda, com custo 50% abaixo da média dos estádios similares construídos e/ou reformados recentemente no Brasil.

Todos esses números são referentes ao que acostumou-se chamar na obra de "tapume para dentro". Fora das dependências da Arena MRV, o Atlético travaria mais uma grande batalha em busca de menor custo e de atender às exigências da PBH: concluir as tão faladas contrapartidas.

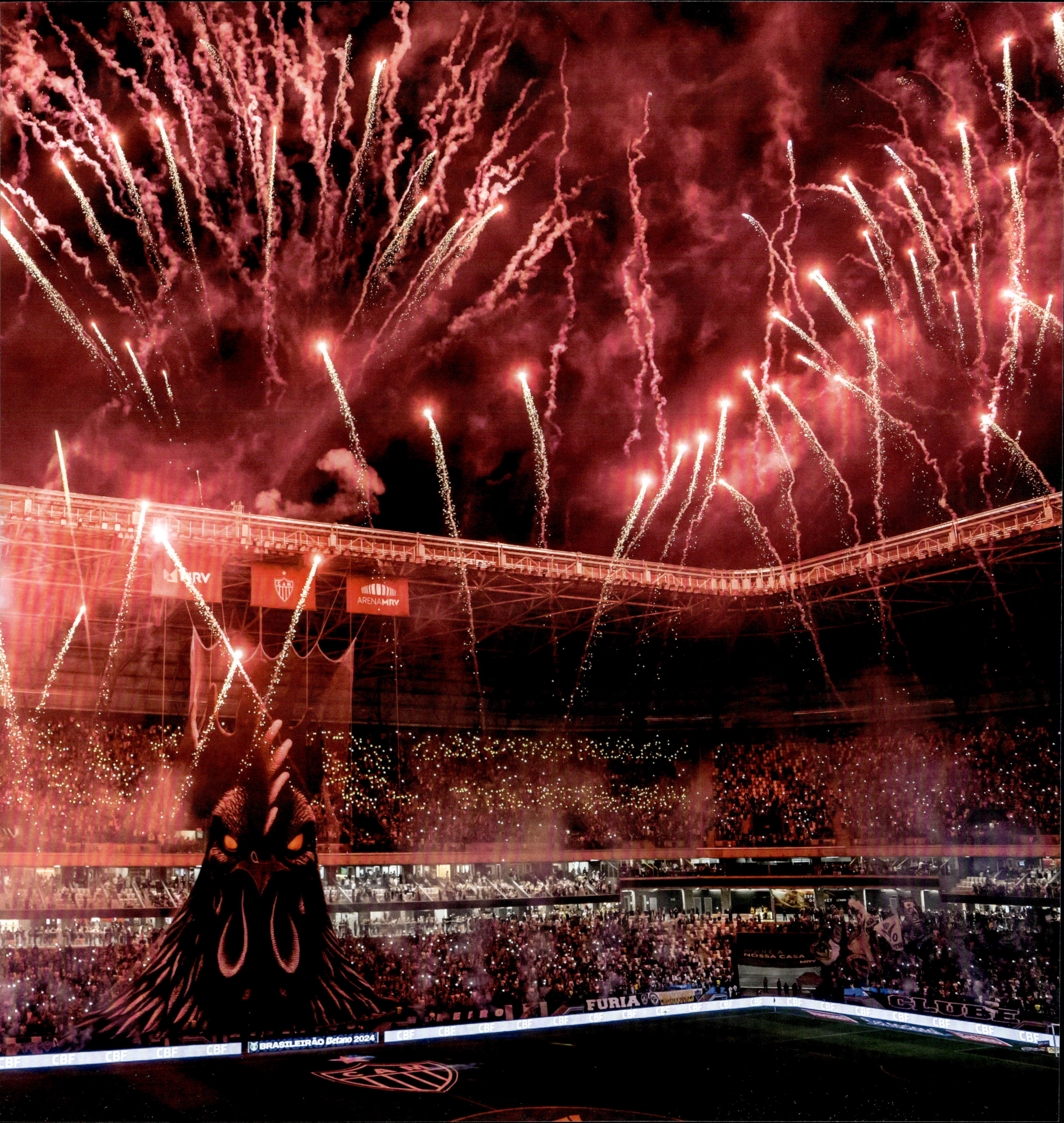
MRV
ARENA MRV
FURIA
CLUBE
BRASILEIRÃO Betano 2024
CBF

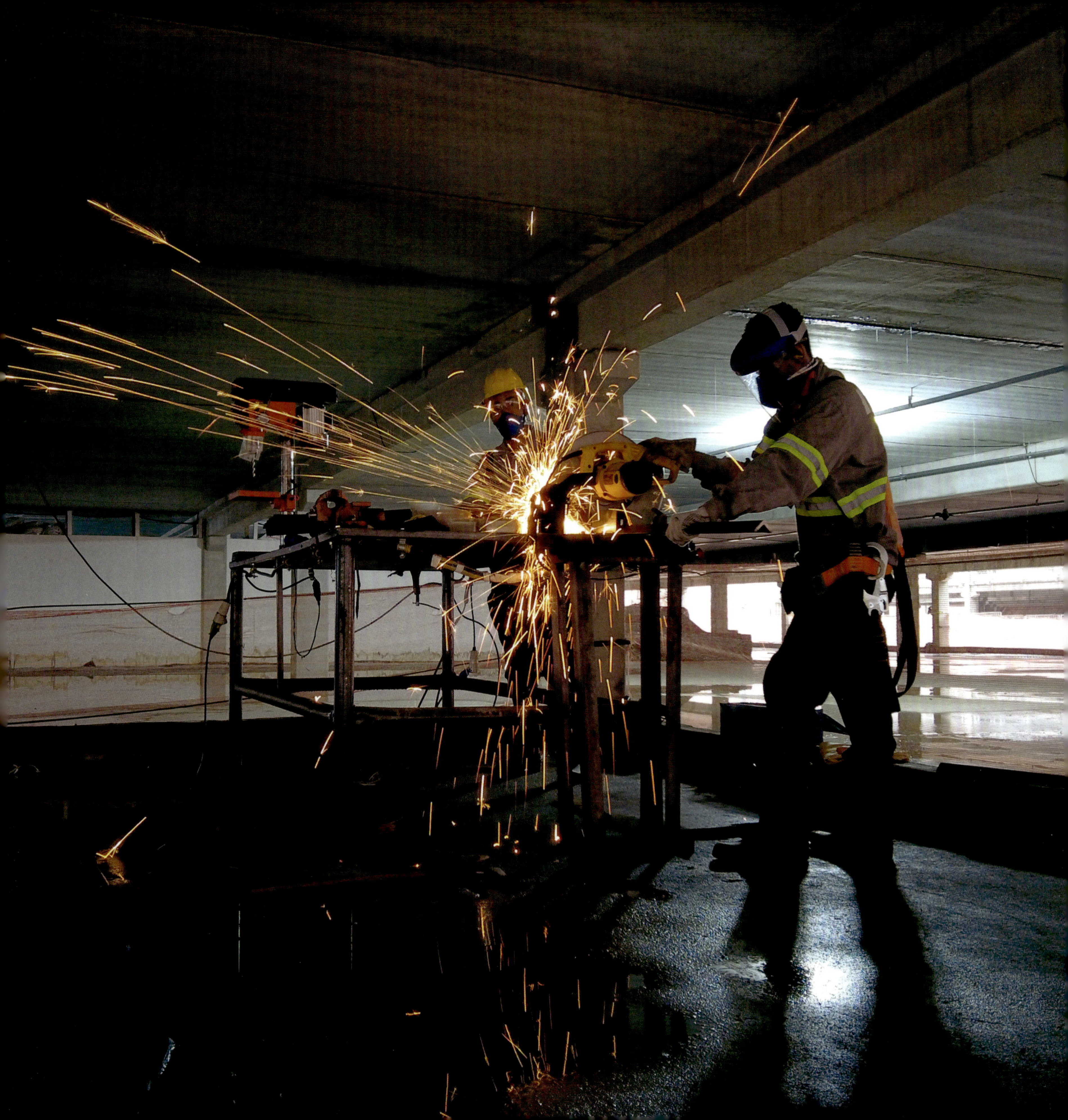

Os construtores da Arena MRV

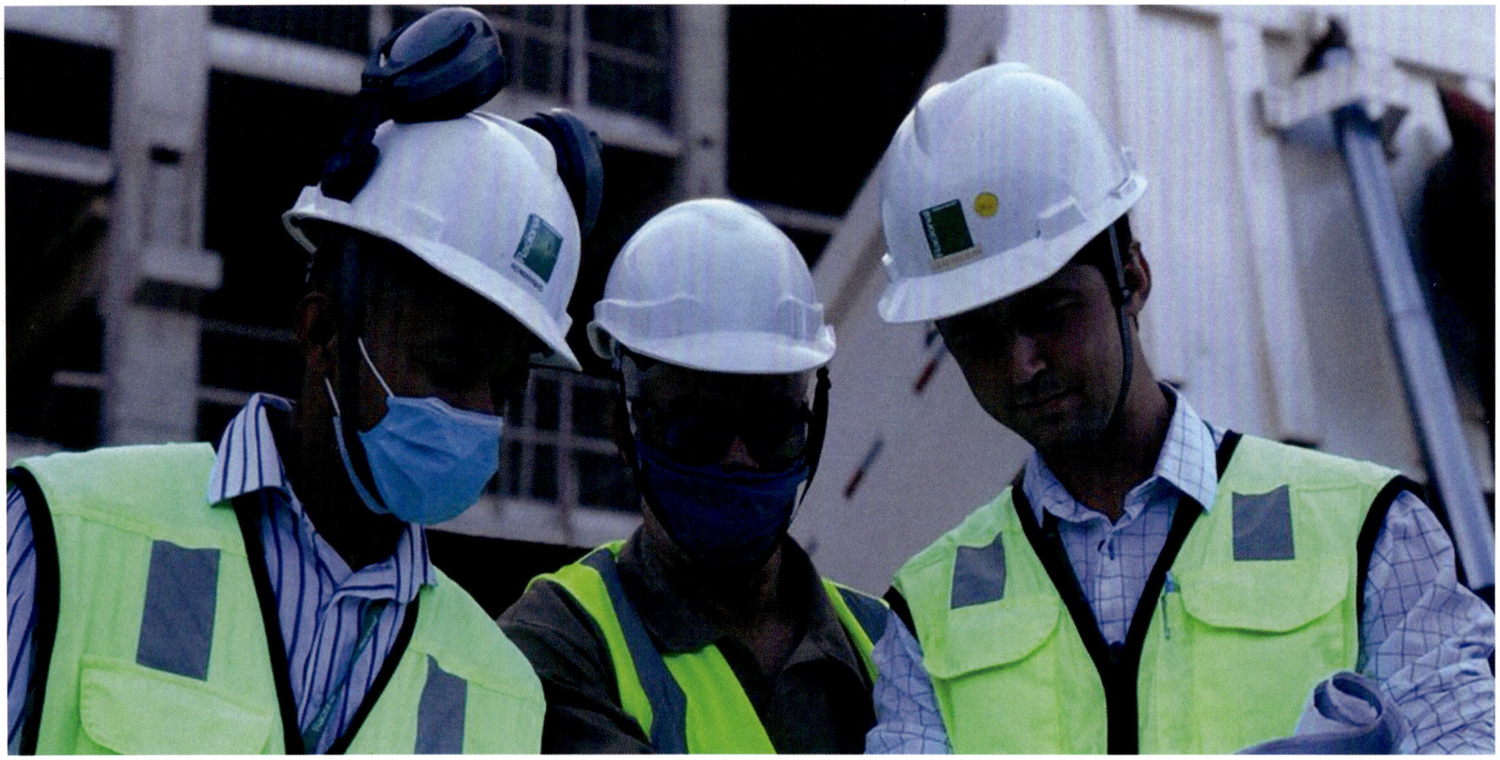

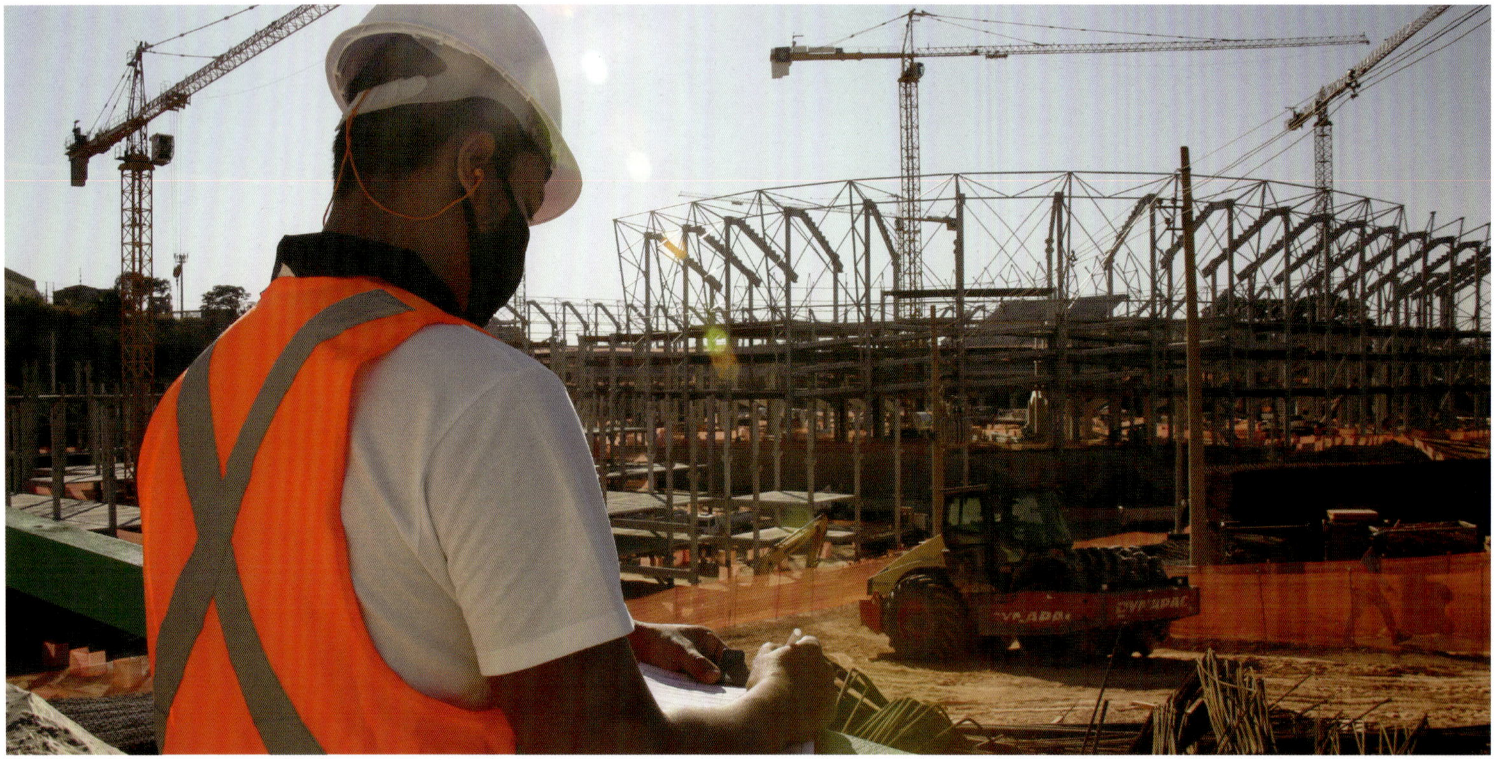

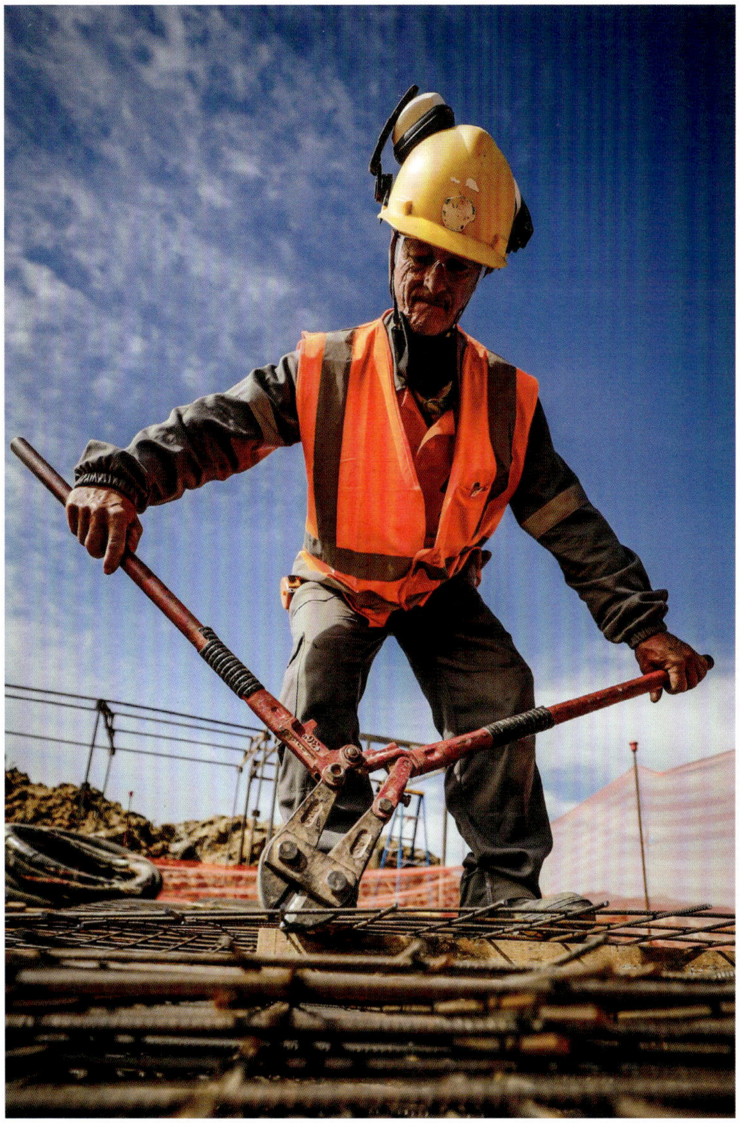

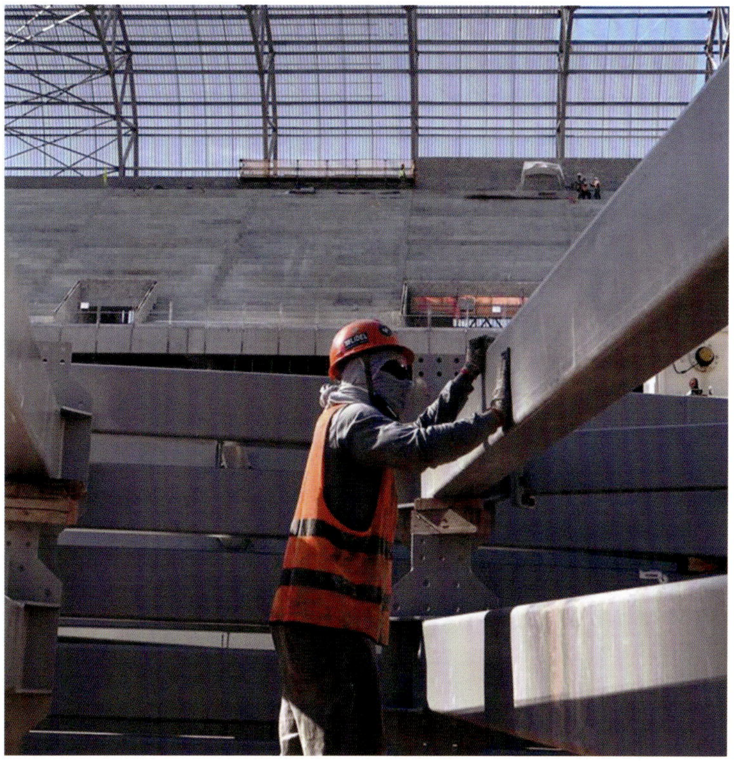

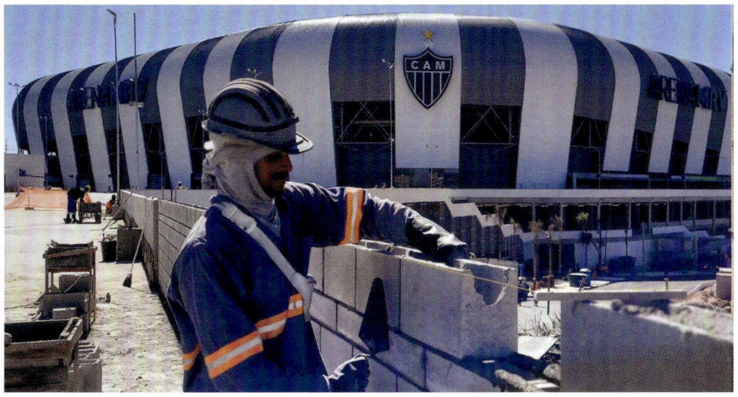
CAM

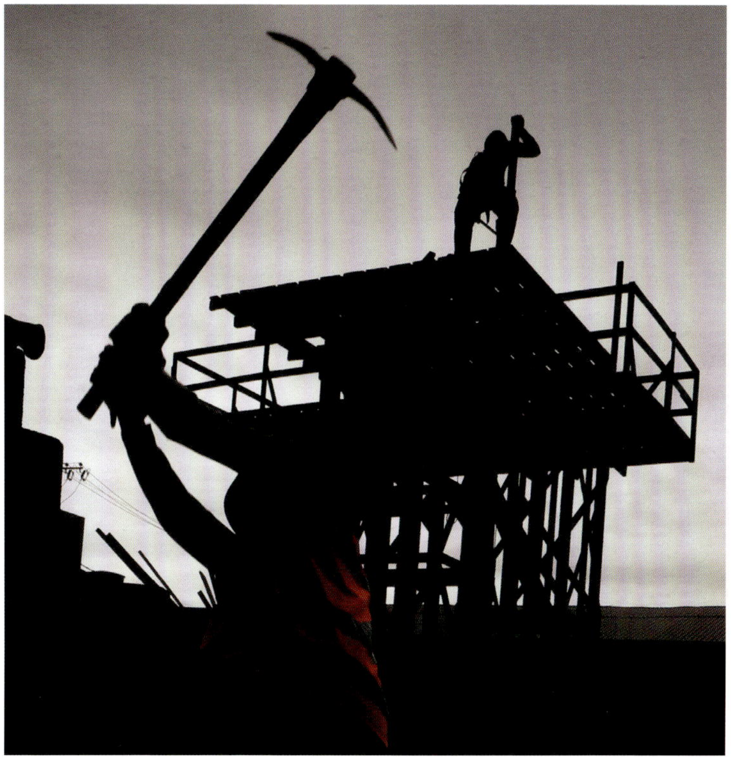

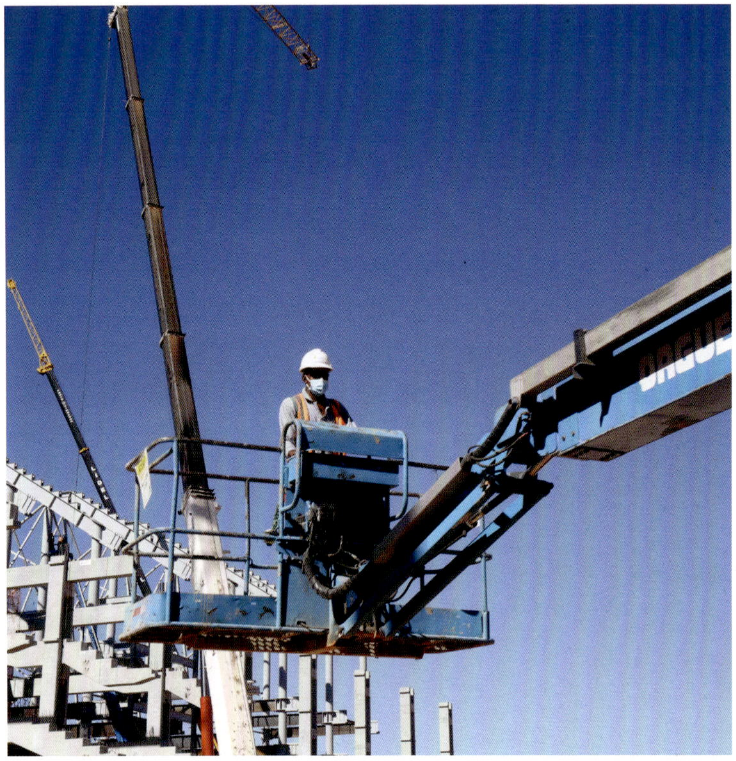
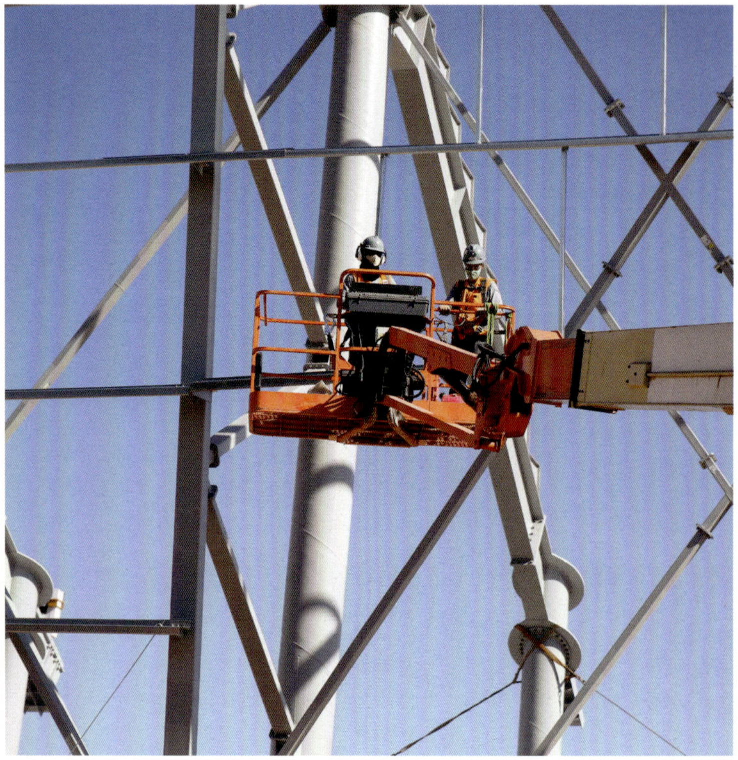
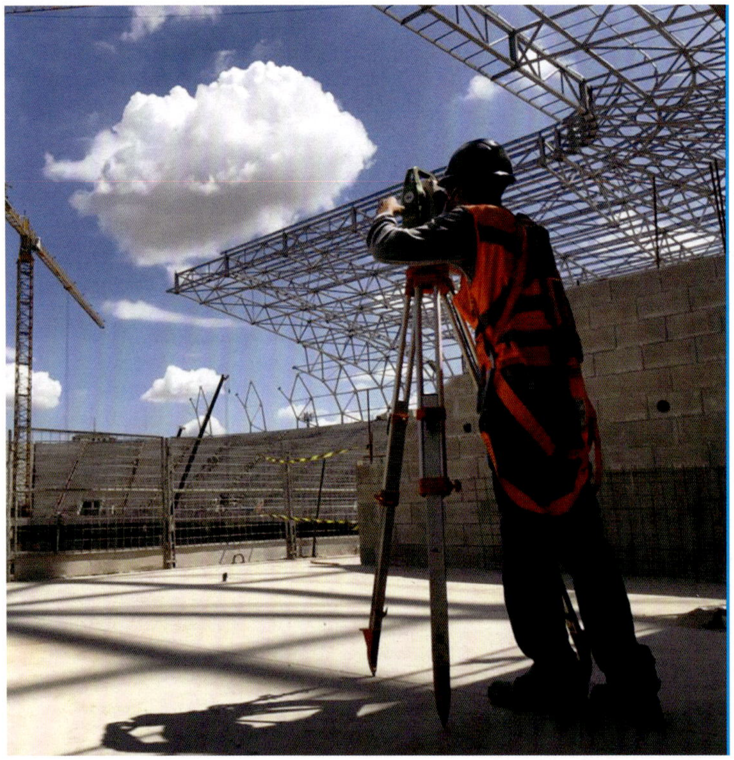
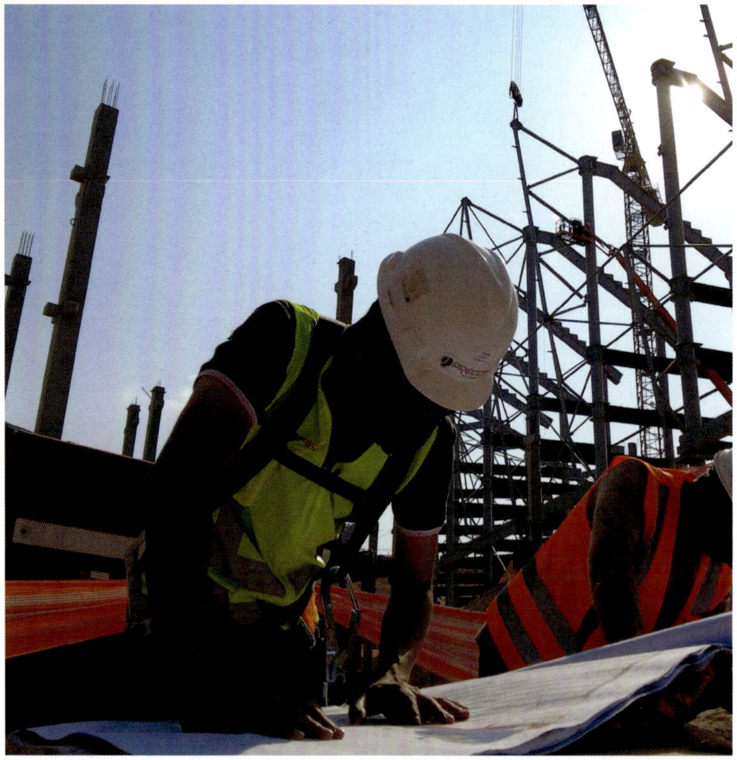

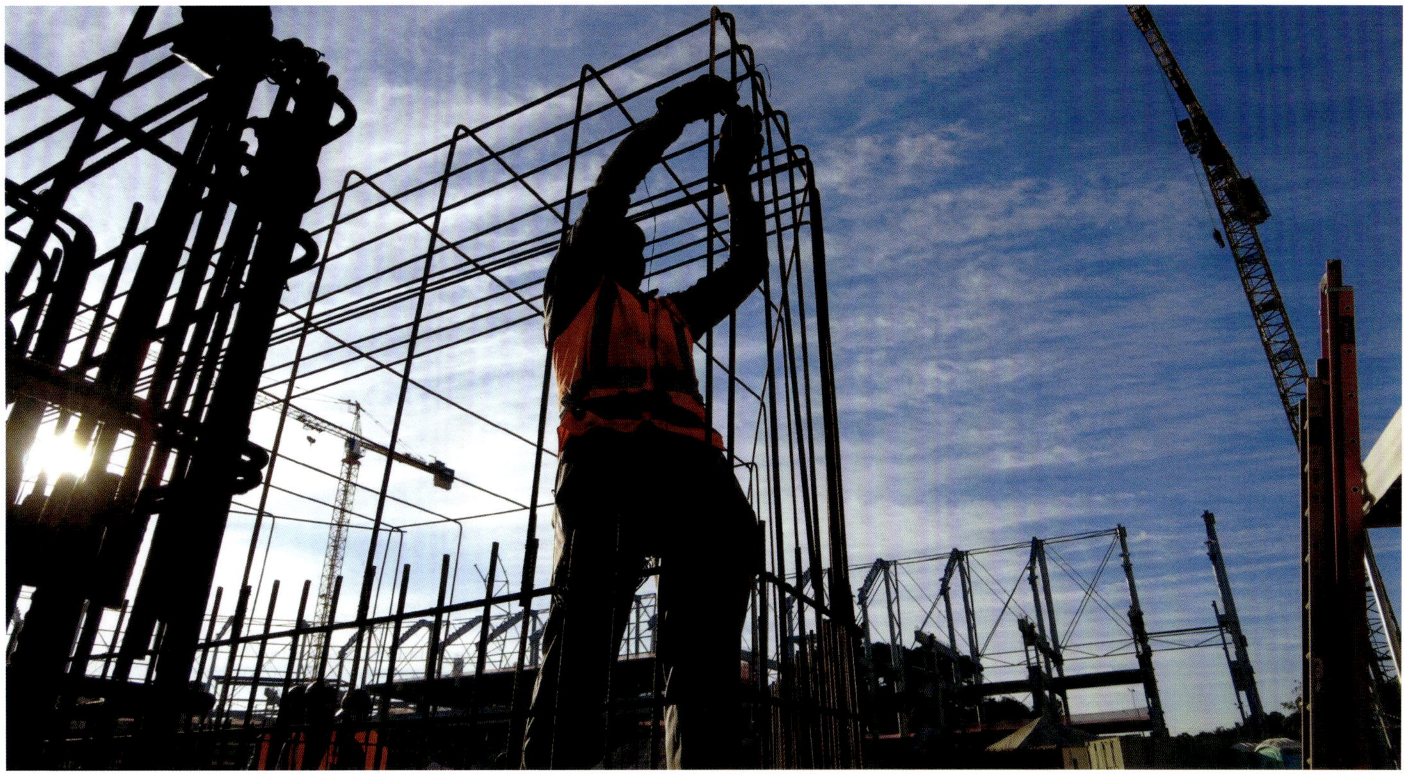

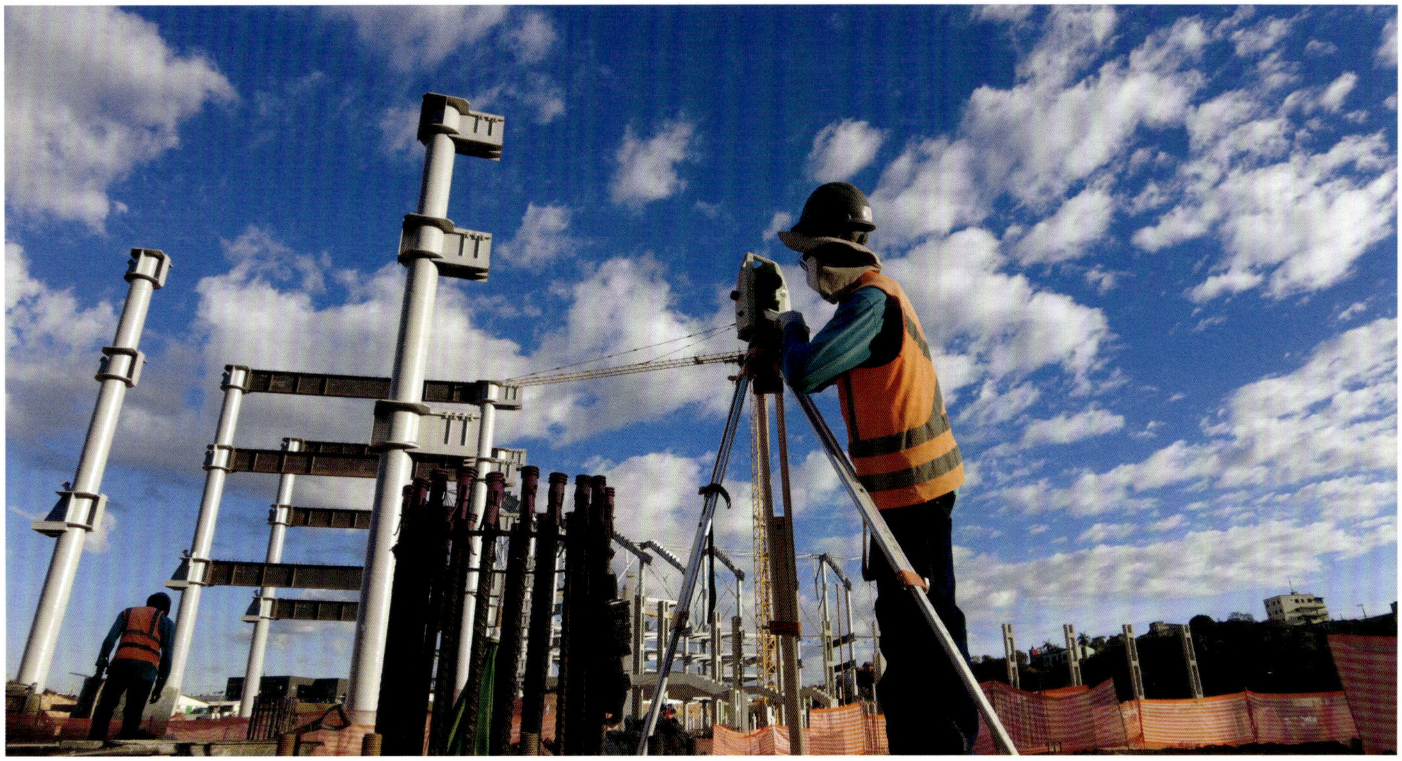

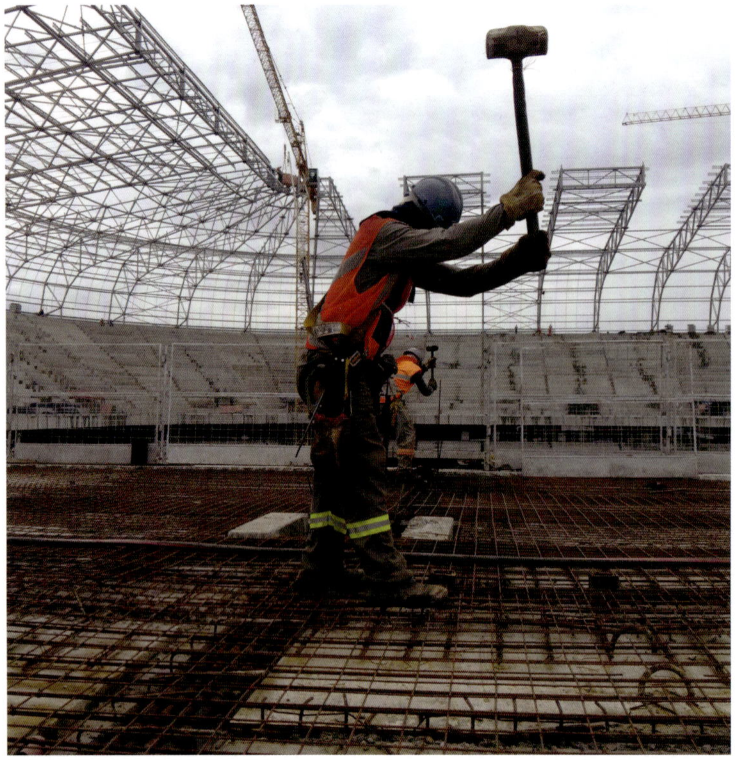
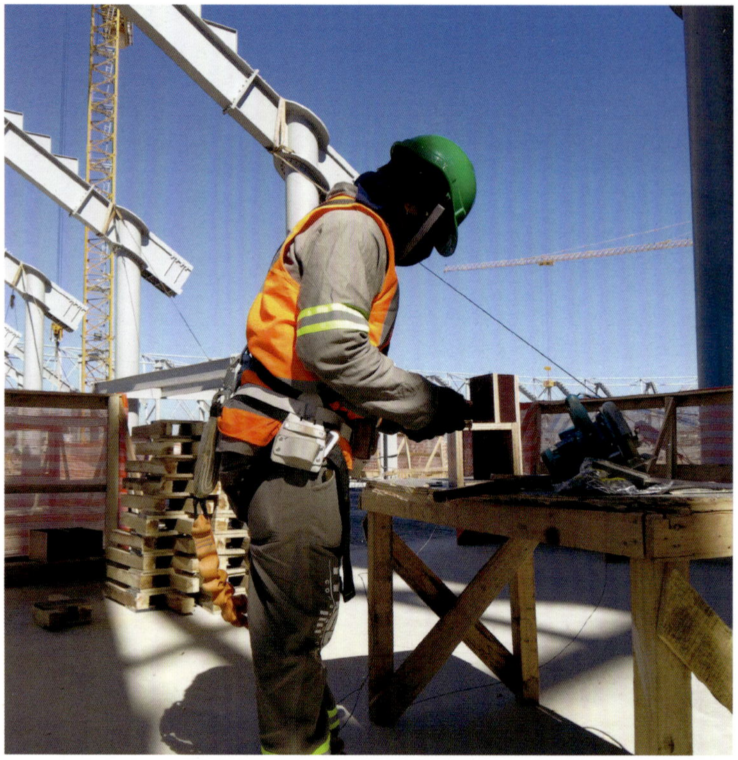
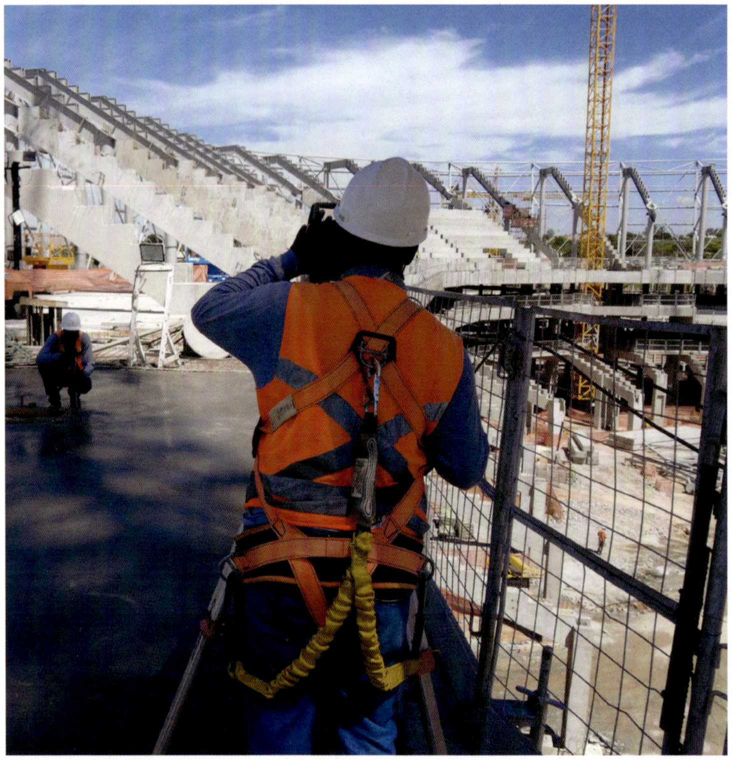
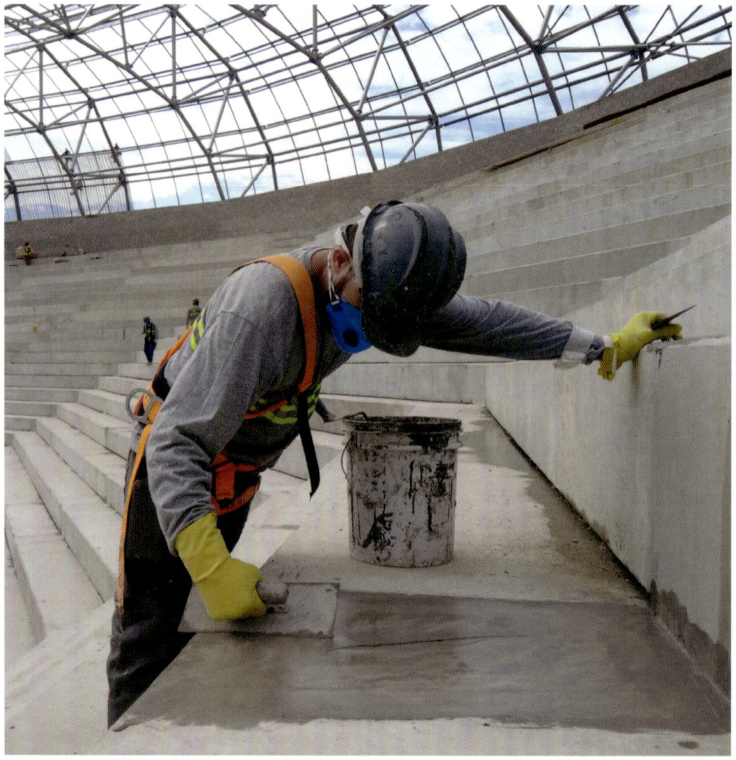

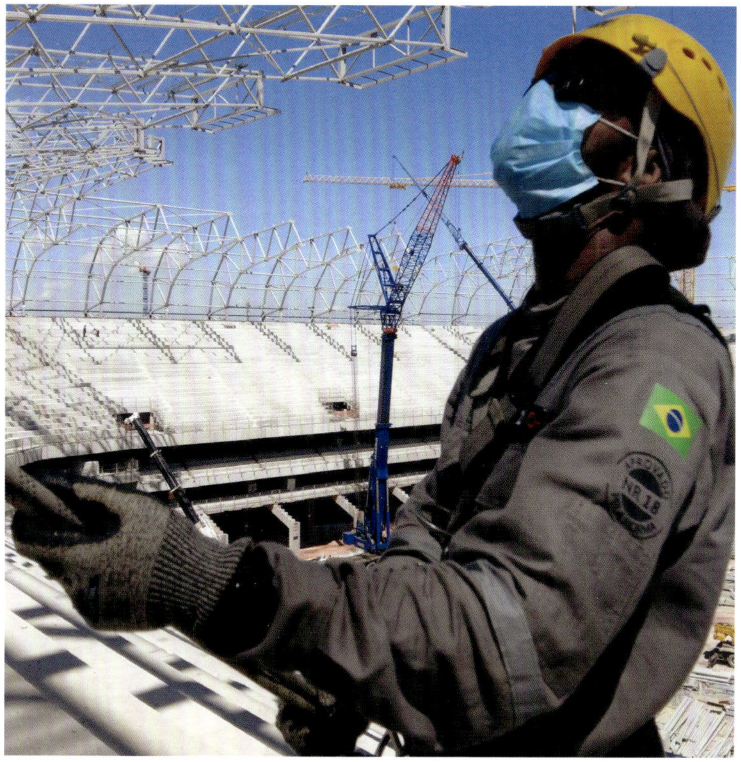
NR 18
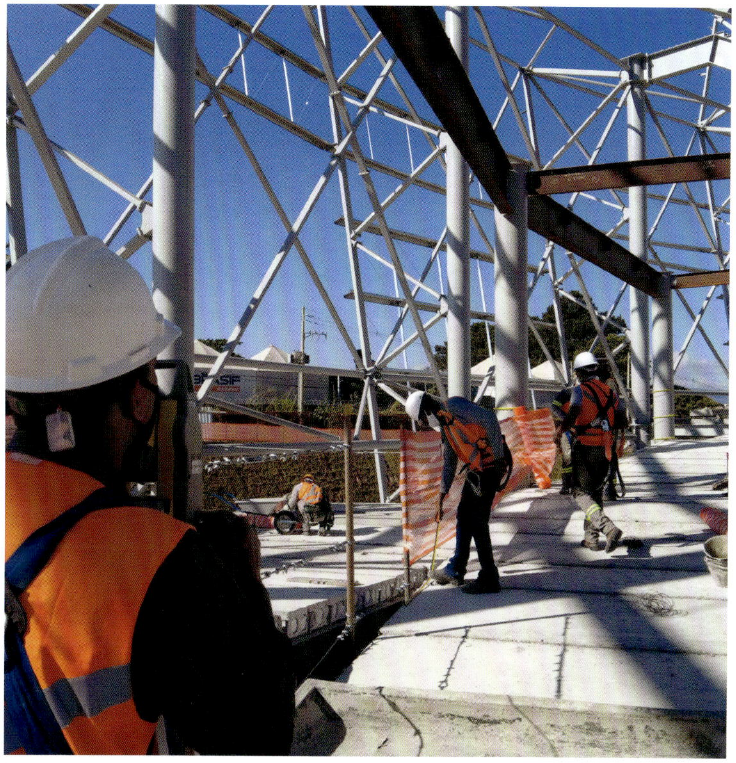
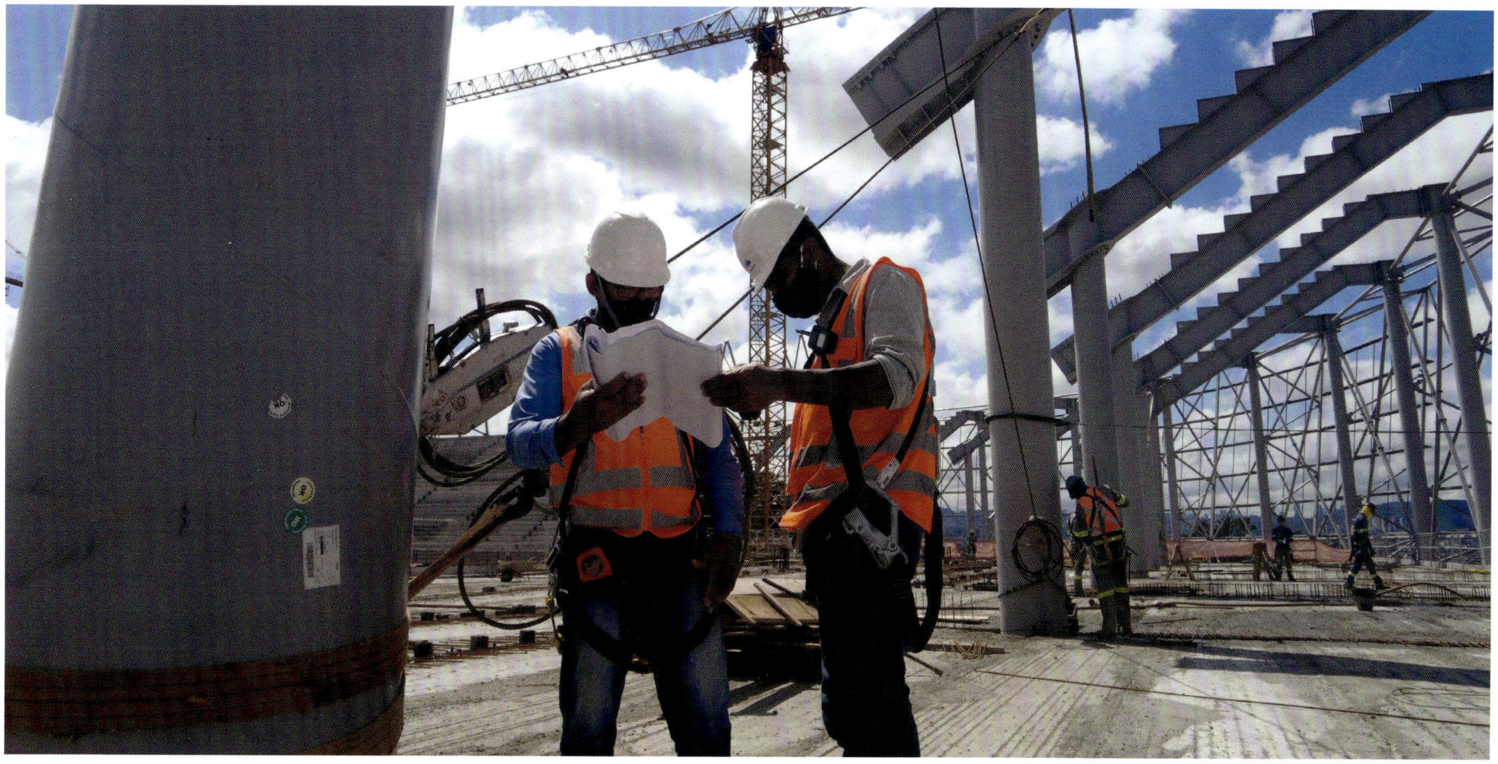

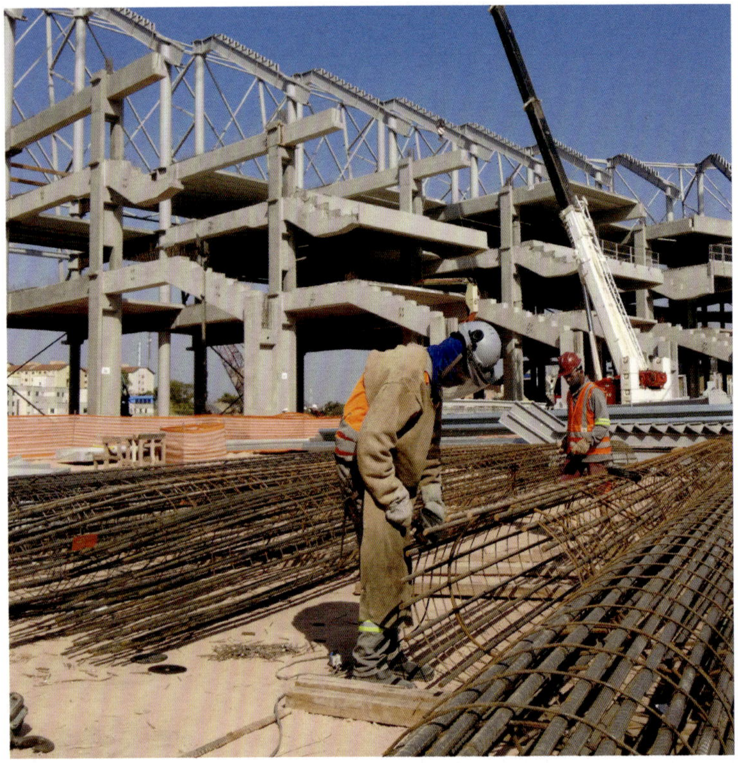

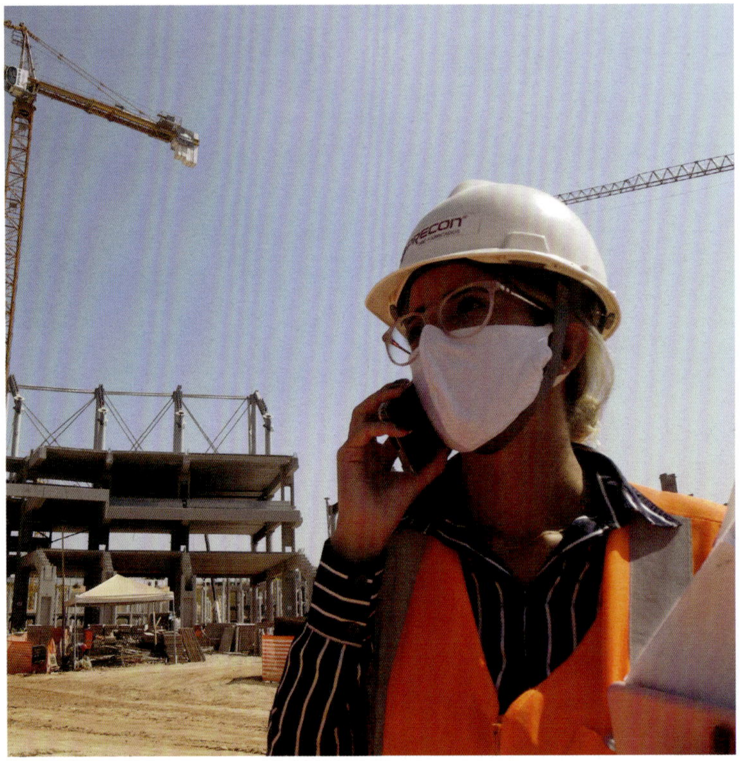

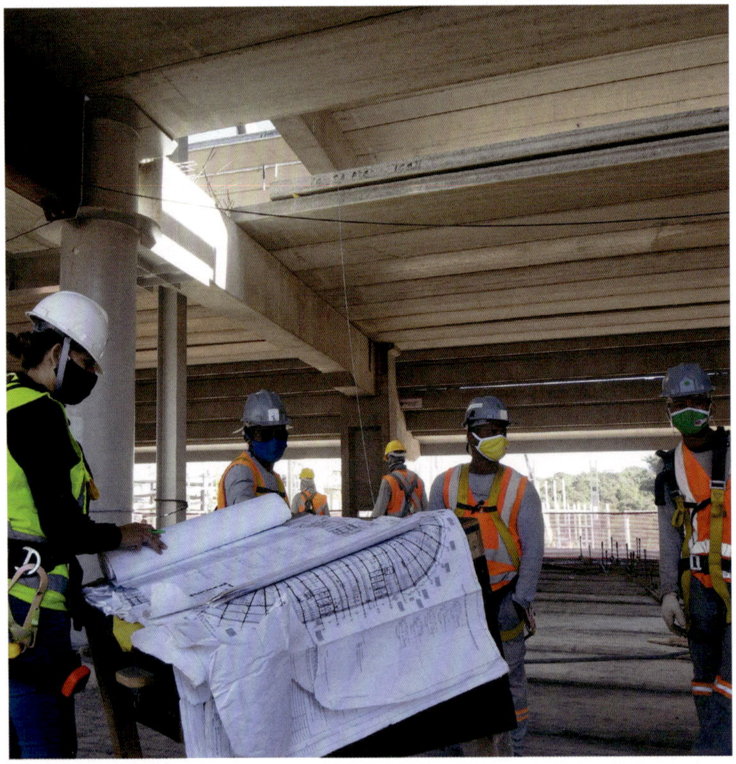

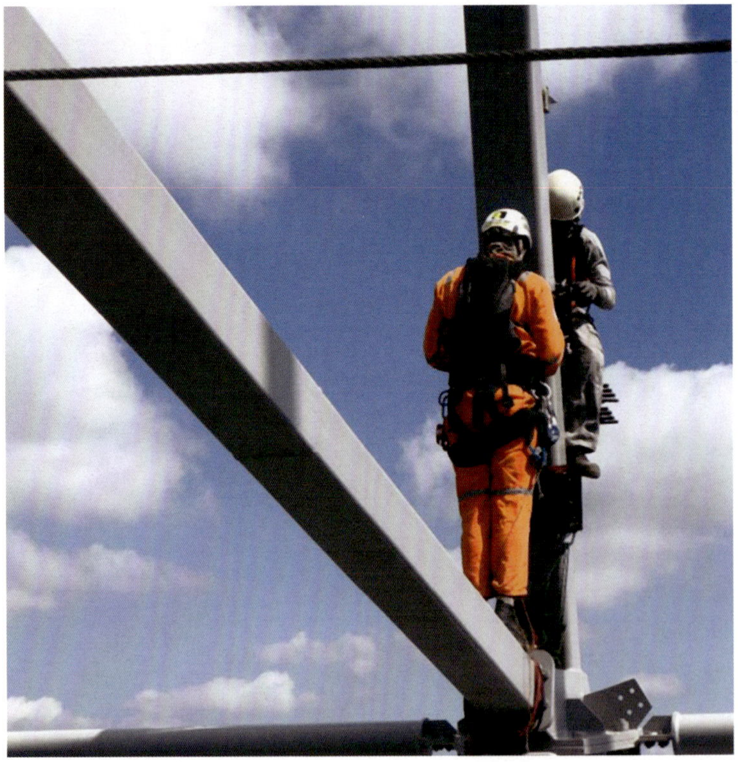

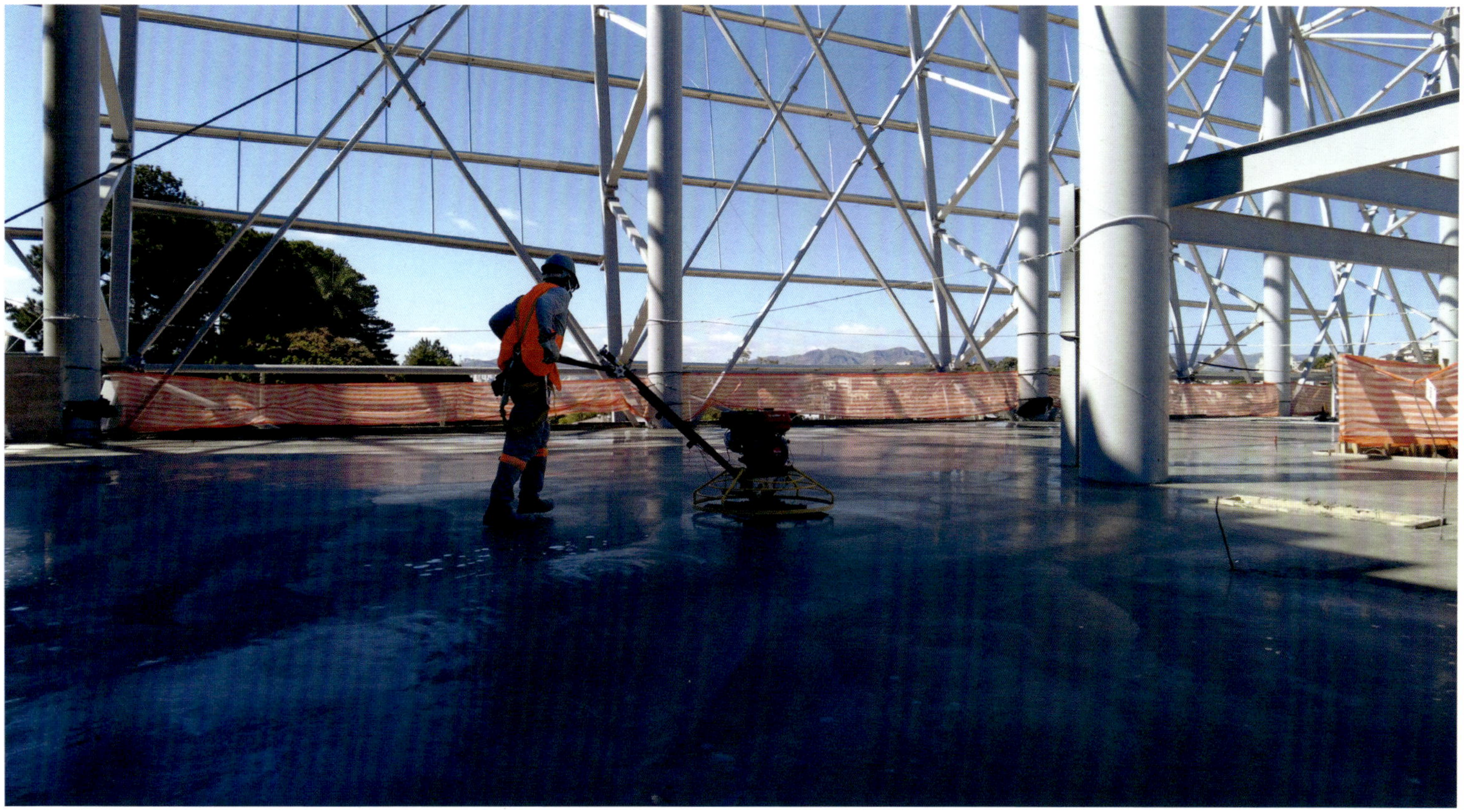

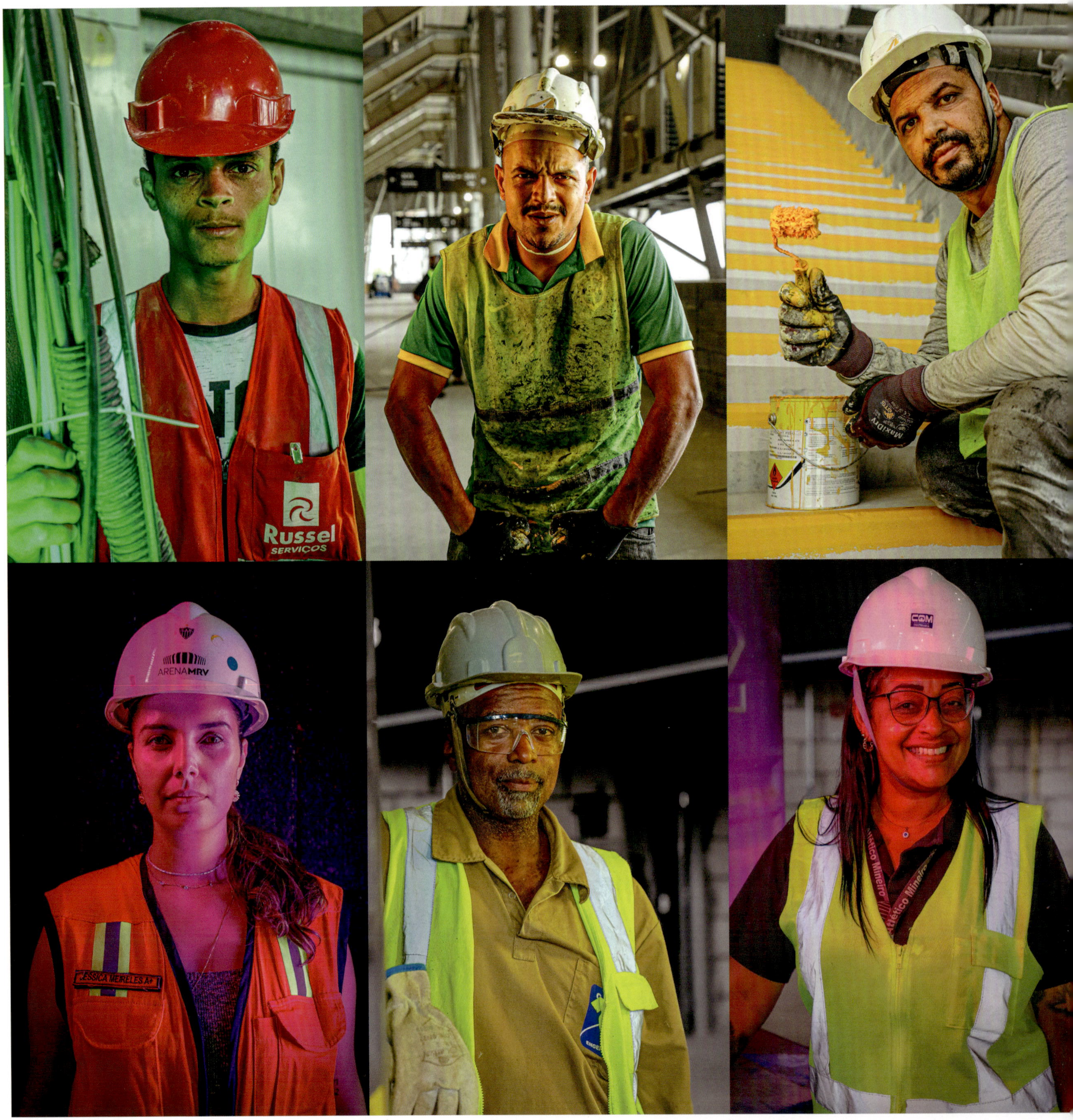
Russel
SERVIÇOS
ARENAMRV

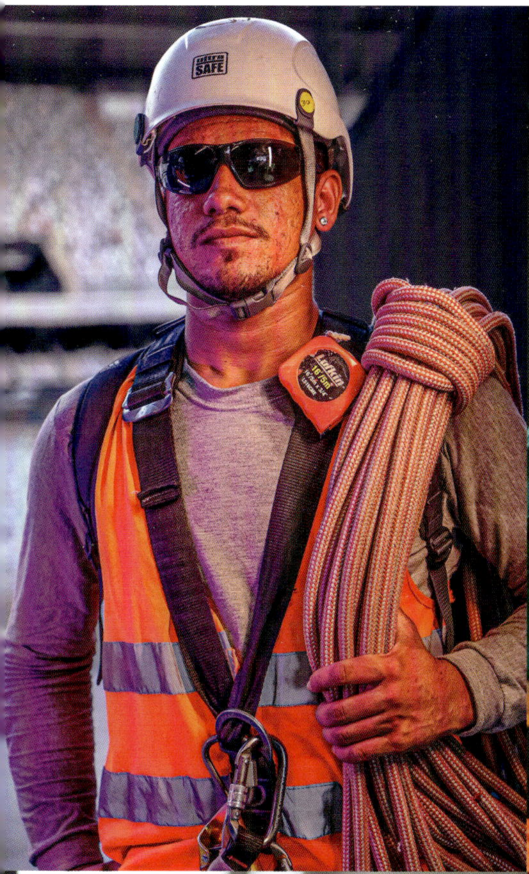
ultra
SAFE

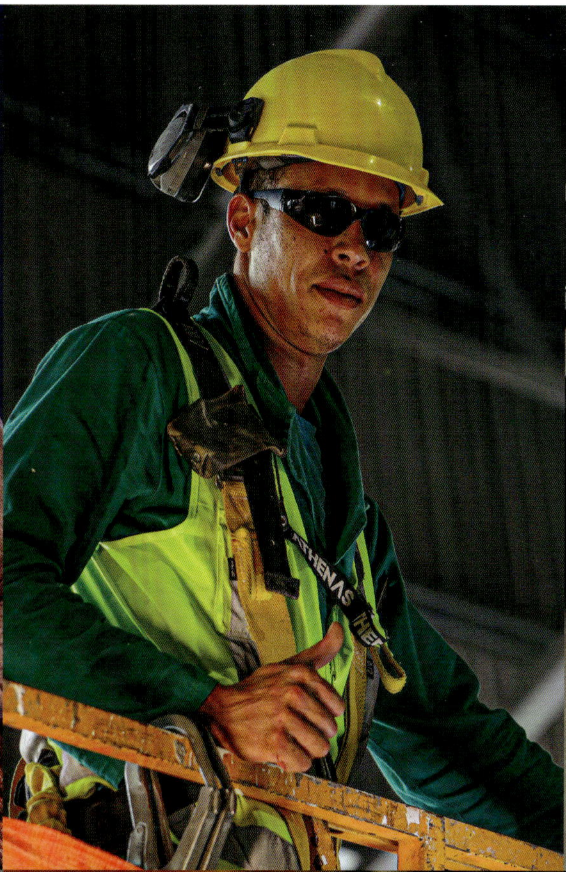
ATHENAS

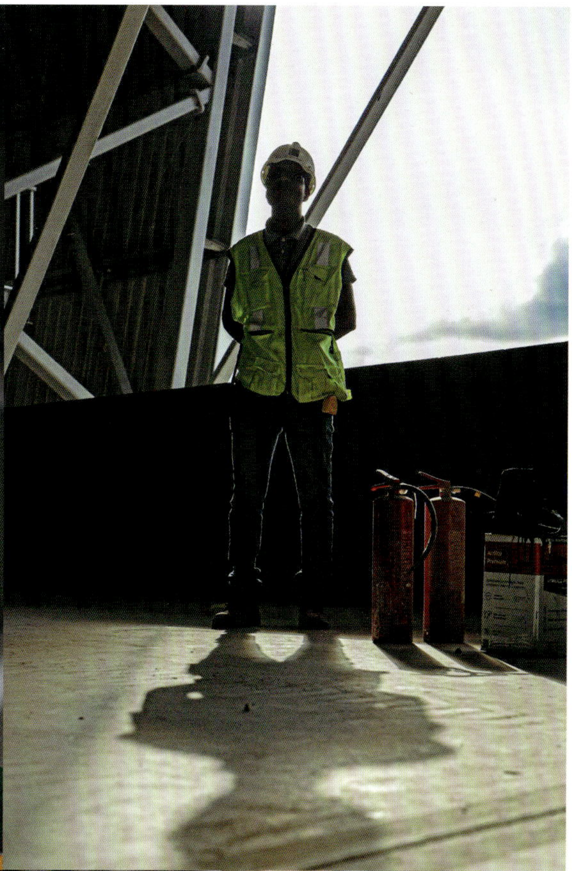

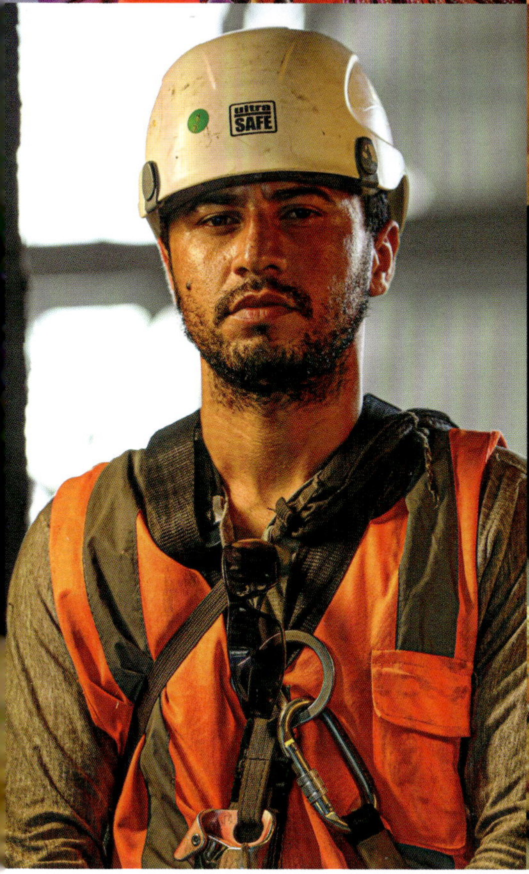
ultra
SAFE

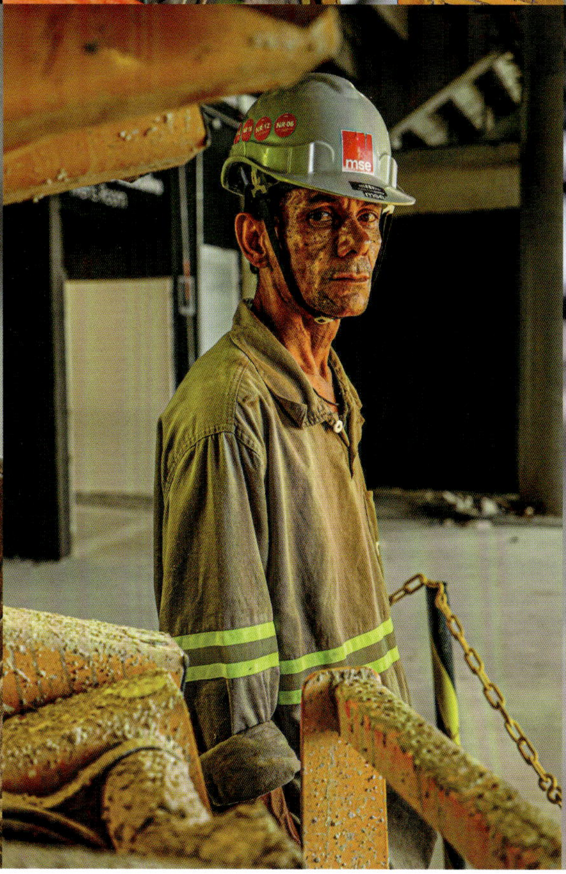
mse

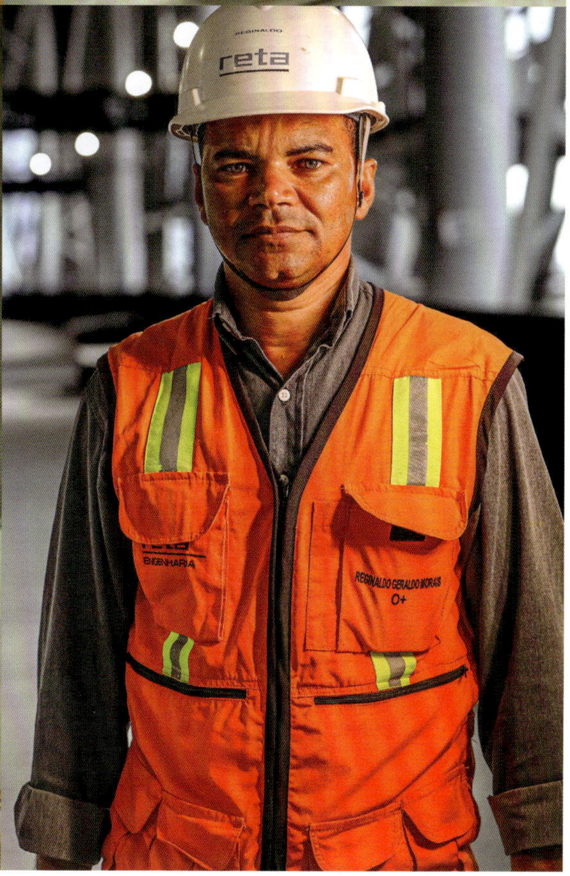
reta

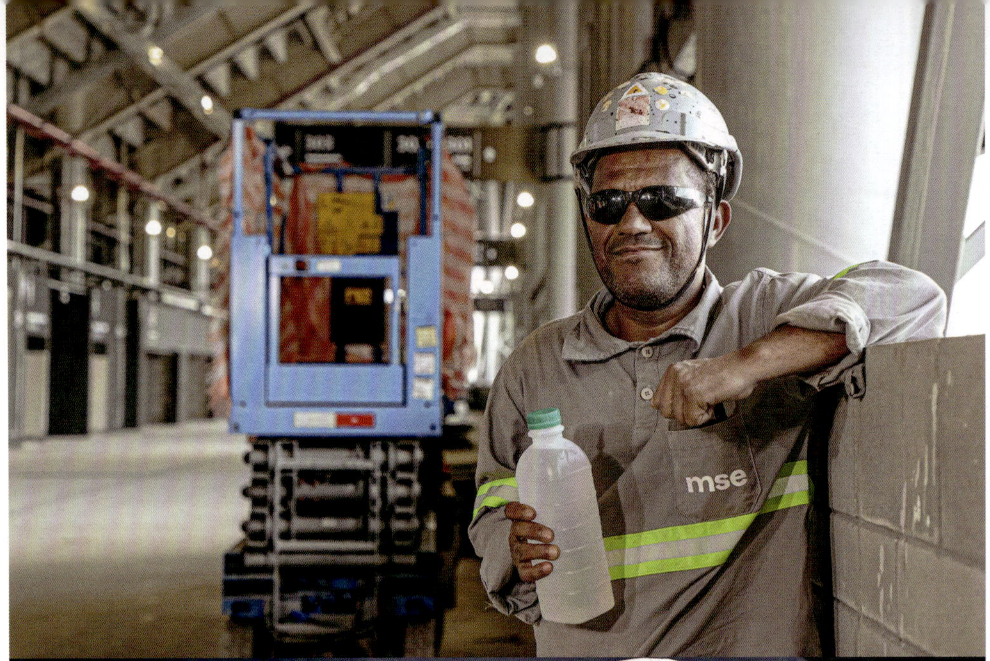
mse

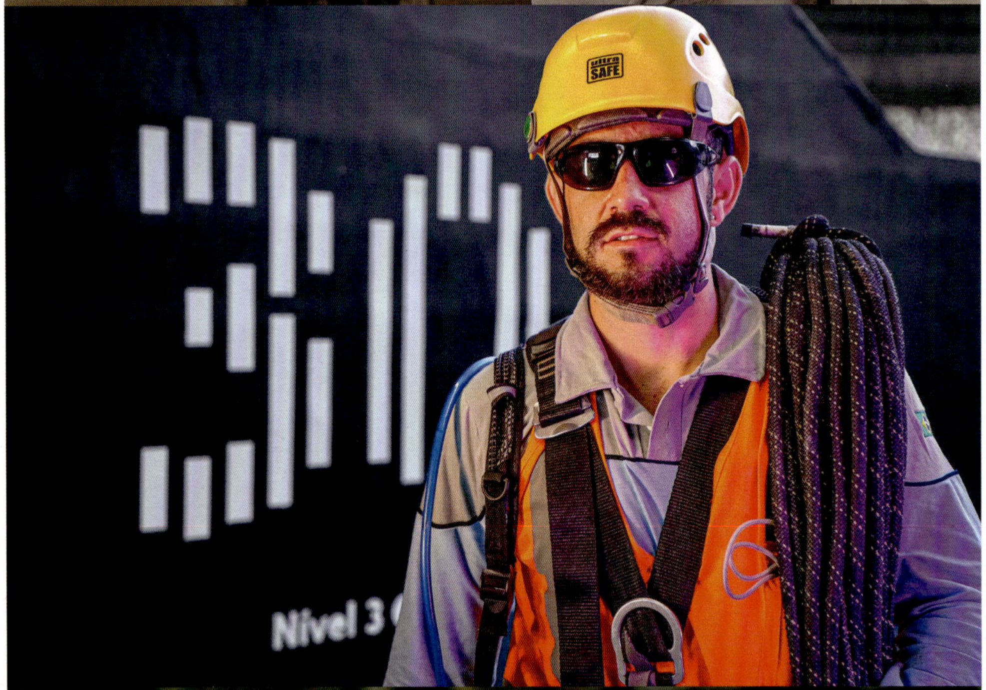
ultra SAFE
Nível 3

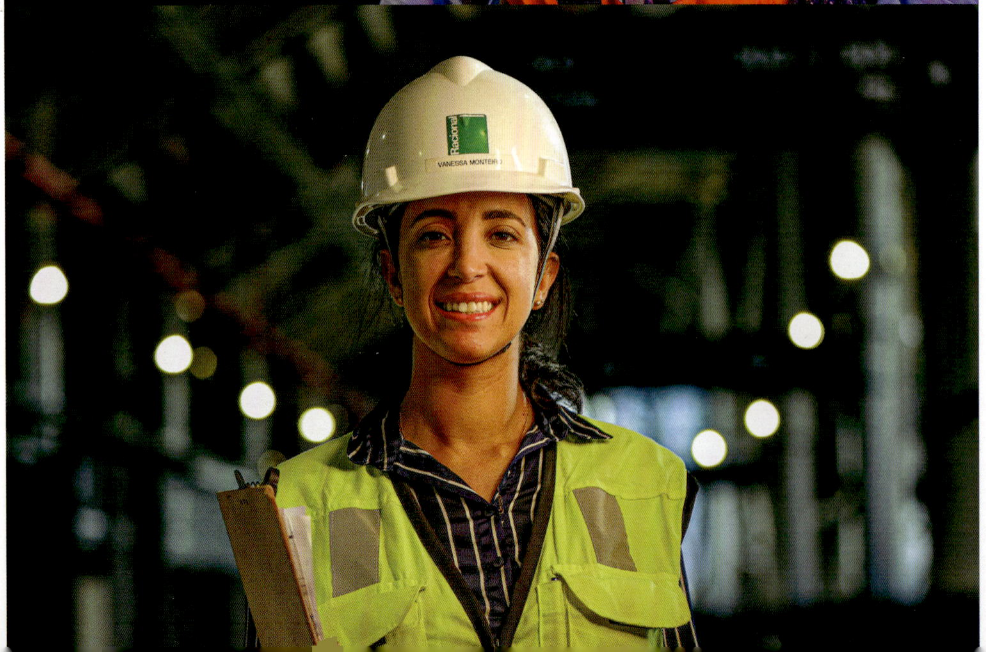
Racional
VANESSA MONTEIRO

Acesse a lista
completa
dos operários
que trabalharam
na obra

ARENA

A nossa Arena

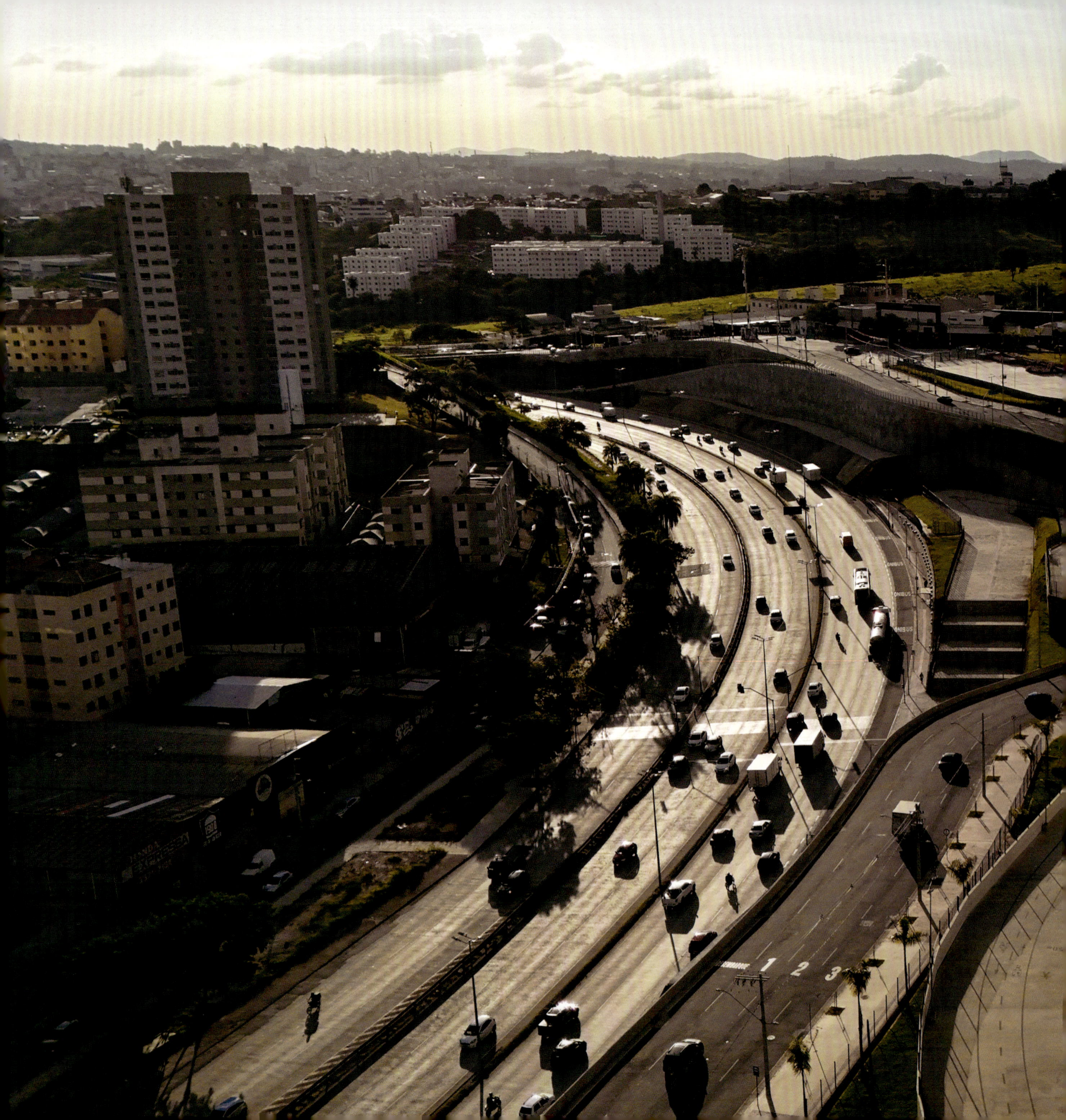

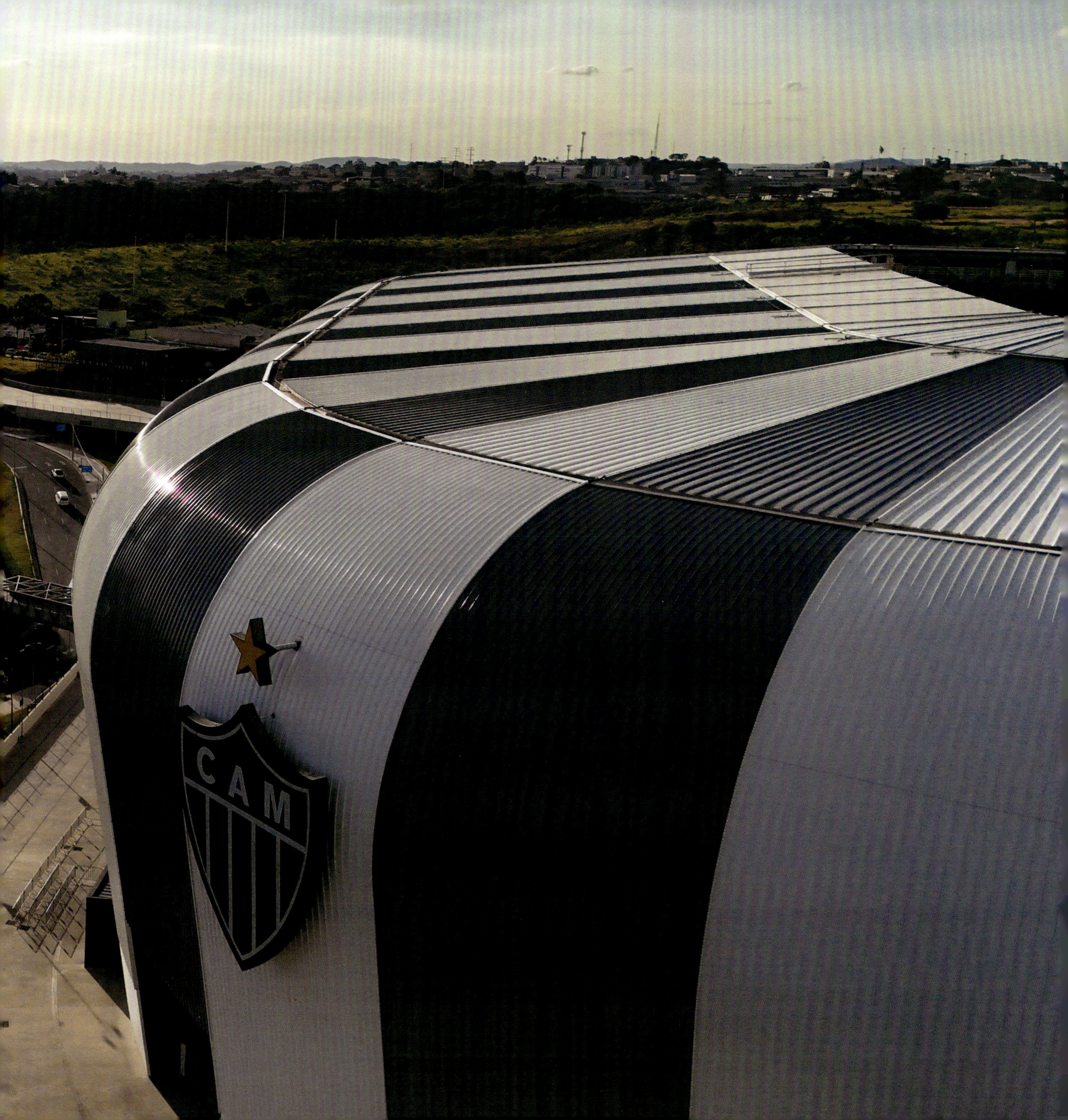
CAM

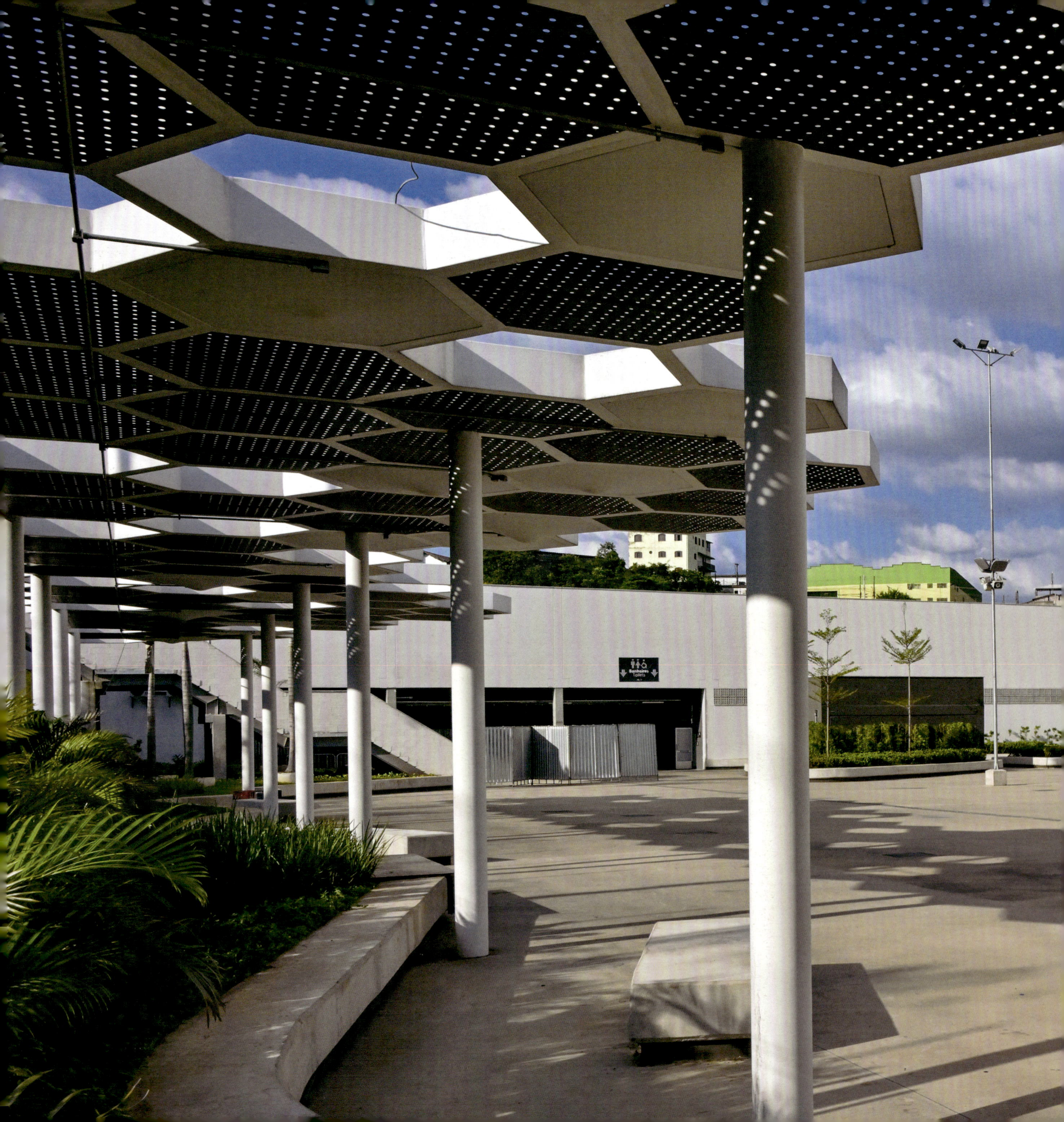
Banheiros
Toilets

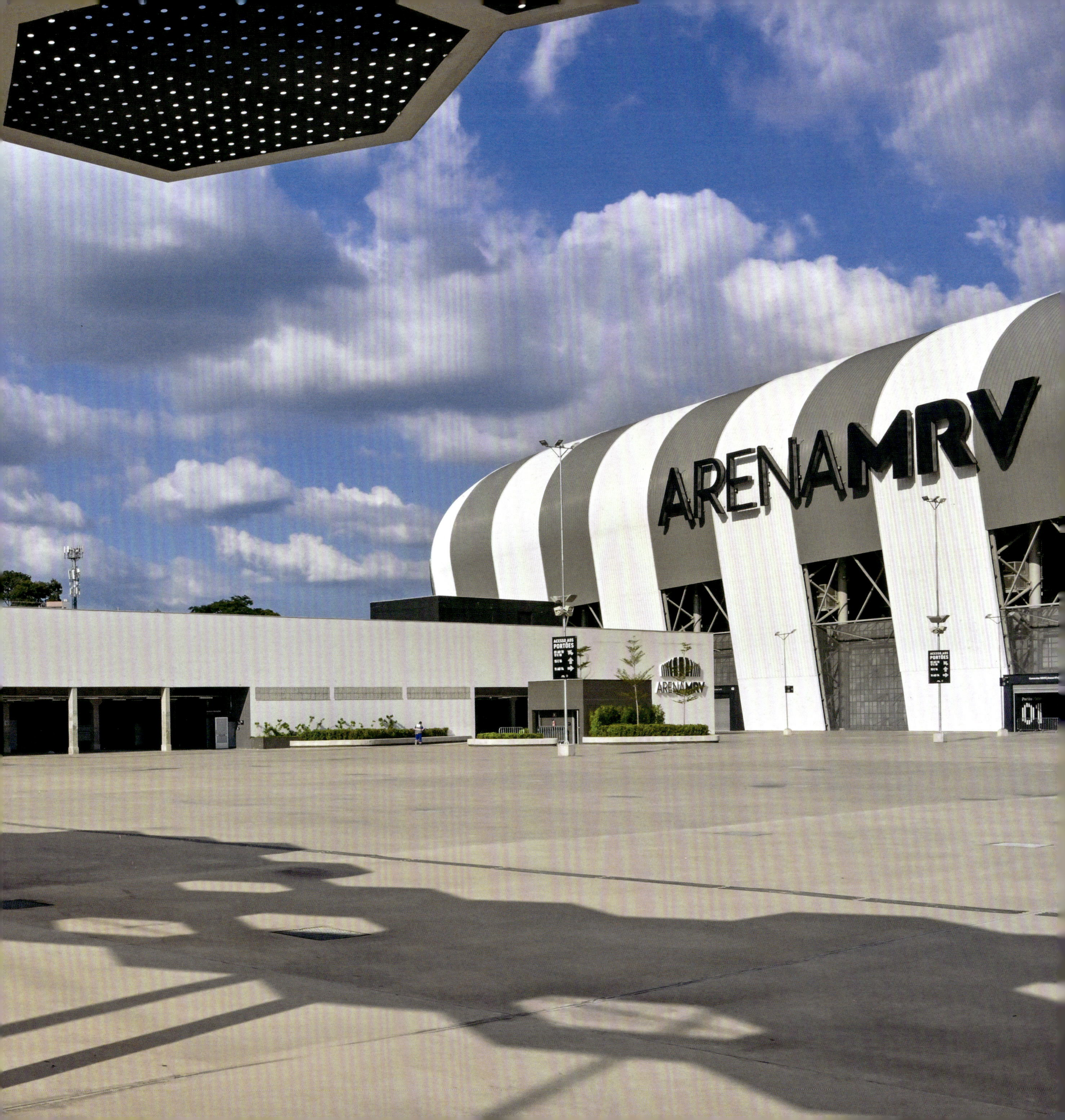
ARENAMRV

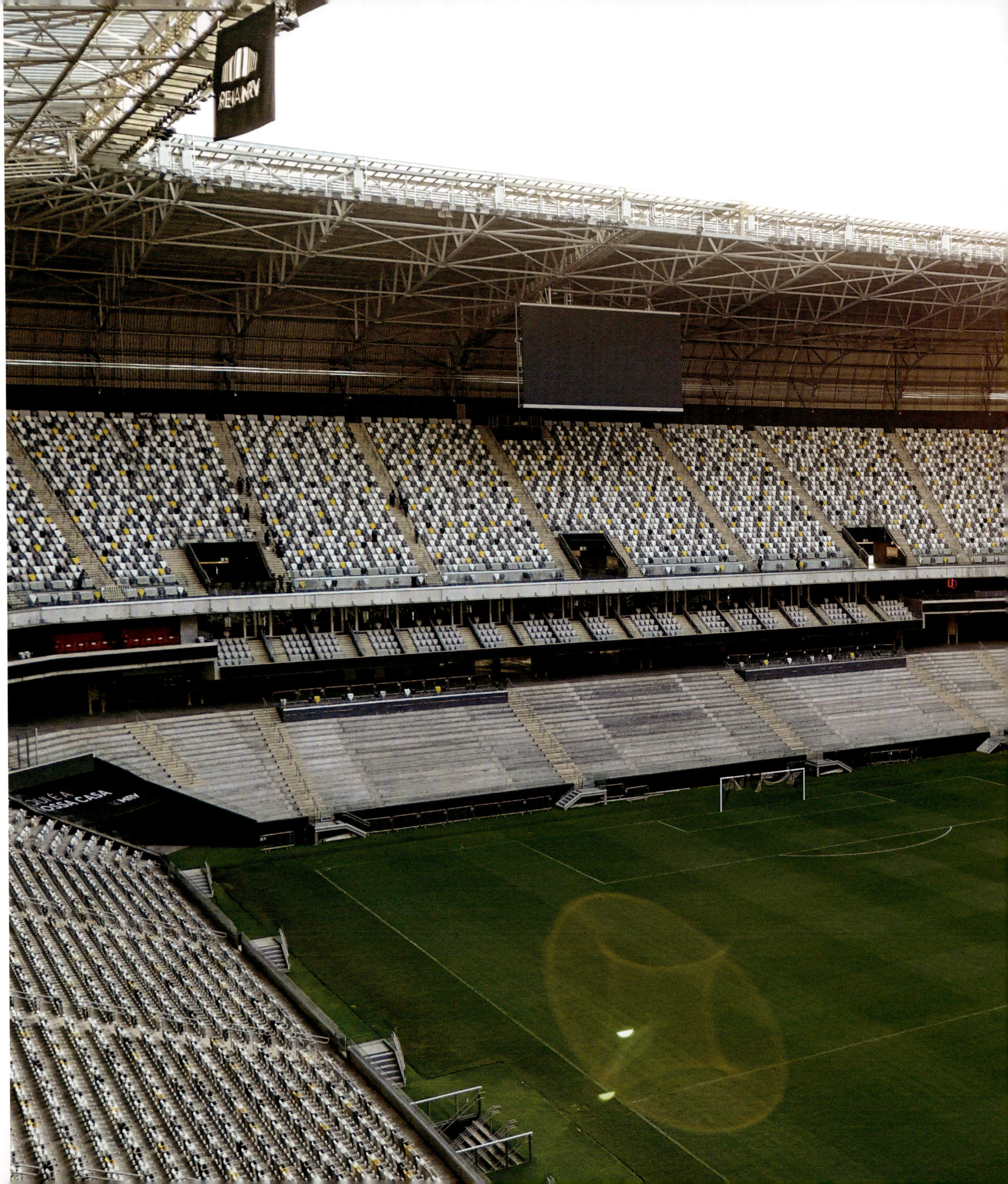
QUI É A
OSSA CASA
MRV

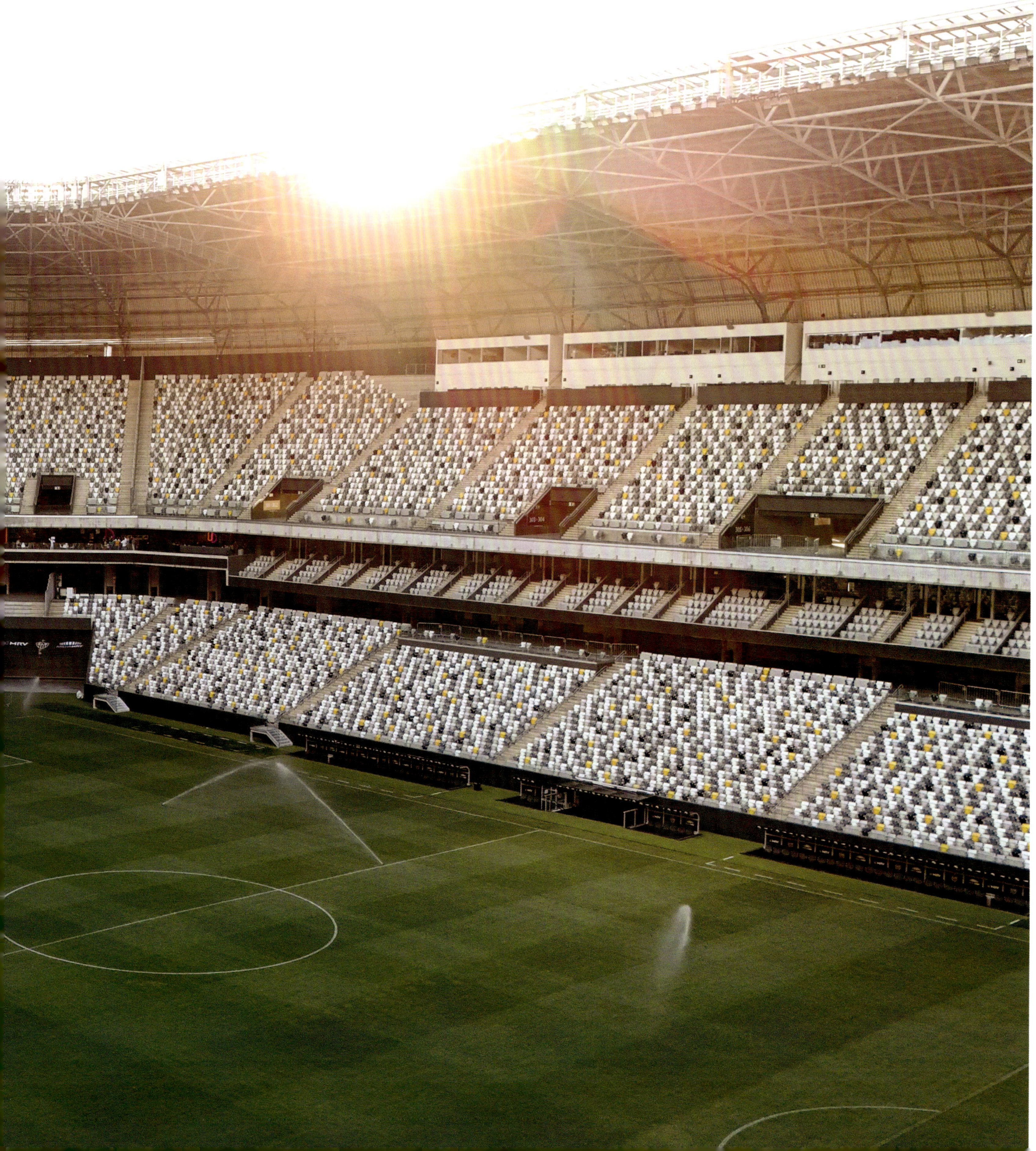
MRV

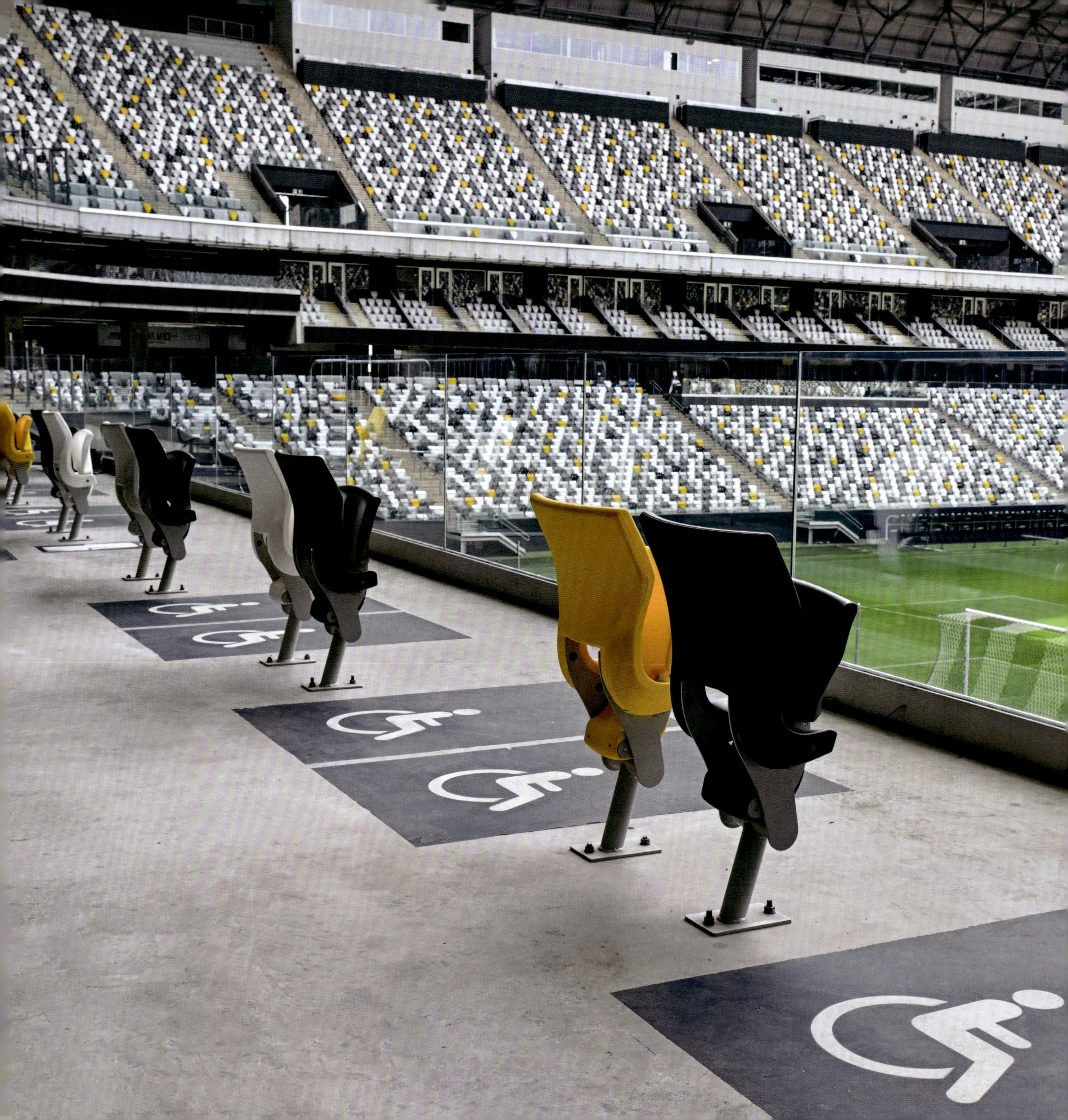

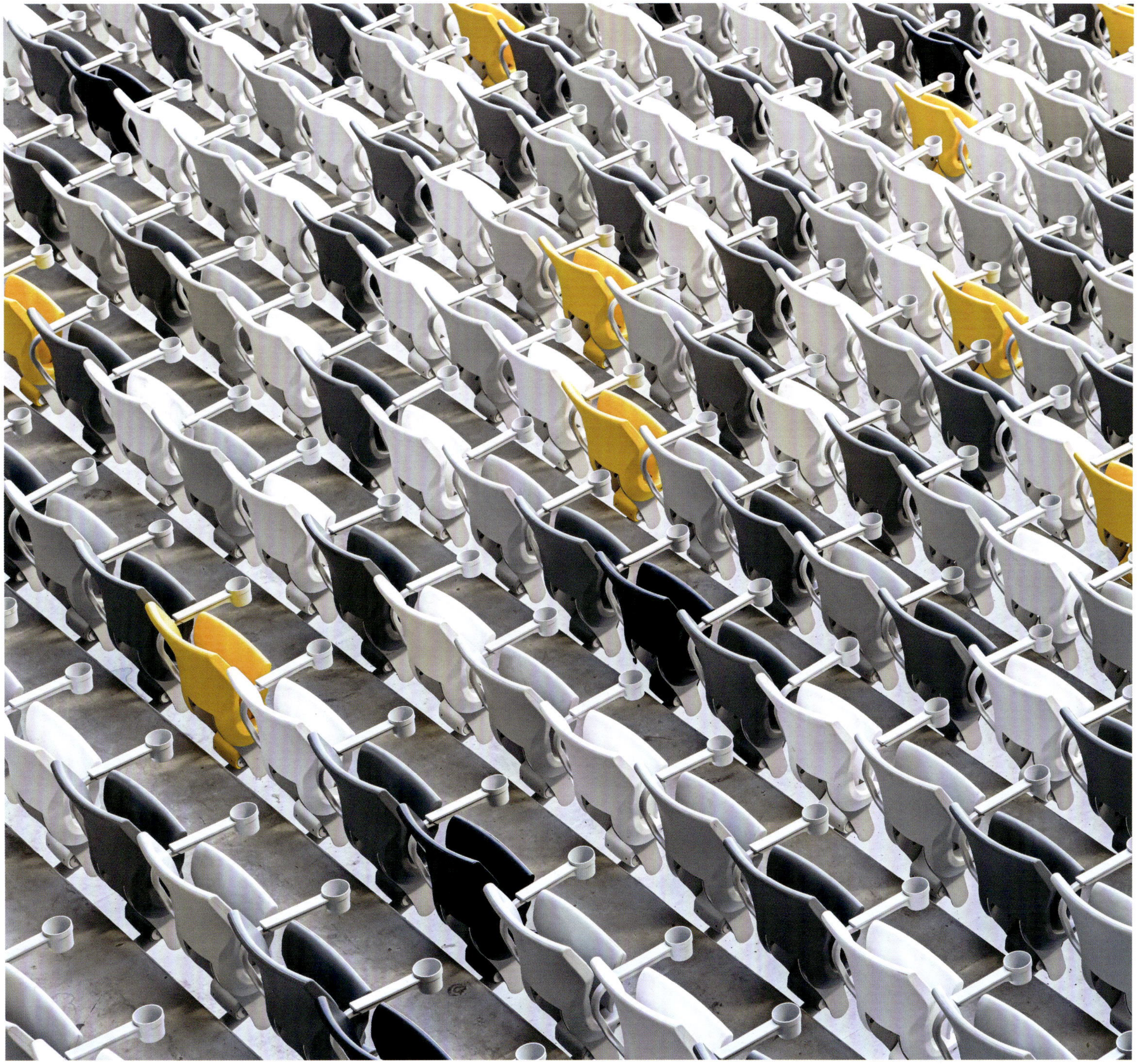

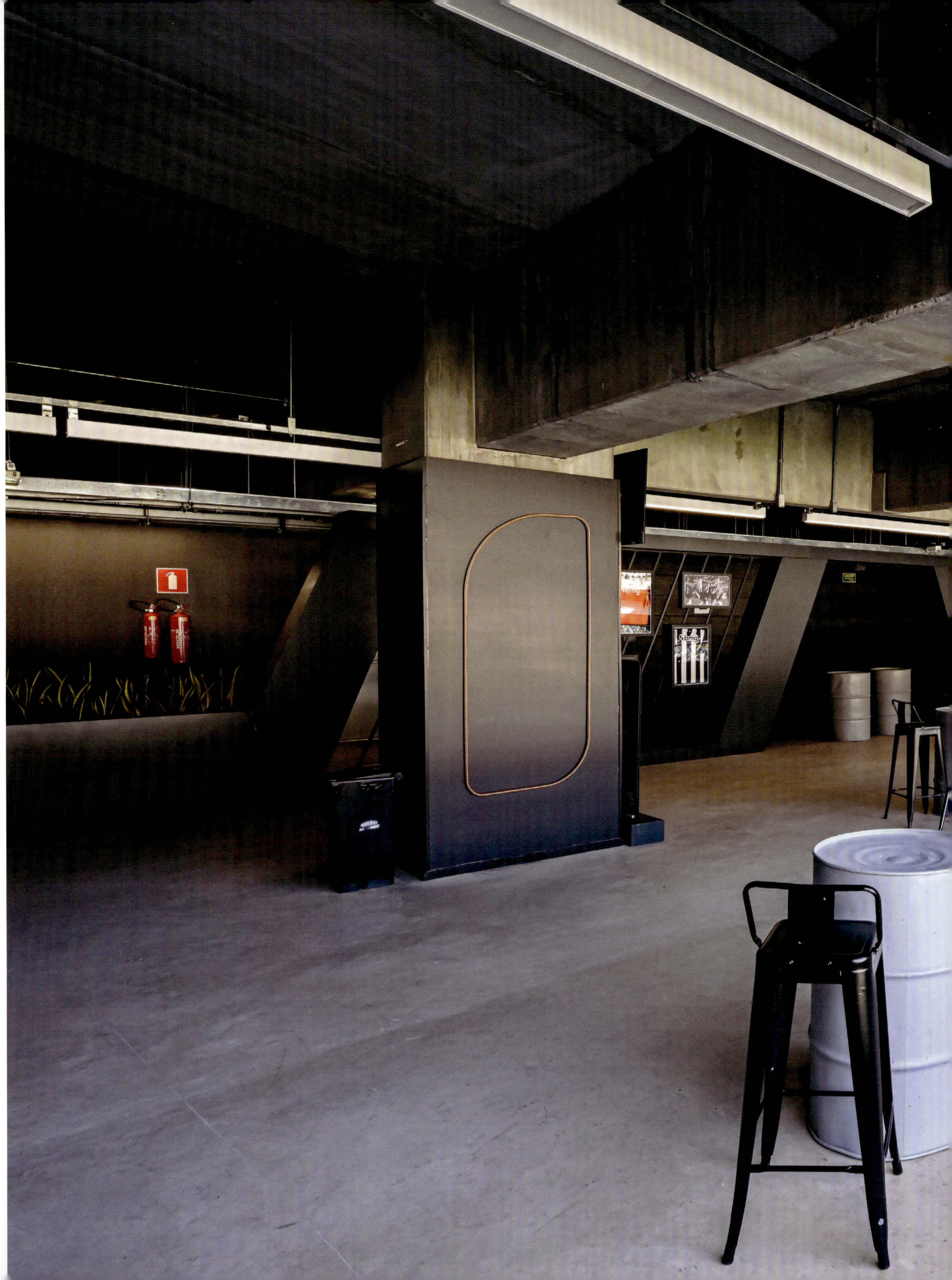

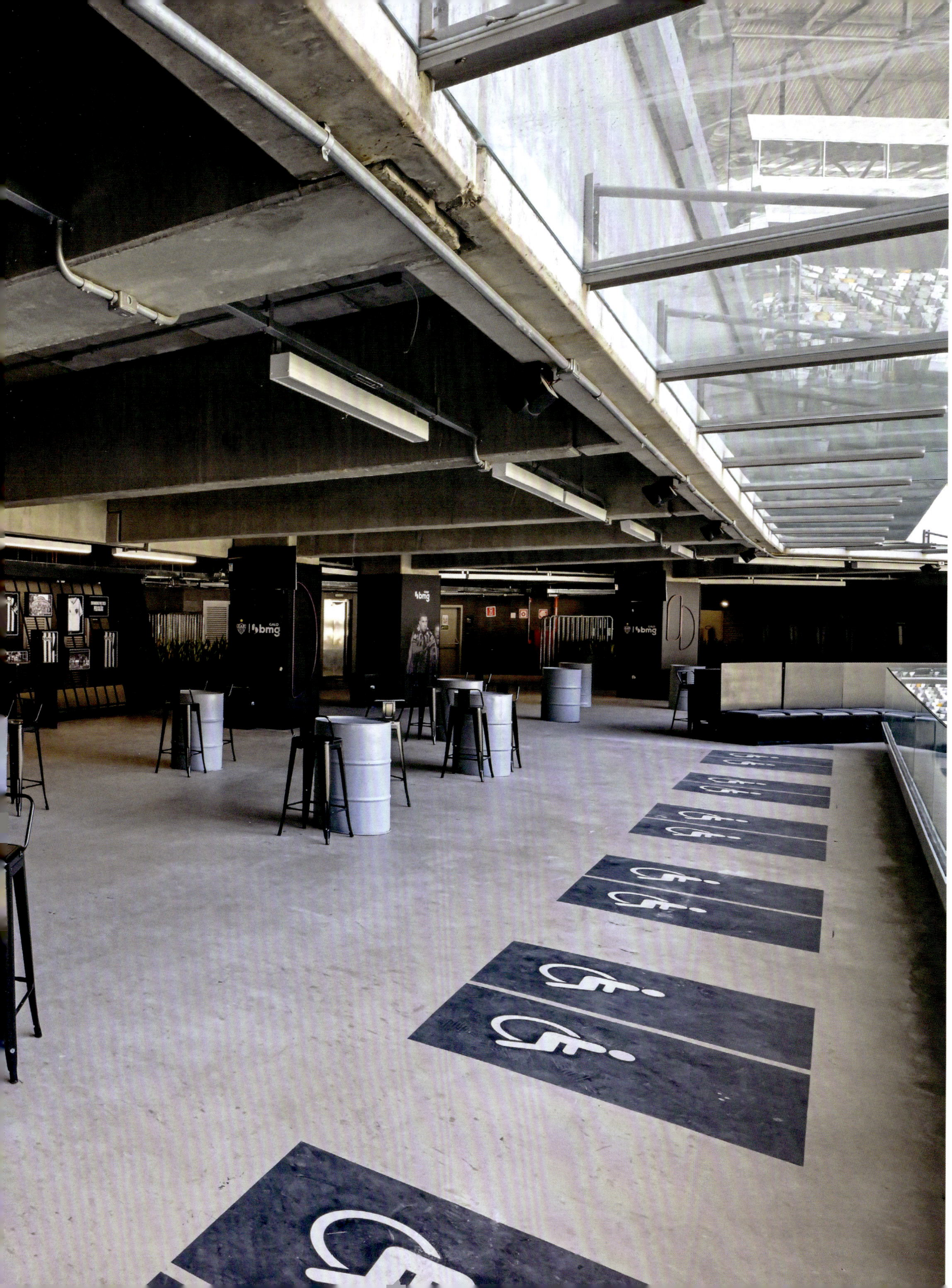
bmg

Ambulatório
Medical Clinic

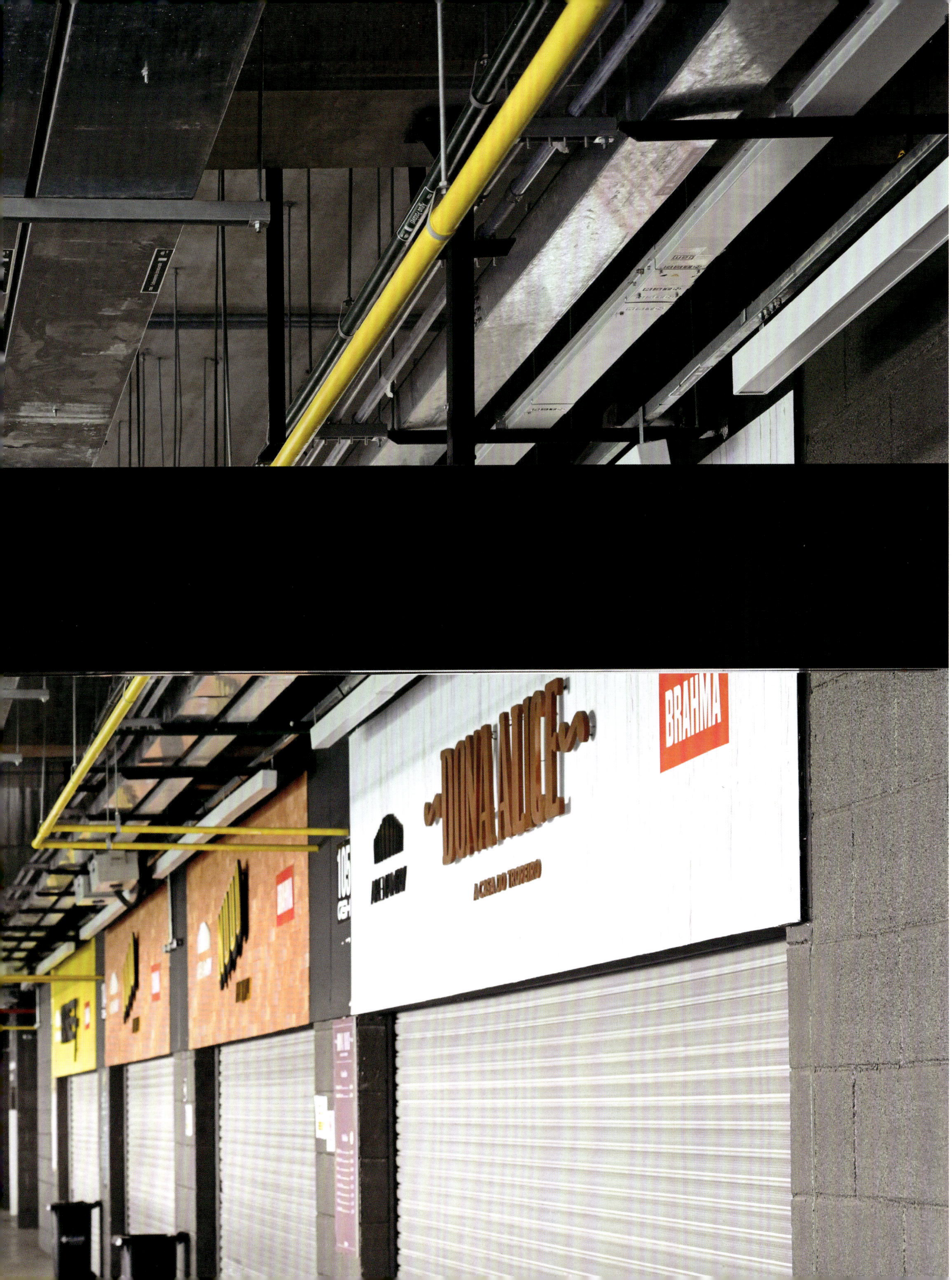
DONA ALICE
BRAHMA
105

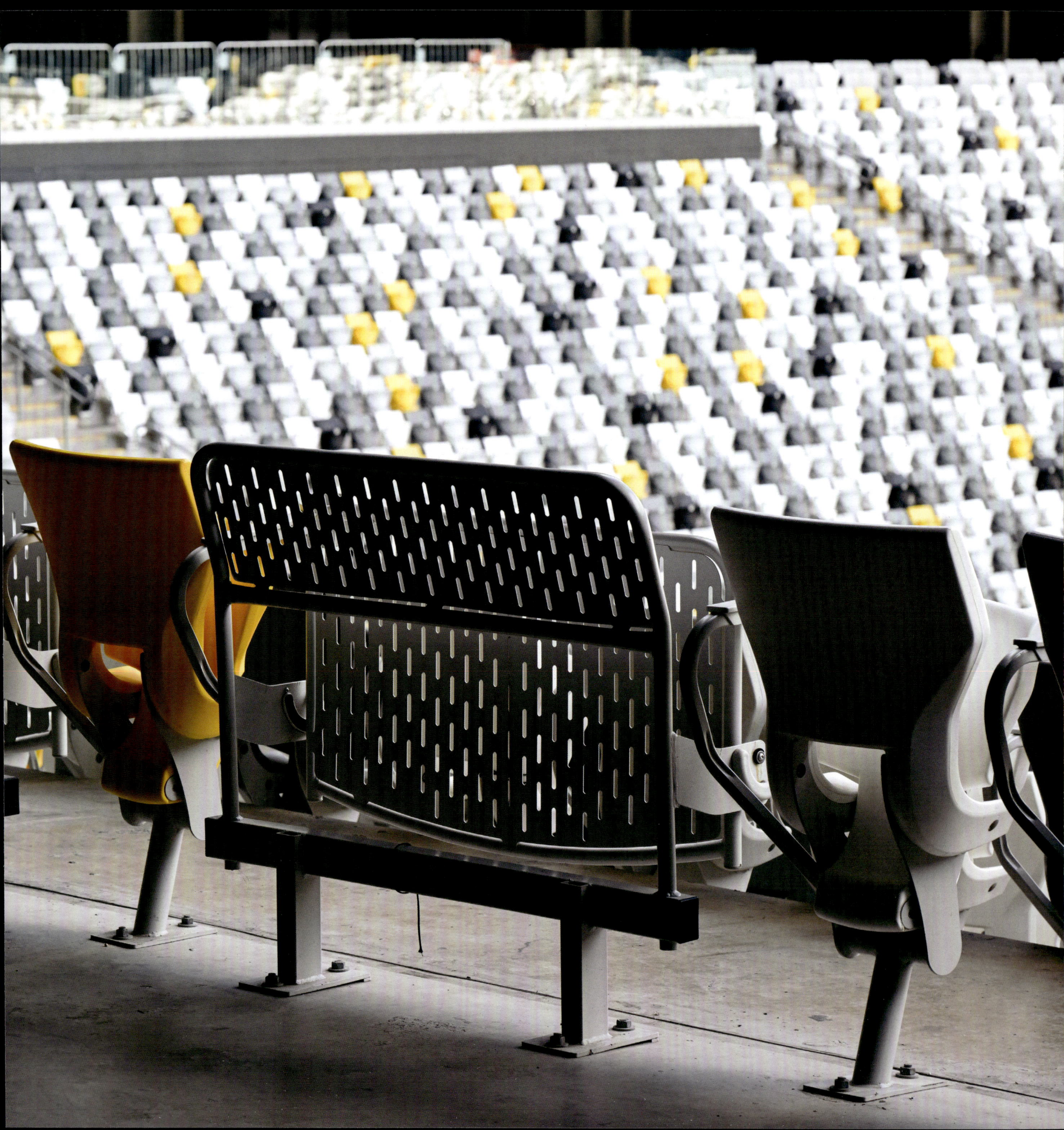

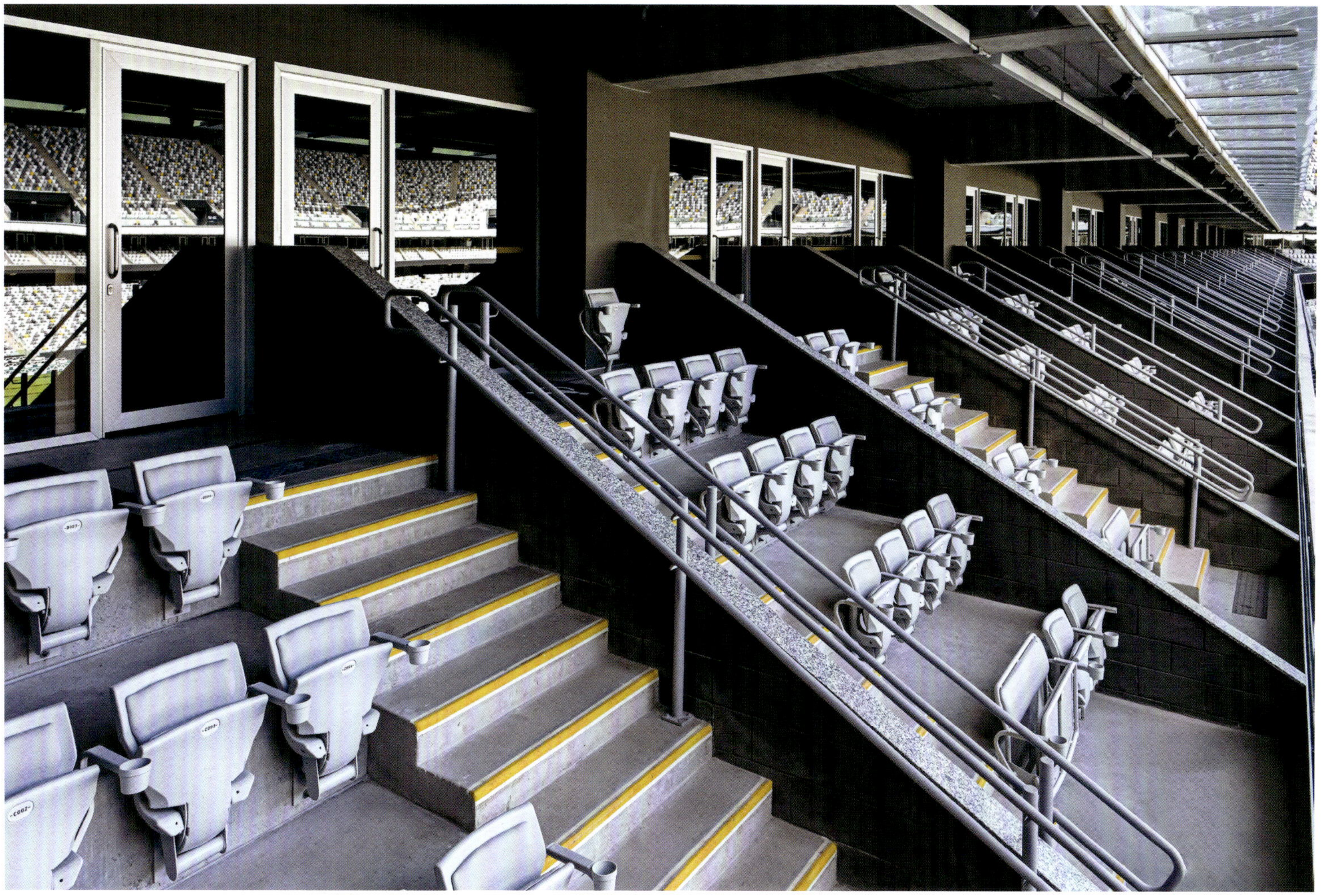

02
SH
ARENAMRV
DONA ALICE
A CASA DO TROPEIRO
BRAHMA
ALARME DE INCÊNDIO
FIRE ALARM
Banheiros
Toilets

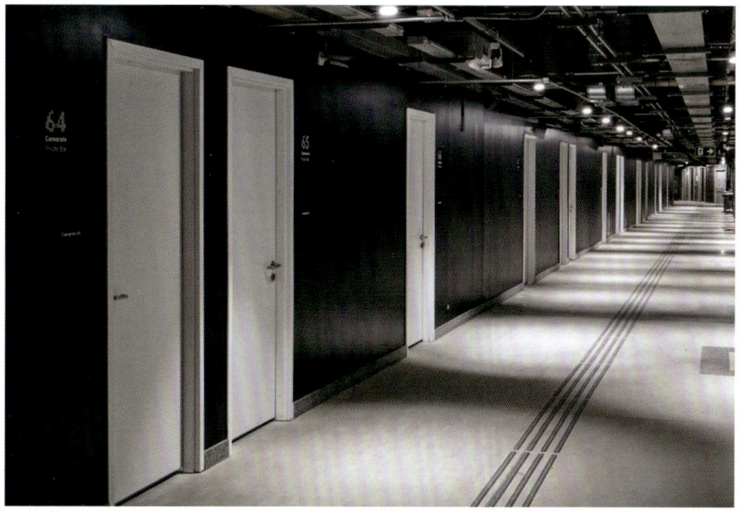
64
Camarote

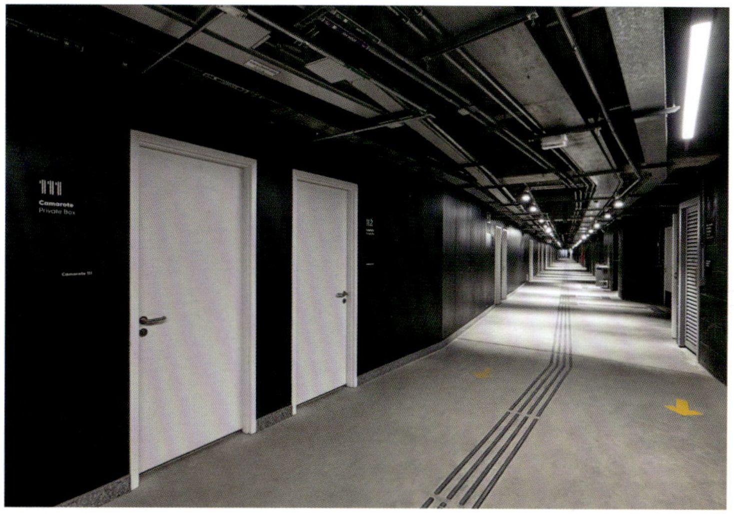
111
Camarote
Private Box

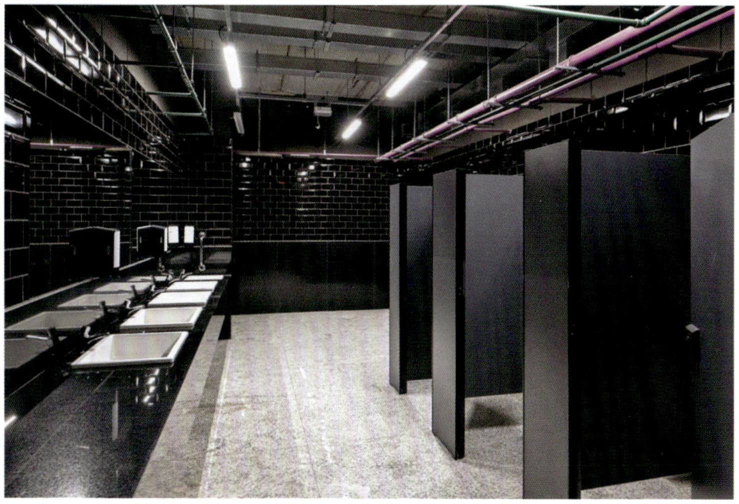

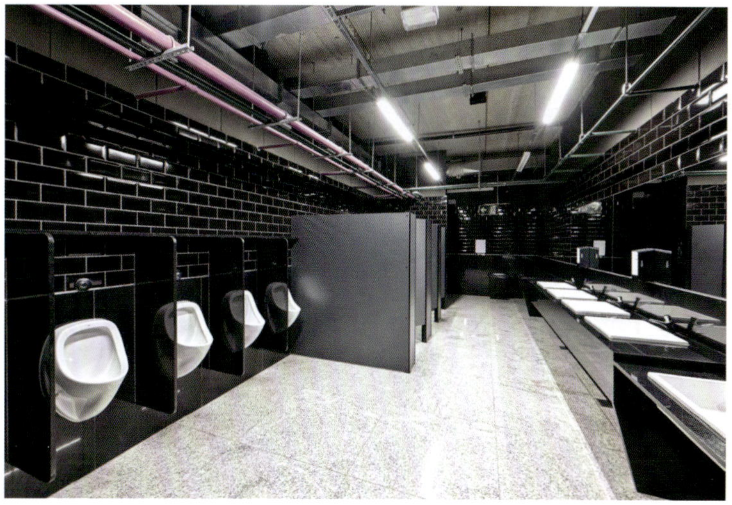

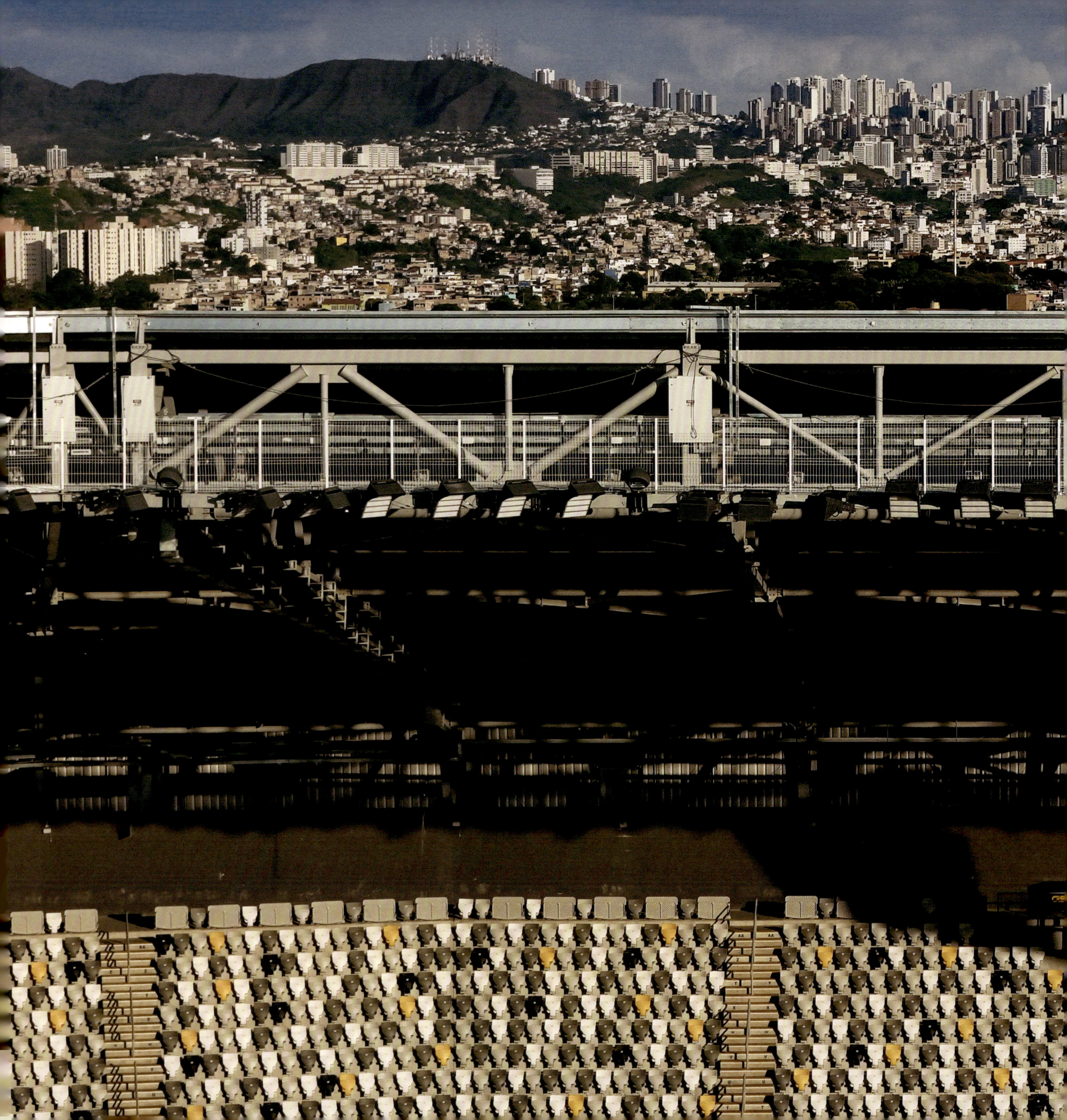

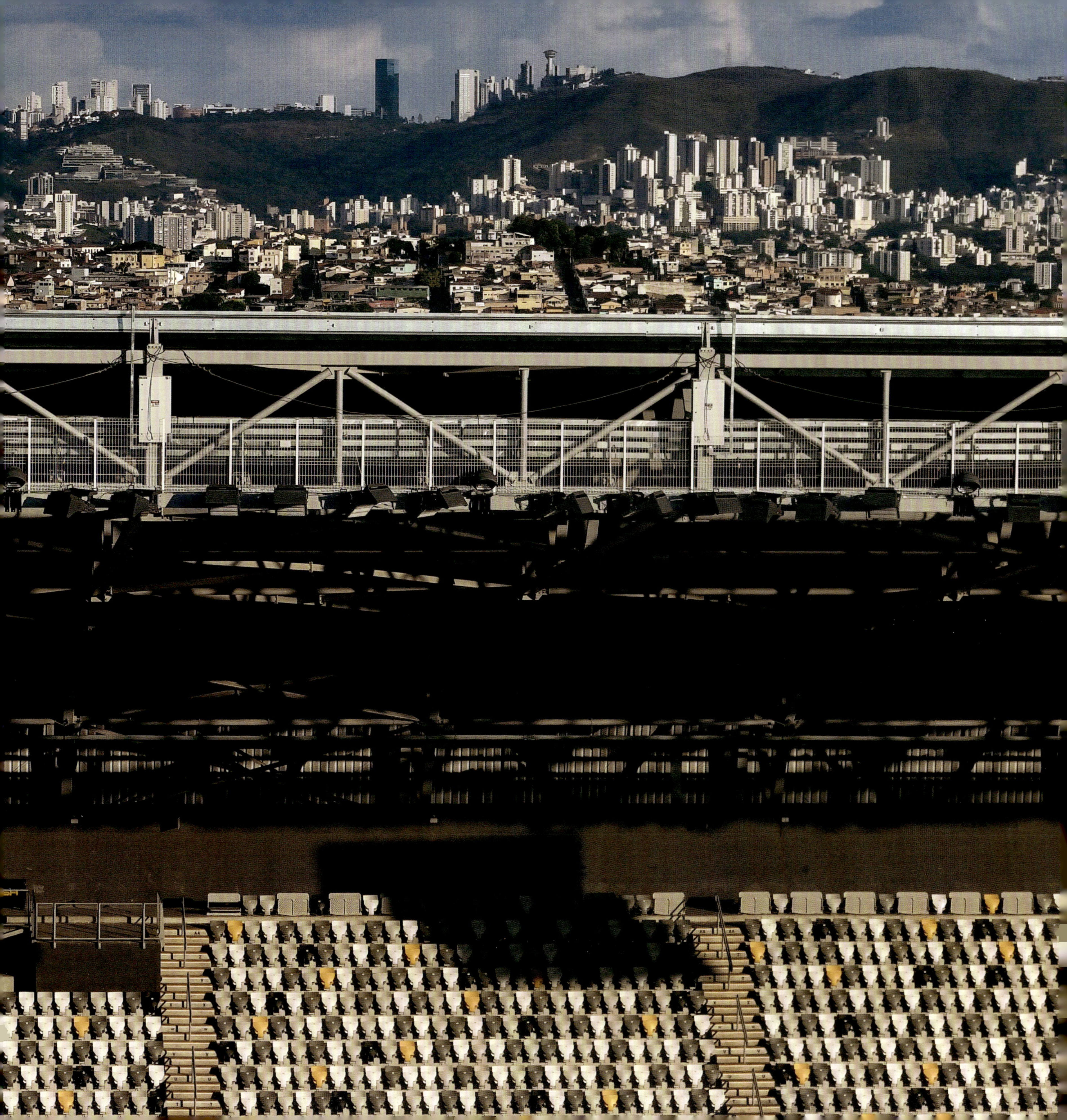

ARENA MRV

AQUI É
A NOSSA
CASA

MRV

ARENA MRV

AQUI É
A NOSSA
CASA

CAM

MRV

GALO PAIXÃO NACIONAL

ARENA MRV, A CASA PRÓPRIA DO GALO!

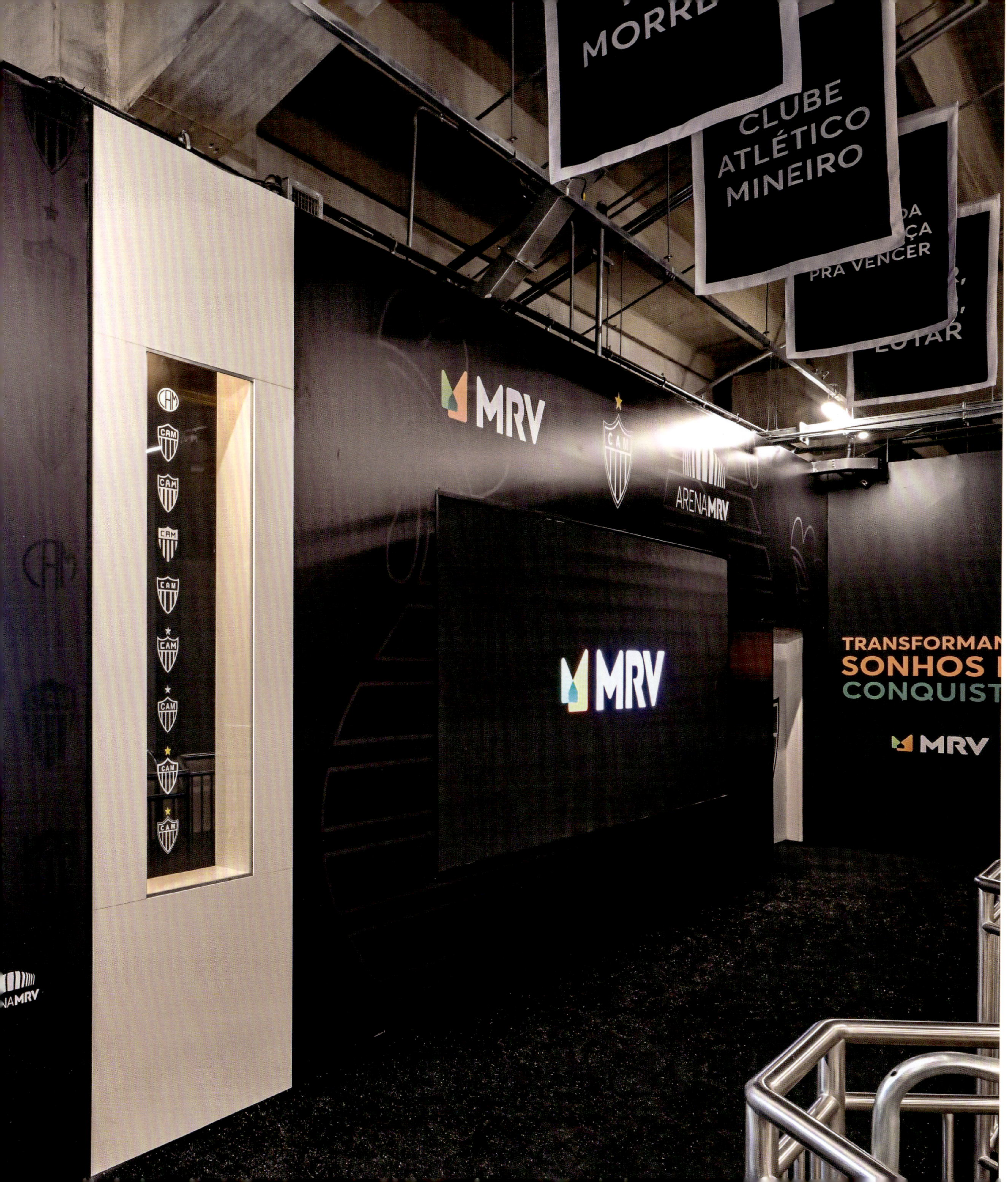
CLUBE
ATLÉTICO
MINEIRO
PRA VENCER
MRV
CAM
ARENA MRV
MRV
MRV

CAM
GALO
bmg
R. SARAVIA
26
mundiale
MRV
SUPERMERCADOS
BH
VARGAS
11

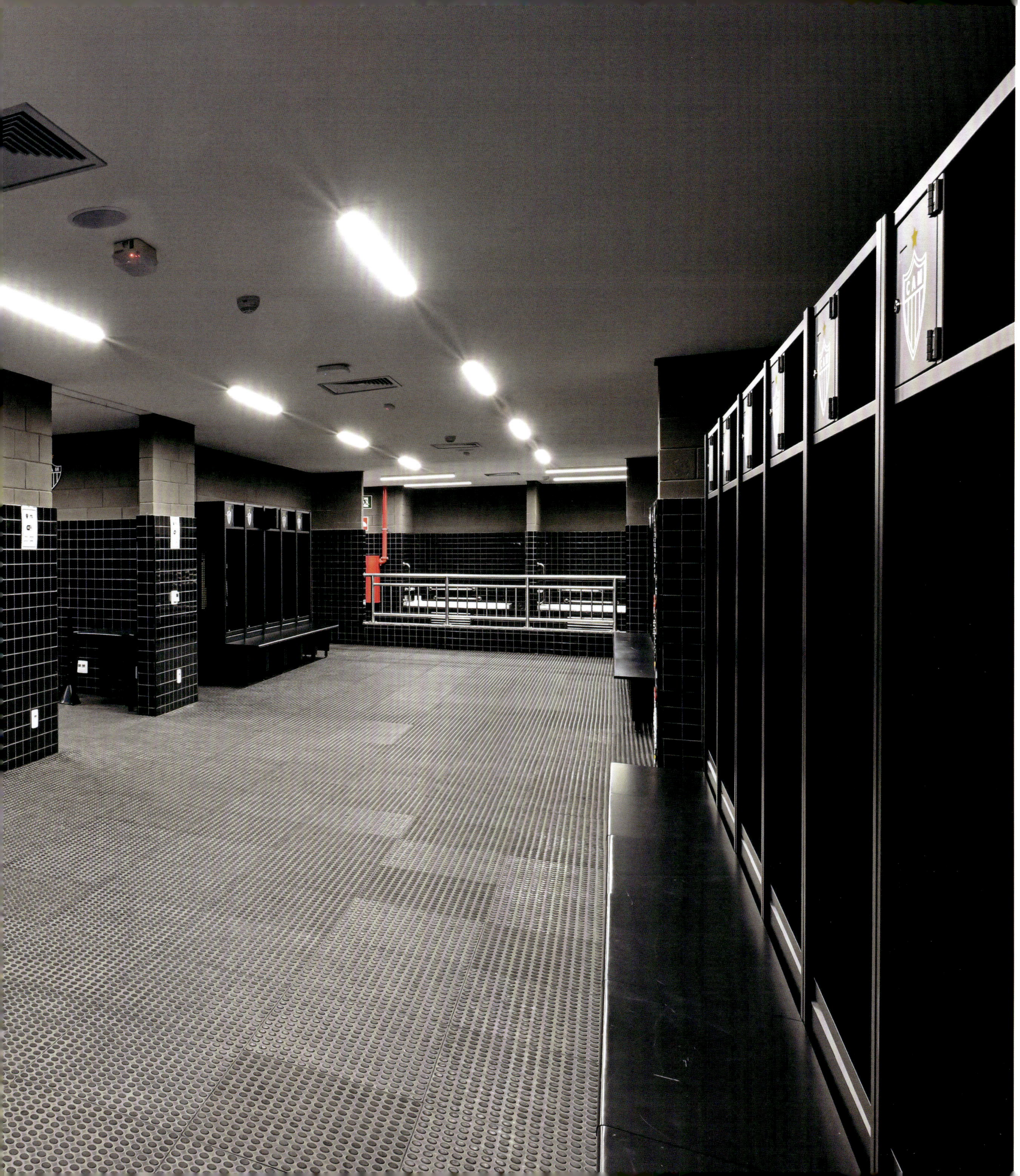

CAM
GALO
bmg
MARIANO
25
N. PATRICK
49
PEDRINHO
38
14
EDENILSON
8
MRV
BH

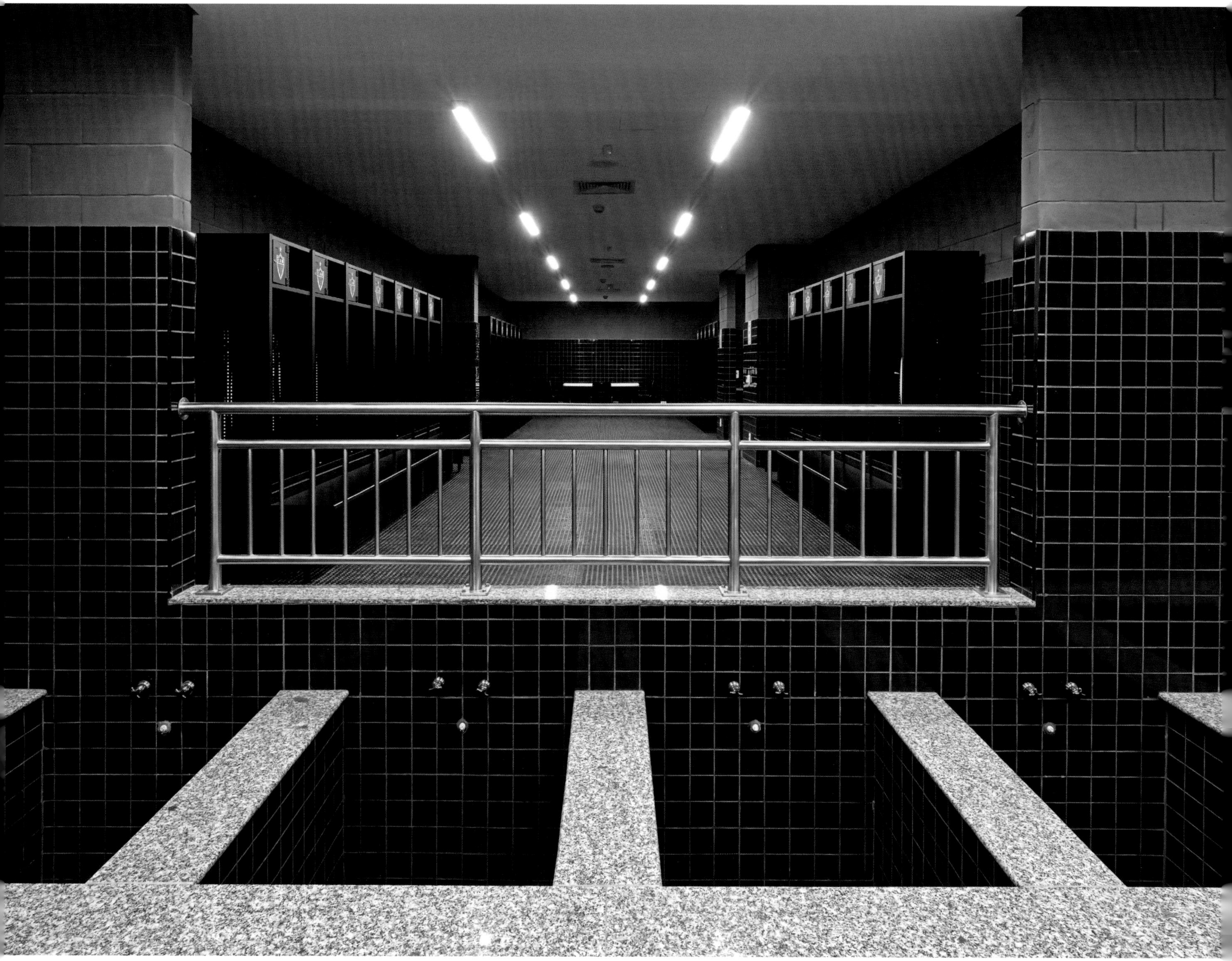

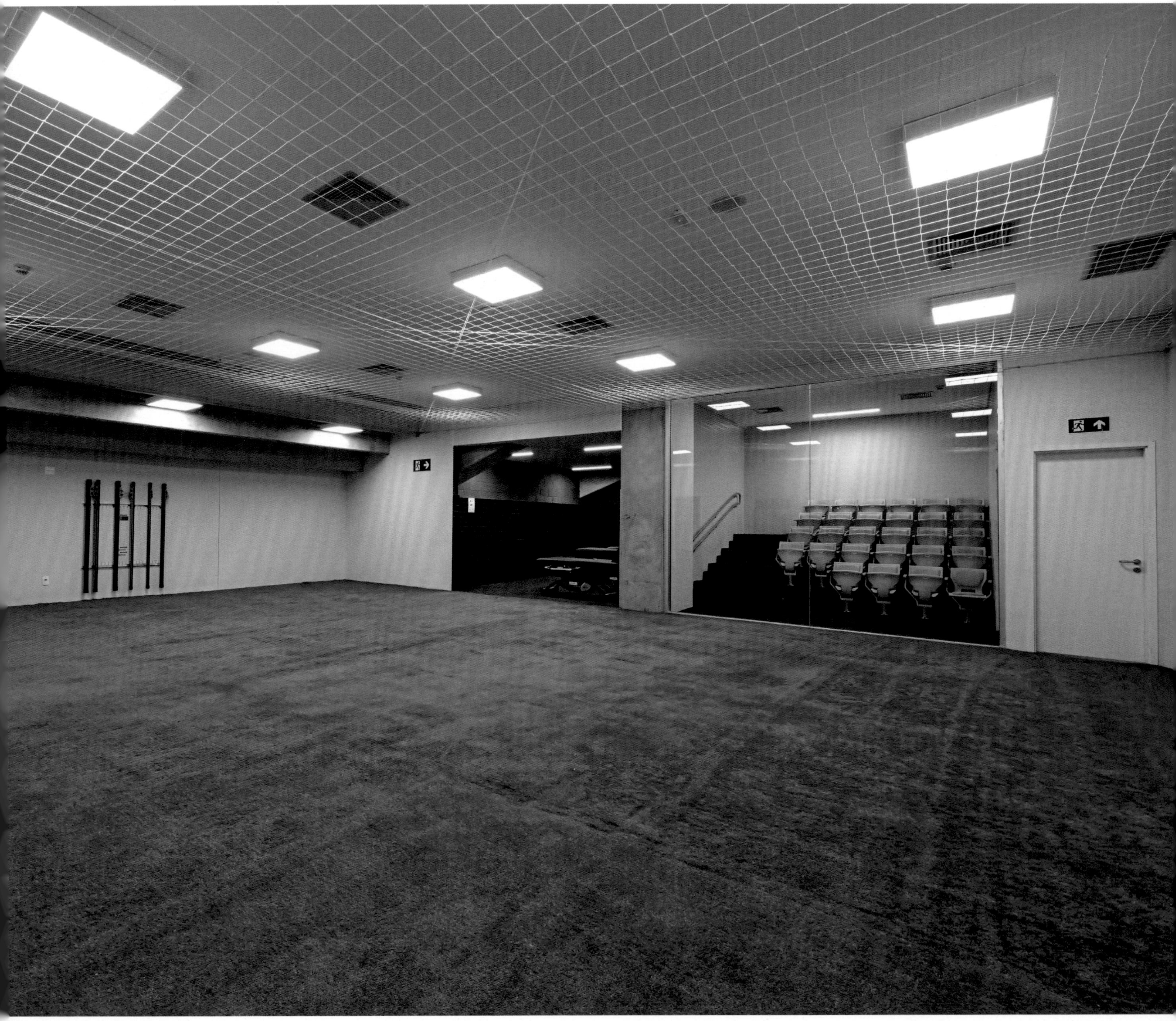

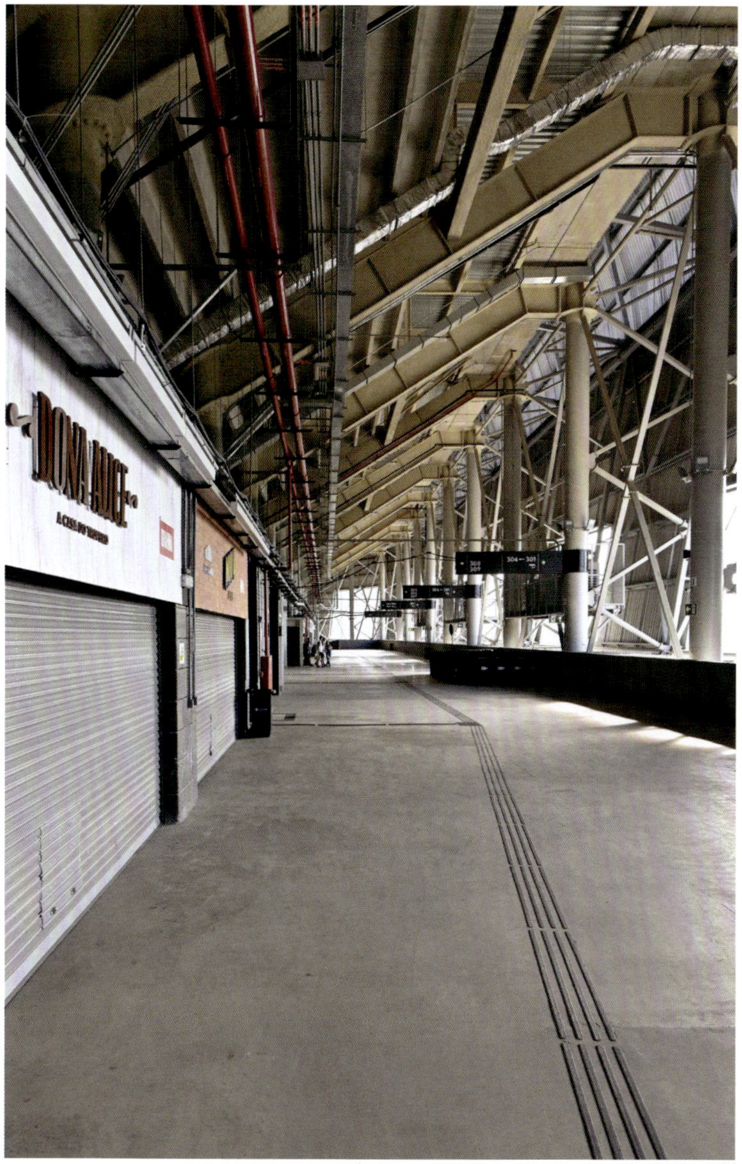
DONA ALICE

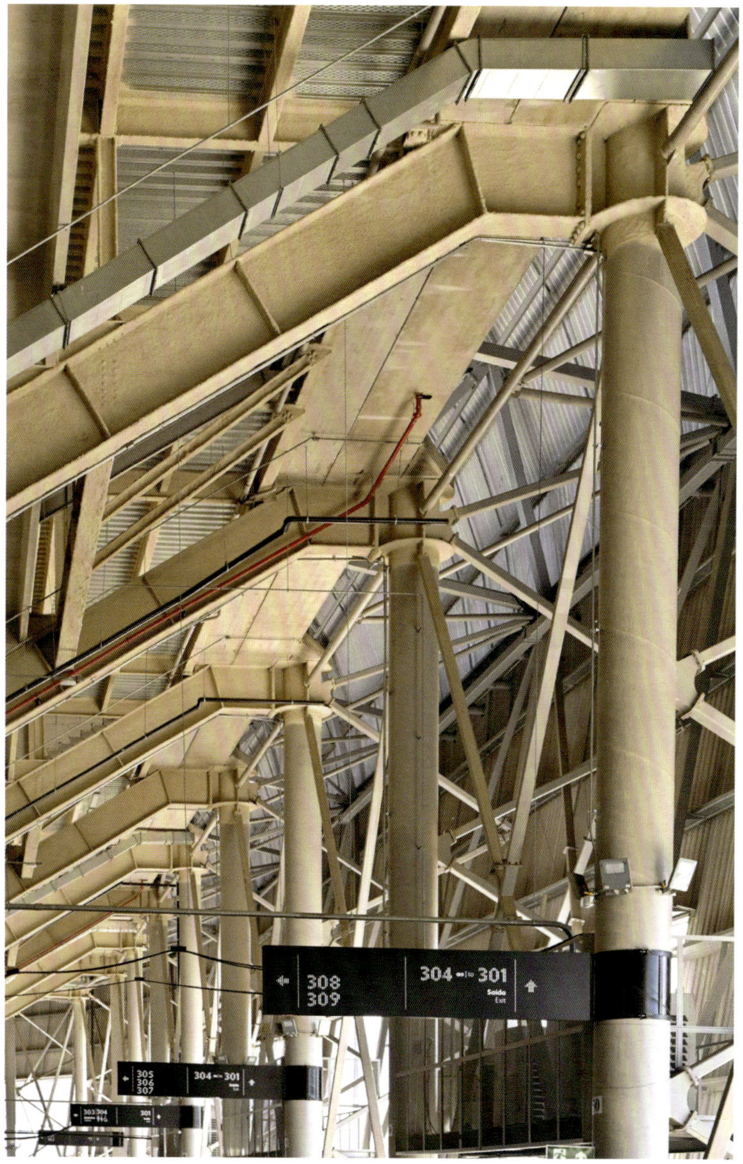
308
309
304 to 301
Saida
Exit

Will Rios LCS ADRN

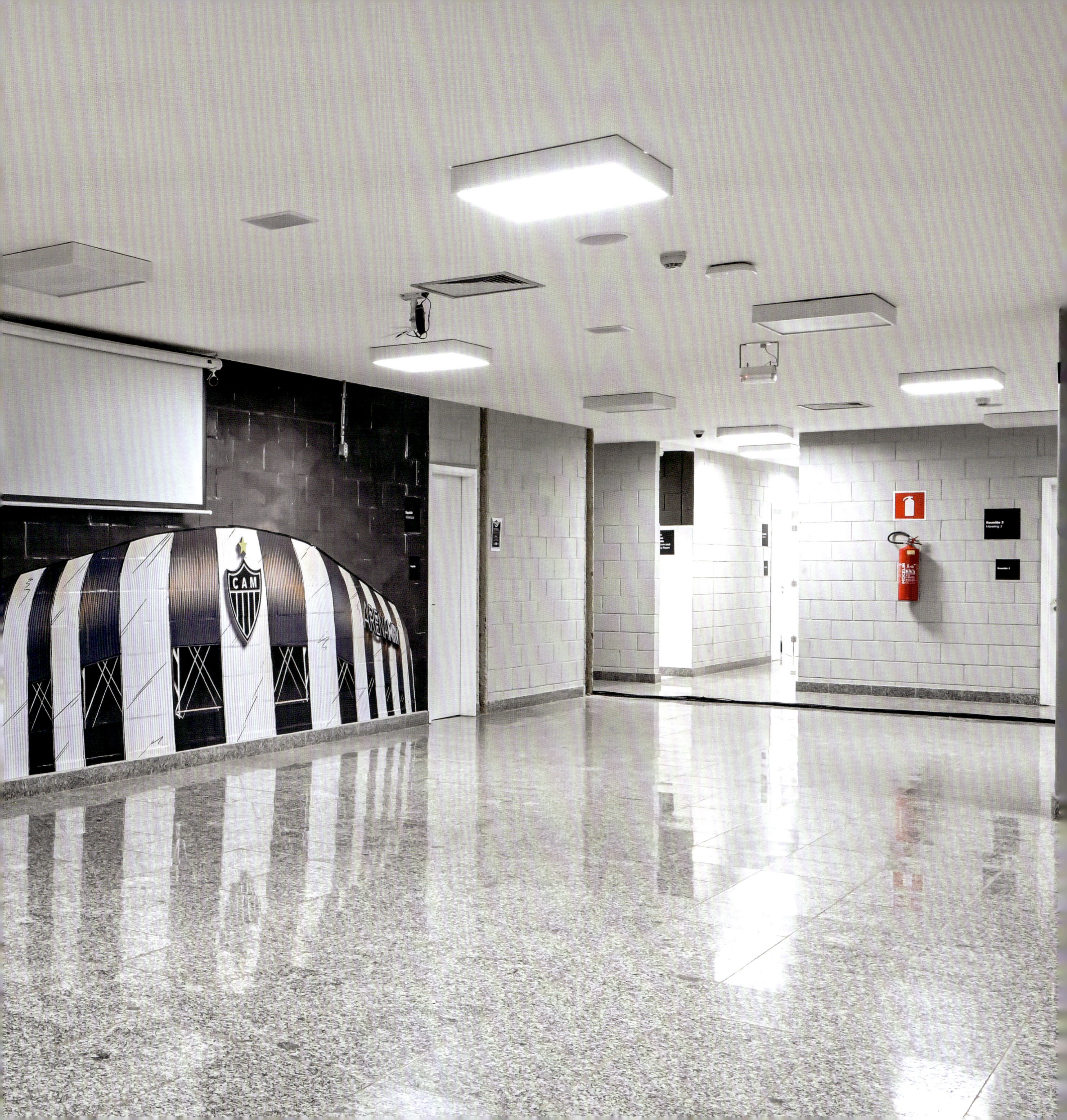

CAM

Camargos
Sta. Maria
RETORNO
Contagem
PMMG
Arena MRV
Acesso Esplanada
POLÍCIA

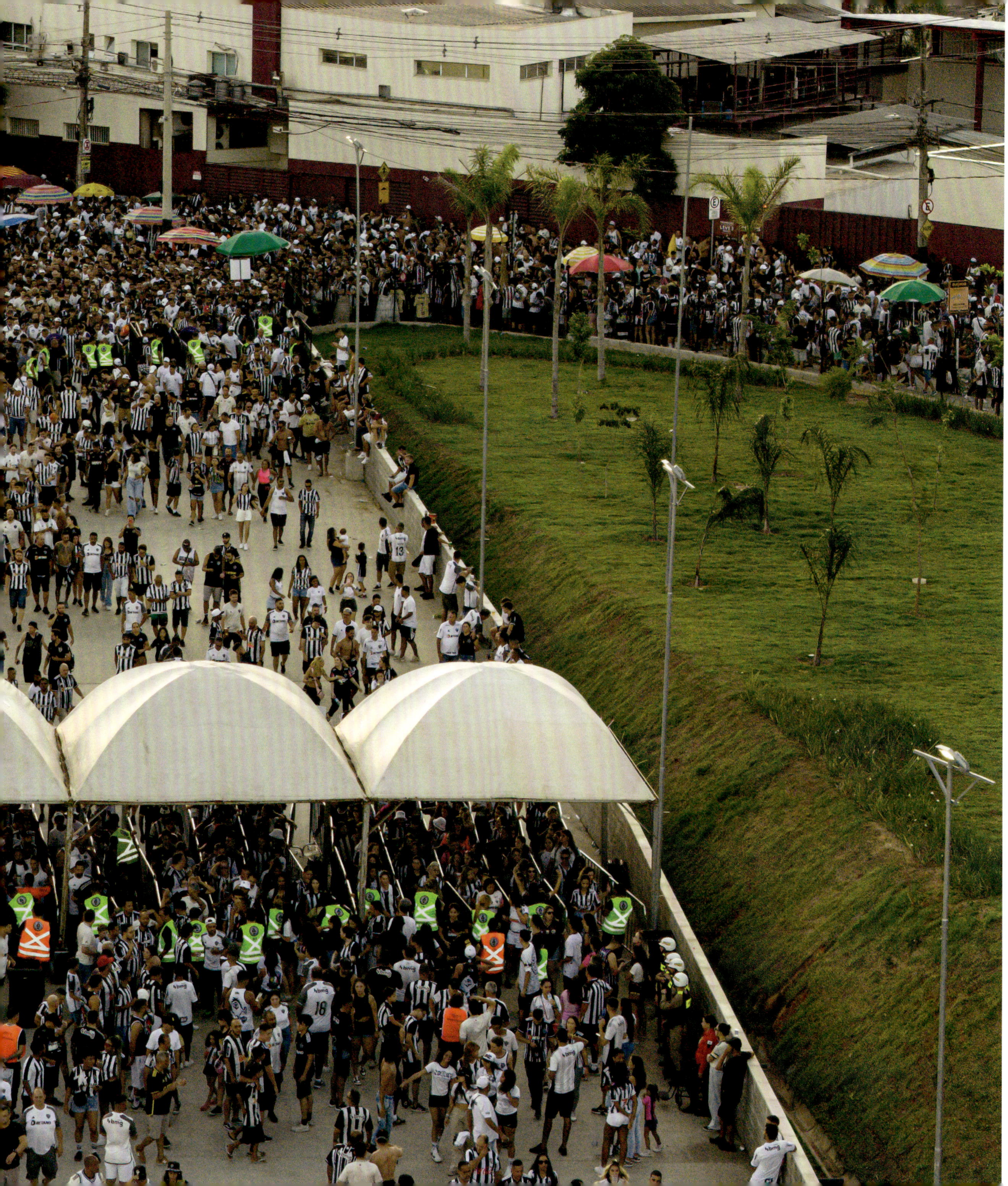

15
Eventos de inauguração

▶ **NASCIMENTO DO CAMPO: REVERENCIANDO O PASSADO E PREPARANDO O FUTURO, NÓS FIZEMOS HISTÓRIA**

Quinze de abril de 2023 foi um dia pleno de significados.

A grande maioria dos Atleticanos presentes à Arena nunca havia entrado em um campo do Galo. O saudoso Estádio Antônio Carlos, na Colina de Lourdes, representou o avanço de Belo Horizonte em 1929, quando foi inaugurado. É improvável, porém, encontrarmos torcedores que se lembrem da ocasião. Que viram o governador Antônio Carlos, em pessoa, oficializar a estreia. Que assistiram à vitória do Atlético sobre o Corinthians, campeão paulista, por 4 a 2. Mesmo os que se recordam do time mandando jogos no estádio, nas décadas de 1930 e 1940, hoje não são muitos. Às nove da manhã daquele sábado, portanto, a maior parte das pessoas entrava na casa do Atlético pela primeira vez.

No decorrer das décadas, o Galo jogou em outros campos, onde conquistou títulos nacionais e internacionais, alcançou marcas mundiais como mandante. Mais: a Massa Atleticana fez muito concreto balançar com nossos pulos, e nos bairros do Horto e da Pampulha os ecos dos nossos cantos e gritos de comemoração ecoam, eternos. O Espírito Atleticano nunca deixou de pulsar na nossa cidade.

Então fomos agraciados pela História. Na ensolarada manhã de abril, nosso novo campo se abriu para torcedores verem as faixas do gramado sendo pintadas. As traves foram instaladas, nelas colocadas as redes no formato véu de noiva. Sérgio Coelho, presidente do Clube Atlético Mineiro, arrancou aplausos quando discursou: "Saúdo torcedores, funcionários do clube, diretores, atletas, jornalistas e, em especial, os operários que ajudaram a construir esta bela e extraordinária casa". O presidente resumiu em uma frase o sentimento geral: "Que alegria ver o sonho de milhões tornando-se realidade!"

O primeiro chute ao gol, a partir da marca do pênalti, foi dado pelo mascote Galo Doido, que personificava todos nós, das arquibancadas. Em seguida, o estádio recebeu um desfile de recordações. O artilheiro Vavá (Walter José Pereira), firme e forte aos 94 anos, entrou em campo com o destemor de um Campeão do Gelo. Ubaldo Miranda, com 91 anos, mandou a bola à rede e sentiu-se novamente carregado pelas ruas nos ombros da multidão. Após os dois mais longevos, entraram em ação aqueles que mais vestiram a camisa alvinegra. A começar por João Leite, detentor dos recordes de 684 partidas e 11 campeonatos mineiros. Seus movimentos antes de defender o pênalti, tão copiados pelas crianças nas décadas de 1970 e 1980, continuam os mesmos. Companheiros em times inesquecíveis marcaram presença: Luizinho, zagueiro que encantava o mundo pela técnica apurada; Heleno, campeão em Minas, em Vigo, em Berna e em Paris; Paulo Isidoro, referência em equipes repletas de craques. A Massa revivia uma época de sonhos. Éder acionou sua bomba no pé esquerdo. E Reinaldo tocou com classe para o gol, ergueu o punho e escutou, da plateia, que é o nosso Rei. O talento do lateral esquerdo Paulo Roberto Prestes nos transportou à Copa União, sob a batuta de Telê Santana, e à pioneira Conmebol. Marques foi cantado pelos fãs de todas as idades. Como se não bastasse, Leo Silva, zagueiro-artilheiro, levou-nos à final da Copa Libertadores de 2013. E Victor sob as traves foi um retrato do Milagre do Horto, a defesa mais importante do clube.

O público, ávido por recordações, guardava com carinho cada ingresso, cada copo comemorativo, cada capacete plástico com a marca da Arena MRV. Eles eram raros e especiais por virem dali, do nosso lugar sagrado. Estar na nova casa do Galo era como visitar um país mágico.

Diante e ao redor de todos nós, o Atlético se mostrava antigo e jovem, pois sempre esteve vivo, contemporâneo.

O que fez do Nascimento do Campo um acontecimento tão significativo estava além dos limites da programação e execução de um evento. Era a percepção, que nos aqueceu os peitos e umedeceu os olhos, de presenciar a passagem do tempo. De ver nossos filhos e netos participando das nossas vidas, num dia sobre o qual eles poderão falar durante anos e anos. Eles assistiram ao nosso passado se apresentar no gramado, arrancando risos, cantos e lágrimas. E, assim como nossos antepassados fizeram há 90 anos, viram nascer uma nova casa do Galo, onde viverão o amor alvinegro que eles também levarão adiante.

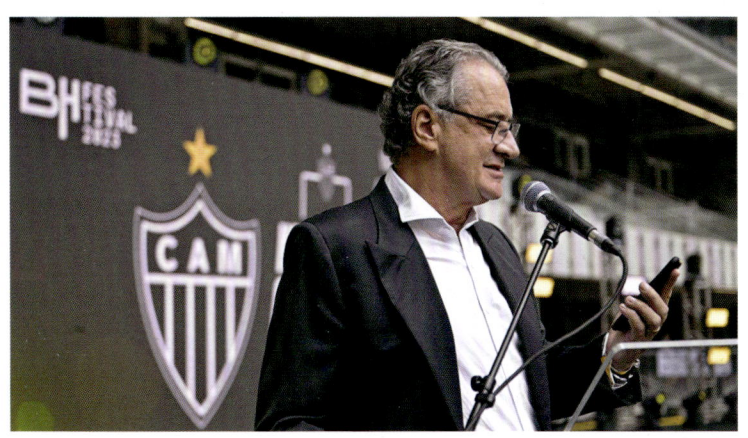

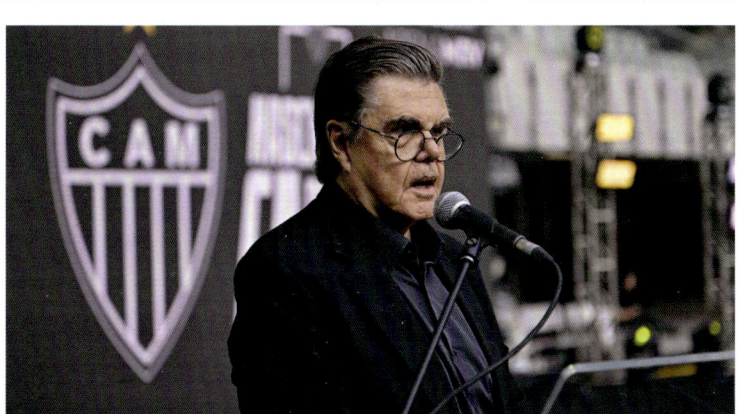

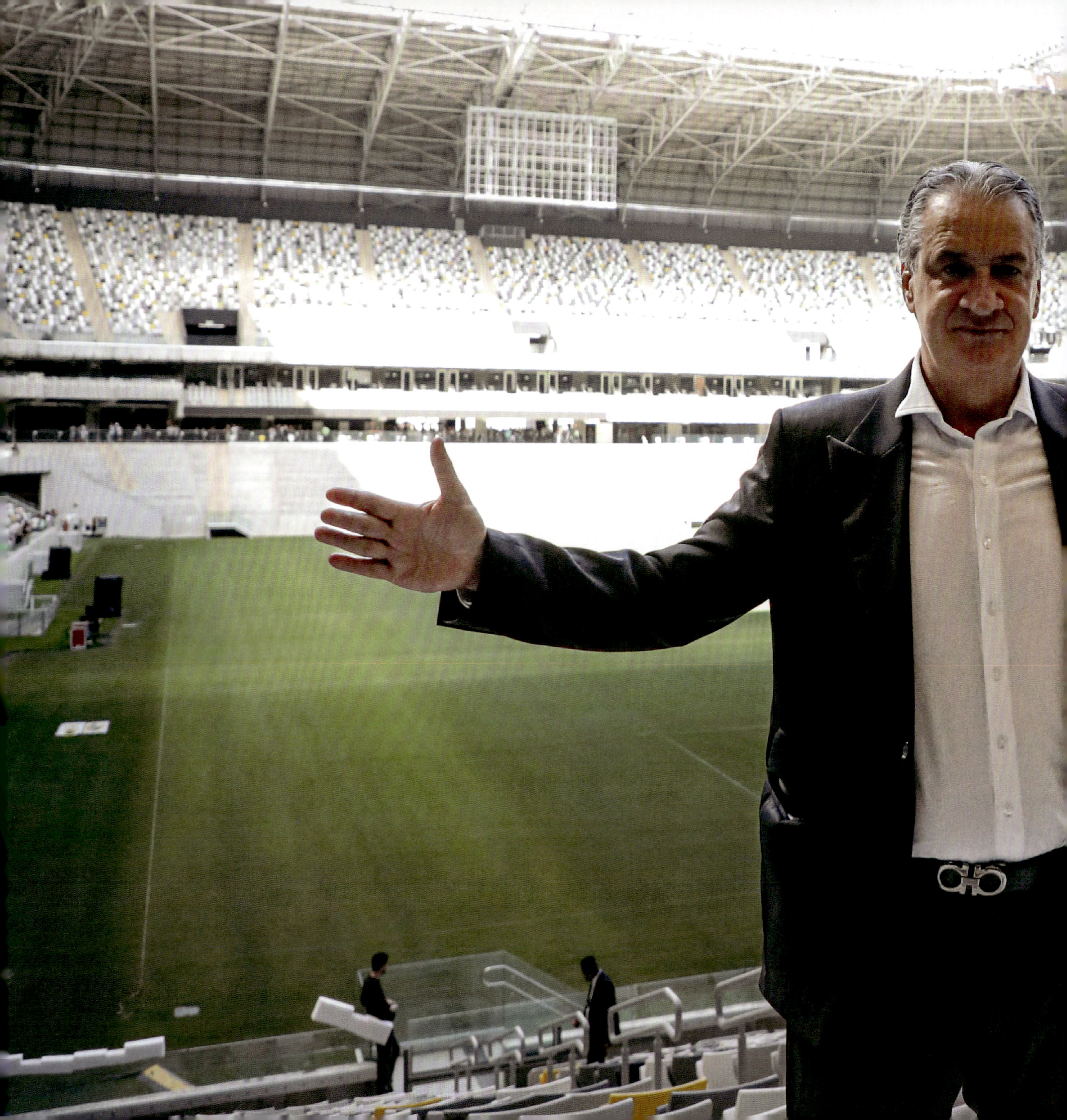

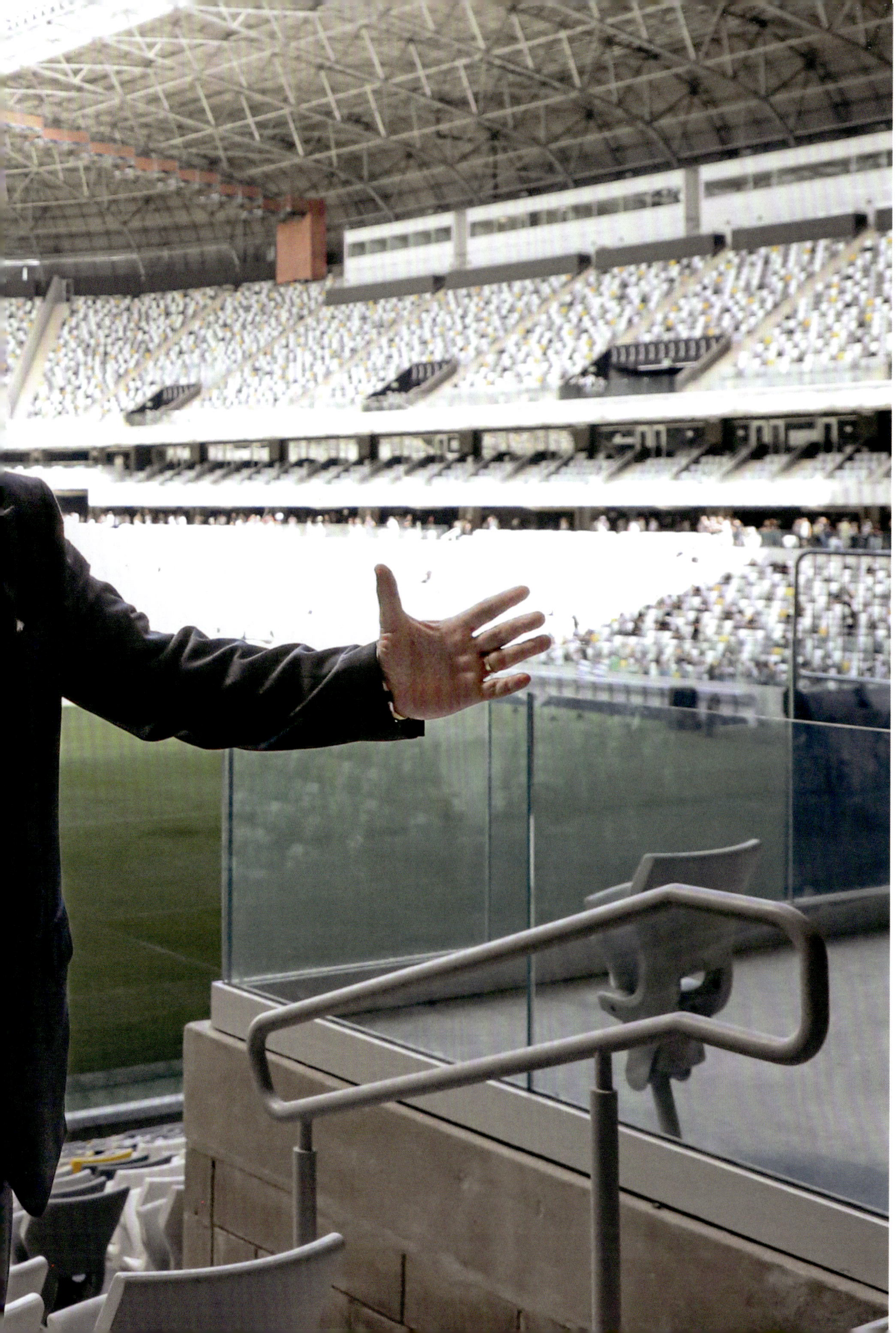

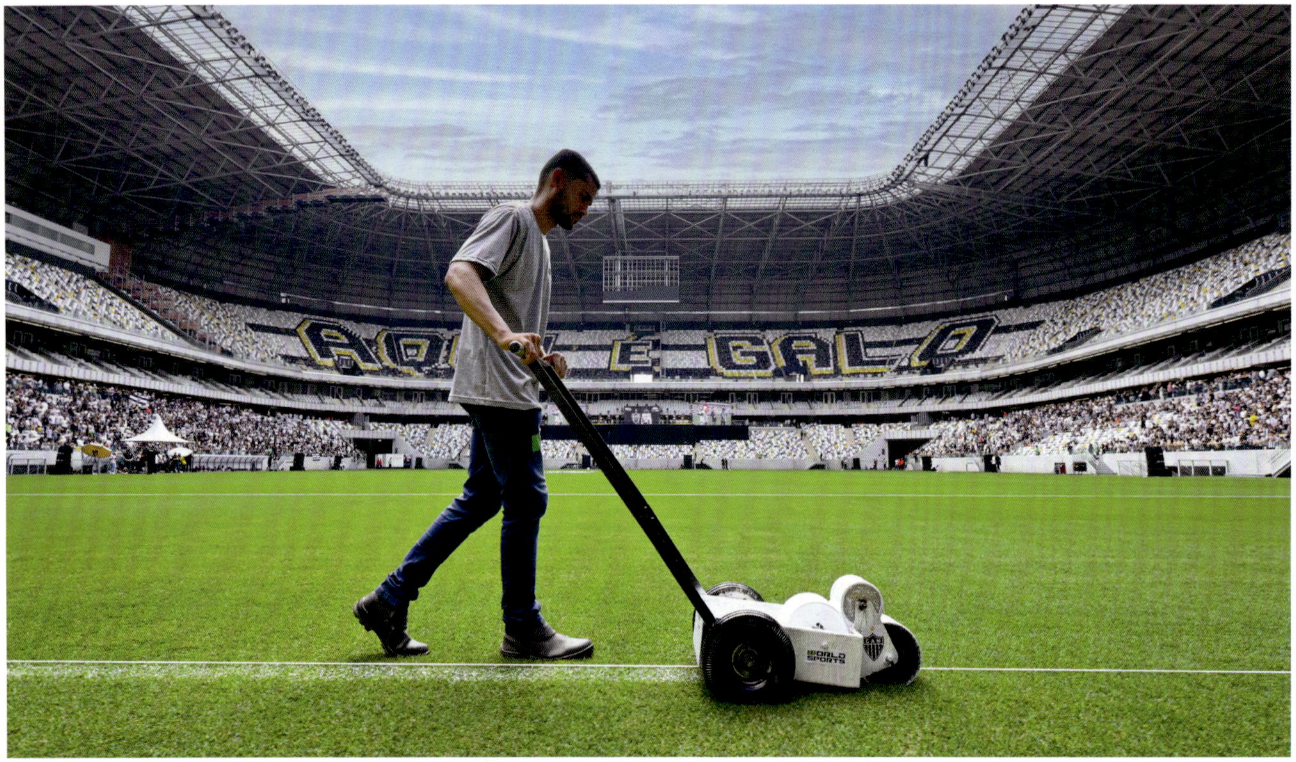
É GALO

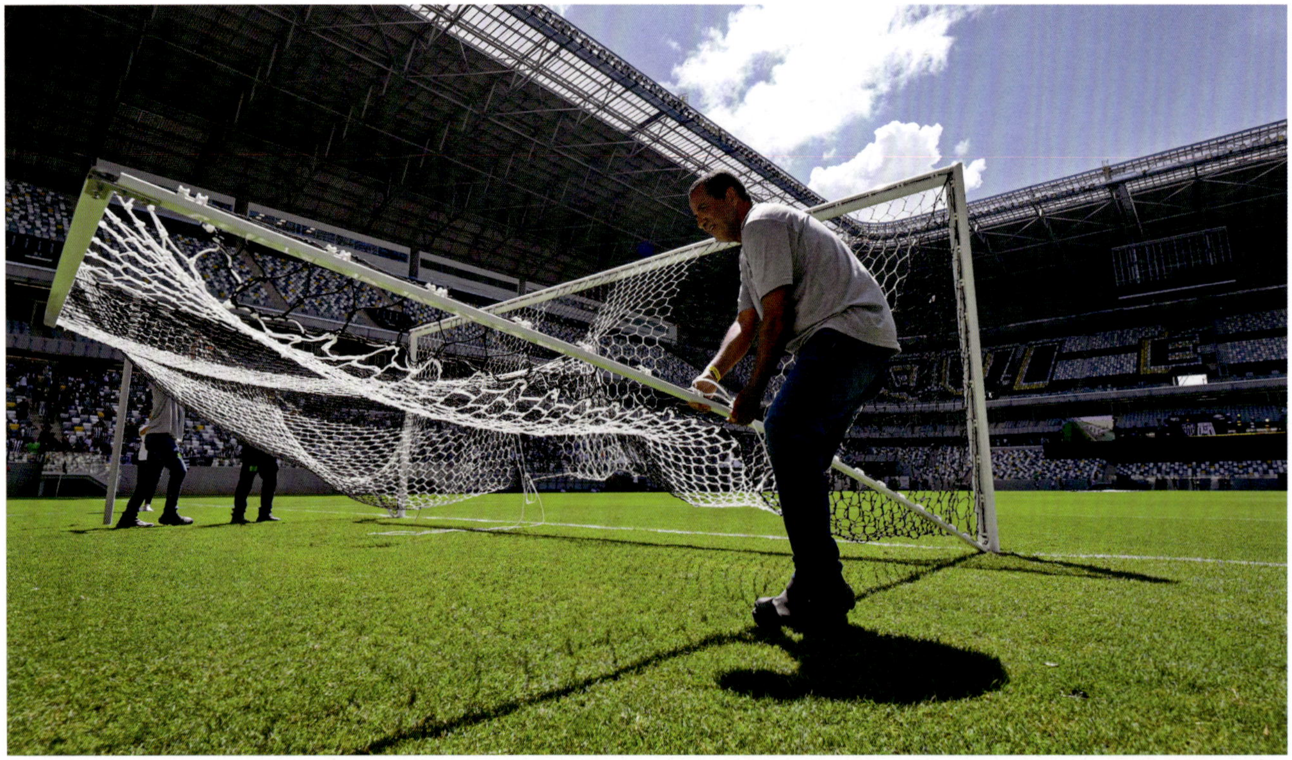

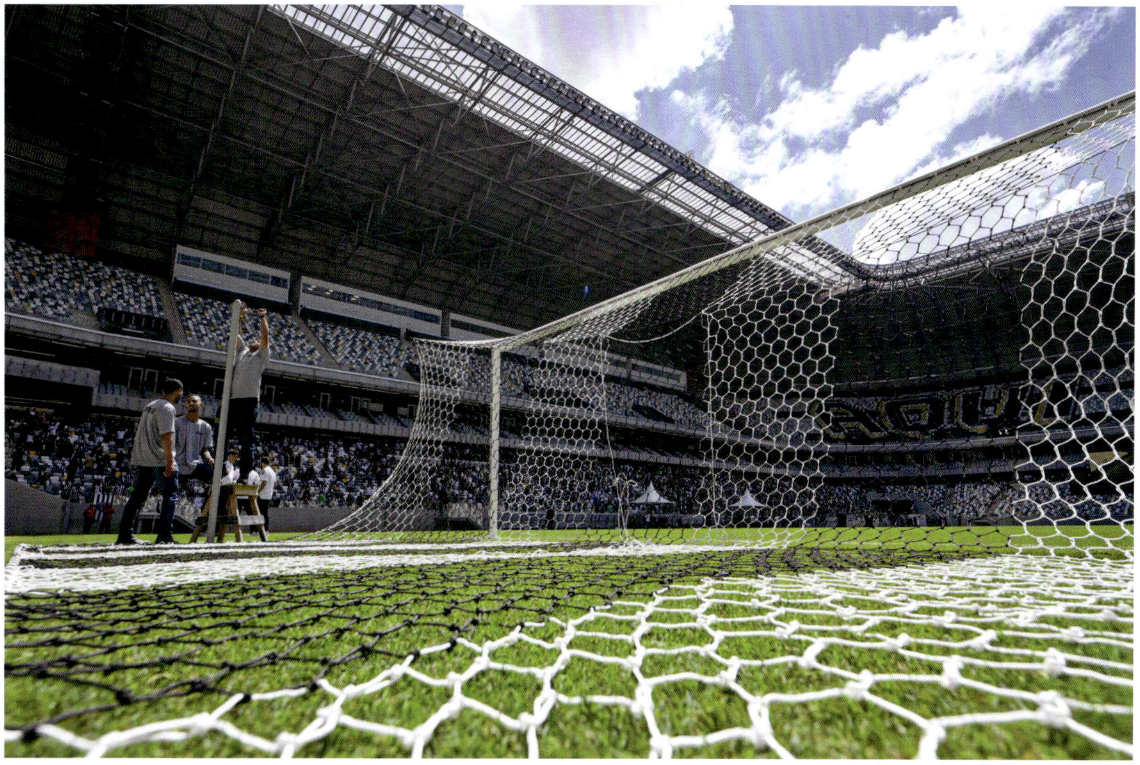

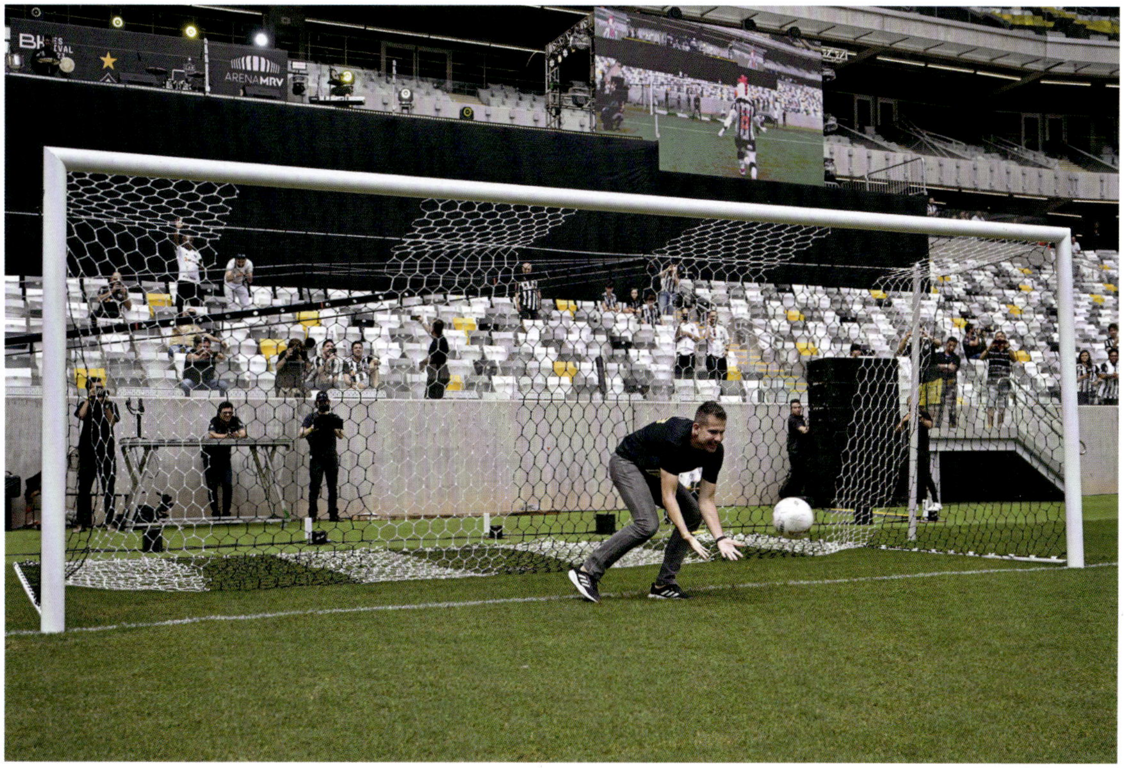
ARENA MRV

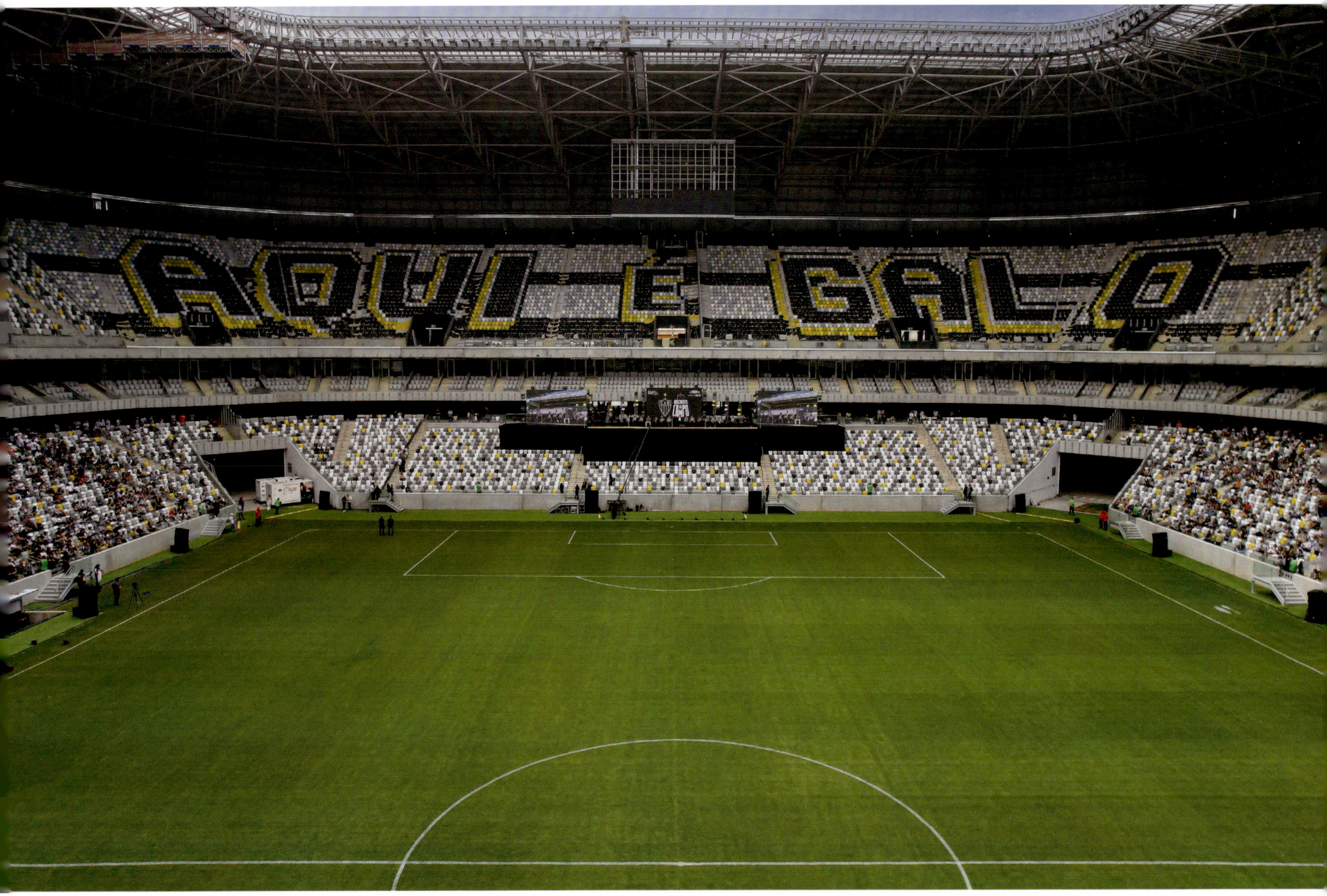
AQUI É GALO

Atletas que mais vestiram a camisa do Galo, acompanhados de Ubaldo e Vavá, os dois mais antigos jogadores do Clube vivos

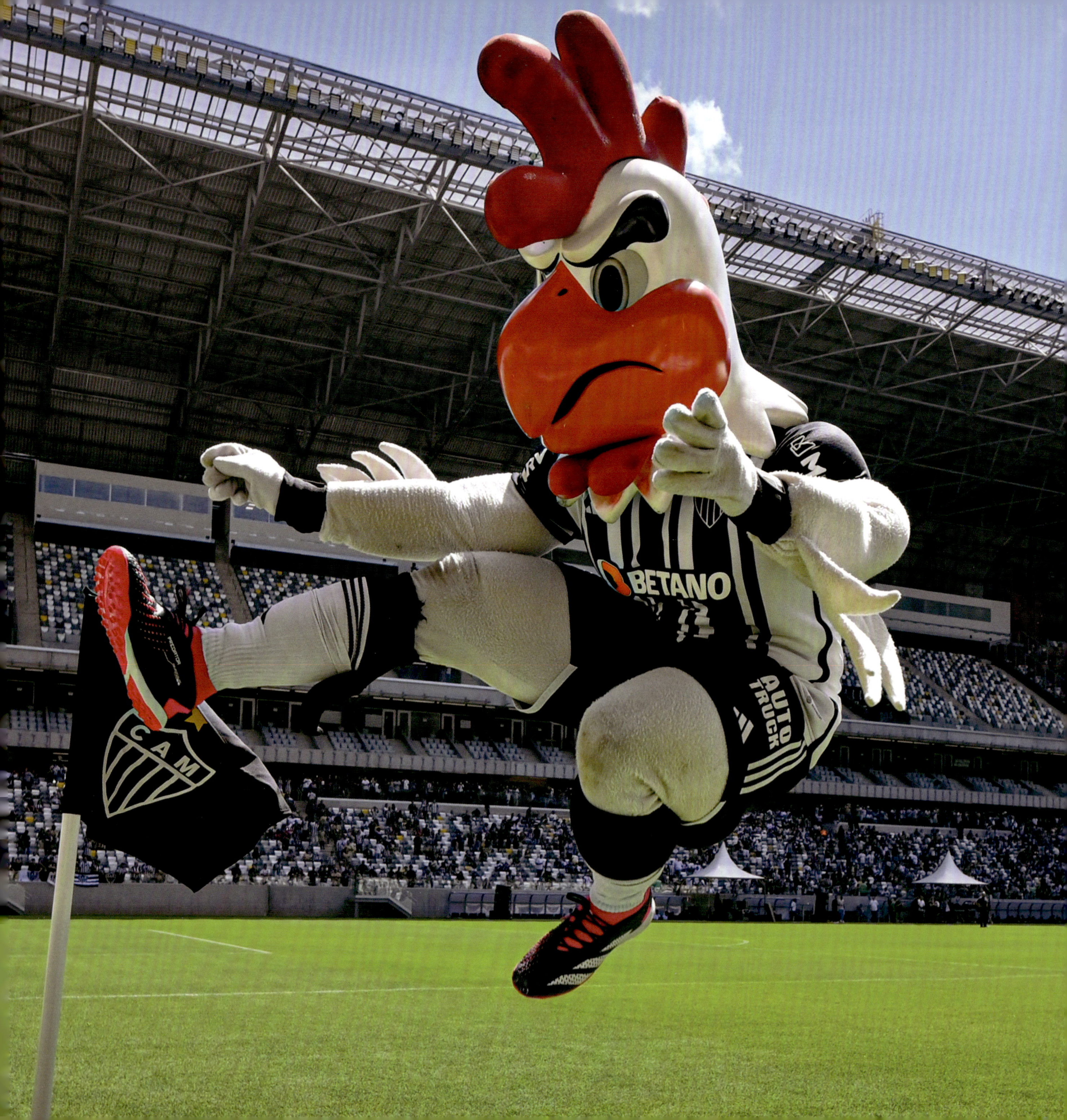
BETANO
AUTO TRUCK
CAM

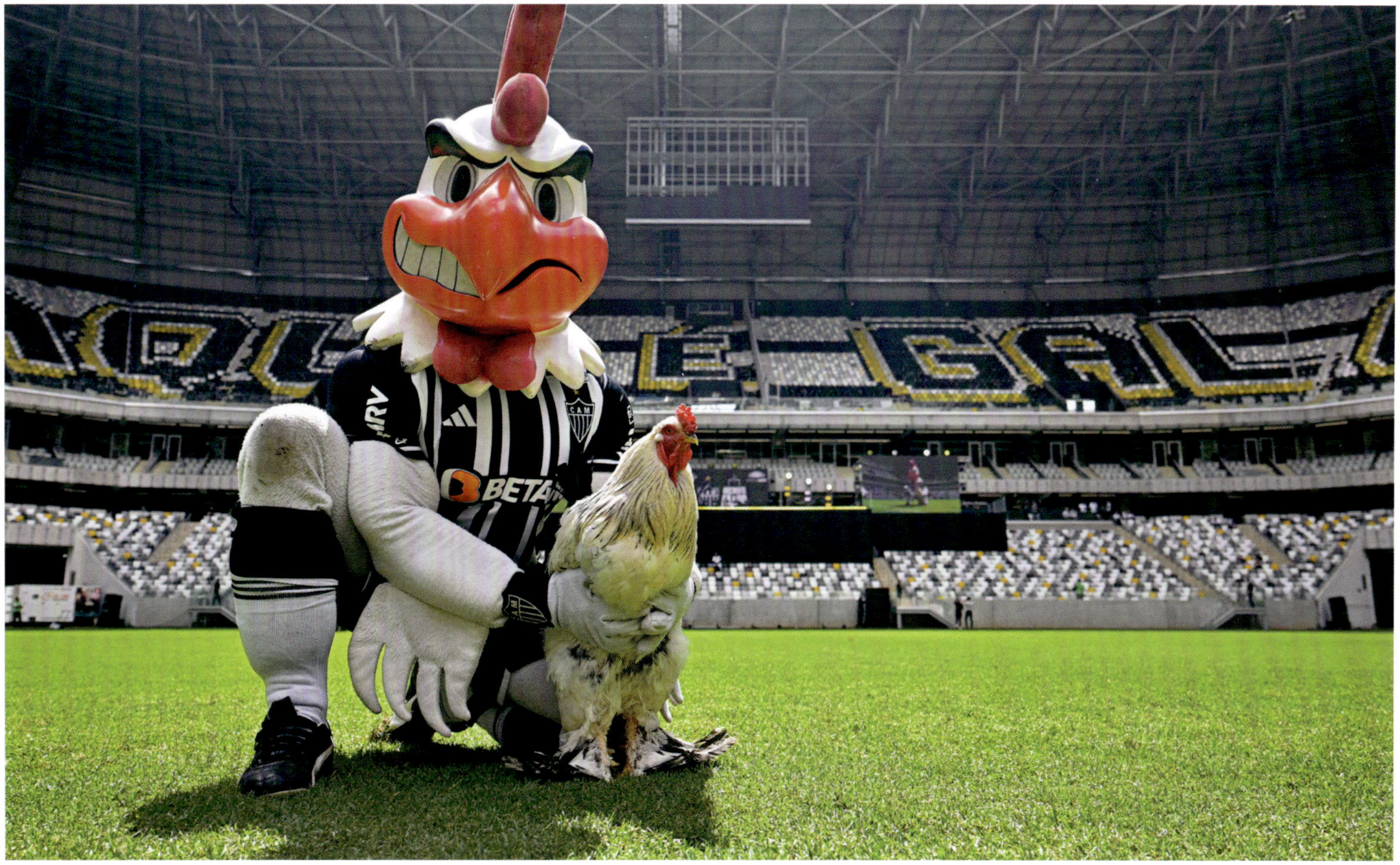

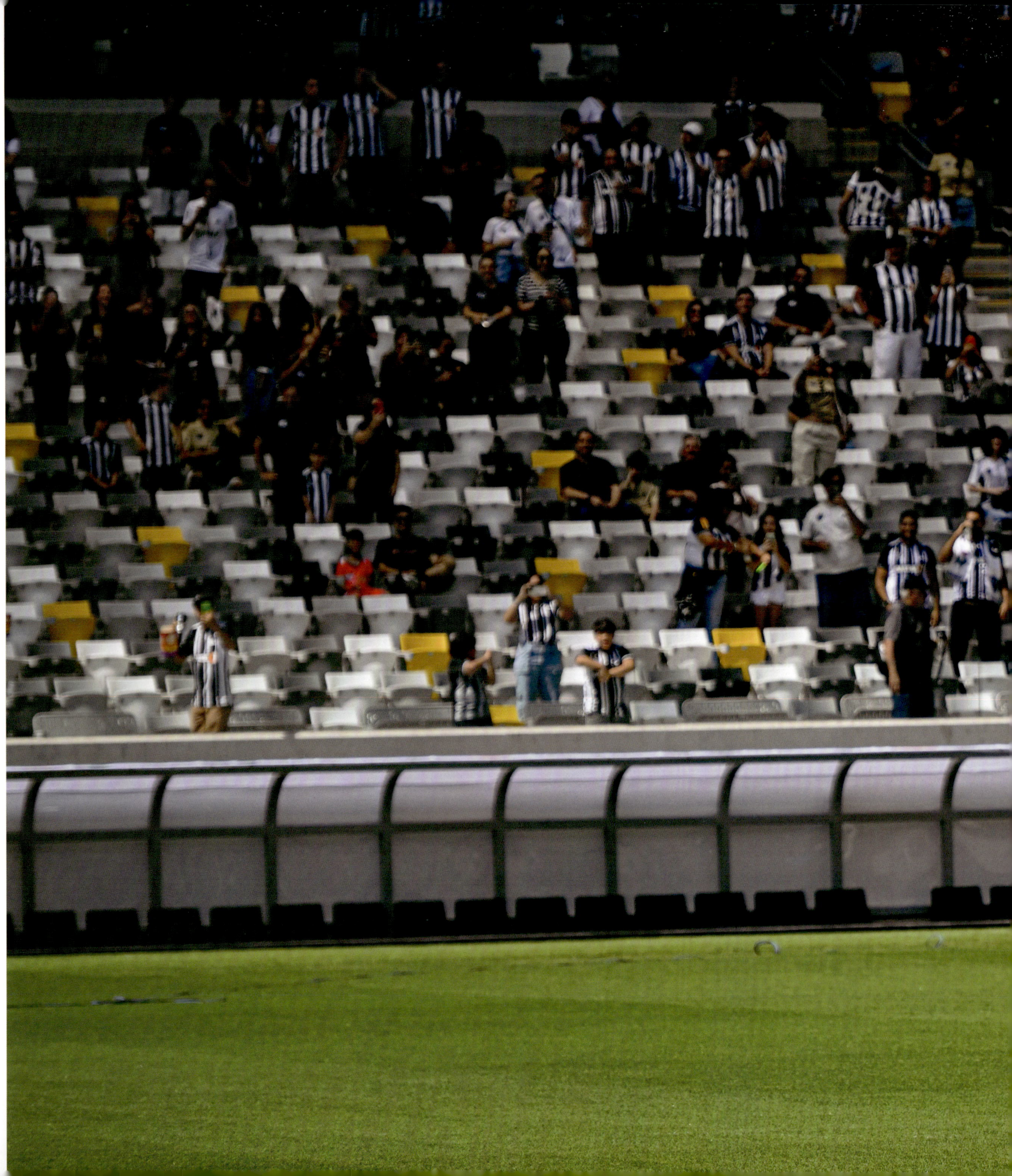

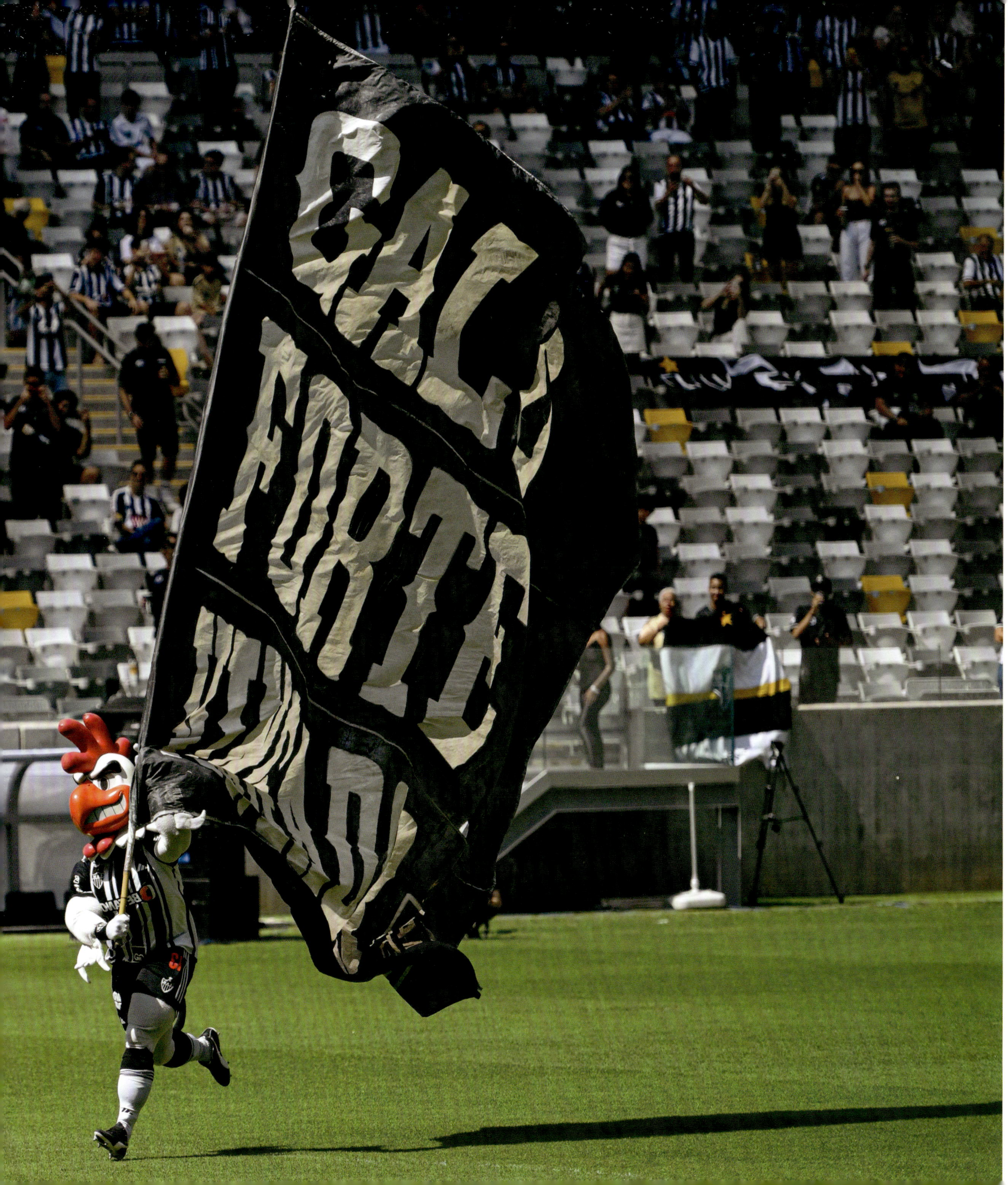

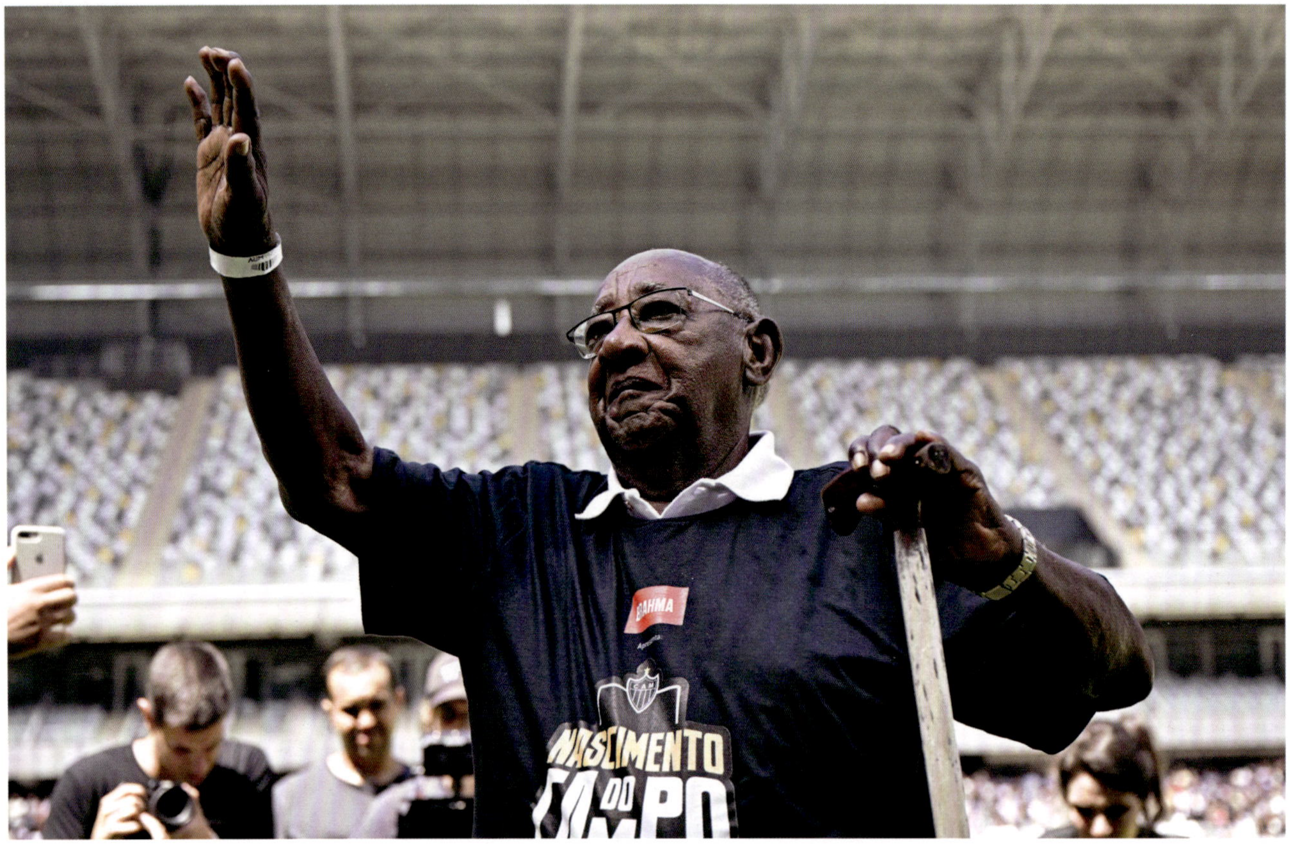
BRAHMA
NASCIMENTO
DO

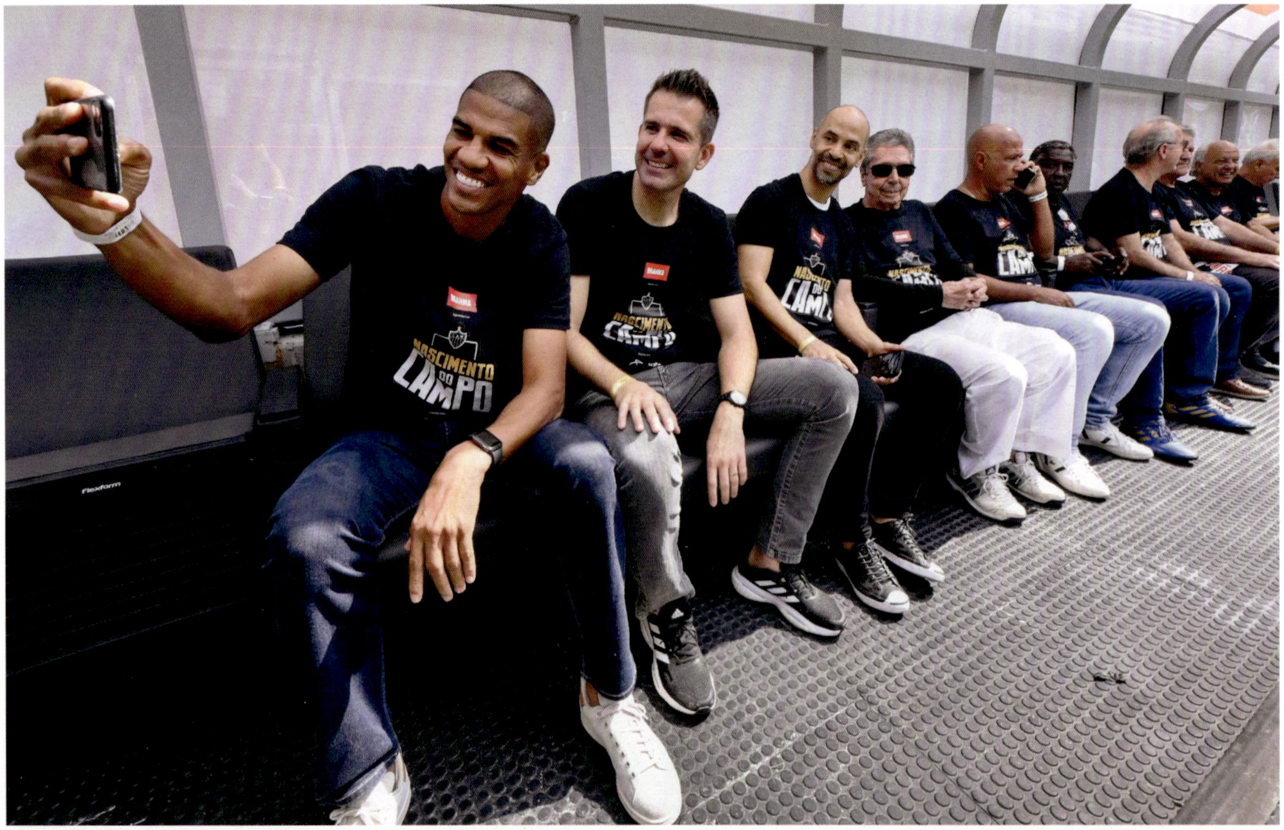
NASCIMENTO
DO
CAMPO

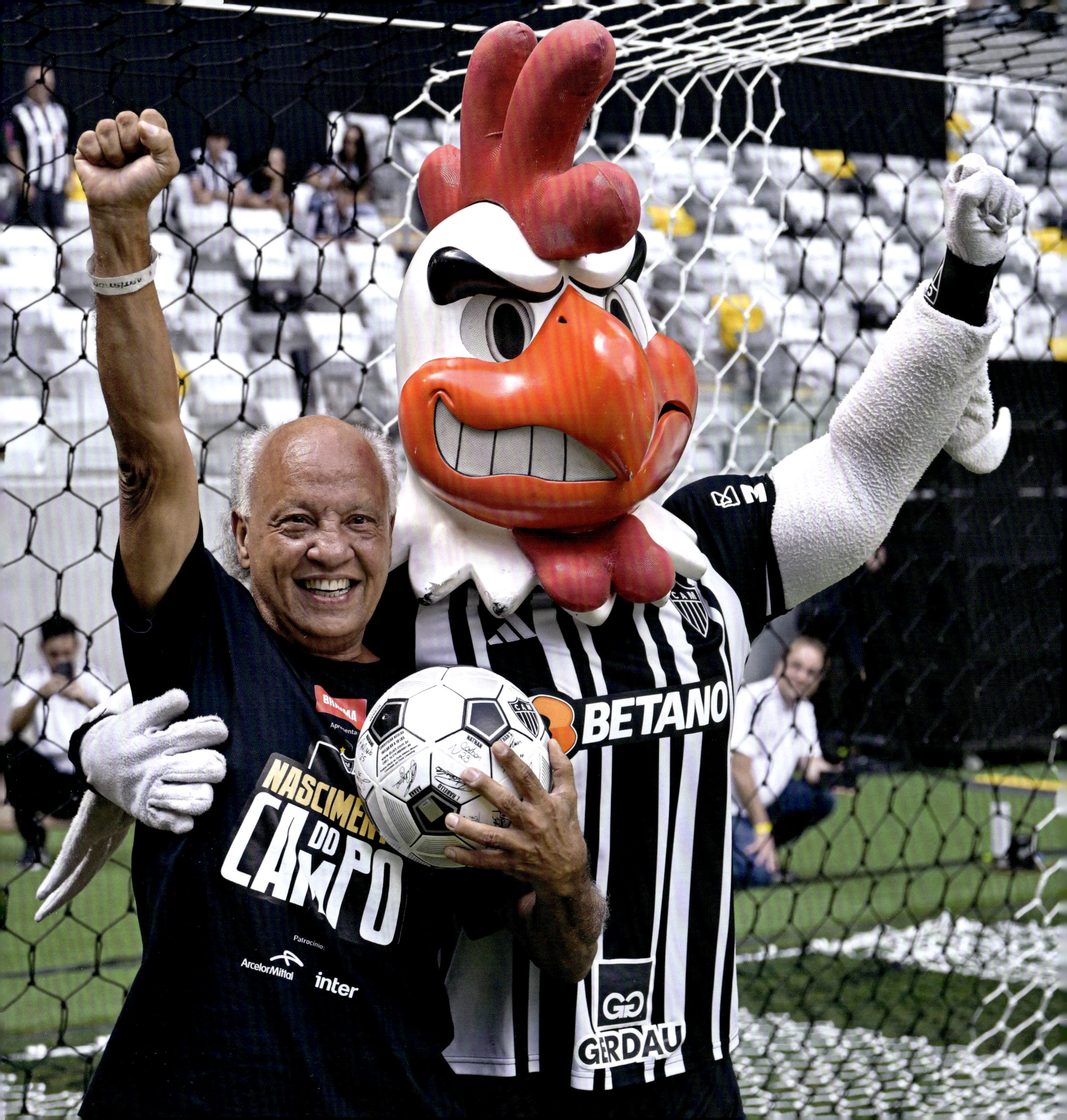
BETANO
GERDAU
DO
CAMPO
Patrocínio:
ArcelorMittal
inter

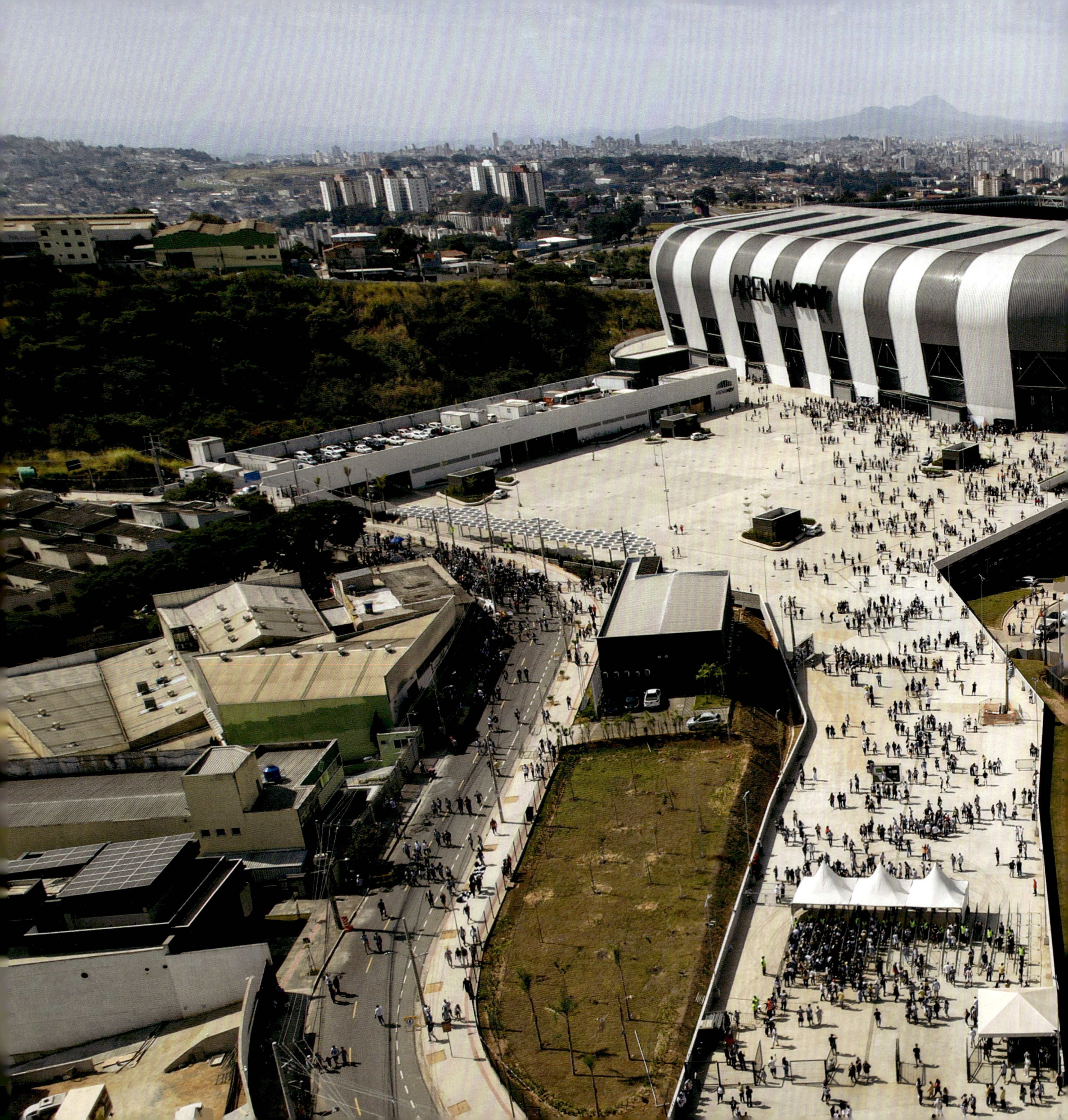
ARENA MRV

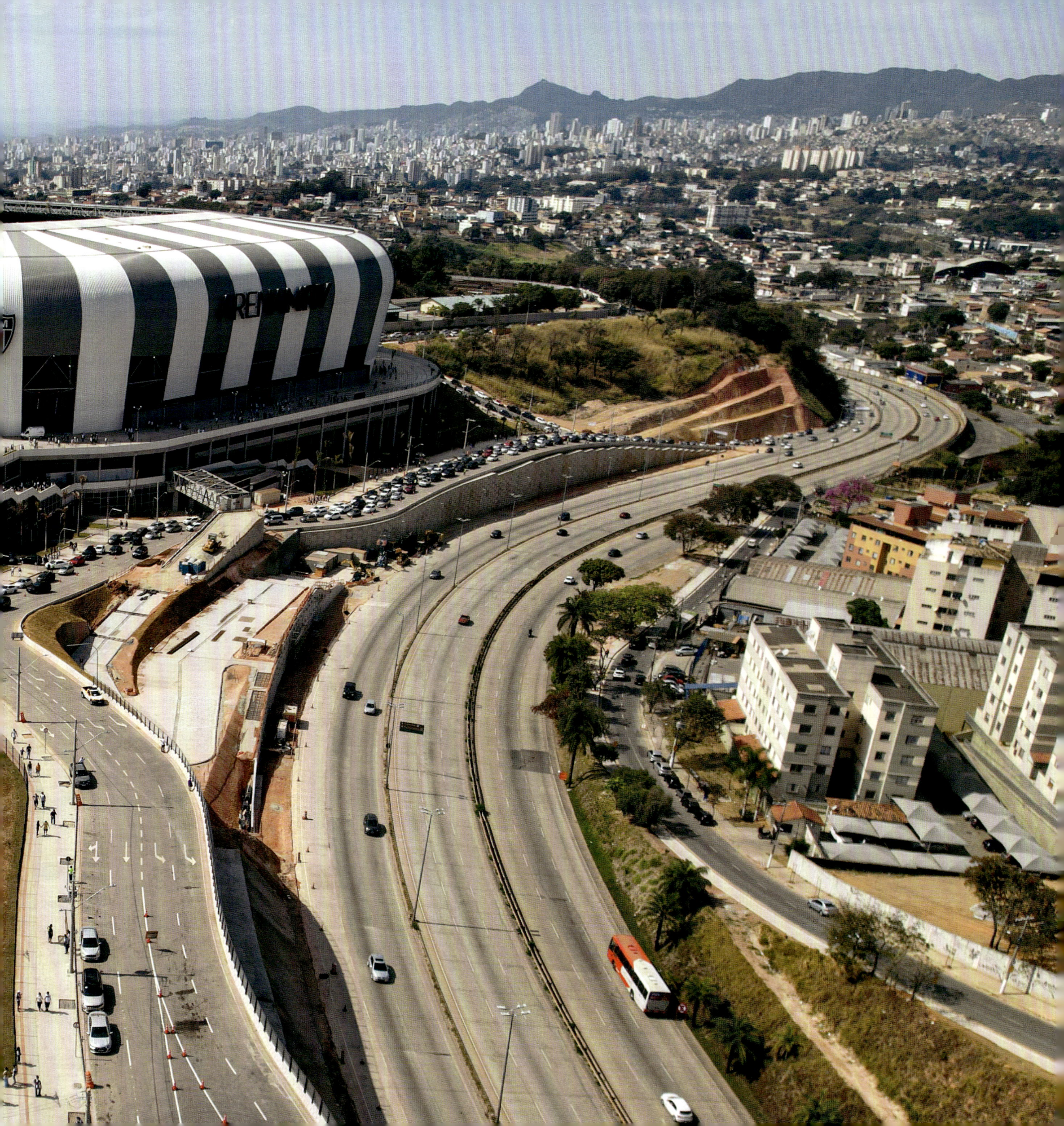

▶ LENDAS DO GALO

Último minuto de jogo. Bola na marca do pênalti. A expectativa da Massa está em Reinaldo. Antes da cobrança, o Rei alerta Paulo Isidoro para que não invada a área. E parte para a cobrança. Mas não chuta. Em jogada ensaiada, recebe o passe de Ronaldinho Gaúcho e, aí sim, faz o que sempre soube: manda a bola à rede listrada de preto e branco, no fundo do gol. A arquibancada explode e Reinaldo é abraçado pelos companheiros atleticanos. Entre eles, Victor, Ronaldinho, Luan, Guilherme e Tardelli.

Apesar de mágica, a cena foi real. Desde o pontapé inicial de Dadá Maravilha, o gramado da Arena MRV foi palco de um sonho. No primeiro jogo da nova casa alvinegra, o Atlético não poderia perder. Afinal, todos os jogadores vestiam nossas cores e defendiam equipes com os nomes de Galo Forte e Galo Vingador. O que não se previa é que ganharíamos tanto naquela tarde. Os vinte mil pagantes (número ainda limitado para evento teste), independentemente da idade de cada um, foram transformados em crianças. Surpresos, boquiabertos, felizes, orgulhosos e emocionados ficamos todos. E conseguimos o que parecia inalcançável. Tanto os jogadores quanto nós, meros mortais, tornamo-nos ainda mais Atleticanos.

Aquele estado de graça teve data e hora marcadas. A partir das 14 horas do domingo, 16 de julho. Havia também a lista de jogadores que se enfrentariam em três partidas, com vinte minutos de duração cada uma. No primeiro embate, o time Vingador, de uniforme branco, contou com Assis, Carlos César, Edgar, Lima e Jorge Valença; Moacir, Clayton e Piu (do Futsal); Catatau, Rômulo e Vaderlei (reservas: Getúlio, Júnior, Toninho, Lola, Everton, Pedrilho e Hernani). A equipe Forte, trajando preto, entrou com Milagres, Bruno, Neguete, André Figueiredo e Miranda; Rosinei, Canela e Tucho; Euller, Aílton e Marinho (reservas: Vanderlei Paiva, Danival, Buião, Fernando Roberto, Negrini e Ronaldo – do Futsal). A festa continuou com novas escalações: o Vingador foi representado por Giovanni, Edgar, Rafael Miranda, Galván e Jorge Valença; Josué, Valdir Todinho e Lincoln; Luan, Guilherme e Renaldo (reservas: Getúlio, Lima, Júnior, Elzo, Ronaldinho, Clayton e Vanderlei). No time Forte estavam Careca, Gutemberg, Batista, Neguete e Richarlyson; Hélcio, Renato Morungaba e Rafael Moura; Paulinho, Márcio Mexerica e Alecsandro (reservas: Milagres, André Figueiredo, Vanderlei Paiva, Danival, Buião, Euller e Ronaldo – do Futsal). No jogo final, a equipe de branco foi fantasticamente formada por João Leite, Alcir, Cléber, Luizinho e Júnior; Toninho Cerezo, Ronaldinho e Mancini; Tardelli, Marques e Reinaldo (reservas: Giovanni, Carlos César, Galván, Valdir Todinho, Luan, Guilherme e Renaldo). De preto, os heróis Victor, Paulo Roberto Costa, Léo Silva, Álvaro e Paulo Roberto Prestes; Pierre, Leandro Donizete e Paulo Isidoro; Sérgio Araújo, Valdir Bigode e Éder (reservas: Batista, Richarlyson, Gutemberg, Renato Morungaba, Rafael Moura e Alecsandro). Vale notar que jogadores se alternaram entre formações e titularidades, de maneira a garantir equilíbrio no esforço físico, reencontros históricos e parcerias tão improváveis quanto inesquecíveis. O banco do Vingador foi comandado por Humberto Ramos, Marcelo Oliveira e Renê Santana. O time Forte teve como técnicos Levir Culpi e Procópio Cardozo e, como auxiliar técnico, Carlinhos Neves.

Bem planejado, bem executado, o evento Lendas do Galo foi gigante. E assim foi exatamente por causa do que não podia ser medido, previsto ou planejado. A começar pelo ambiente de reencontro e camaradagem entre os boleiros, no hotel, ainda na véspera. Os bastidores não poderiam ter sido melhores, mesmo para quem não jogou. Aos 91 anos, Ubaldo Miranda, de camisa dourada, esteve presente às homenagens. Para se deslocar rapidamente pela extensão do gramado, ao deixar o campo antes de a bola rolar, o goleador pegou carona com o carrinho usado em atendimentos médicos. A Massa, assim que o viu carregado pela maca, o aplaudiu e cantou seu nome. Ubaldo retribuiu com acenos. Cinco décadas atrás, o craque era festejado pelos avós daqueles torcedores, que o carregavam nos ombros pelo trajeto do estádio Independência até a Colina de Lourdes a cada conquista.

Nome bem mais recente, o lateral Patric não foi convidado a jogar por ainda estar em atividade profissional. Mesmo assim, o "Patricão da Massa" compareceu como torcedor. Ao ser reconhecido, recebeu merecido carinho dos presentes e não conseguiu segurar a emoção. Suas lágrimas fizeram muita gente chorar.

Em campo desfilavam títulos, glórias, lembranças, parcerias e boas histórias. Contribuiu para isso a atuação da arbitragem. Formado por Andreza Helena Siqueira (FIFA), Fernanda Nândrea Antunes (FIFA), Suellen Gonçalves Silva (CBF) e Francielly Fernanda Castro (CBF), o quarteto foi um espetáculo à parte. Andreza mostrou bom senso ao marcar falta quando Reinaldo, sozinho com a bola, tropeçou (optou por jogar usando tênis) e caiu. Nada mais justo. E garantiu o momento de humor ao levar a cabo a expulsão de Leandro Donizete. O cartão vermelho que não podia faltar à festa, assim como a reclamação do volante – e as gargalhadas de Ronaldinho Gaúcho, que se esbaldou com a encenação.

Sérgio Araújo, sempre veloz, sofreu pênalti. Então, uma grande injustiça foi corrigida: Pierre cobrou, marcou o seu gol pelo Galo e foi abraçado carinhosamente por todos os companheiros campeões da Libertadores em 2013 – com camisas pretas e camisas brancas, eles evidenciaram não haver divisão entre as equipes do domingo. A família era uma só.

BRASIF

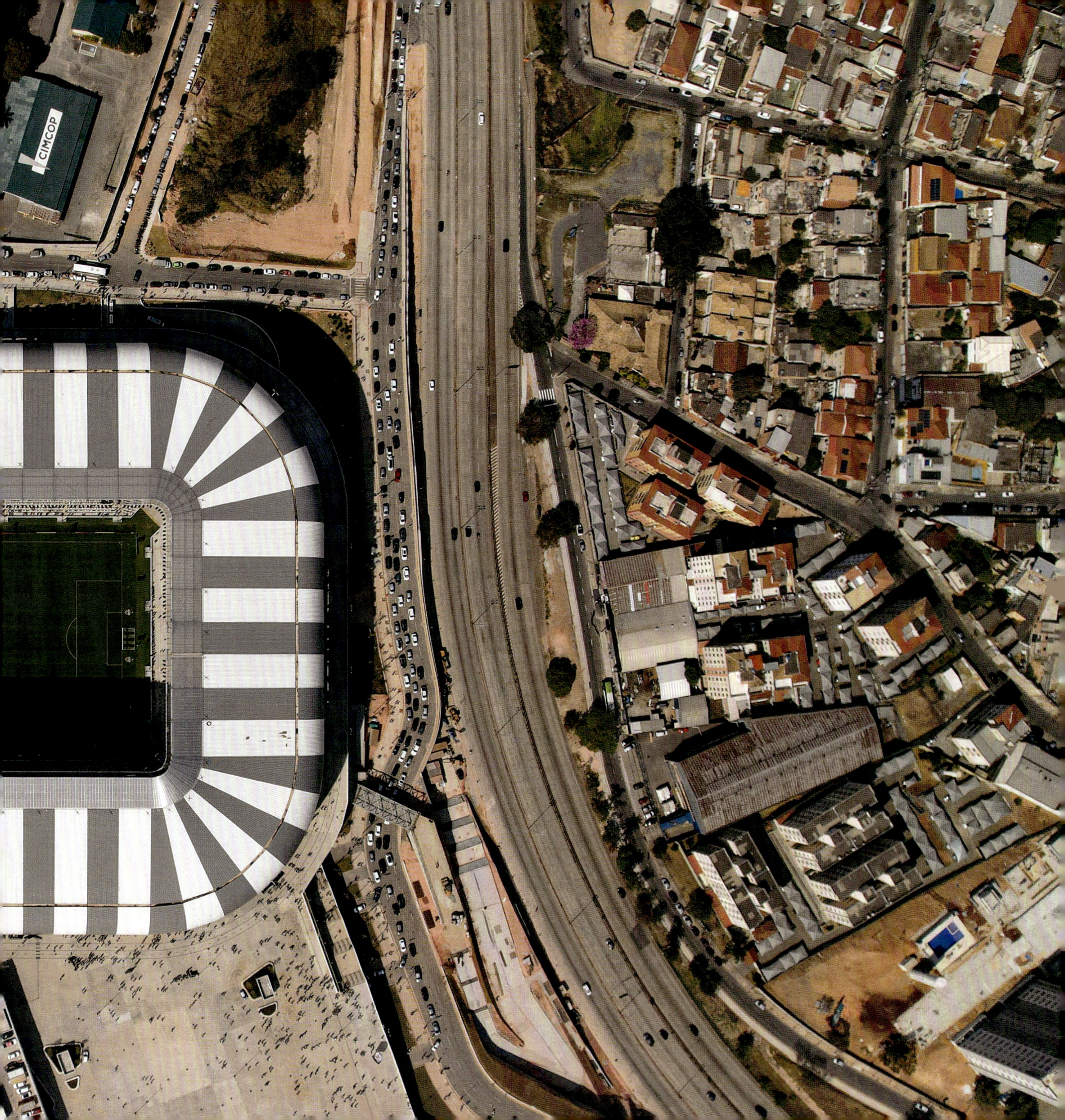
CIMCOP

JOGO DAS LENDAS

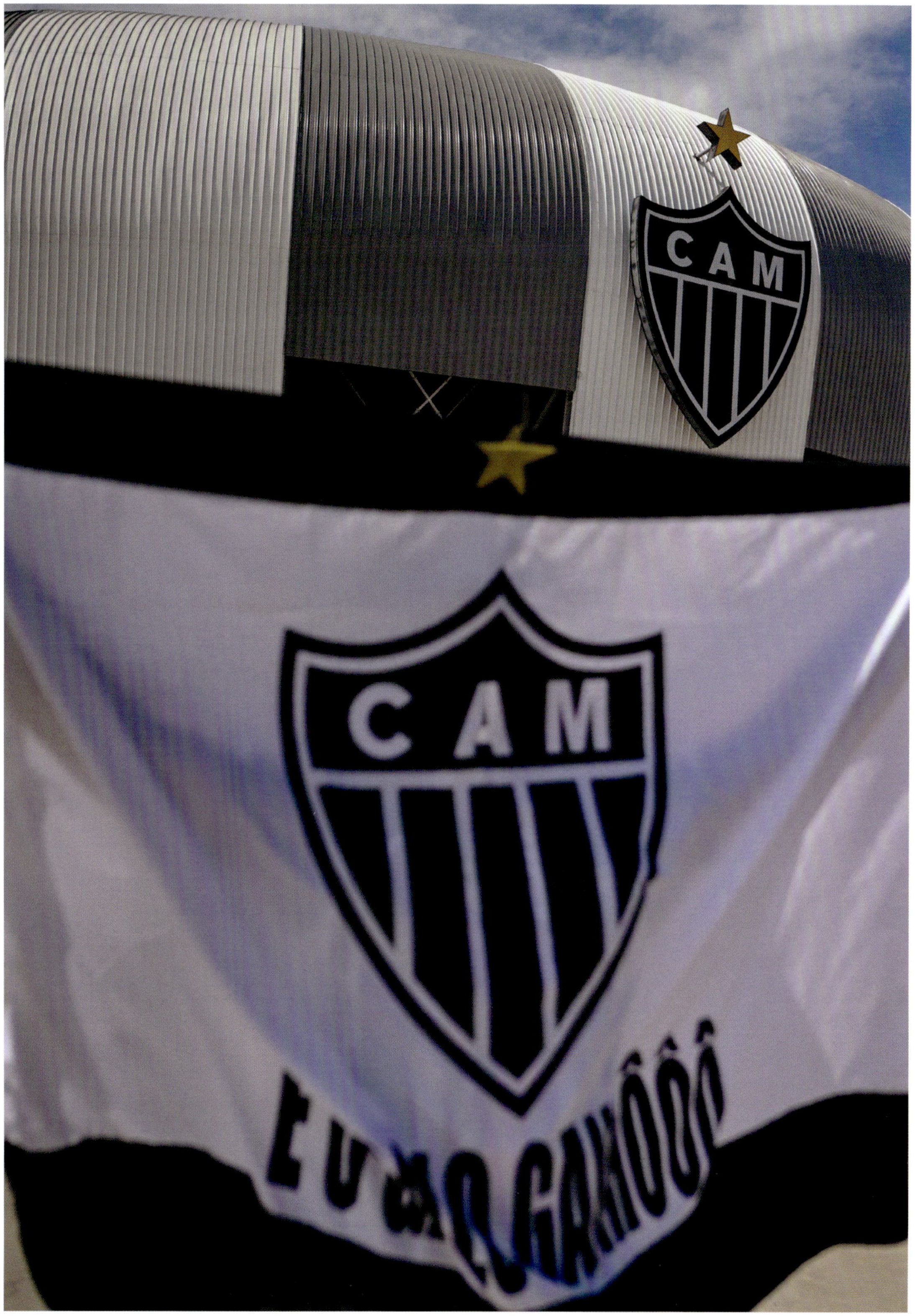
CAM
CAM

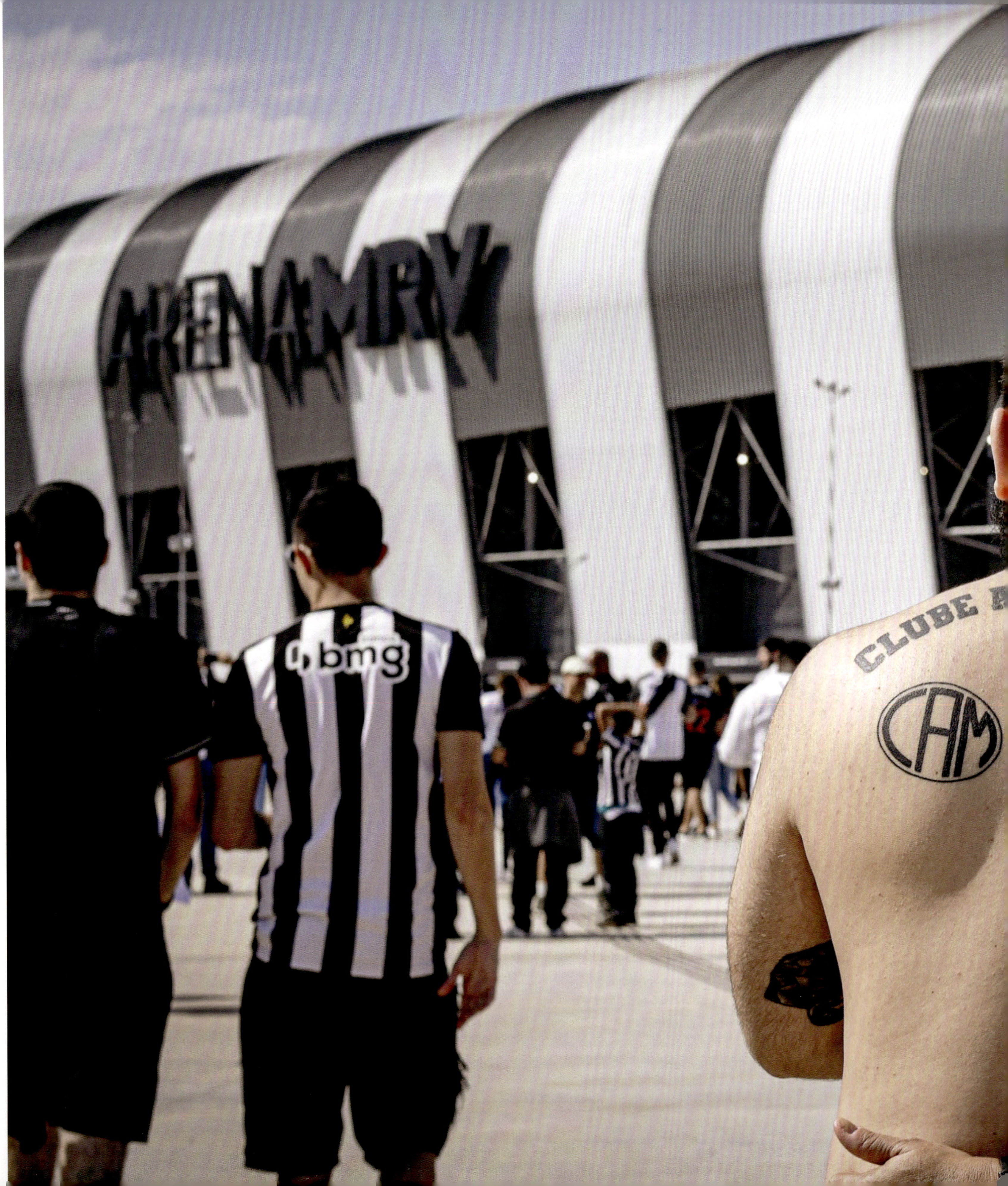
ARENA MRV
bmg
CLUBE A
CAM

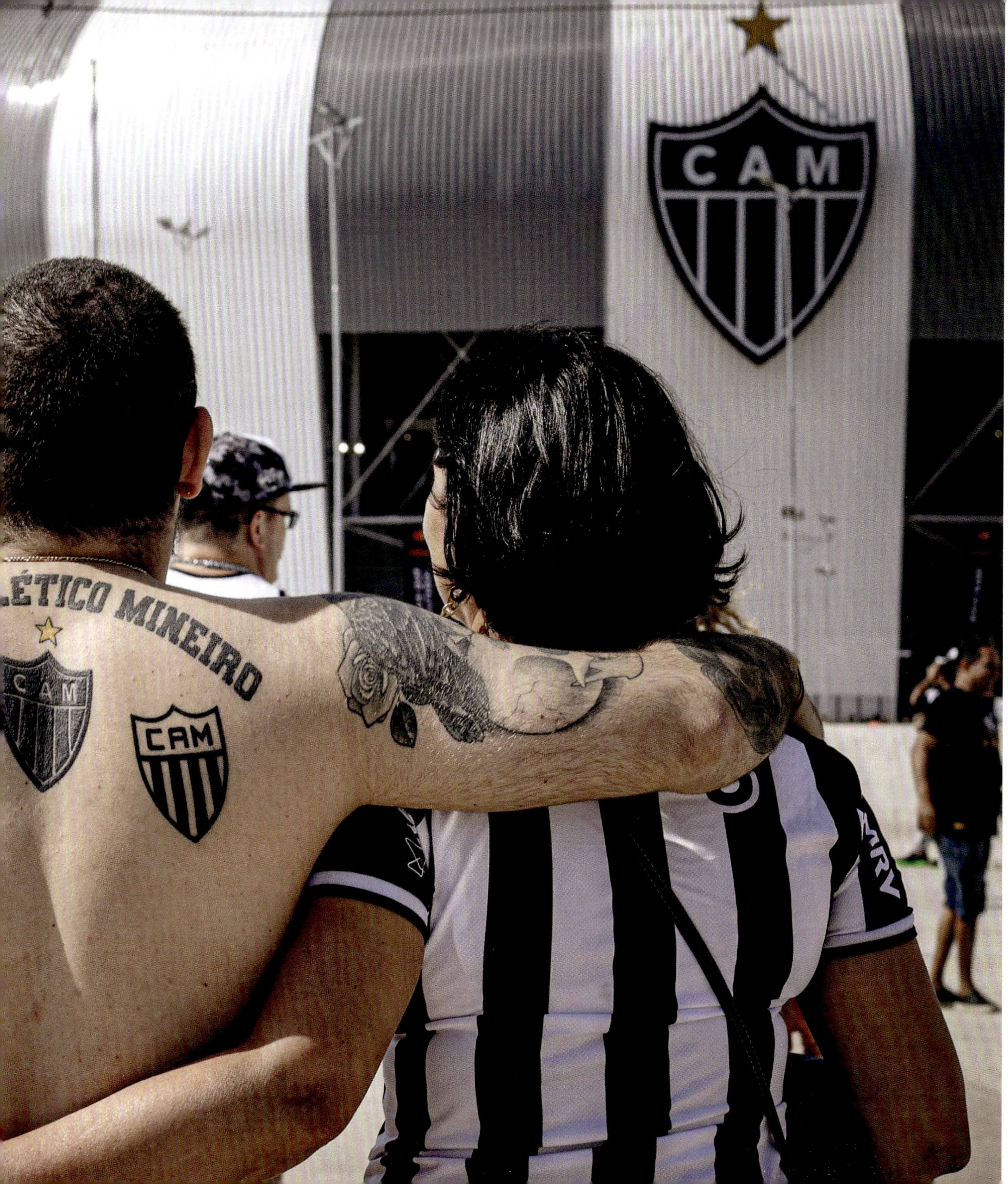
CAM
MINEIRO
CAM
CAM
MRV

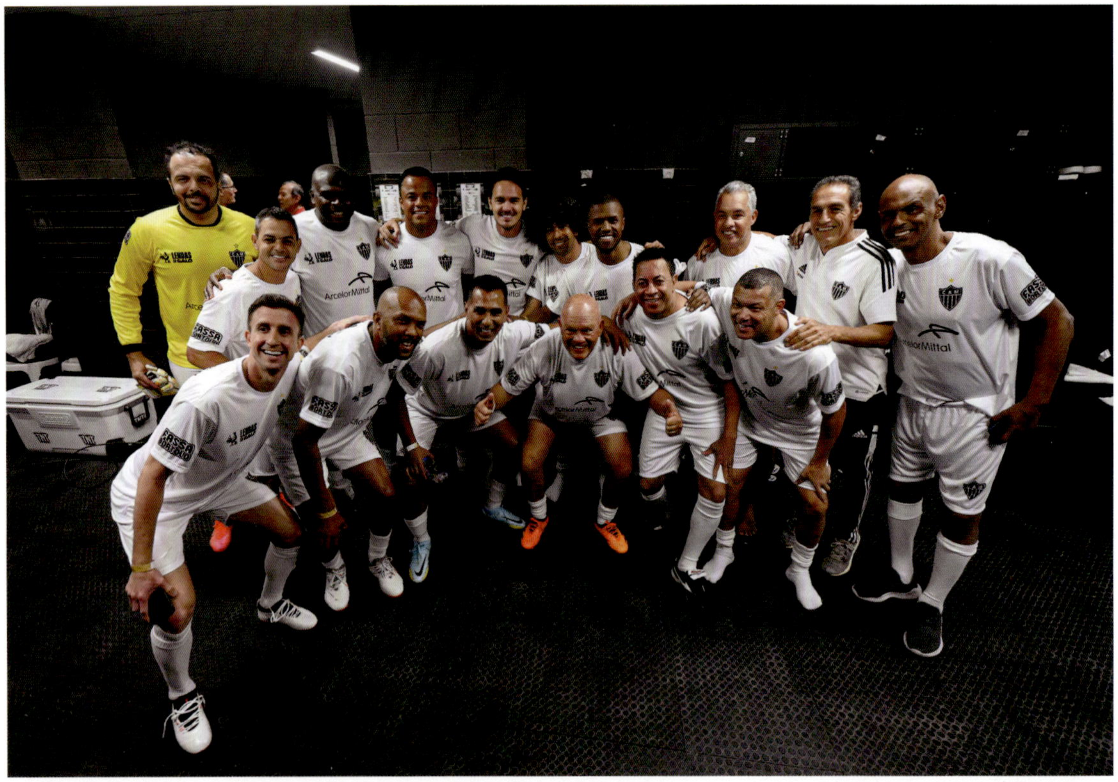
ArcelorMittal

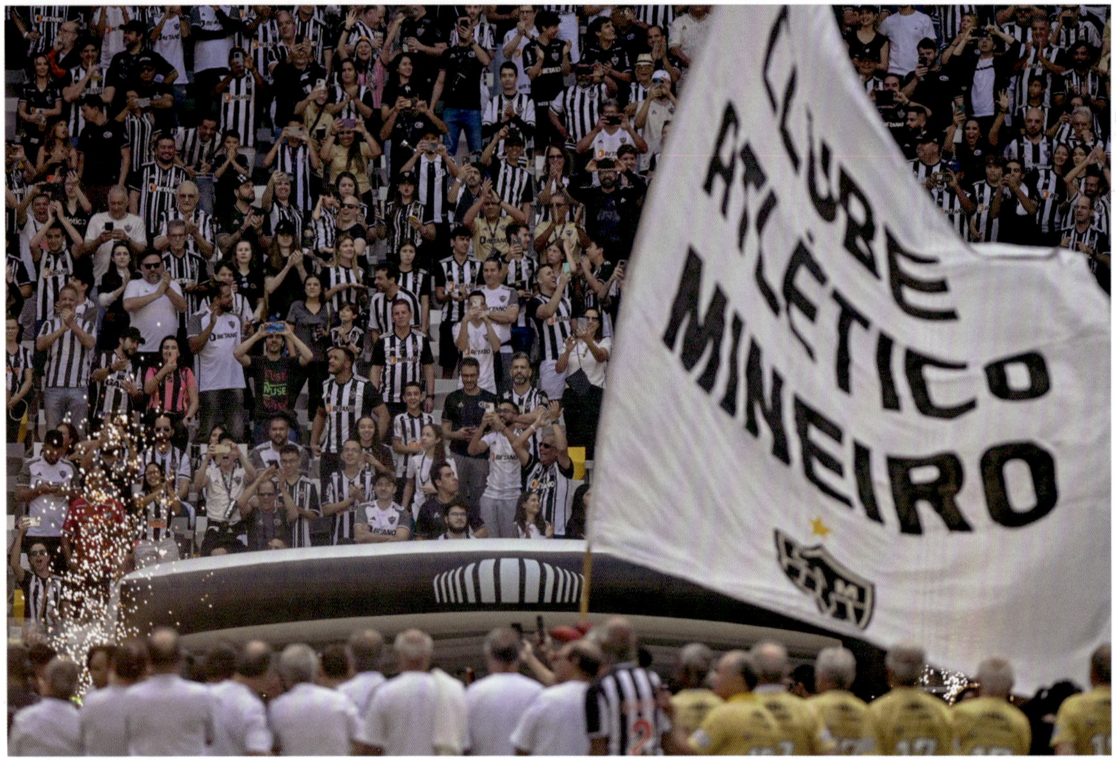
CLUBE
ATLÉTICO
MINEIRO

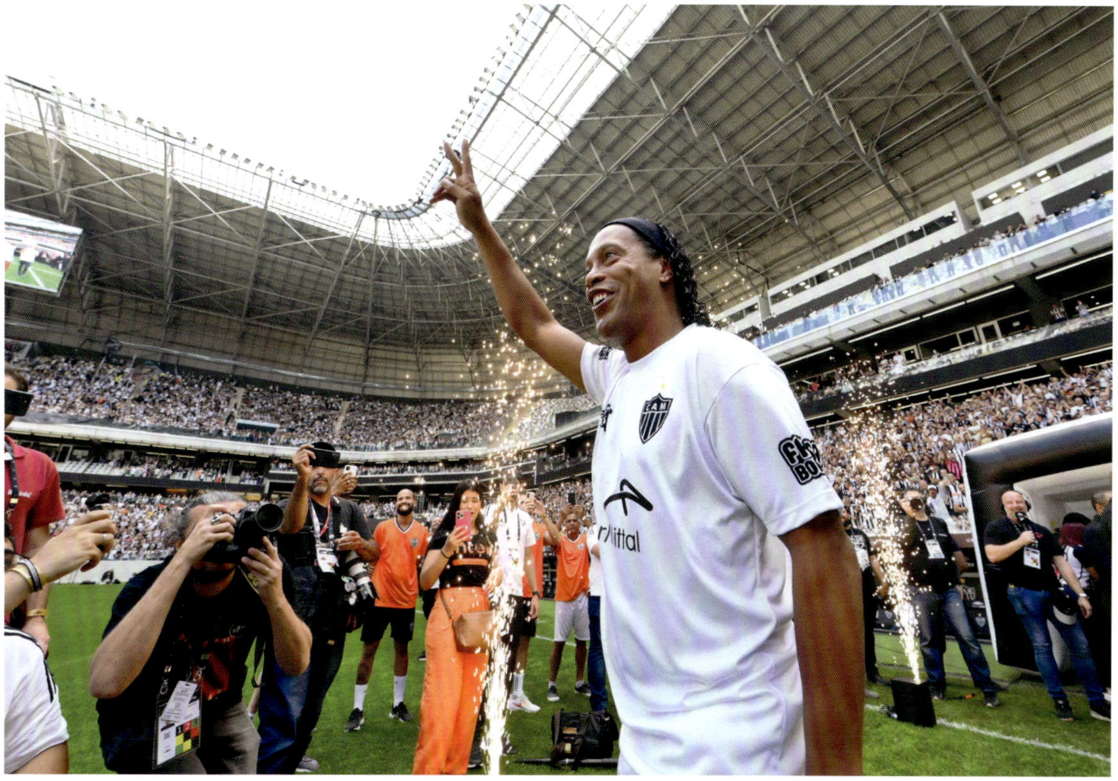

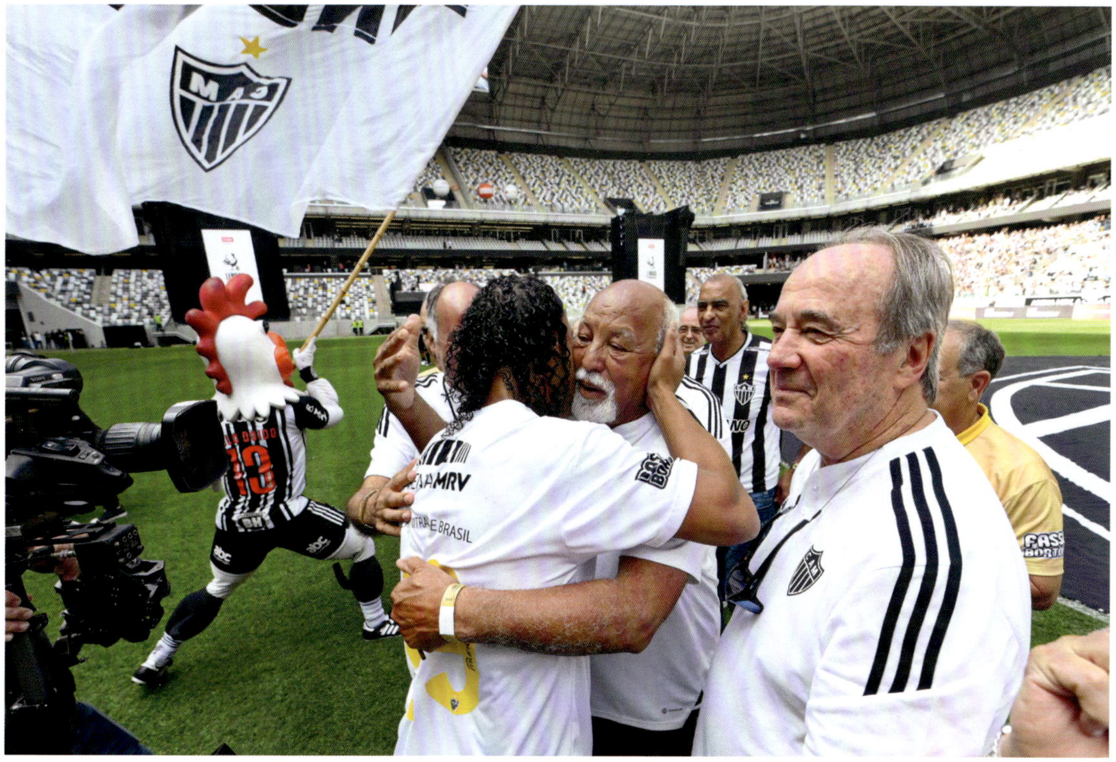

ArcelorMittal
ArcelorMittal
ArcelorMittal

ArcelorMittal
ArcelorMittal
BETANO
13

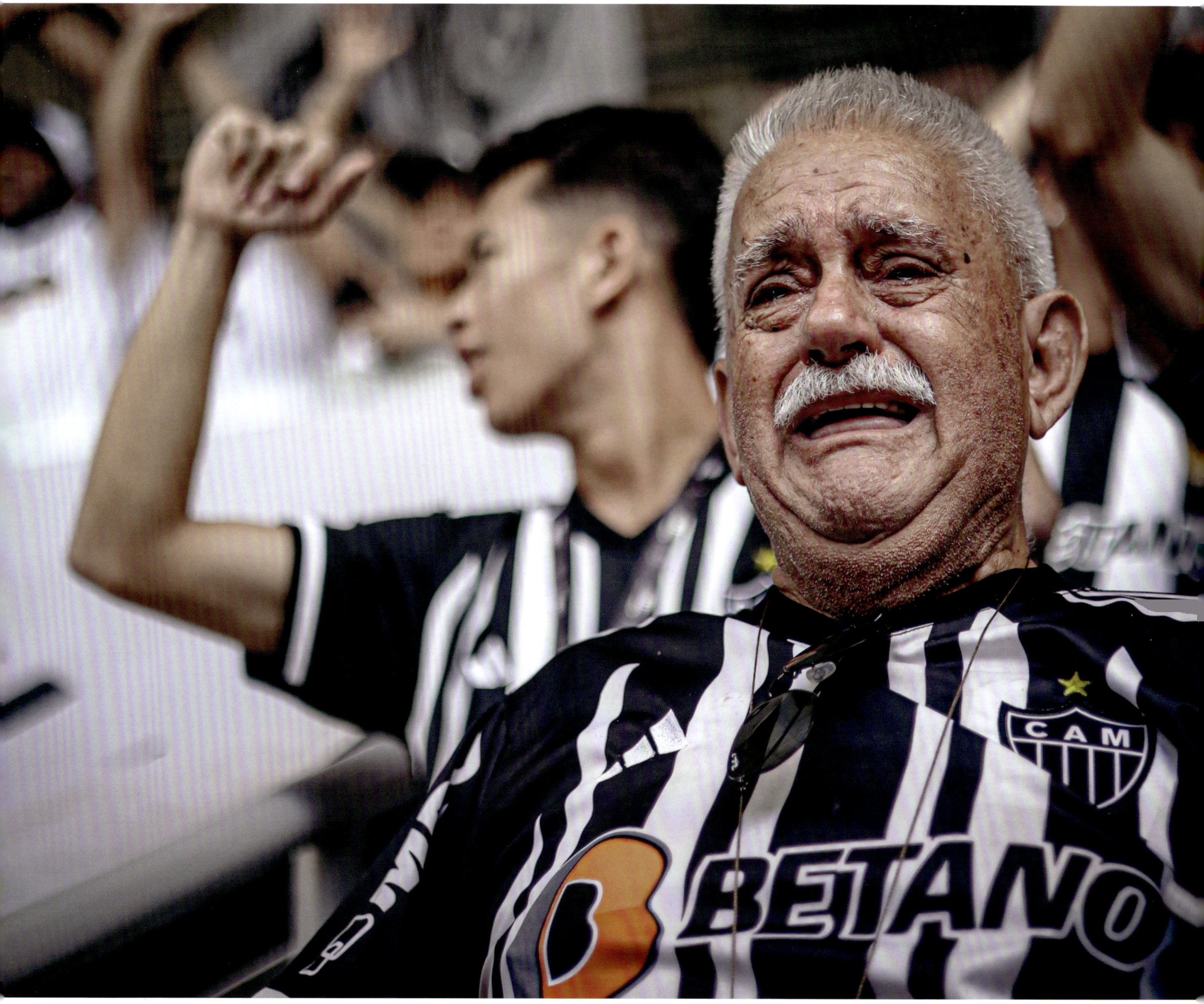
CAM
BETANO

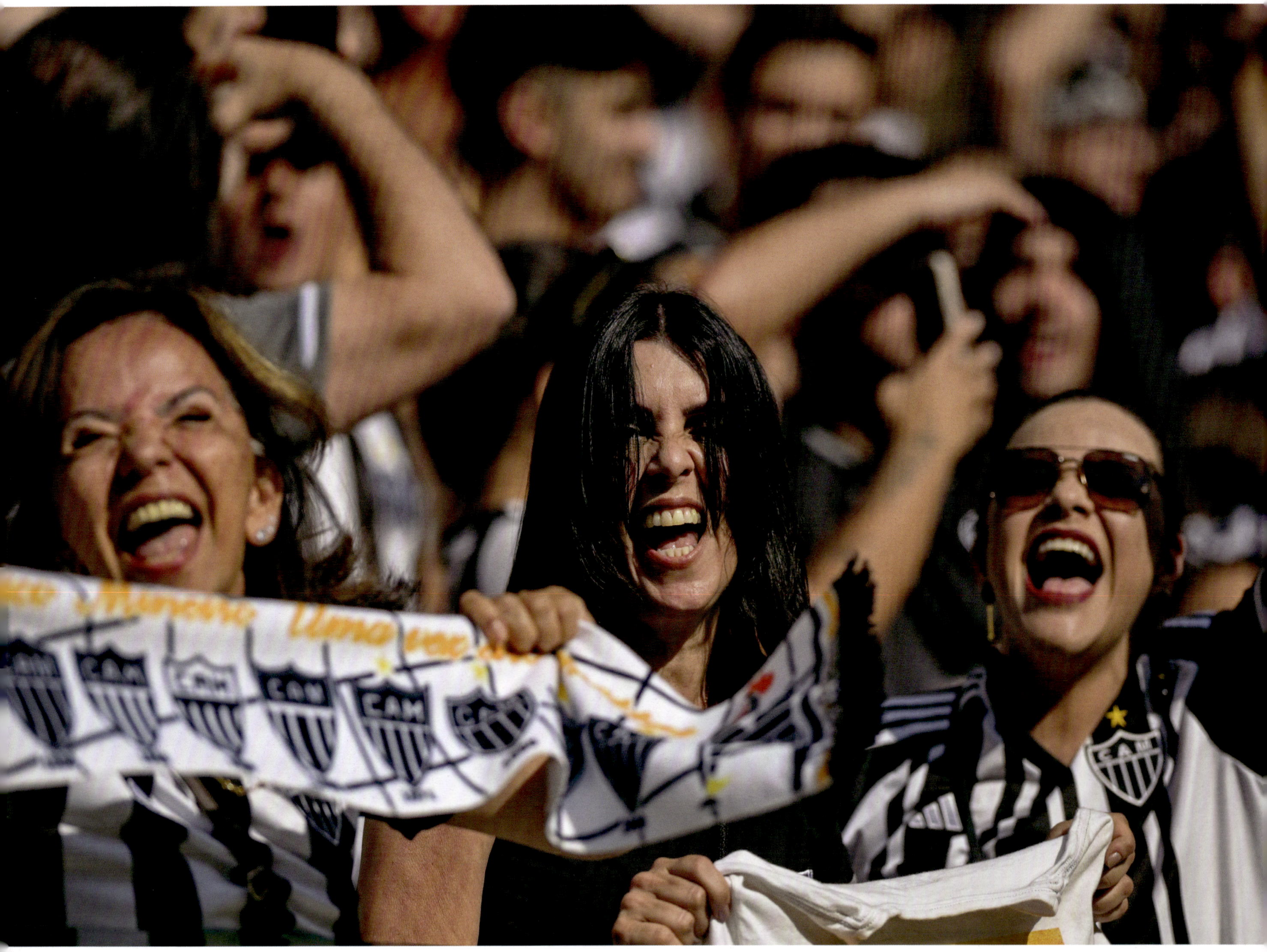
C.A.M

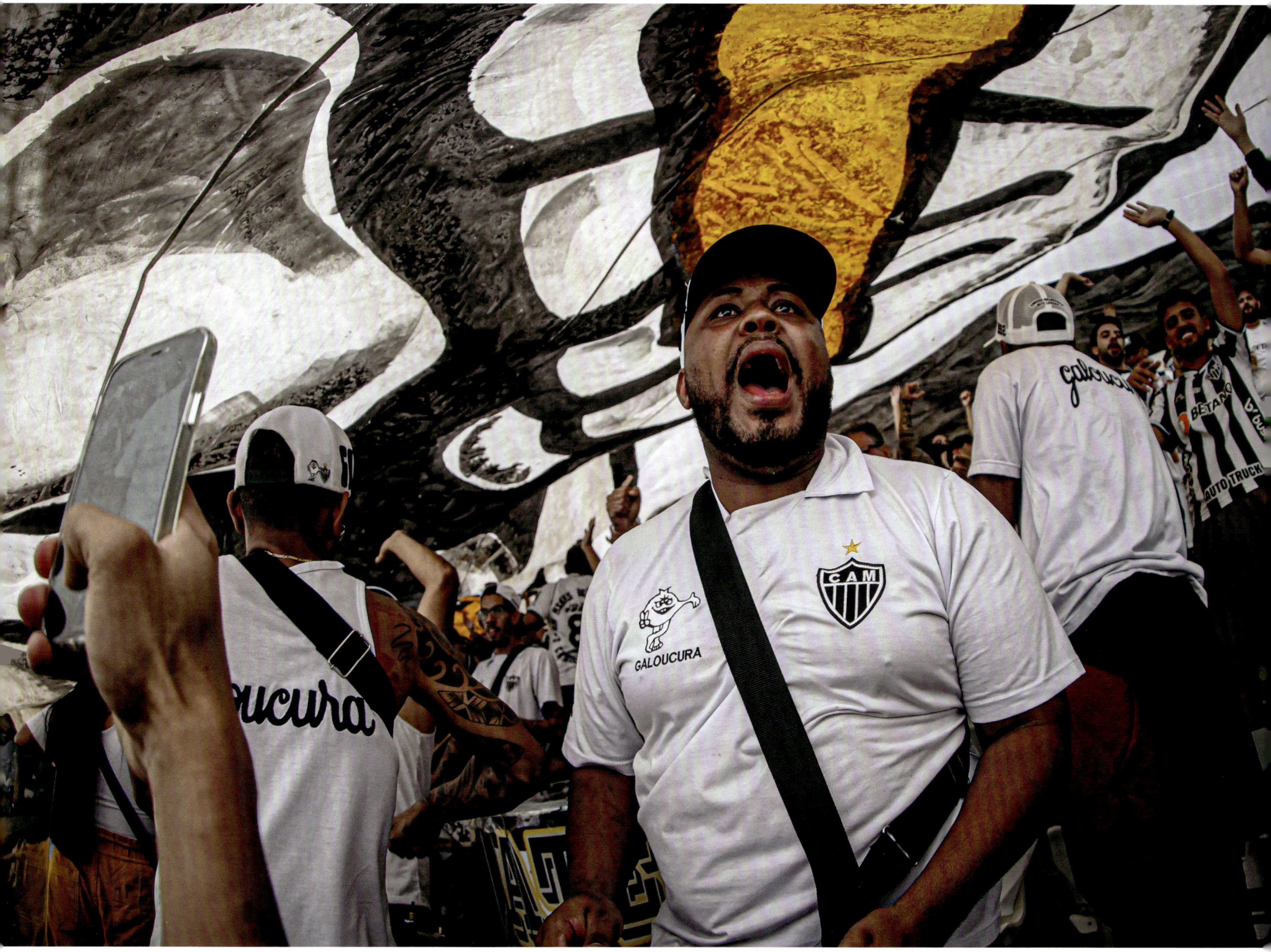
CAM
GALOUCURA

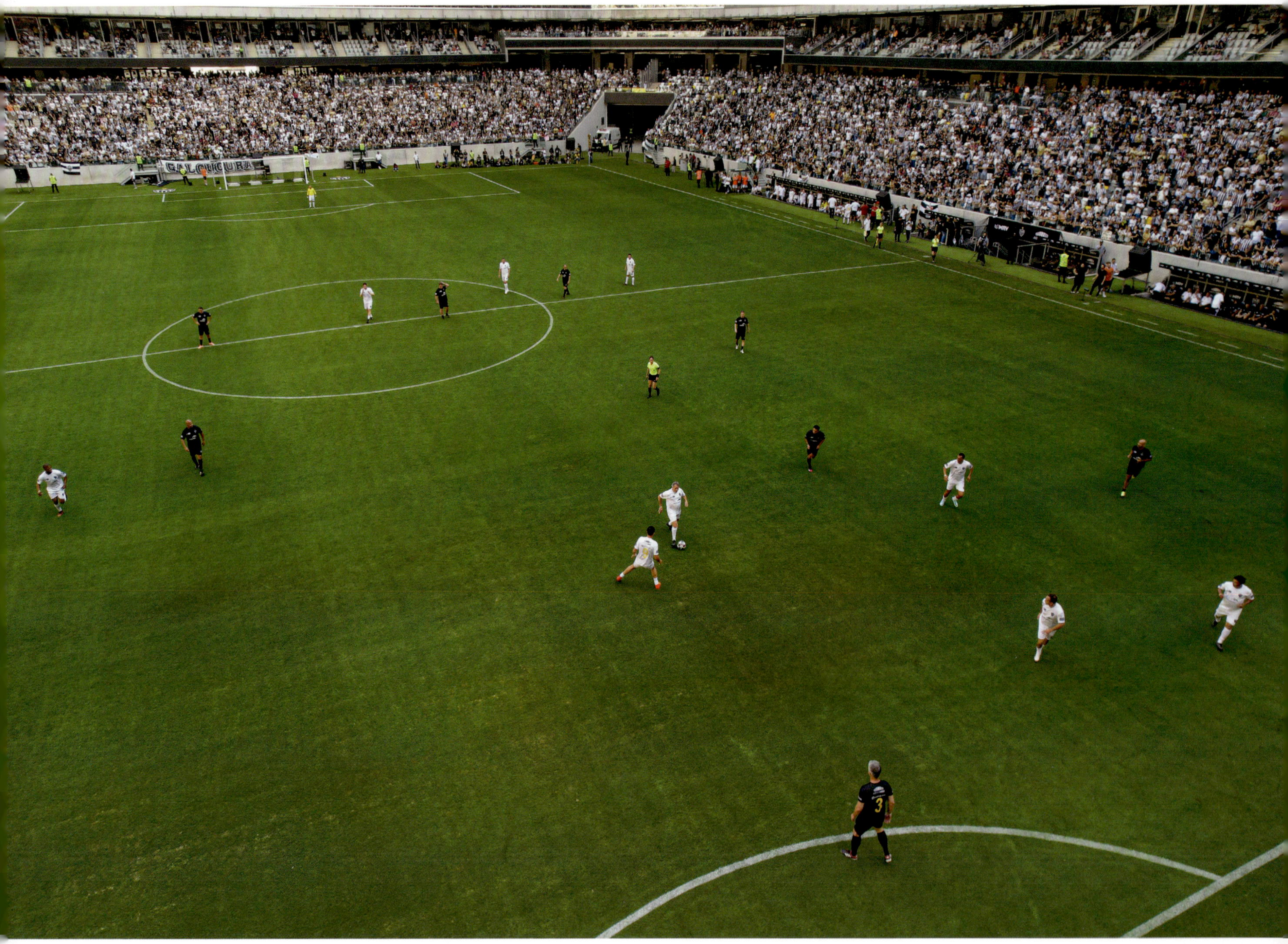

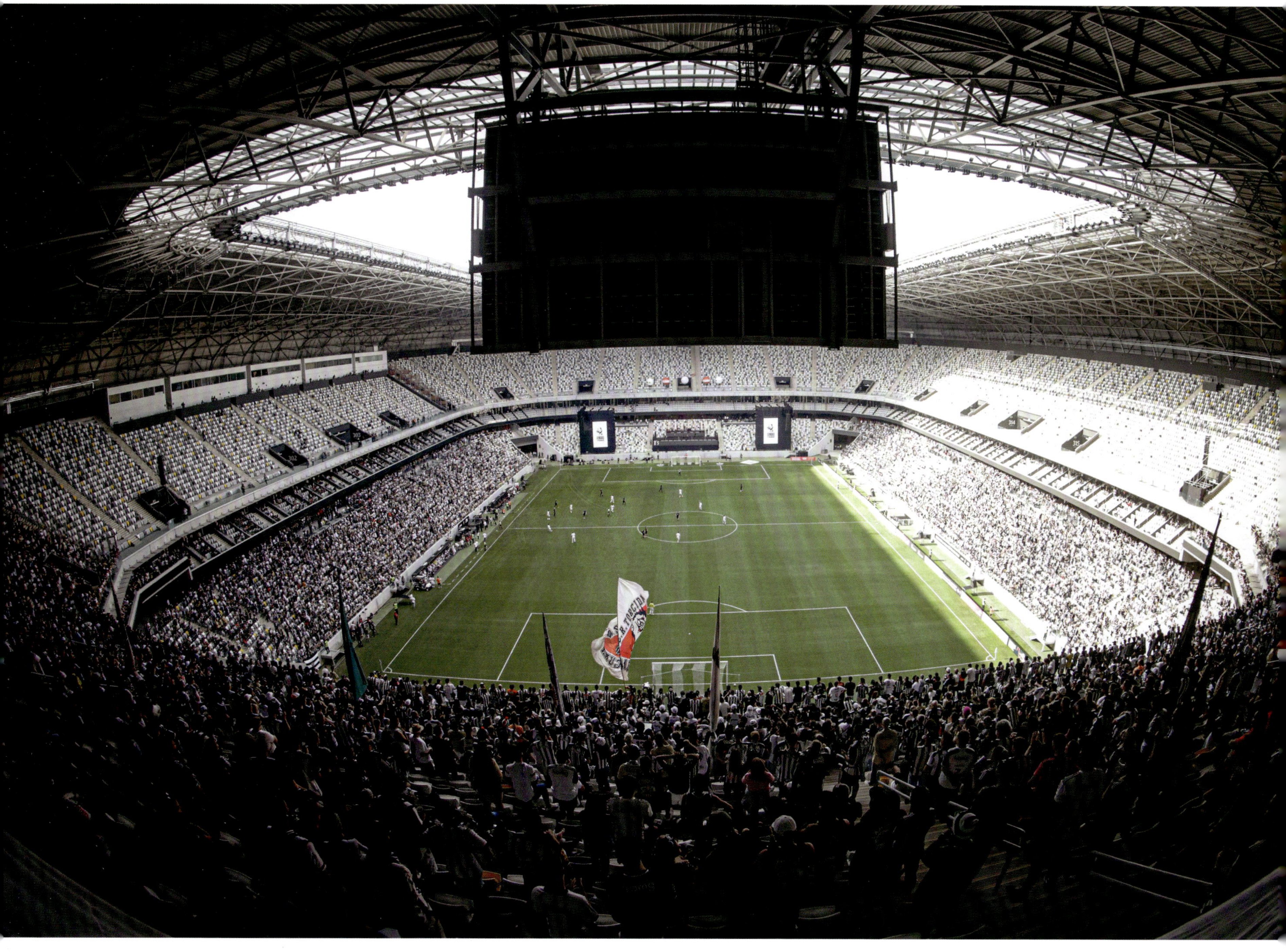

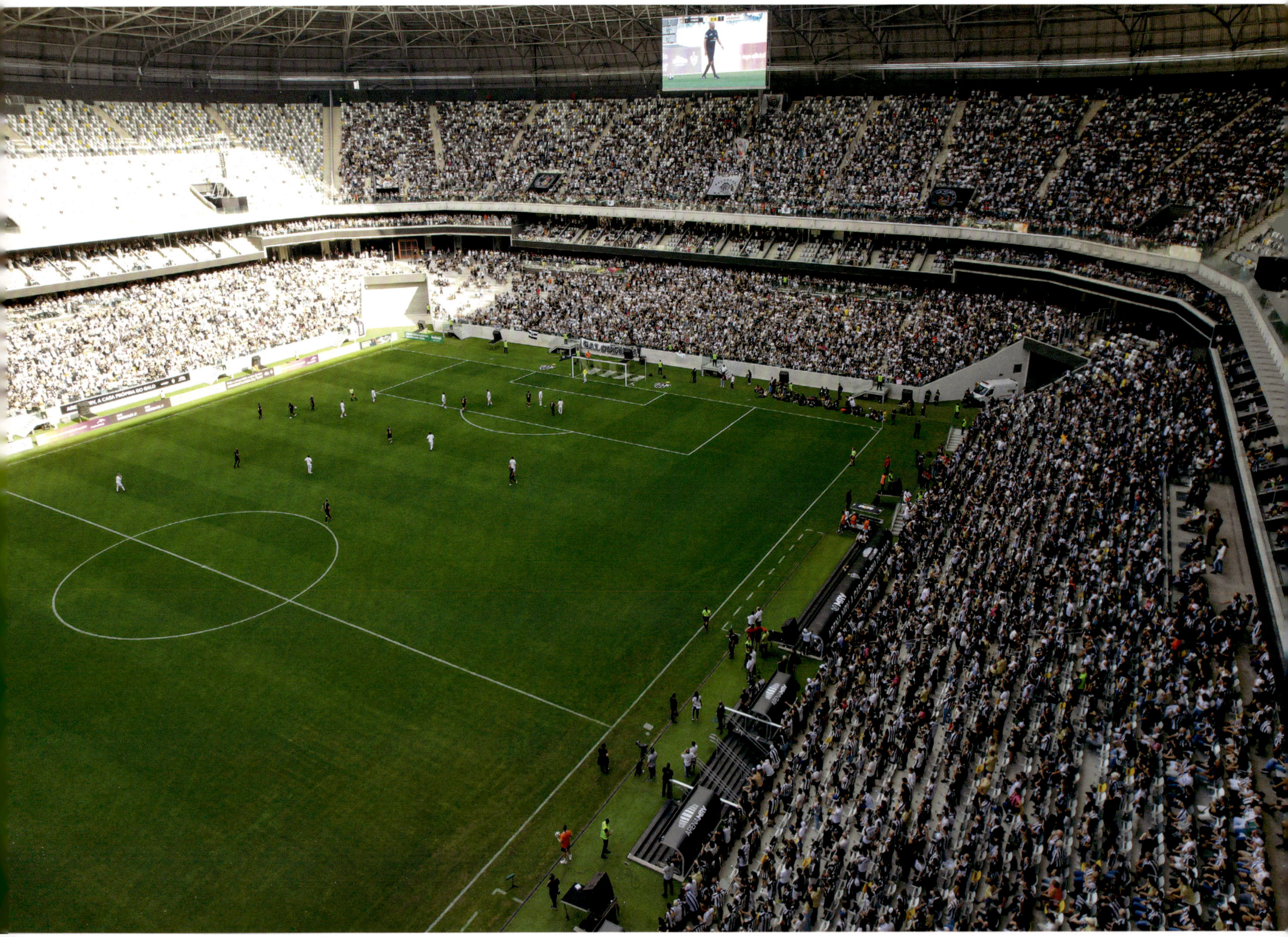

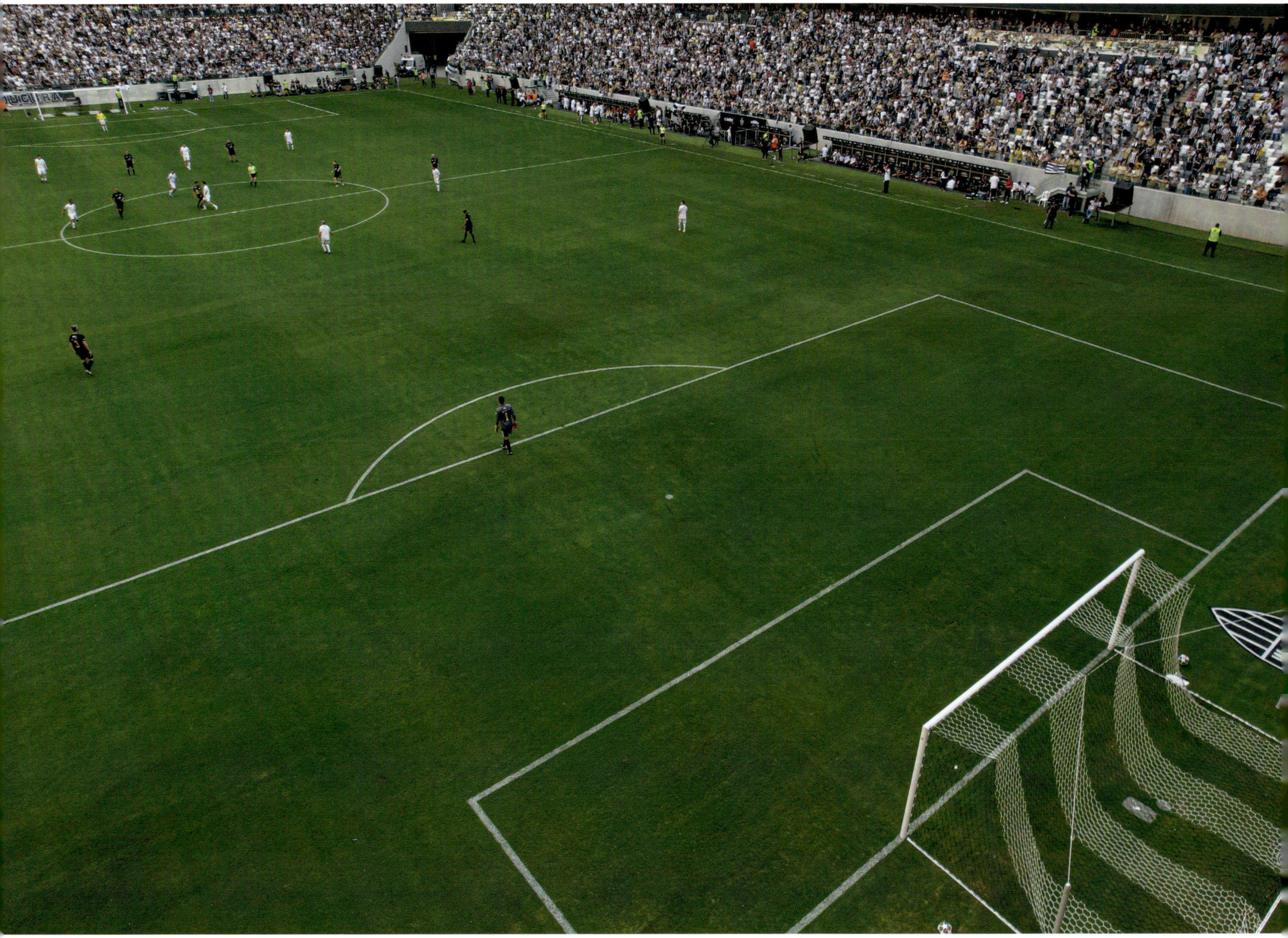

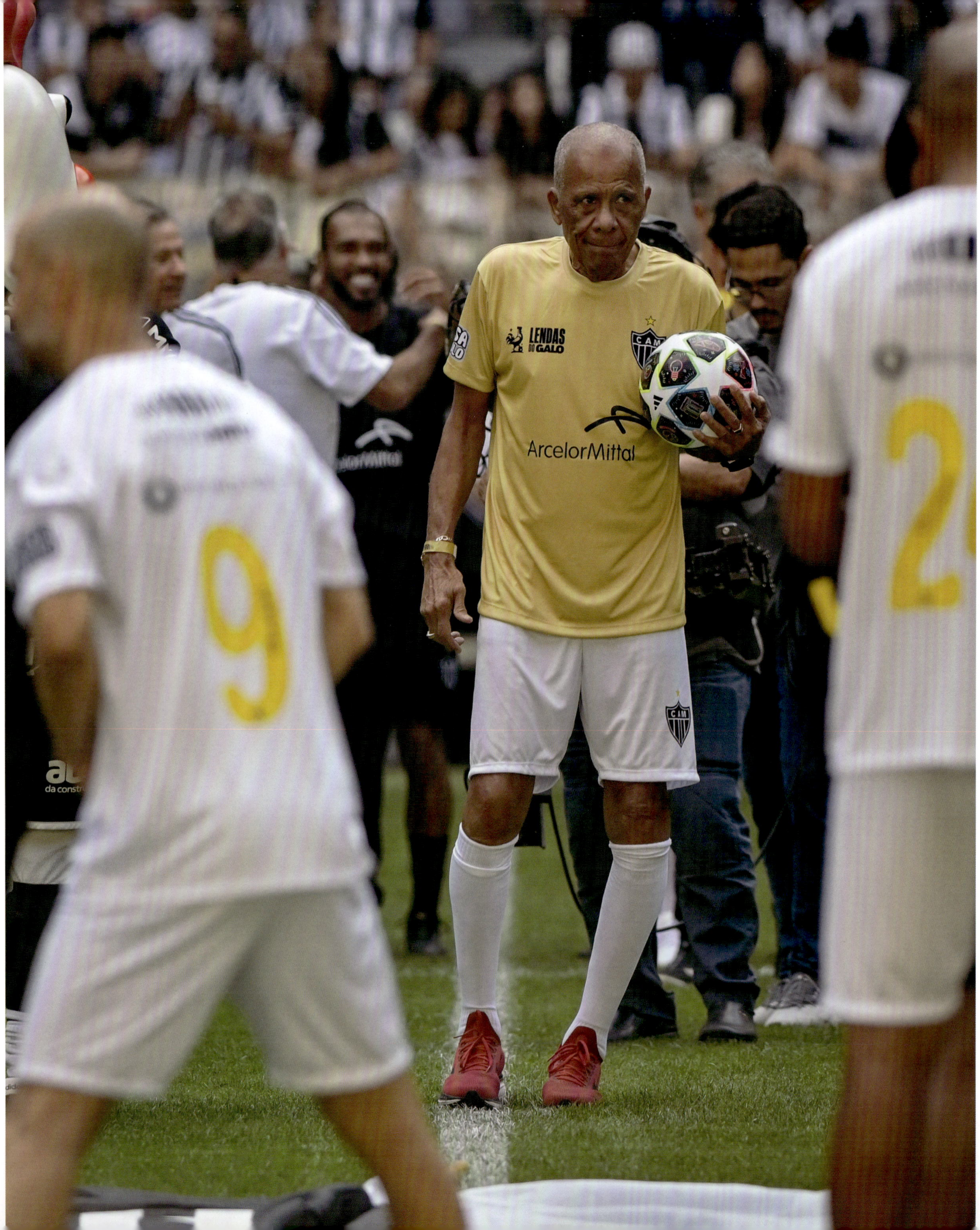
LENDAS DO GALO
ArcelorMittal

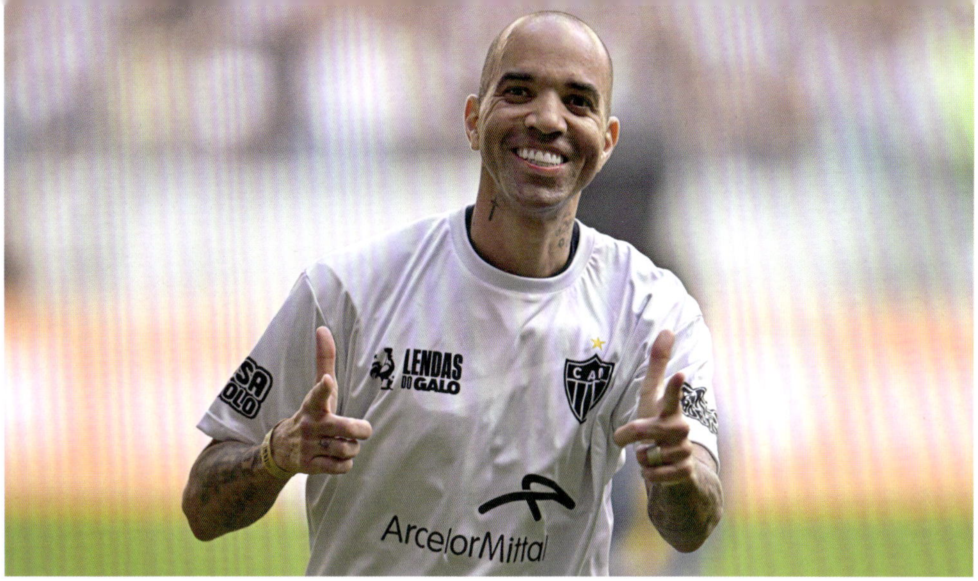
LENDAS DO GALO
ArcelorMittal

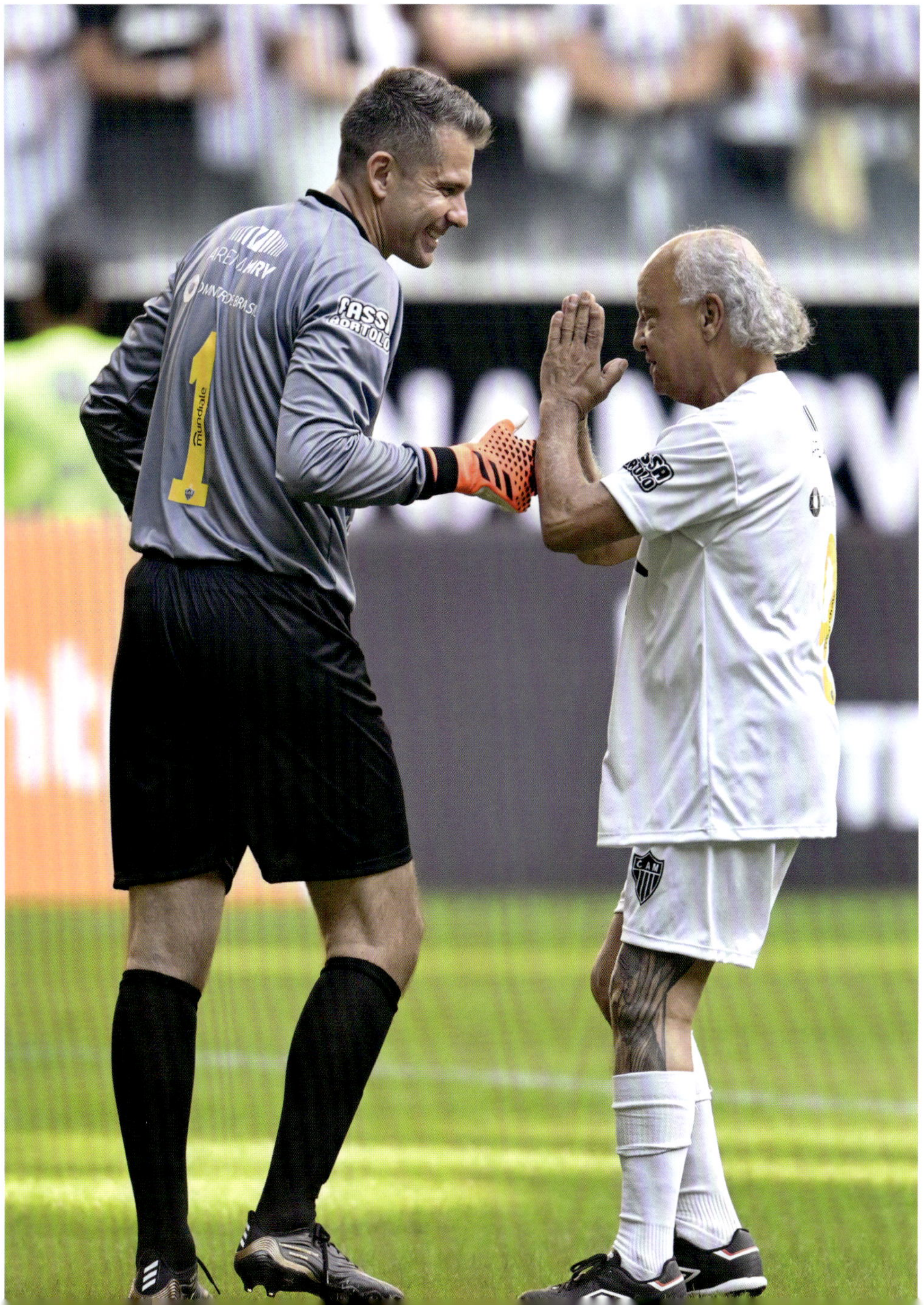

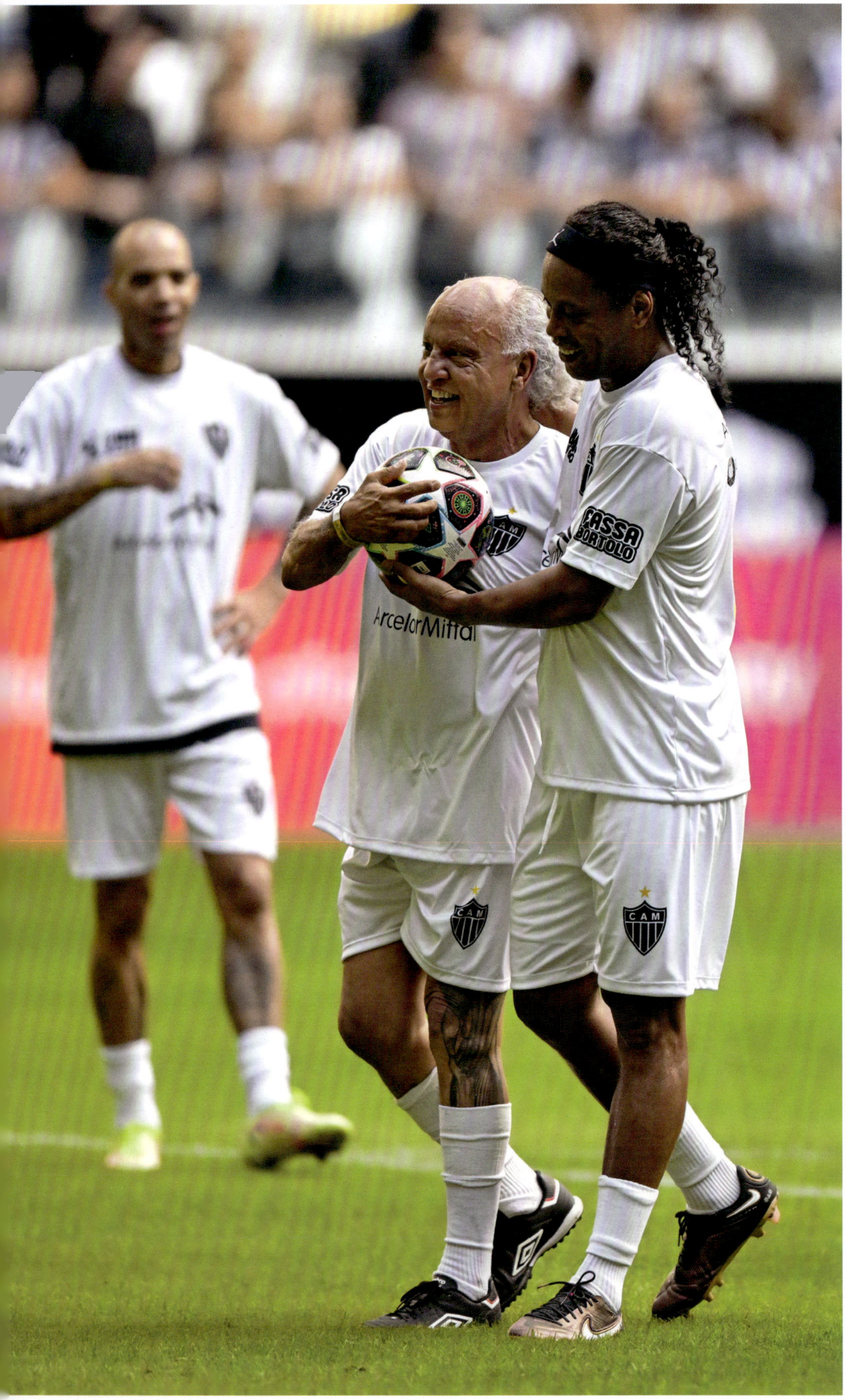
FASSA BORTOLO
ArcelorMittal
CAM
CAM
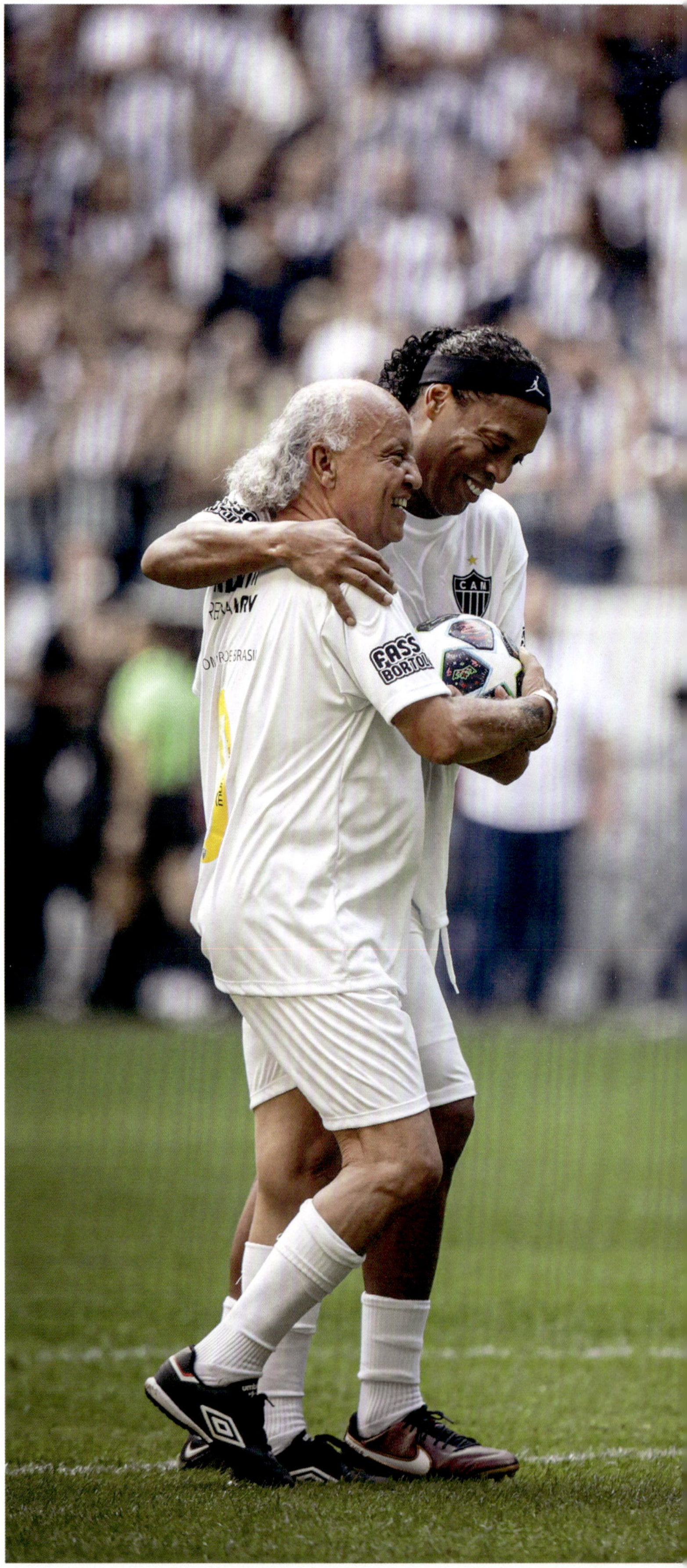
FASSA BORTOLO
CAM

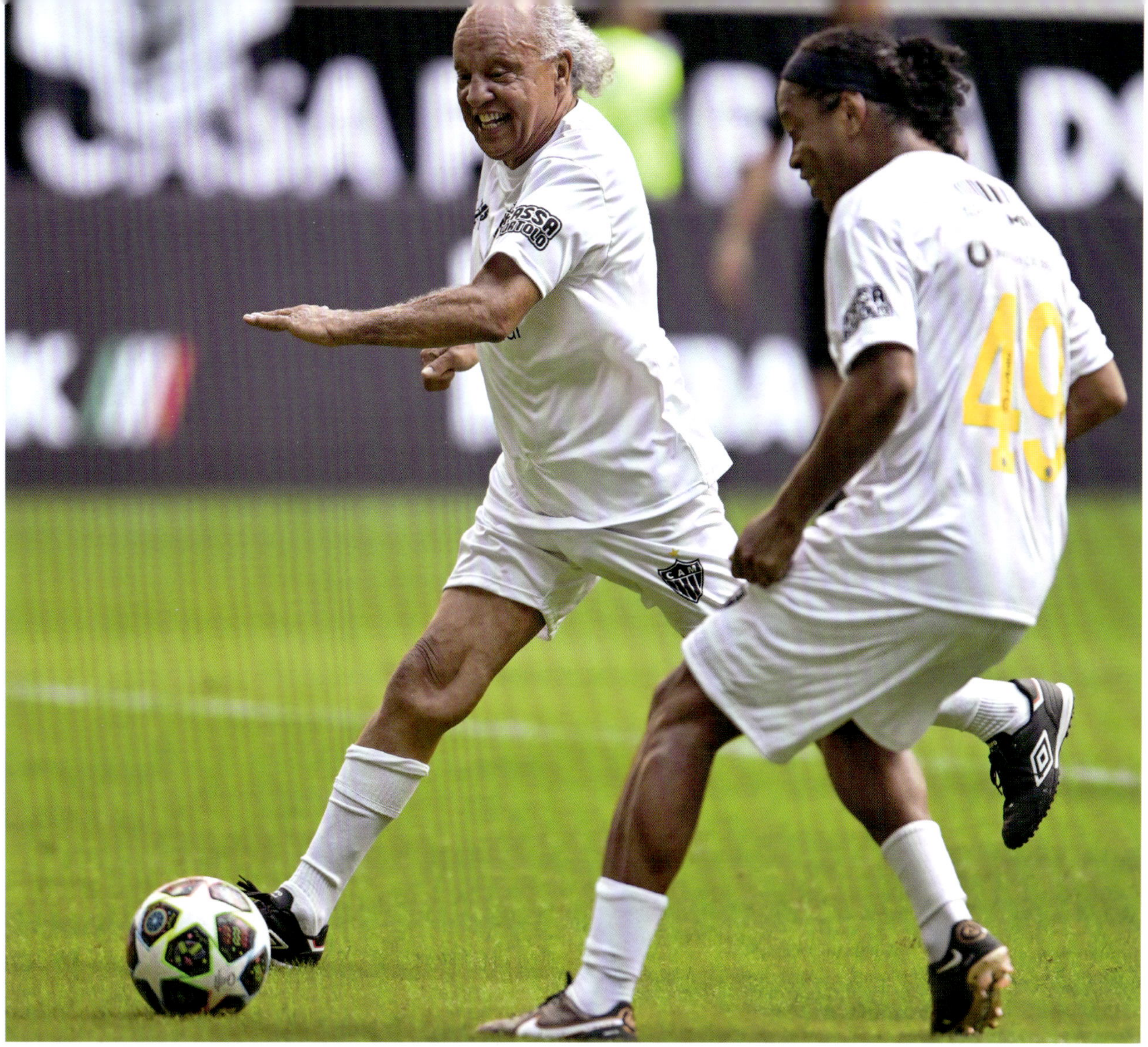

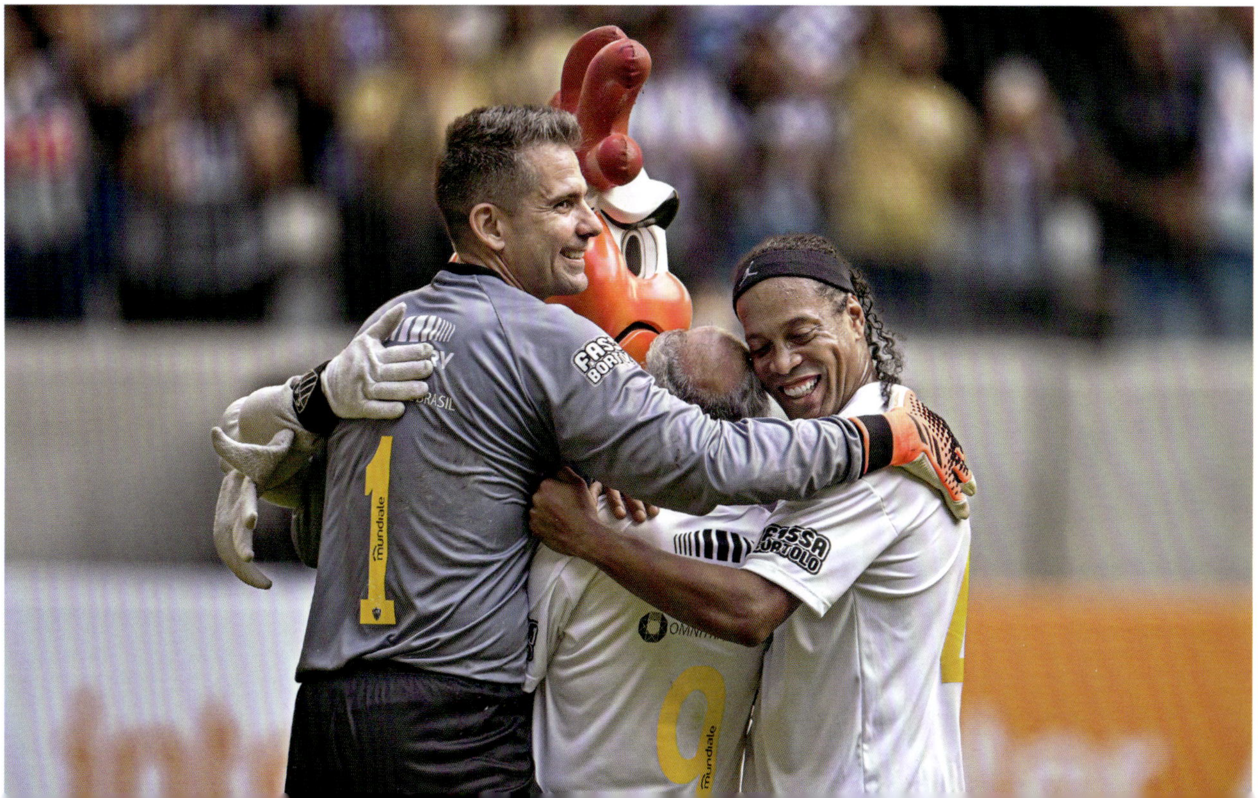

ARENA
inter
mastercard
ArcelorMittal, o aço

BRAHMA
BRAHMA
ArcelorMittal
inter
BRAHMA
APRESENTA
PÉRICLES
LENDAS DO GALO
ARENA MRV

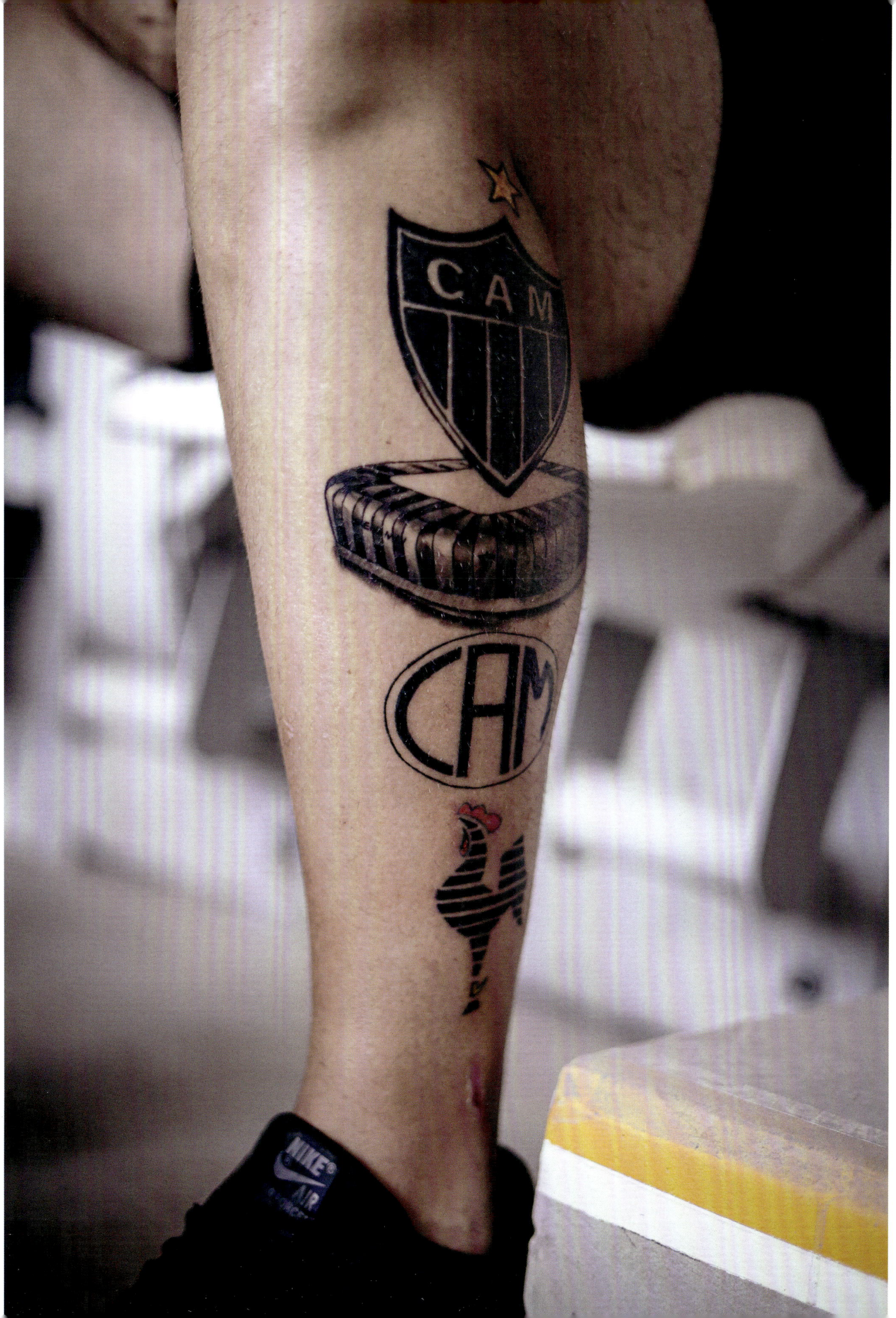
CAM
CAM
NIKE
AIR

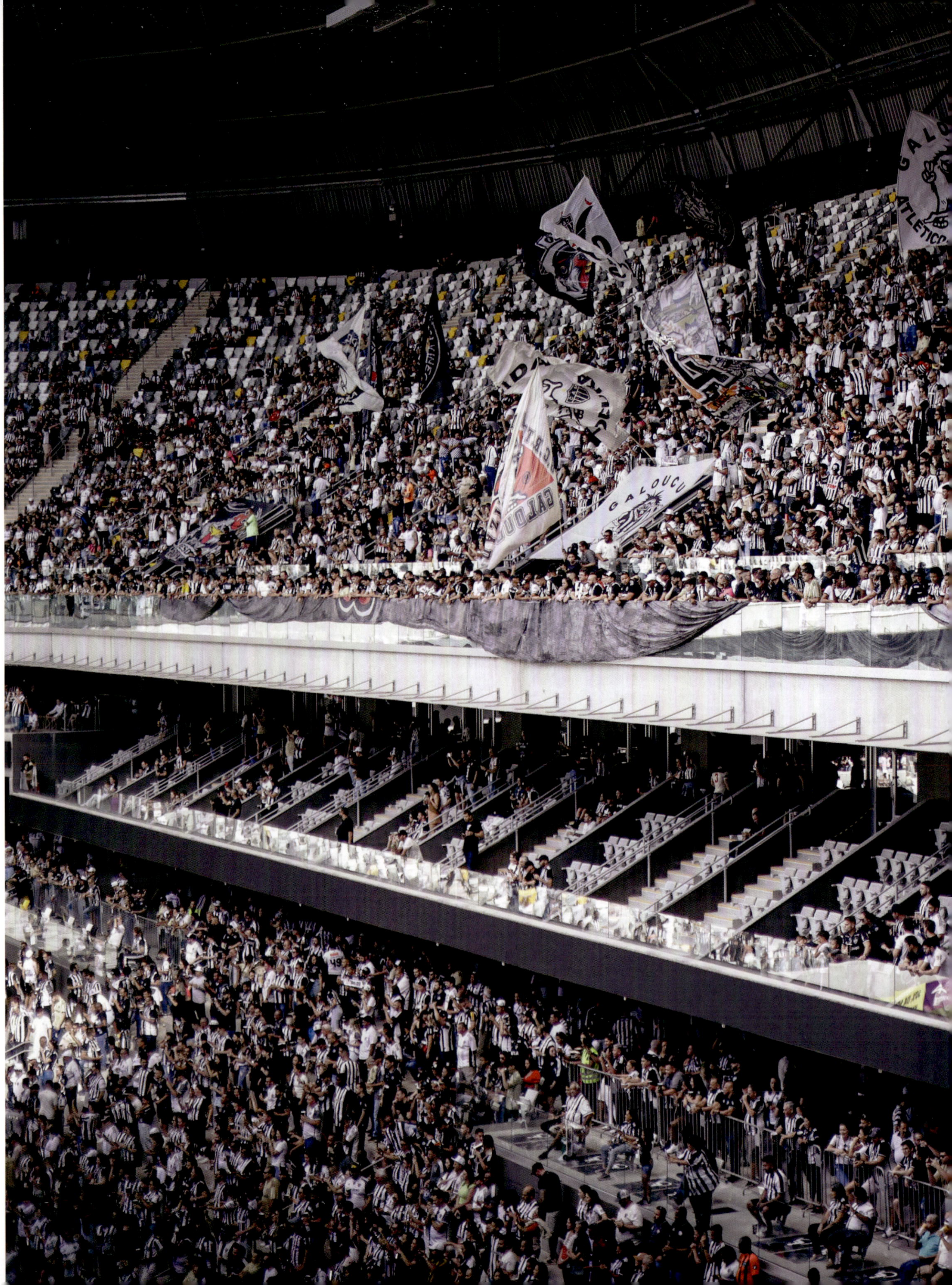
GALOUCU

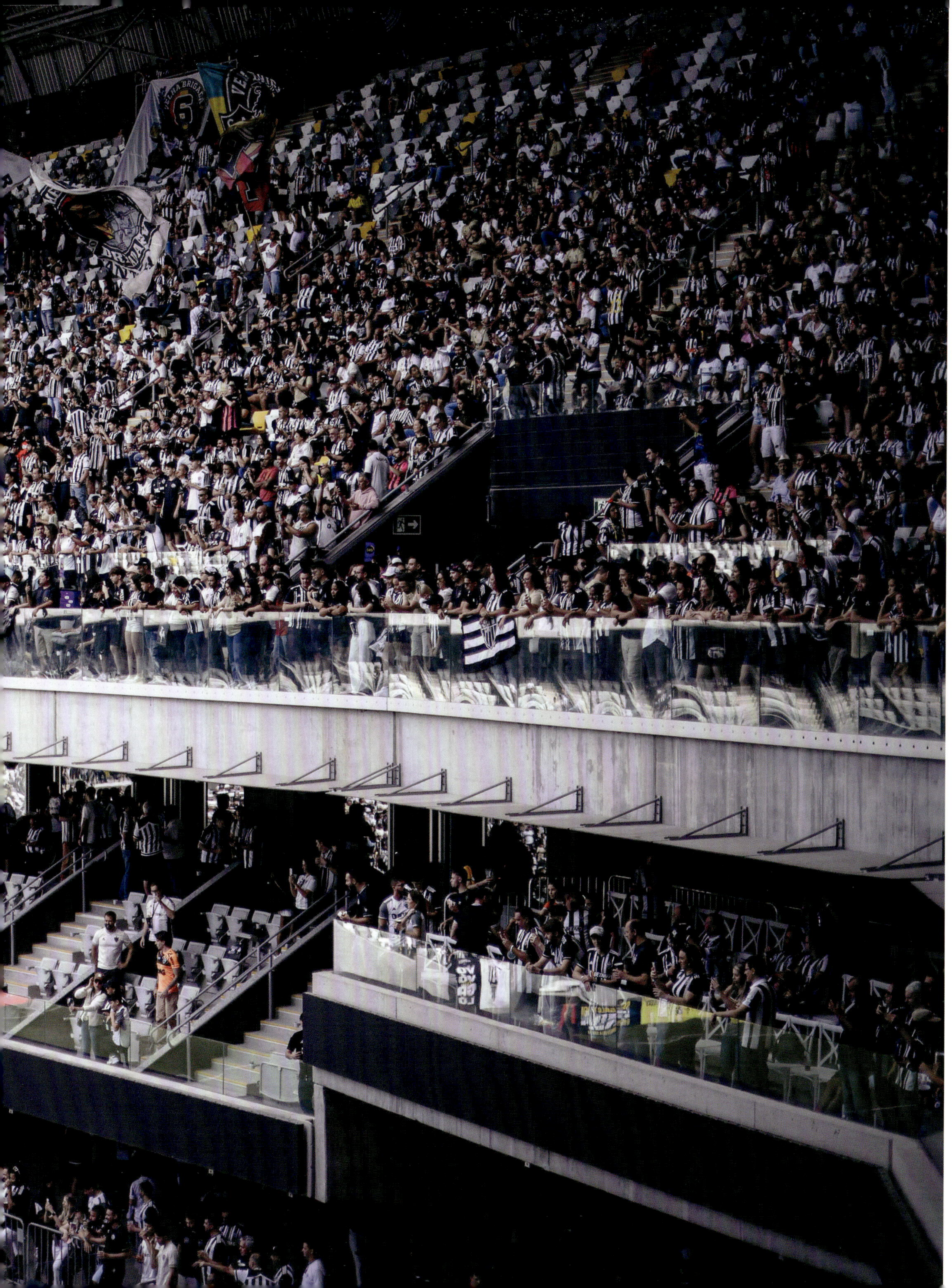

1º JOGO
-ARENA MRV-

▶ JOGO DE INAUGURAÇÃO – GALO X SANTOS

Em 27 de agosto de 2023, o assunto tomou Belo Horizonte. Foi impossível, mesmo para quem não gosta de futebol ou não ama o Atlético, passar o dia alheio à grande estreia da Arena MRV.

Por precaução do clube, a venda de ingressos foi limitada. A Massa compareceu dentro das possibilidades e foram contados 29.789 torcedores presentes (a carga de ingressos esgotou-se em 40 minutos), com renda bruta de R$ 1.962.077,75 e líquida de R$ 965.710,60. Os dados oficiais foram divulgados pela imprensa e podem ser pesquisados sem maiores dificuldades. O que vale, aqui, é registrar momentos, detalhes, peculiaridades, a emoção que não se repetirá.

Para o primeiro jogo oficial da Arena MRV, foi reservado o horário nobre e tradicional do futebol brasileiro: domingo, às 16 horas, o que estimulou torcedores do interior de Minas e de outros estados a virem para a capital com seus carros, de ônibus e de aviões desde a sexta-feira.

Na esplanada do estádio e nas ruas ao seu redor, a multidão bebia, cantava, batucava, tirava fotos, comprava suvenires. Diante da bela fachada com listras cinzentas e brancas, todos compartilhavam a mesma ansiedade.

E logo ao entrarmos na Arena, confirmaríamos: nossa cerveja era mais gostosa; nossas cadeiras, mais confortáveis. Os painéis eletrônicos e o sistema de som, emocionantes. A locução, empolgante. Até o xixi em nossos banheiros ficava especial.

A Charanga do Galo, mais antiga em atividade ininterrupta no Brasil, subiu as rampas internas para a arquibancada superior tocando o hino do Clube Atlético Mineiro. Imediatamente, as centenas de pessoas que utilizavam as rampas cantaram o hino a plenos pulmões. O som se amplificou, ecoou, impressionou. Mas parou assim que a Charanga chegou às cadeiras e avistou o campo. Seus experientes integrantes não mais podiam tocar, porque choravam. E o sentimento deles estava em sintonia com o ambiente, repleto de sorrisos e lágrimas.

Como se confirmasse o modo atleticano de ser, a Arena MRV conseguiu uma estatística sem igual no mundo esportivo. Antes da primeira partida jogada, o Galo levantou, diante da Massa, uma taça nacional. O troféu do Campeonato Brasileiro de Clubes (Campeão dos Campeões), conquistado em 1937, fora reconhecido na antevéspera pela CBF, como título nacional, análogo ao da Série A, após 20 meses de pleito, com o parecer favorável dos departamentos Jurídico, de Governança e Conformidade, e de Competições da Confederação. Além de festejar o Tricampeonato, celebramos a volta oficial ao posto de primeiro Campeão Brasileiro.

E, além de tudo, ainda teve jogo. Escalados por Luiz Felipe Scolari: Everson, Mariano, Maurício Lemos, Jemerson e Guilherme Arana; Rodrigo Battaglia e Otávio; Pedrinho, Cristian Pavón, Paulinho e Hulk viviam o privilégio de entrar em campo para fazer história, com a devida carga de responsabilidade.

Havia expectativa por quem marcaria o primeiro gol oficial na Arena – que teria de ser um gol atleticano. E não passava pela cabeça de ninguém uma possível derrota na estreia da nova casa. O time do Santos Futebol Clube, visitante, vivia o oposto; tentaria evitar a todo custo ser a primeira vítima.

Chegou a se cogitar uma partida amistosa, contra uma equipe estrangeira, como evento inaugural. Optou-se, porém, por enfrentar o Santos, clube de fama internacional incontestável. Pela 21ª rodada do Brasileirão Rei (assim batizado em homenagem a Pelé, falecido em 20 de dezembro de 2022), recebemos o time de Edson Arantes do Nascimento. Valendo três pontos.

O segundo semestre de 2023, no Brasil, foi marcado por impressionantes ondas de calor. A primeira delas teve início registrado exatamente às 16h01, logo que o gaúcho Rafael Rodrigo Klein apitou o início de jogo. A bola começou com os visitantes, mas não demorou 30 segundos para que Pedrinho, Paulinho e Hulk tabelassem e chegassem ao gol à direita das cabines, exigindo a defesa do goleiro João Paulo.

A Massa, que já cantava, aumentou a temperatura do caldeirão. E os jogadores responderam com muito empenho. O ímpeto por abrir o marcador era do Atlético. Aos 7 minutos, Pedrinho recuperou uma bola, entrou na área e deu belo passe a Paulinho, na esquerda do ataque. O camisa 10 chutou forte no canto direito, João Paulo deu rebote para o centro da área, de onde Hulk finalizou com a famosa perna esquerda. Atento, o zagueiro Alex conseguiu, num carrinho, adiar nosso grito de gol. Mas não por muito tempo. Quando o cronômetro marcava 12 minutos jogados (em outras palavras, quando entrávamos no décimo terceiro minuto da partida), novamente Pedrinho, Hulk e Paulinho foram virtuosos no trato da bola. Pedrinho lançou Hulk na entrada da área. Nosso super-herói, de primeira, de costas, de calcanhar e de letra, deu uma assistência que, por si só, seria histórica. Coube a Paulinho receber e, também de primeira, chutar rasteiro no canto direito do goleiro. Era o primeiro gol oficial do Atlético na Arena MRV, para delírio da Massa.

O 17º gol de Paulinho no ano fazia justiça à melhor dupla de ataque do Brasil – de seus pés saiu o gol a ser eternamente lembrado. Os jogadores celebraram o gol junto da bandeira de escanteio, à esquerda do ataque (tremulavam, nos *corners*, bandeiras alvinegras do Clube Atlético Mineiro). Paulinho segurou respeitosamente o símbolo do Galo, mostrando-o à Massa e a toda a cobertura jornalística que espalharia a imagem mundo afora.

E Paulinho queria mais. Aos 20 minutos, no centro do ataque, recebeu nova assistência de Hulk, que vinha pela esquerda, e botou para dentro. O delírio da Massa foi contido pelo assistente Rafael da Silva Alves, que levantou sua bandeira para o impedimento de Hulk no momento do passe de Otávio.

A equipe de Marcos Leonardo, Mendoza e Jean Lucas tentou reagir em cobrança de falta, em chutes que saíram pelo lado e por cima do gol de Everson. Contribuiu para aumentar a dose de emoção do domingo, valorizando ainda mais o evento. Os donos da casa e da festa, por sua vez, proporcionavam o que era deles esperado: Arana, de fora da área, fez uma bola forte explodir no peito do goleiro santista: 1 a 0 foi o placar do primeiro tempo.

O anfitrião voltou inspirado do vestiário. Aos 13 minutos, Arana recebeu de Pedrinho na esquerda e cruzou na área. A bola passou por todos, incluindo o goleiro João Paulo, mas não por Battaglia. Nosso meio-campo argentino cabeceou para a rede e comemorou bastante, assim como reclamou da marcação de impedimento.

Depois de dois gols anulados, porém, chegou a hora de comemorar novamente. Hulk cobrou falta da intermediária, no lado direito, alçando a bola à área. Paulinho saltou, cabeceou para baixo e correu para o abraço. Isso mesmo: foi outro gol de Paulinho. Na marca dos 22 minutos, a bola tocou na trave esquerda antes de entrar, indefensável.

Daí em diante só deu Galo. Alan Franco tabelou bem com Pedrinho e encontrou Hulk na entrada da área. O craque livrou-se da marcação e girou para chutar de esquerda. Aos 33, a bomba explodiu na trave direita. Pedrinho ganhou disputa no meio, correu com a bola dominada e arriscou de fora da área. A bola saiu com perigo ao lado do poste direito, que ainda tremia, 40 segundos após o chute de Hulk. Já nos descontos, João Paulo mais uma vez evitou placar elástico: segurou, em cima da linha, à queima-roupa, cabeceio de Igor Gomes após cobrança de escanteio da direita. Fim de jogo, 2 a 0, vitória do Galo em sua primeira partida na casa nova.

Paulinho não fez apenas os dois primeiros gols da Arena MRV. Fez os primeiros quatro. Marcou em nosso jogo seguinte como mandantes, contra o Botafogo, em 16 de setembro – vencemos por 1 a 0. E repetiu a dose na terceira partida do estádio, no 1 a 0 sobre o Cuiabá. Artilheiro isolado do Campeonato Brasileiro de 2023 (20 gols) e vice-artilheiro da Copa Libertadores da América (7 gols), o camisa 10 terminou o ano contando 31 tentos (figurando entre os três jogadores de até 23 anos que mais marcaram no futebol mundial durante a temporada).

Suas atuações no segundo semestre foram decisivas para a arrancada do Atlético no Brasileirão, justificando sua convocação para a Seleção Brasileira principal (de 2015 a 2019, o "arqueiro" fez parte das seleções de base – Sub-15, Sub-17, Sub-20 e Sub-23). A dupla que formou com Hulk (autor de 30 gols em 2023) igualou o feito de Nunes e Éverton (que, juntos, marcaram 61 em 1986) como a parceria de maior sucesso em uma temporada em toda a história do Atlético.

A relação do jogador com o novo campo marcou o início das estatísticas da Arena MRV. Paulinho fez mais dois gols contra o Fluminense (2 a 0), em 28 de outubro. E outros dois contra o Fortaleza (3 a 1), em 1º de novembro. Os oito gols e a importância como definidor de partidas geraram apelidos carinhosos. De fato, é justo parafrasearmos Zé Keti. Como o samba, Paulinho mostra ao mundo seu valor. Natural do Rio de Janeiro, é ele quem leva a "alegria para milhões de corações brasileiros" (alvinegros – sim, senhor!). Paulinho é o Rei do Terreiro!

ARENA MRV, O MEU TERREIRO

"A Arena vai ser a sua casa", esse foi um dos argumentos que mais me cativou na proposta de vir para o Atlético. Não tinha muitas dúvidas. Era só saber quando assinava e quando poderia estrear. A vontade de voltar ao Brasil, jogar em clube de massa e ainda mais de casa nova são elementos muito tentadores.

Na minha primeira entrevista, falei que sonhava em ser o autor do primeiro gol da Arena. Esse sentimento só aumentou quando fui visitá-la antes de ainda estar finalizada. Fato engraçado é que o pneu do meu carro furou nesse dia. Mas um obstáculo pequeno desses não ia interferir na minha conexão com o Galo e com a Massa Alvinegra.

Foram anos de espera para muitos e meses de espera para mim. Quando ela acabou, eu realmente me senti à vontade, como poucas vezes na vida. E logo na estreia veio o primeiro gol, o grito de "aqui é nossa casa". Minutos depois, o segundo para reforçar a nossa bandeira.

A partir daquele momento, a sinergia com a torcida e o estádio só aumentou. Vieram golaços, vitórias categóricas para sacramentar a conexão centenária do clube com seu povo. E a frase que me disseram no começo se encaixou como uma luva. A Arena é a minha casa, o meu terreiro. É lá que a gente canta de Galo, como Galo e para o Galo.

Paulinho, camisa 10 do Atlético na inauguração,
e autor dos primeiros gols da Arena MRV.

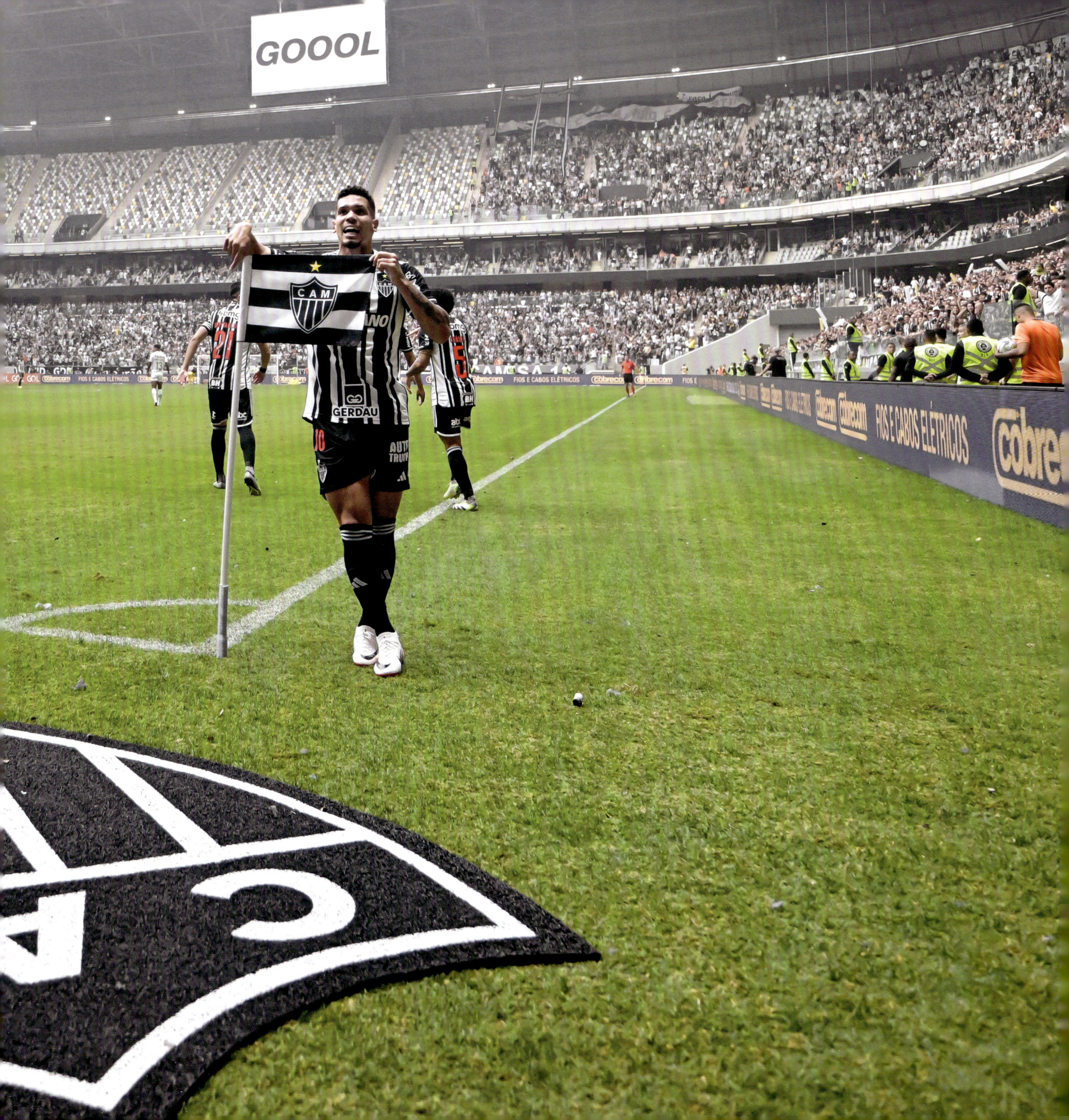
GOOOL
CAM
GERDAU
cobrecom
FIOS E CABOS ELÉTRICOS

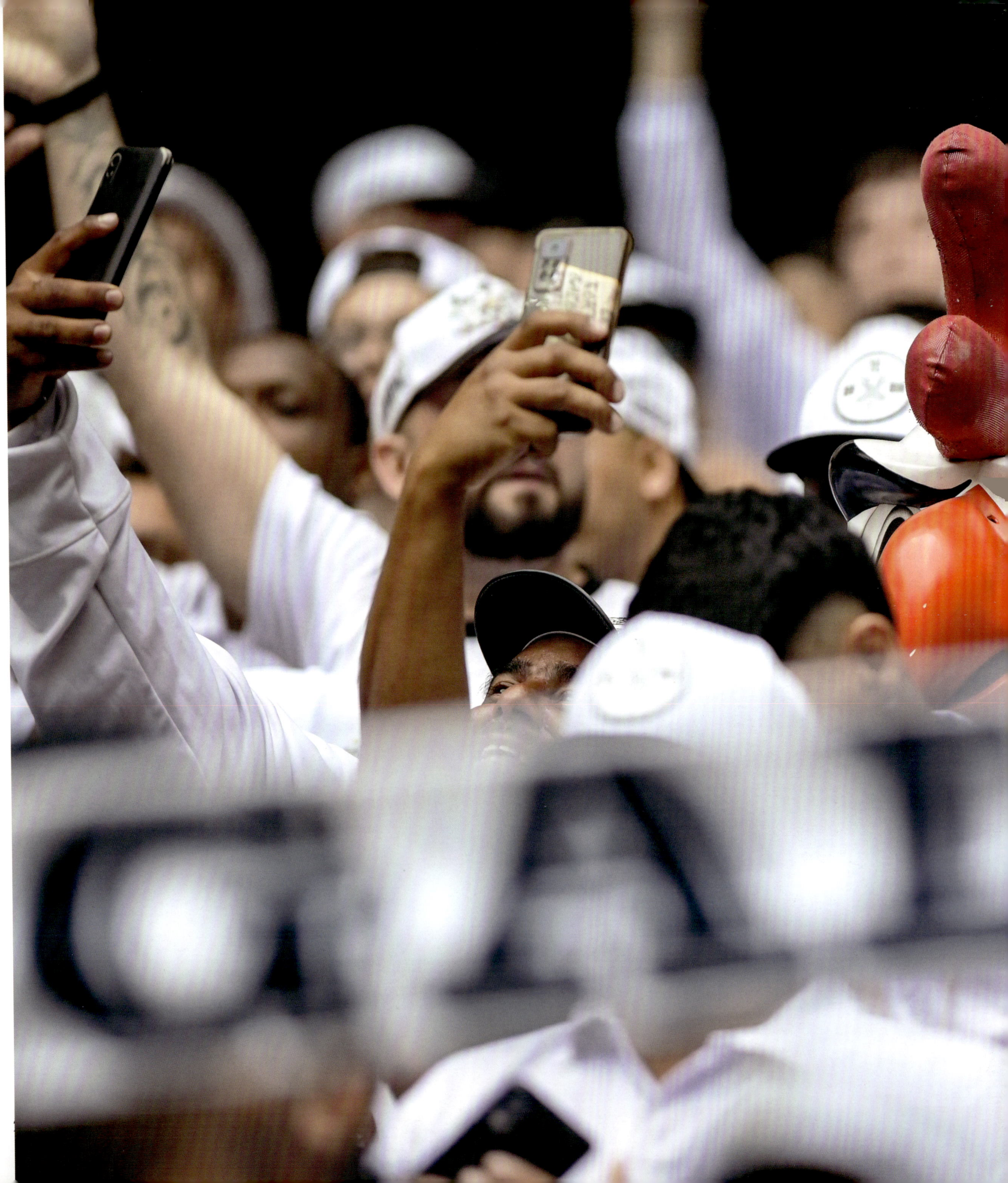

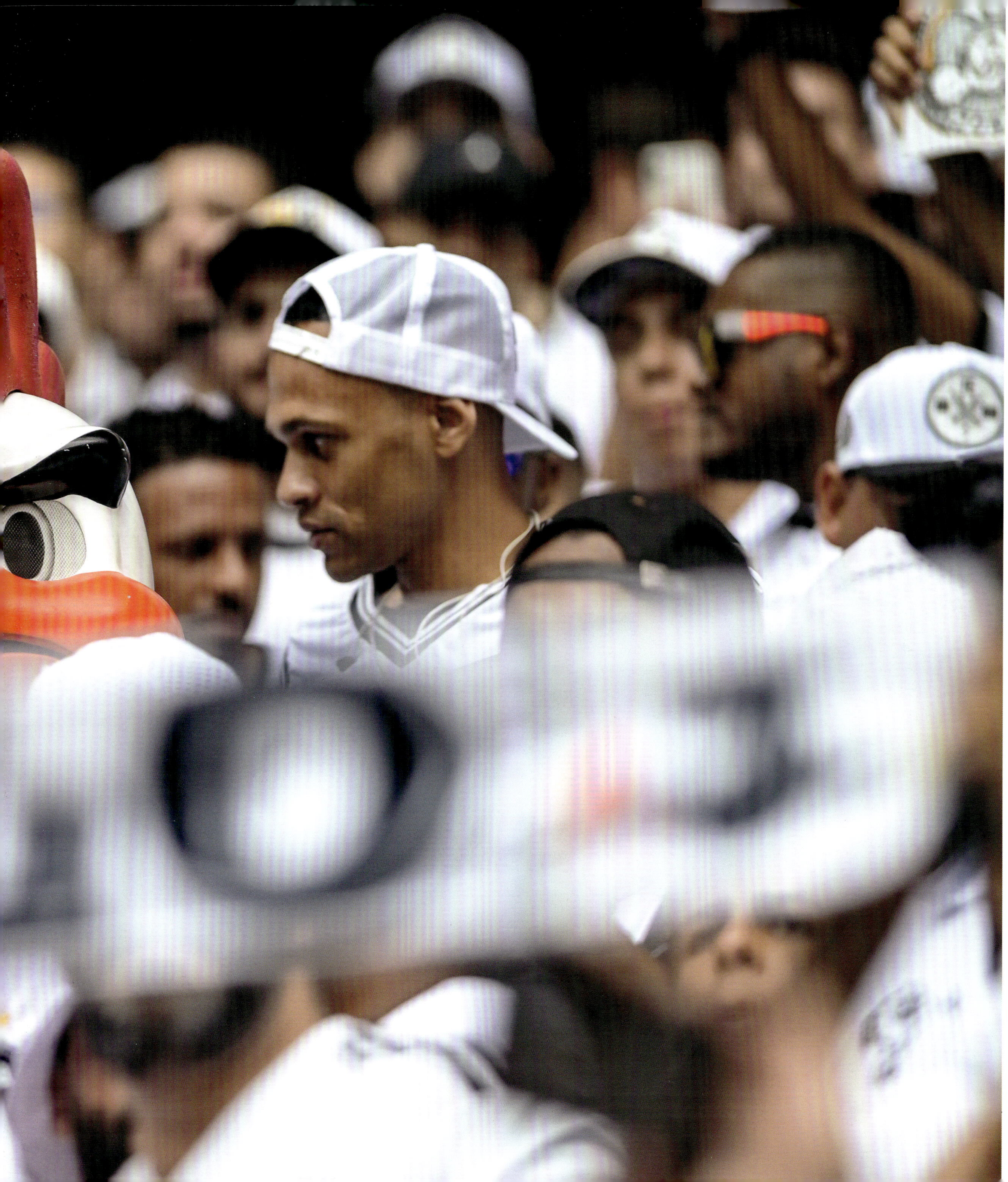

NADA COMO ESTAR EM CASA
ARENA MRV, A CASA PRÓPRIA DO GALO
MRV
CAM
ARENAMRV

BRASILEIRÃO
ASSAÍ
CAM
S.F.C.
BRASILEIRÃO ASSAÍ 2023
ASSAÍ
ATACADISTA

BRASILEIRÃO
ASSAÍ
BRASILEIRÃO ASSAÍ 2023
Racismo é crime

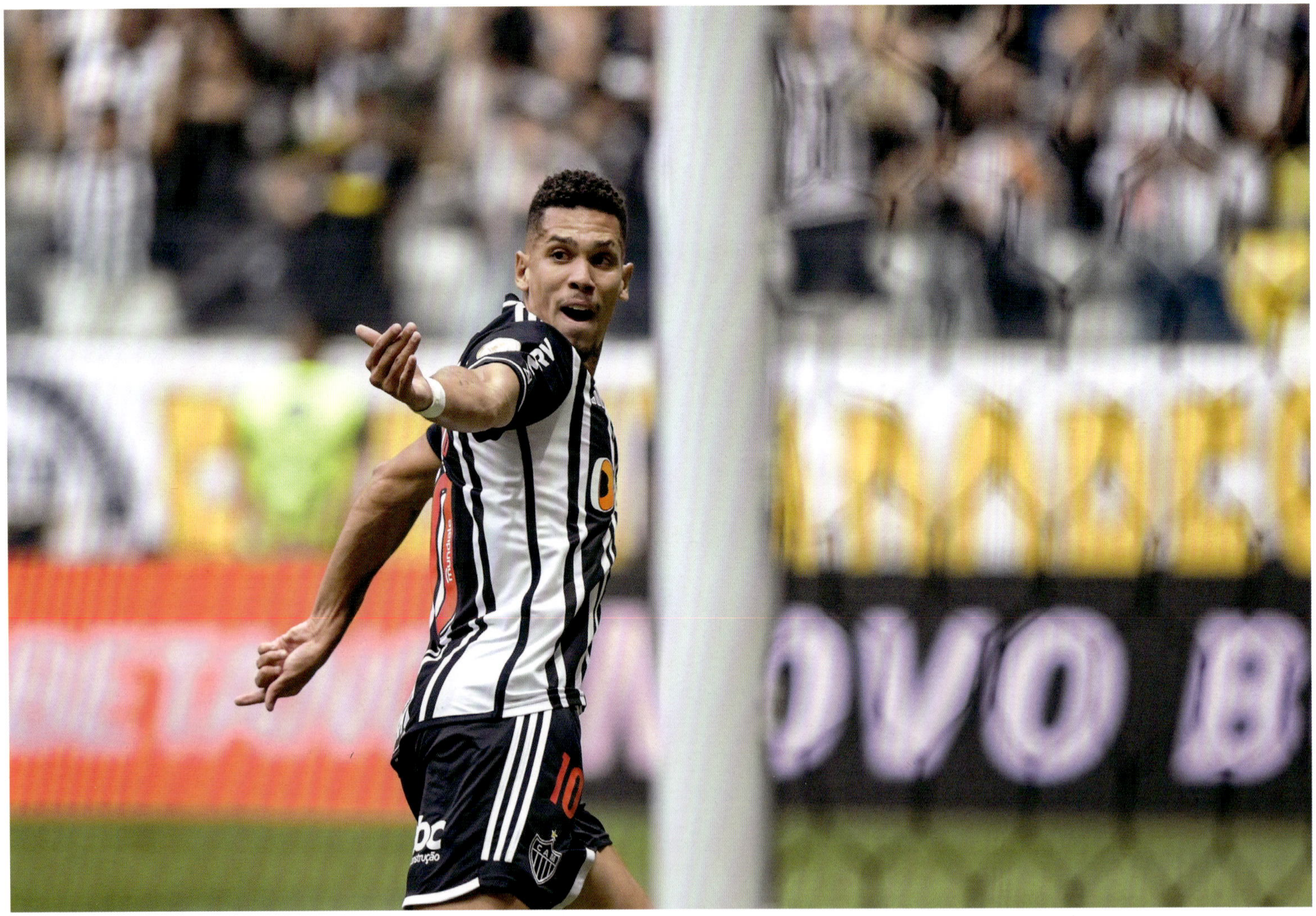

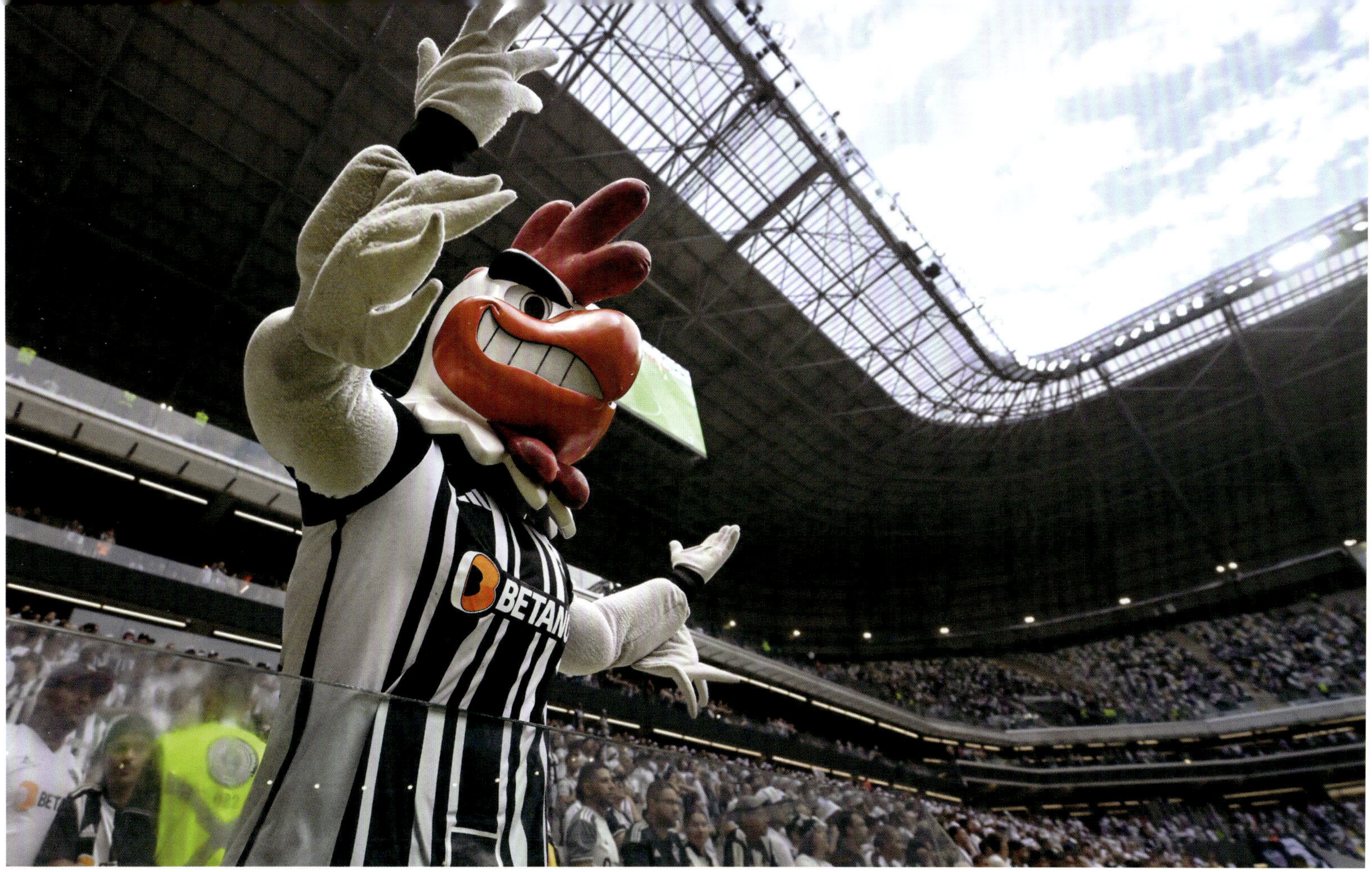
BETANO

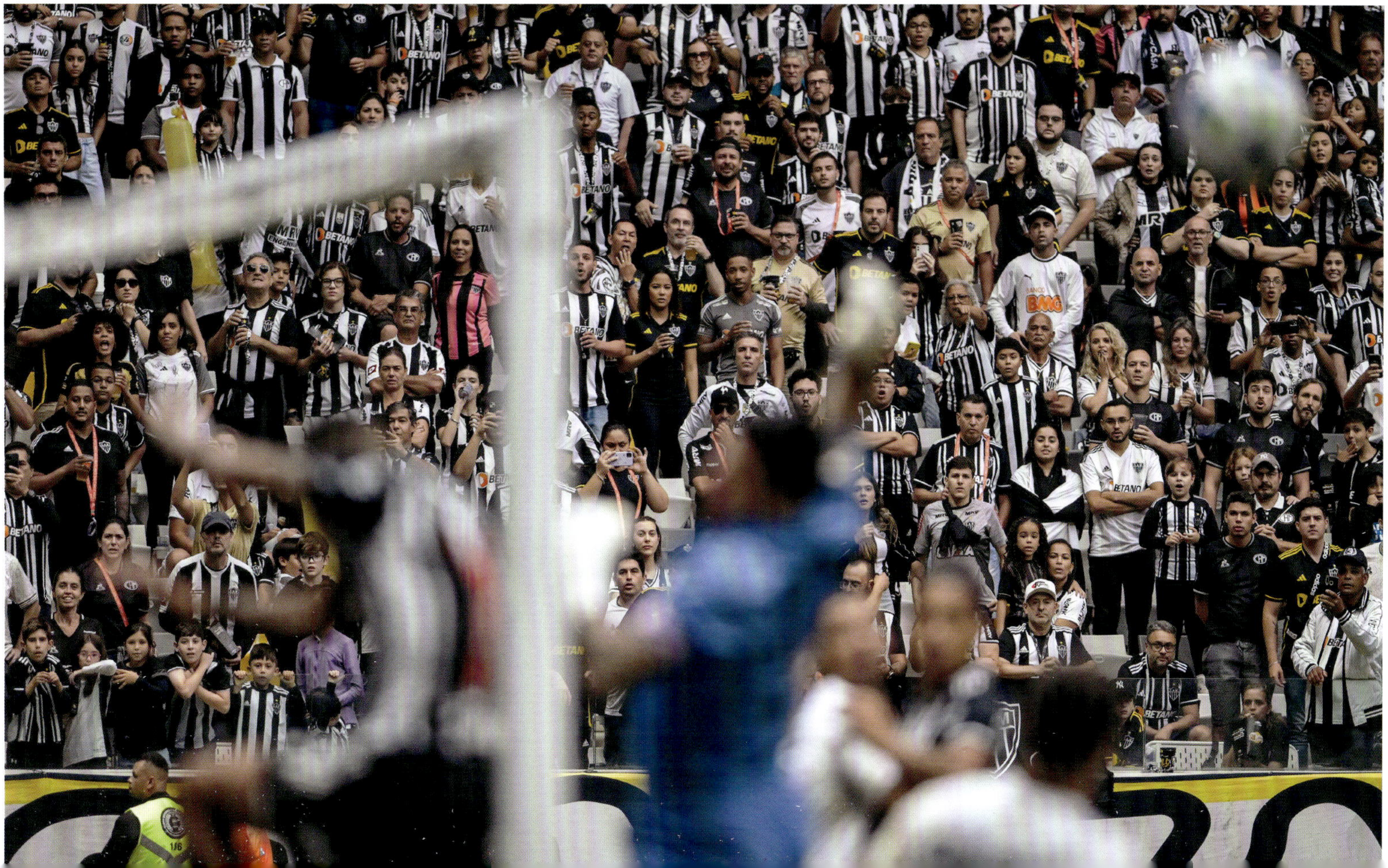

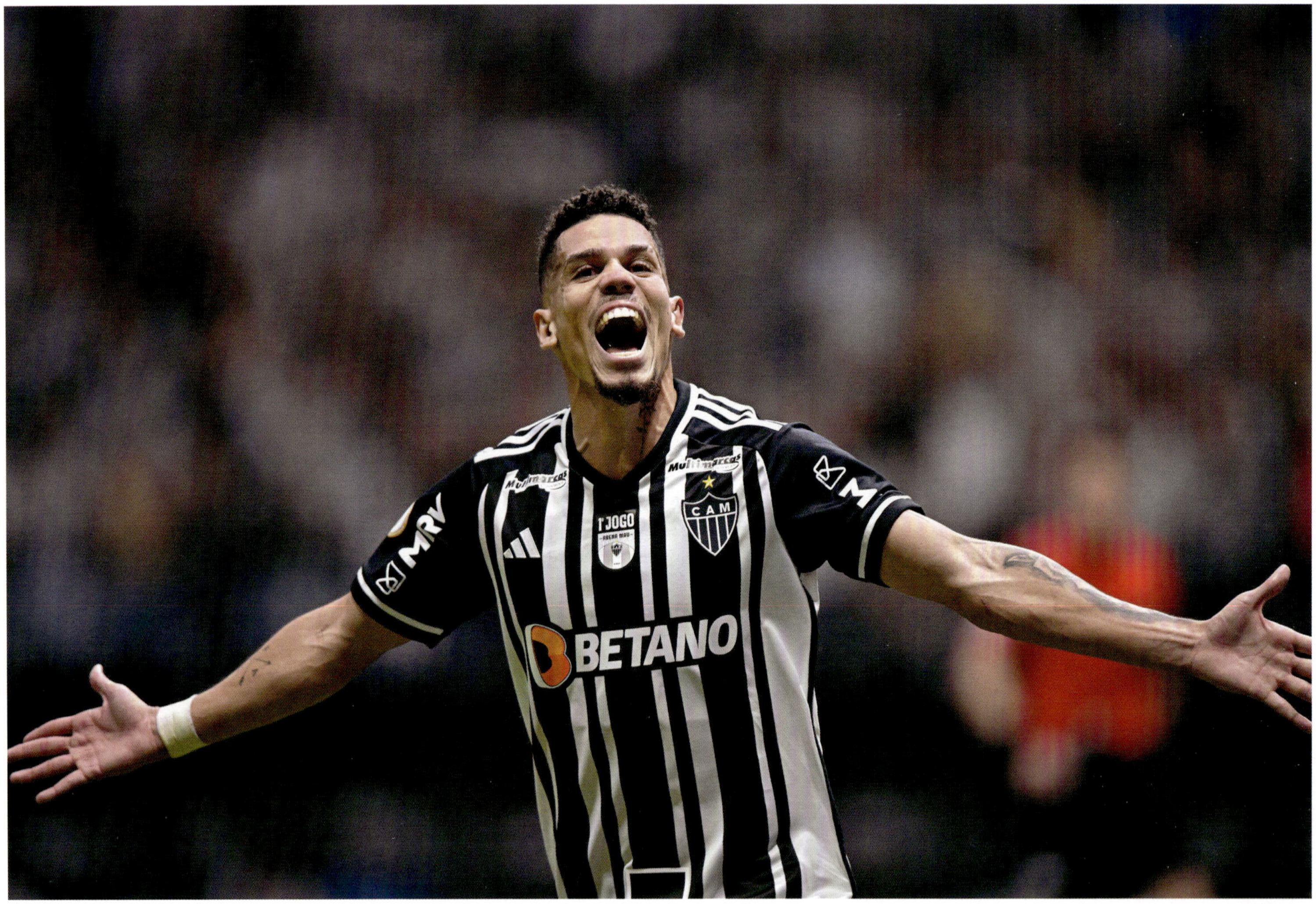
BETANO
MRV

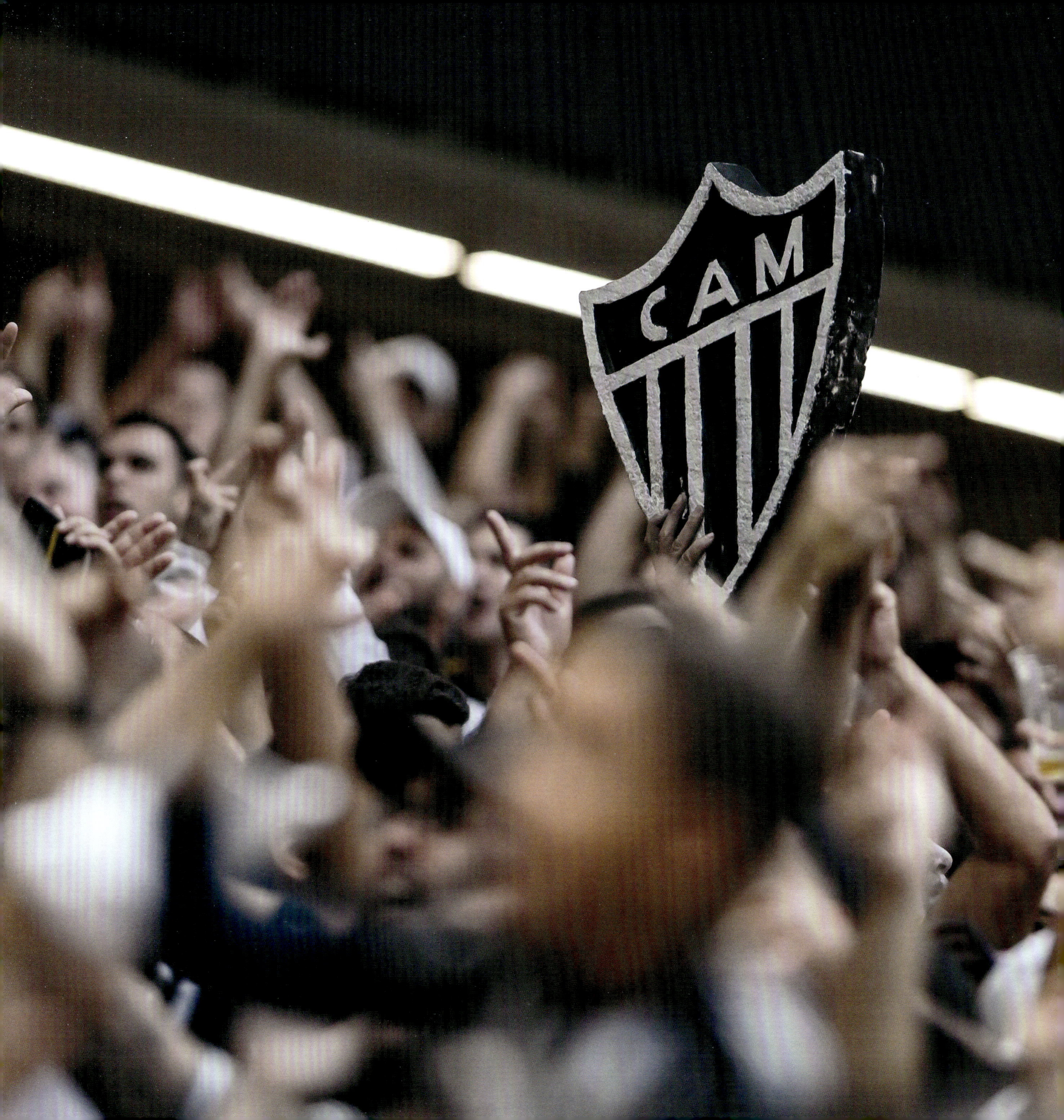
CAM

GZO
OESTE
OESTE
Nova Serrana
Philco
19
BETANO
blaze
BINANCE

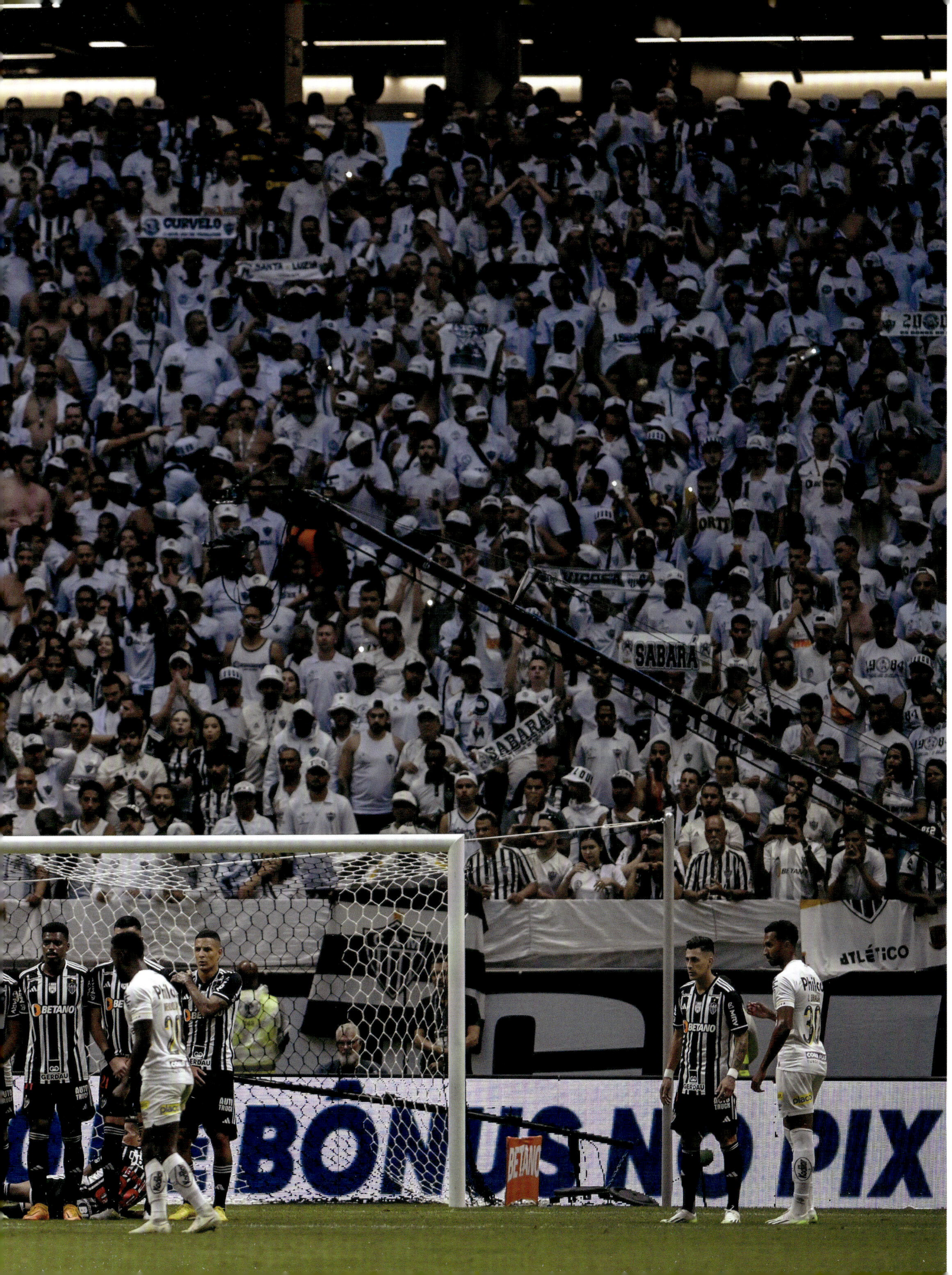
CURVELO
SABARÁ
SABARÁ
ATLÉTICO
BETANO

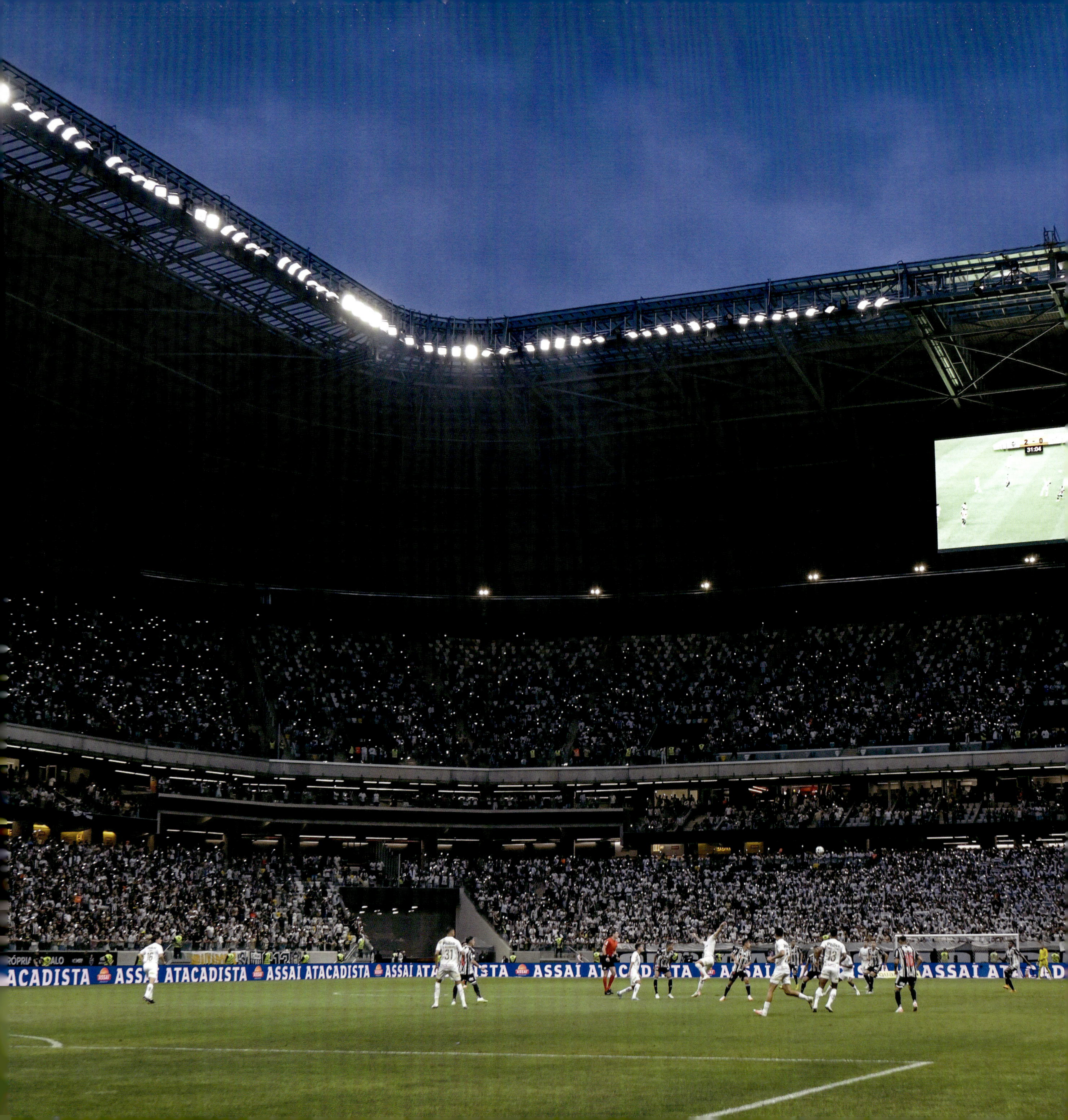
ACADISTA ASSAÍ ATACADISTA ASSAÍ ATACADISTA ASSAÍ ATA

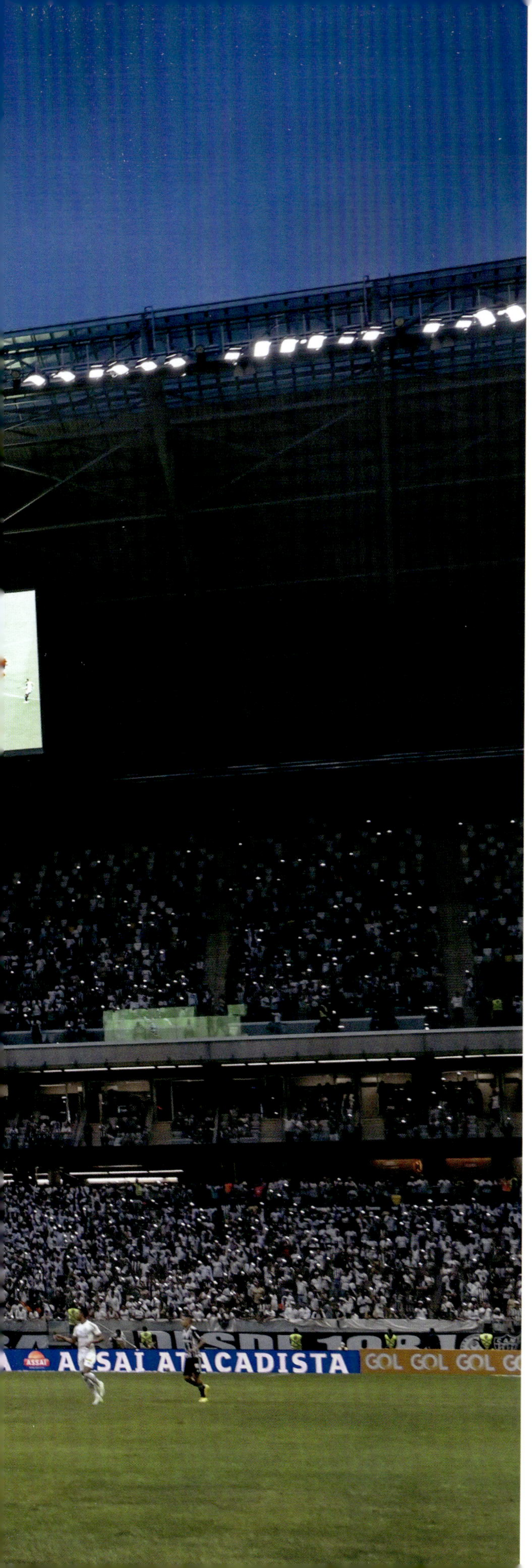
GOL GOL GOL

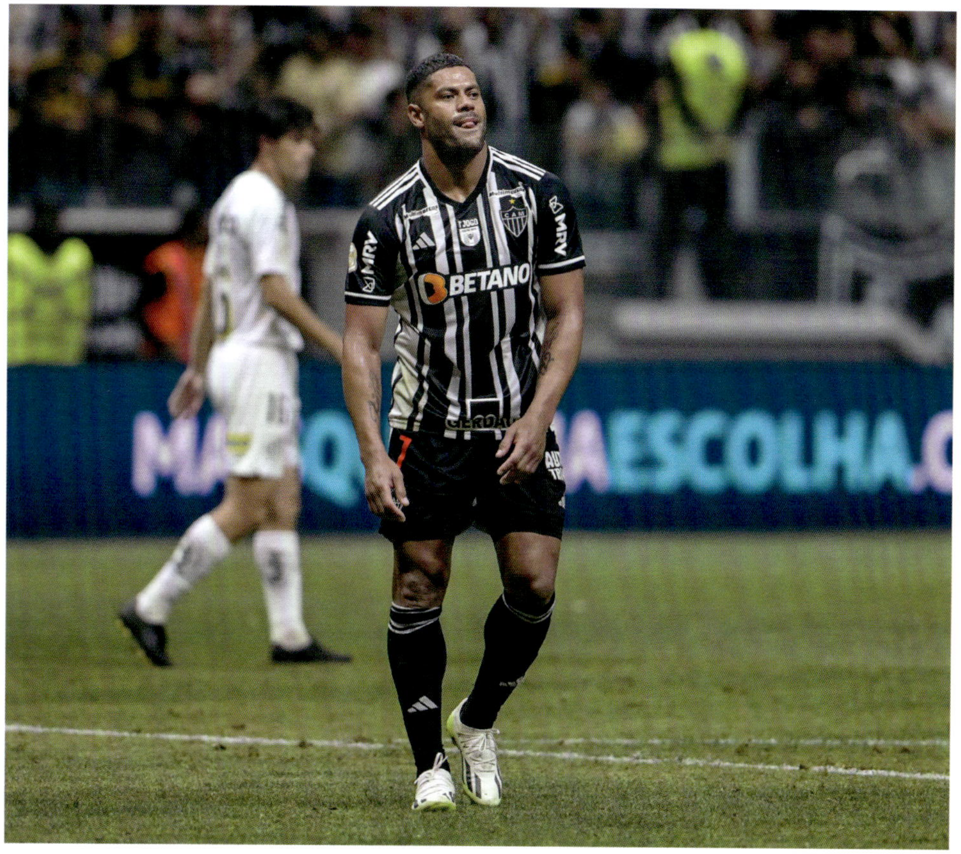
BETANO
MRV

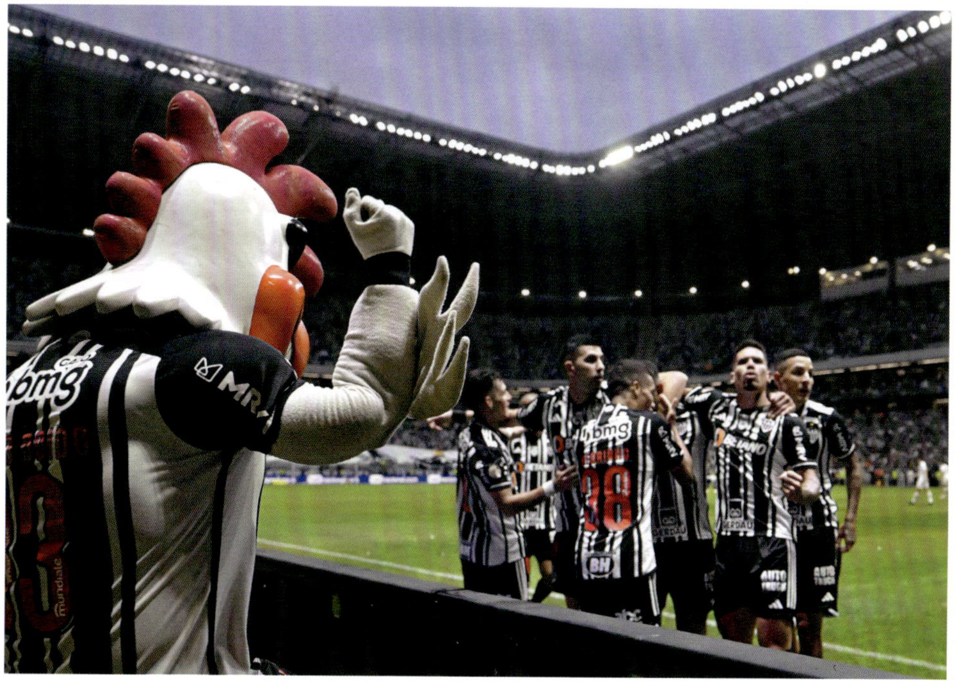
MRV

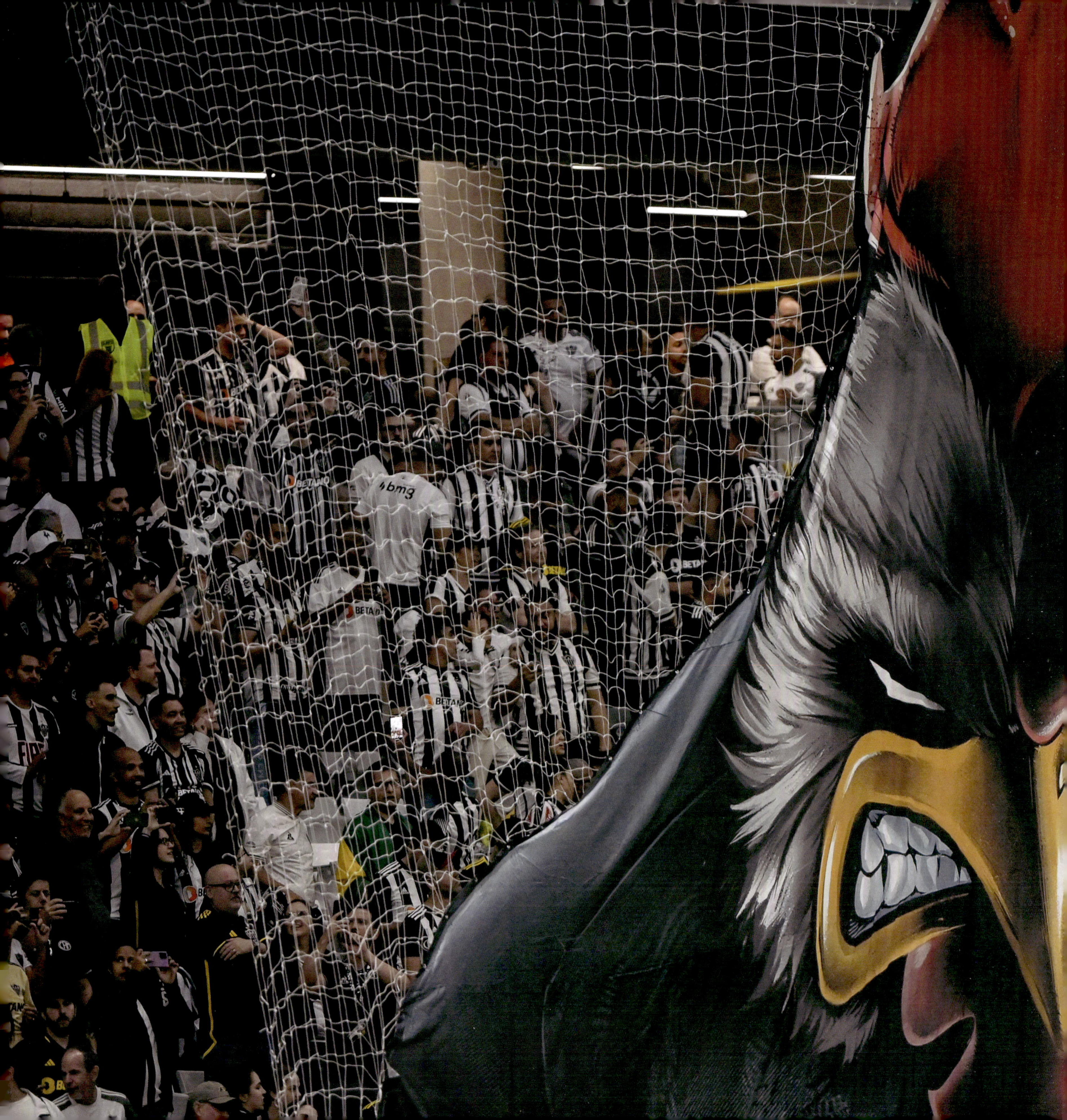
bmg

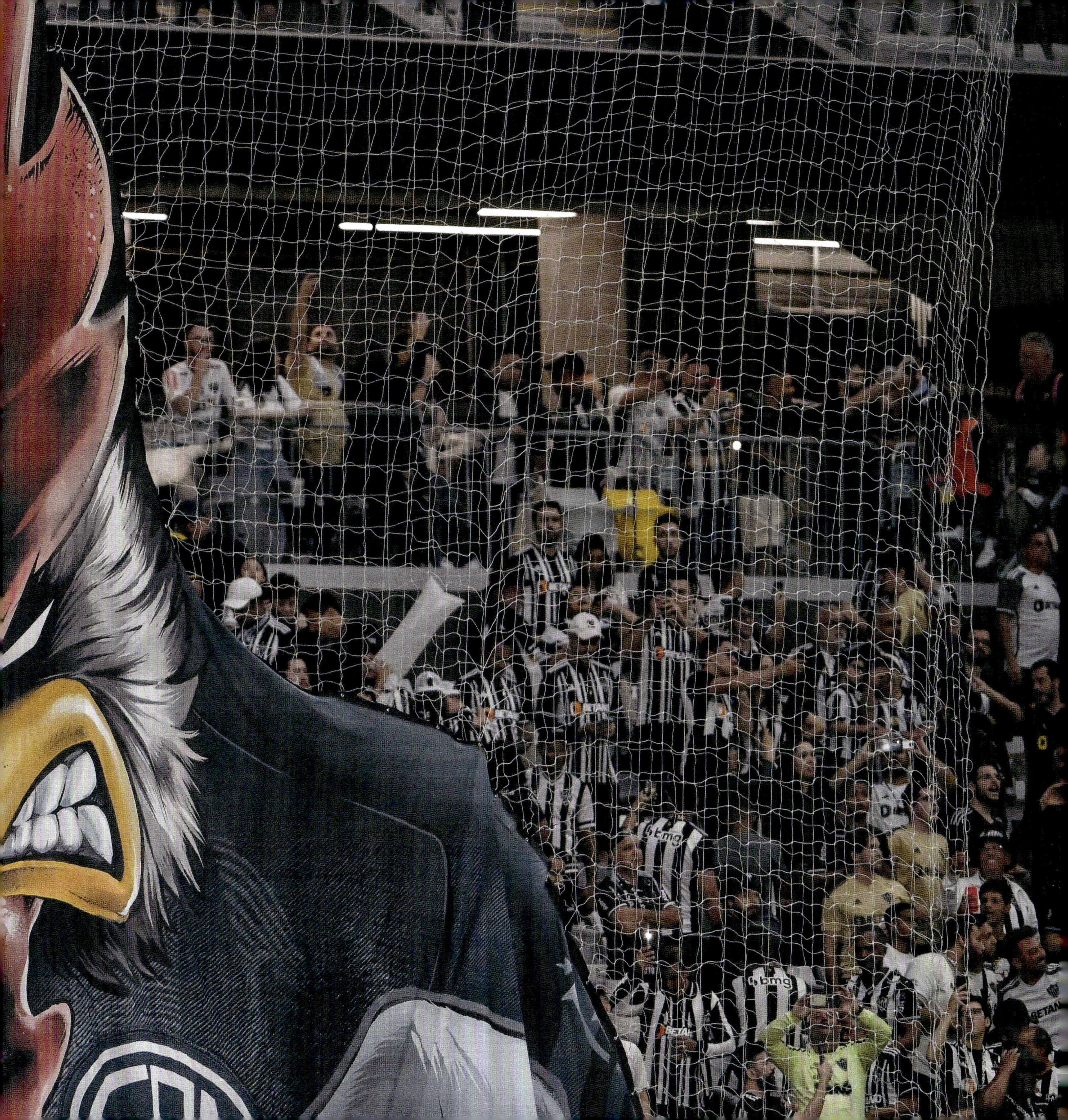
bmg

▶ SIR PAUL TOCOU NO ESTÁDIO DO GALO!

No decorrer de 2023, nos eventos comemorativos e em festivais que serviram como aprendizado, a Arena MRV recebeu artistas nacionais. O grupo Sambô, o cantor Péricles, a sambista atleticana Aline Calixto, nomes do *rock* mineiro (Lelo Zaneti, Podé Nastácia), a estrela Ivete Sangalo (que, simpática, brincou com o fato de ter "Galo" no sobrenome), o grupo Jota Quest. Músicos internacionais também subiram ao nosso palco. Os integrantes da banda Maroon 5 foram os primeiros.

As noites do domingo, 3 de dezembro, e da segunda-feira, 4 de dezembro, porém, colocaram o estádio em um patamar diferente. As apresentações do eterno Beatle Paul McCartney, considerado por muitos o maior artista em atividade no planeta, dividiram as águas. A partir delas, o palco alvinegro credenciou-se ao circuito de grandes apresentações mundiais.

Apesar de imensa, esta conquista não foi o único nem o maior ganho. O que 100 mil espectadores viveram durante os dois espetáculos de Paul foi uma grandiosa mistura de emoções.

O significado dos Beatles para a cultura durante as últimas seis décadas não precisa ser explicado. Basta saber que suas melodias continuam embalando multidões ao redor do mundo, conquistando gerações e gerações, perpetuando-se em livros, filmes, novos discos e diversos outros produtos.

Passados 53 anos da dissolução da banda, 43 do assassinato de John Lennon, 22 desde a morte de George Harrison, a música "Now And Then", lançada como a última da banda em novembro (apenas a alguns dias das apresentações de McCartney em Belo Horizonte), tomou conta dos noticiários no Ocidente e no Oriente, nos dois hemisférios.

Sir Paul McCartney tocou no estádio do Galo. Acompanhado de um time de músicos absurdamente habilidosos, cantou sucessos dos Wings (sua banda na década de 1970), da carreira solo, trabalhos novos (ele mostra uma capacidade ímpar de se renovar). Chamou Ringo, George e John ao palco e eles compareceram em imagens e em canções que se amplificaram na multidão, ecoaram na Arena e ganharam os céus de Minas Gerais. Houve homenagem a George. John "cantou" com Paul, em dueto, com voz original de 1969, resgatada com o auxílio de Inteligência Artificial – e as lágrimas surgiram, naturalmente, pois o amor real transbordava.

Amor? Era difícil não tocar no assunto quando entramos na Arena, sob o gigantesco escudo do Atlético aceso, e adentramos o campo para ver e ouvir Paul e os outros Beatles. A trilha sonora das nossas vidas, na casa do clube que dá sentido a elas.

A Arena MRV recebeu, em seu primeiro ano, parentes dos Campeões Brasileiros de 1937, jogadores da década de 1950 (incluindo Campeão do Gelo) com suas famílias, craques das décadas de 1960 a 2010, ídolos eternos. E seu calendário foi encerrado da maneira mais épica possível na atualidade.

A união de Galo e Beatles é para sempre.

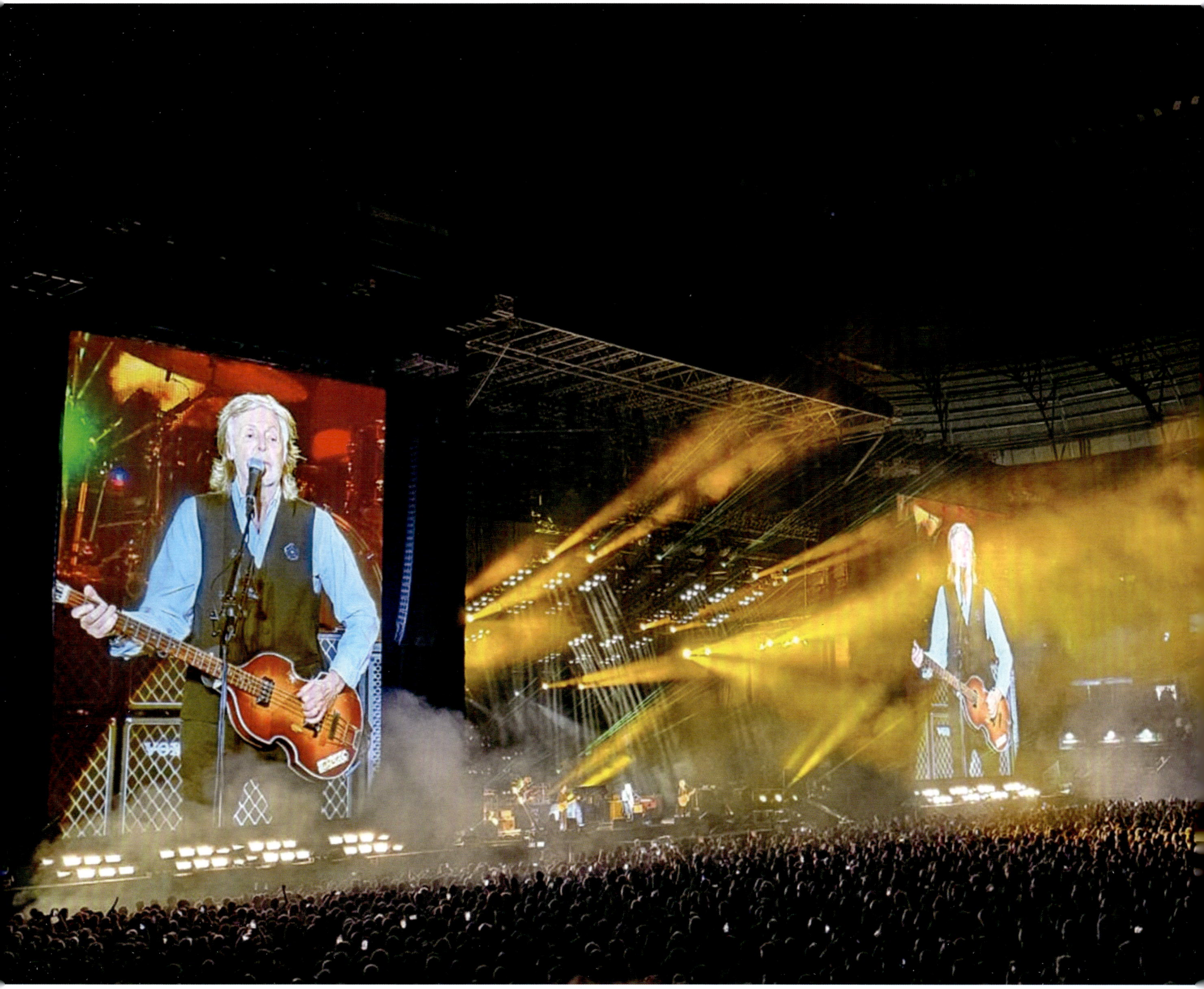

Eventos de inauguração: outros shows

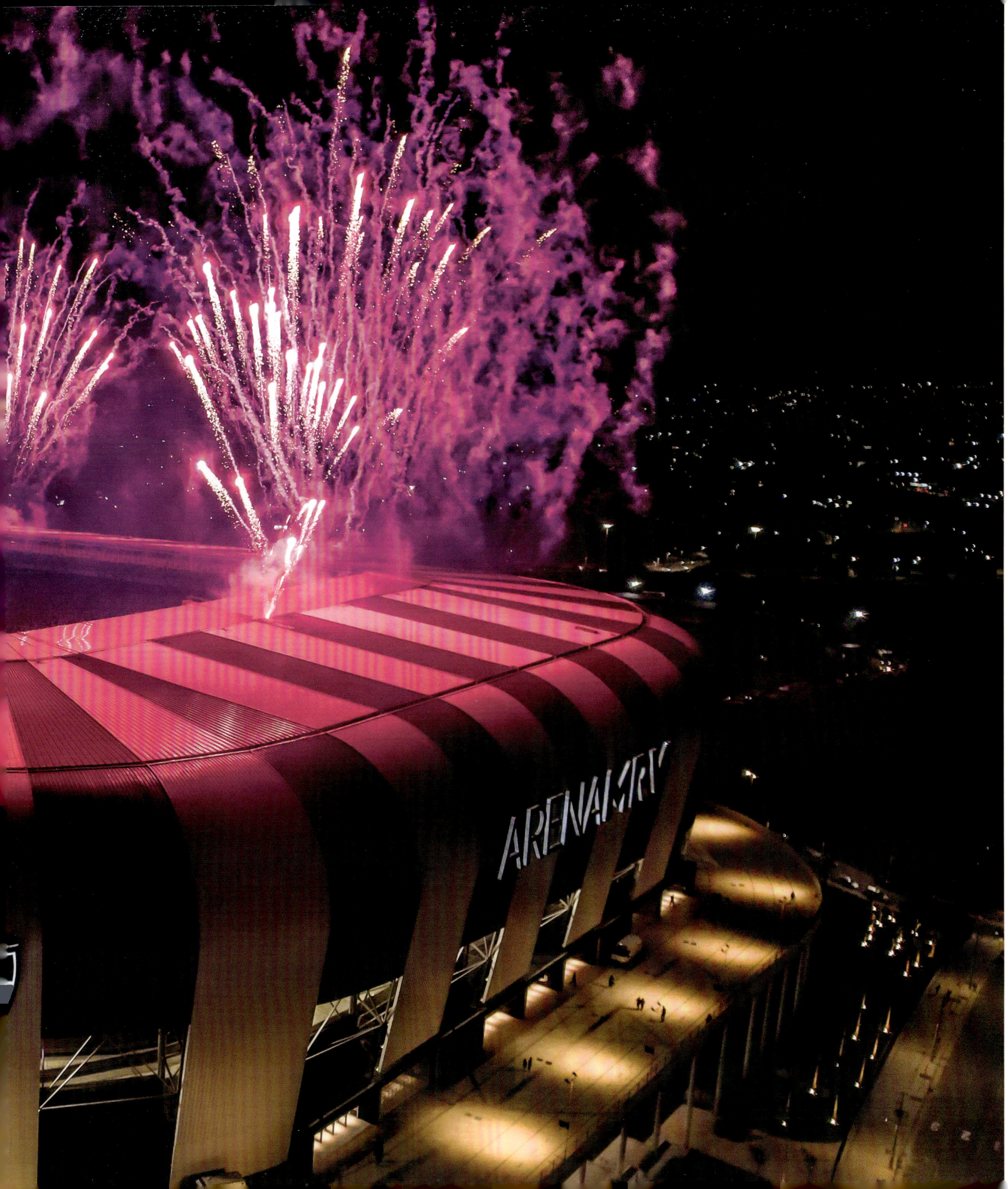
ARENAMRV

▶ CELEBRAÇÃO EM BELO HORIZONTE

ARENA MRV
BRAHMA
ESTRELA BET
ArcelorMittal
inter

nord stage 3

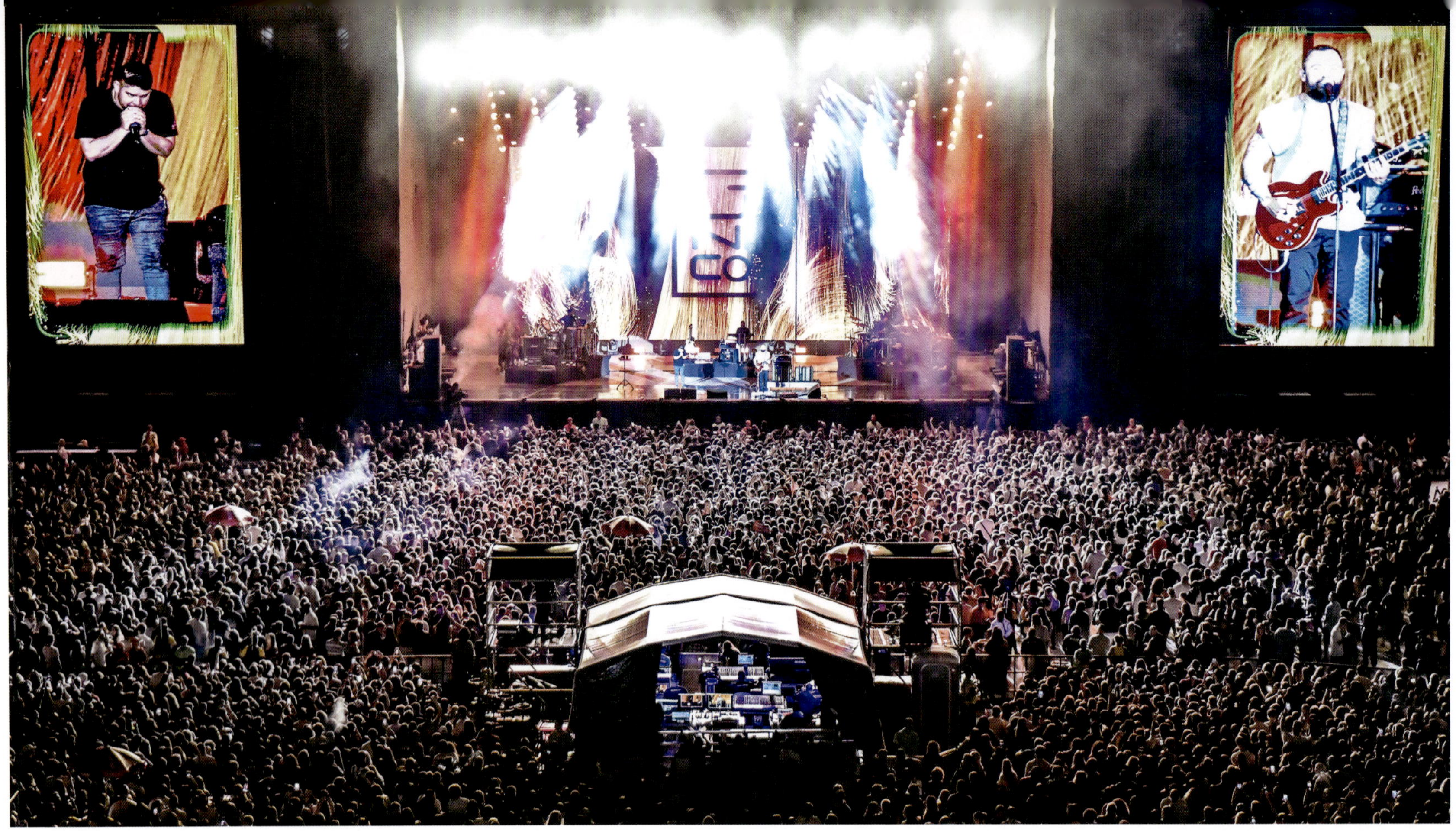

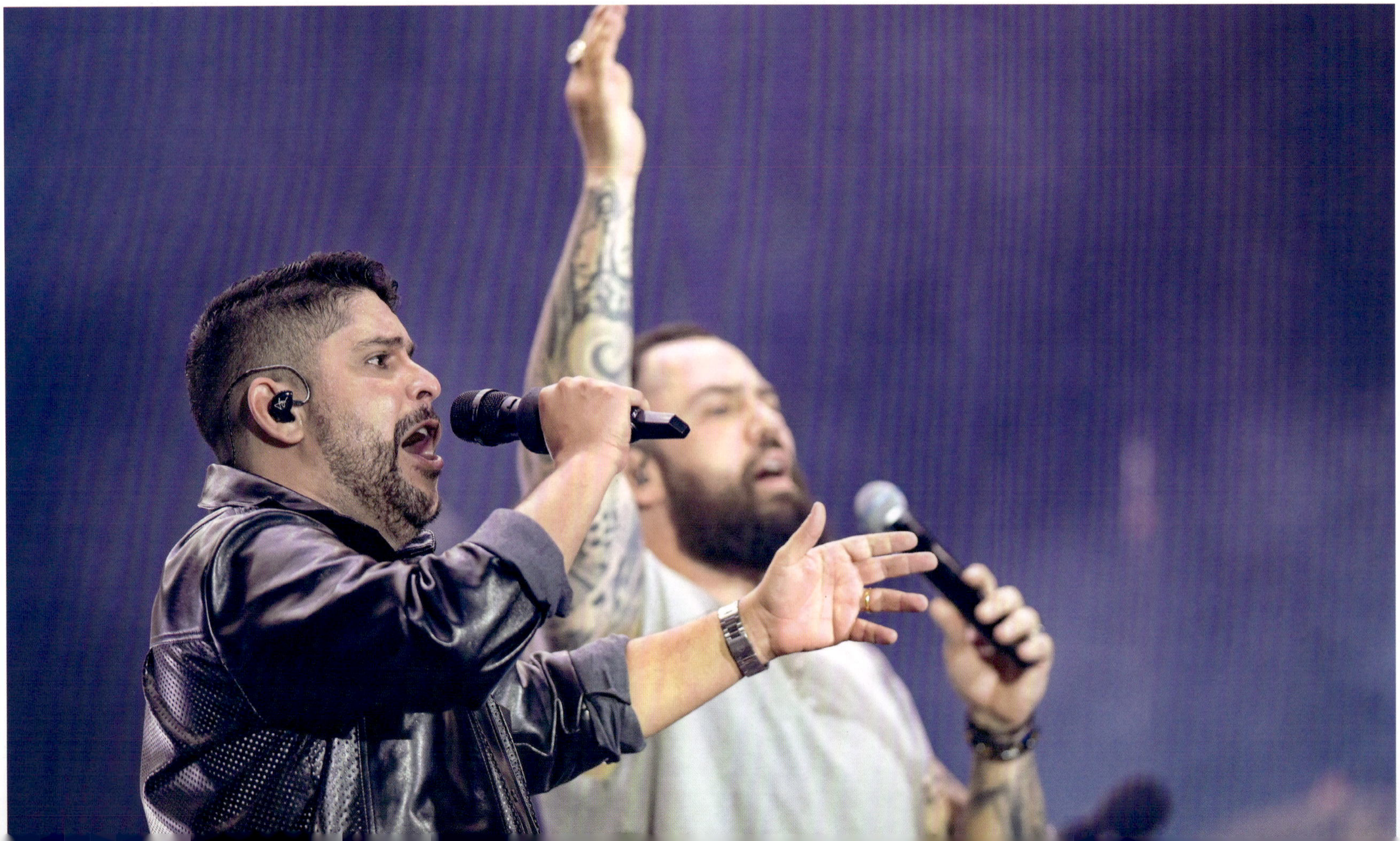

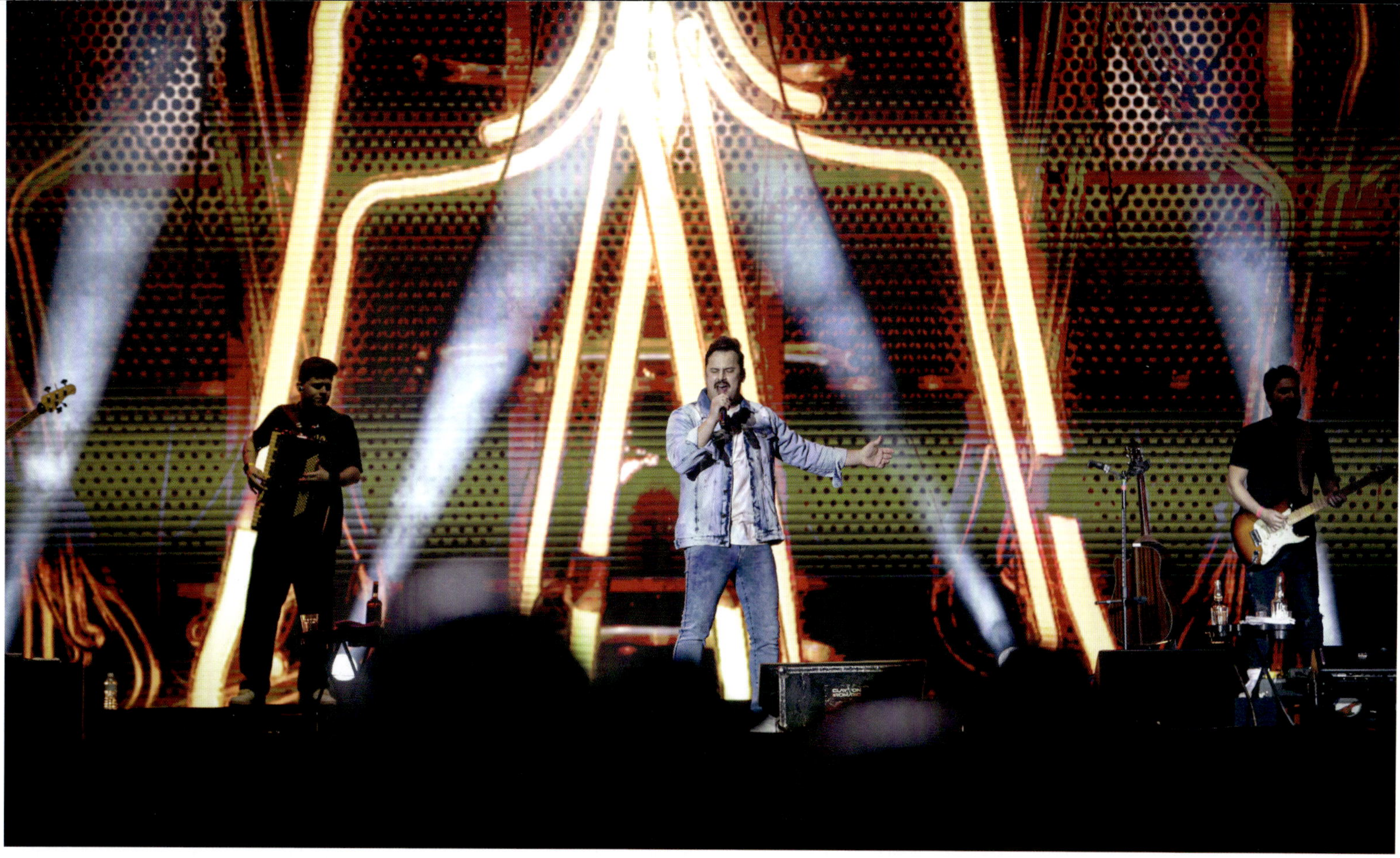

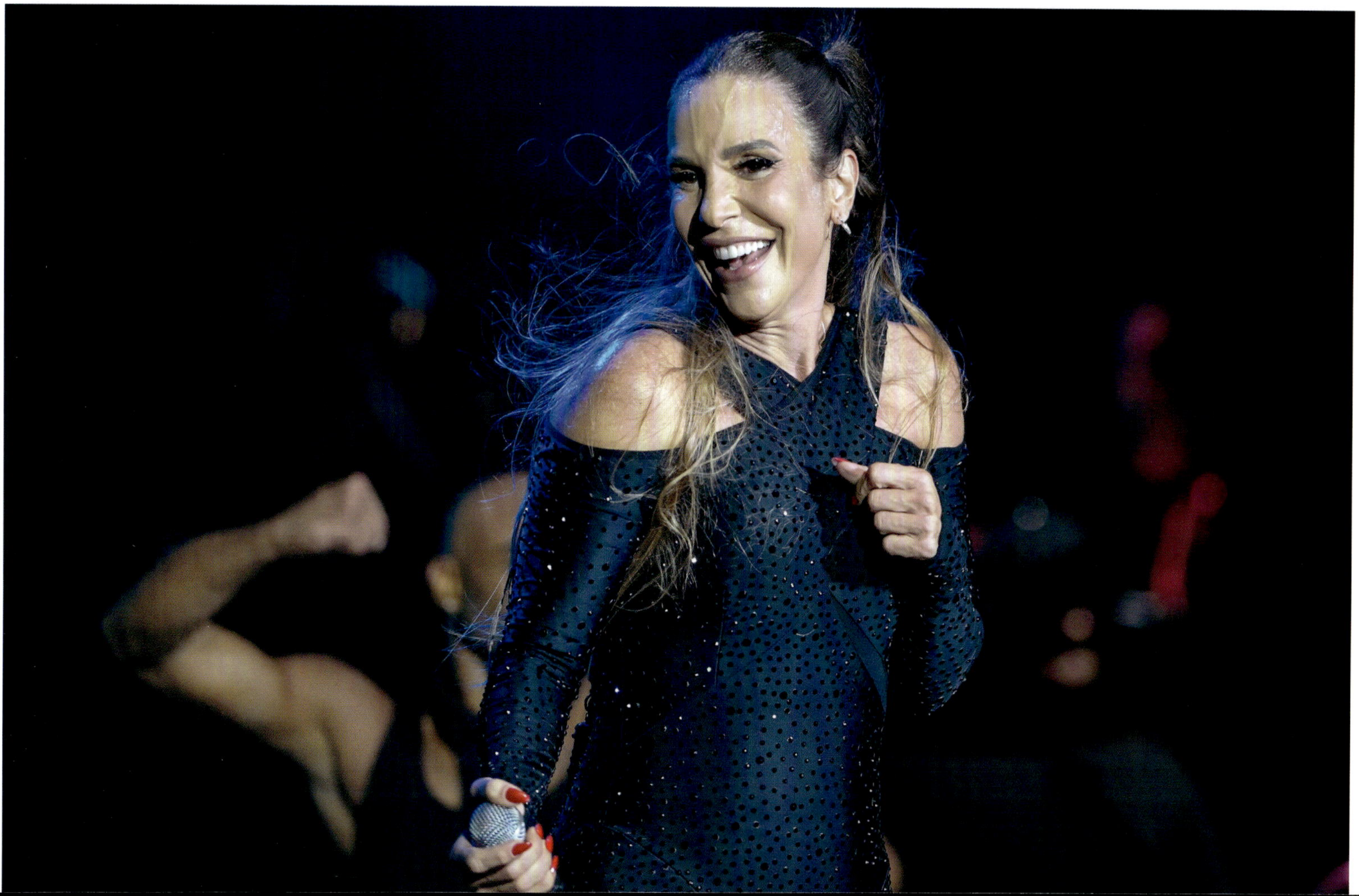

▶ JOTA QUEST

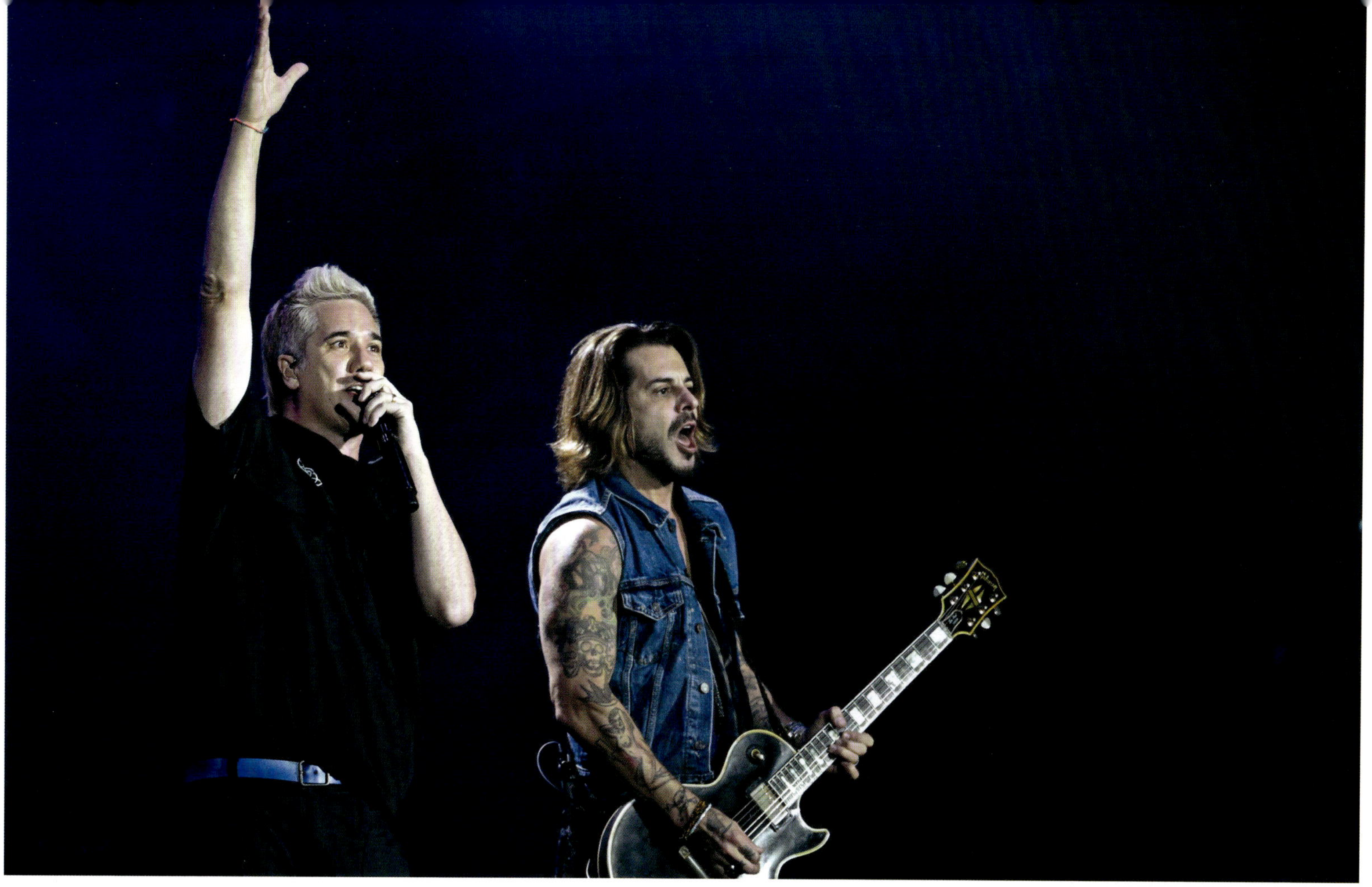

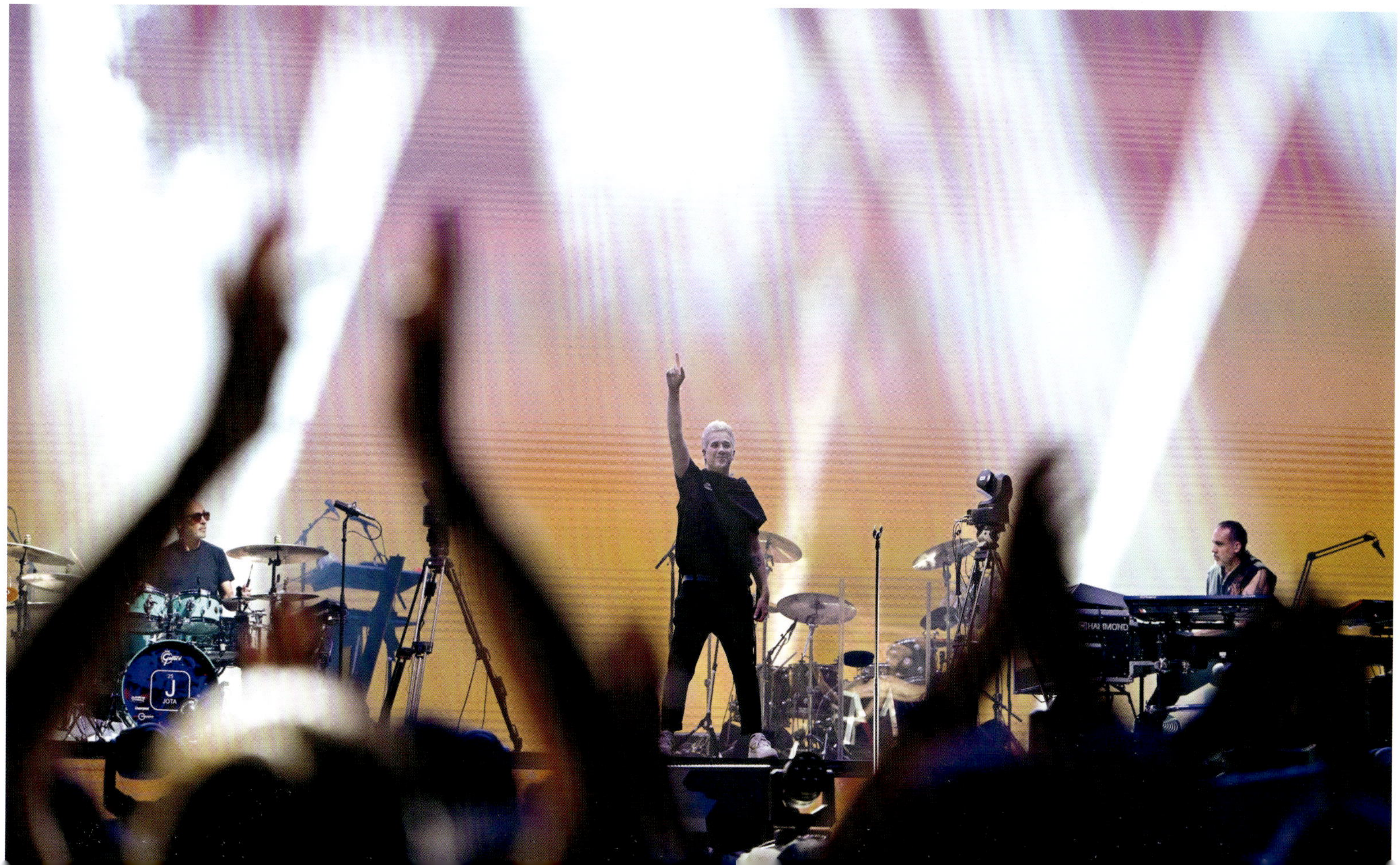
J
JOTA

▶ MAROON 5

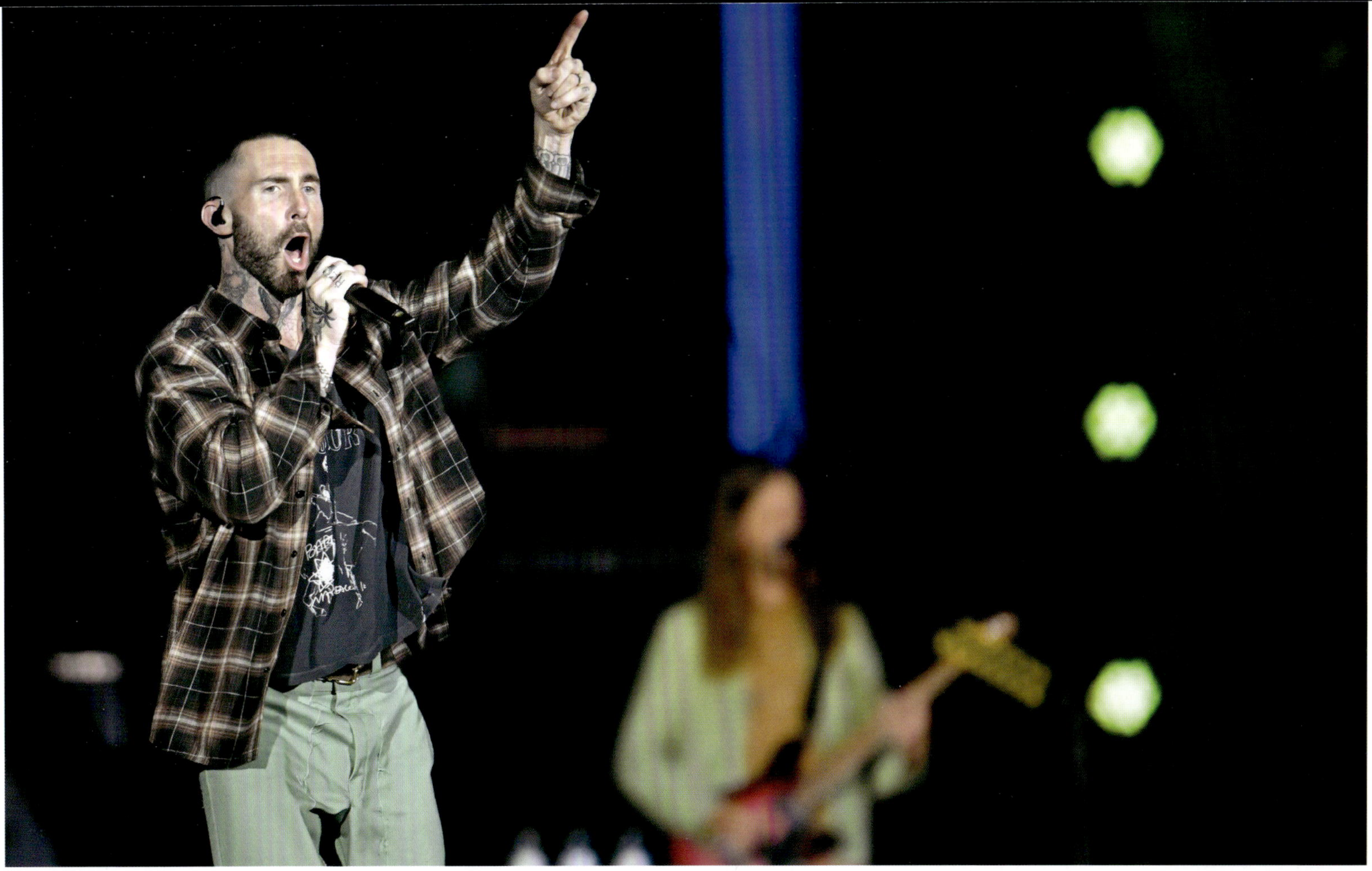

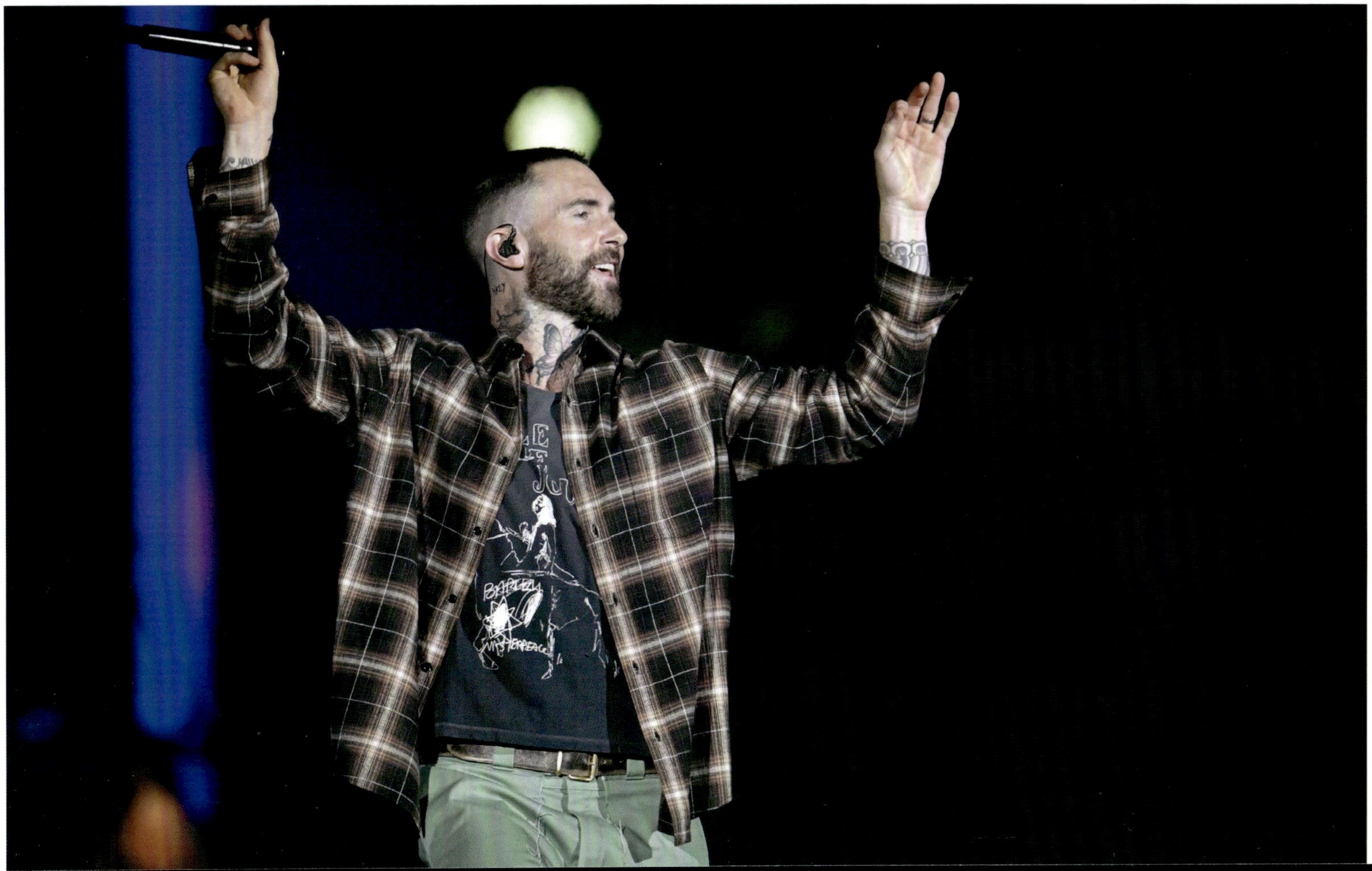

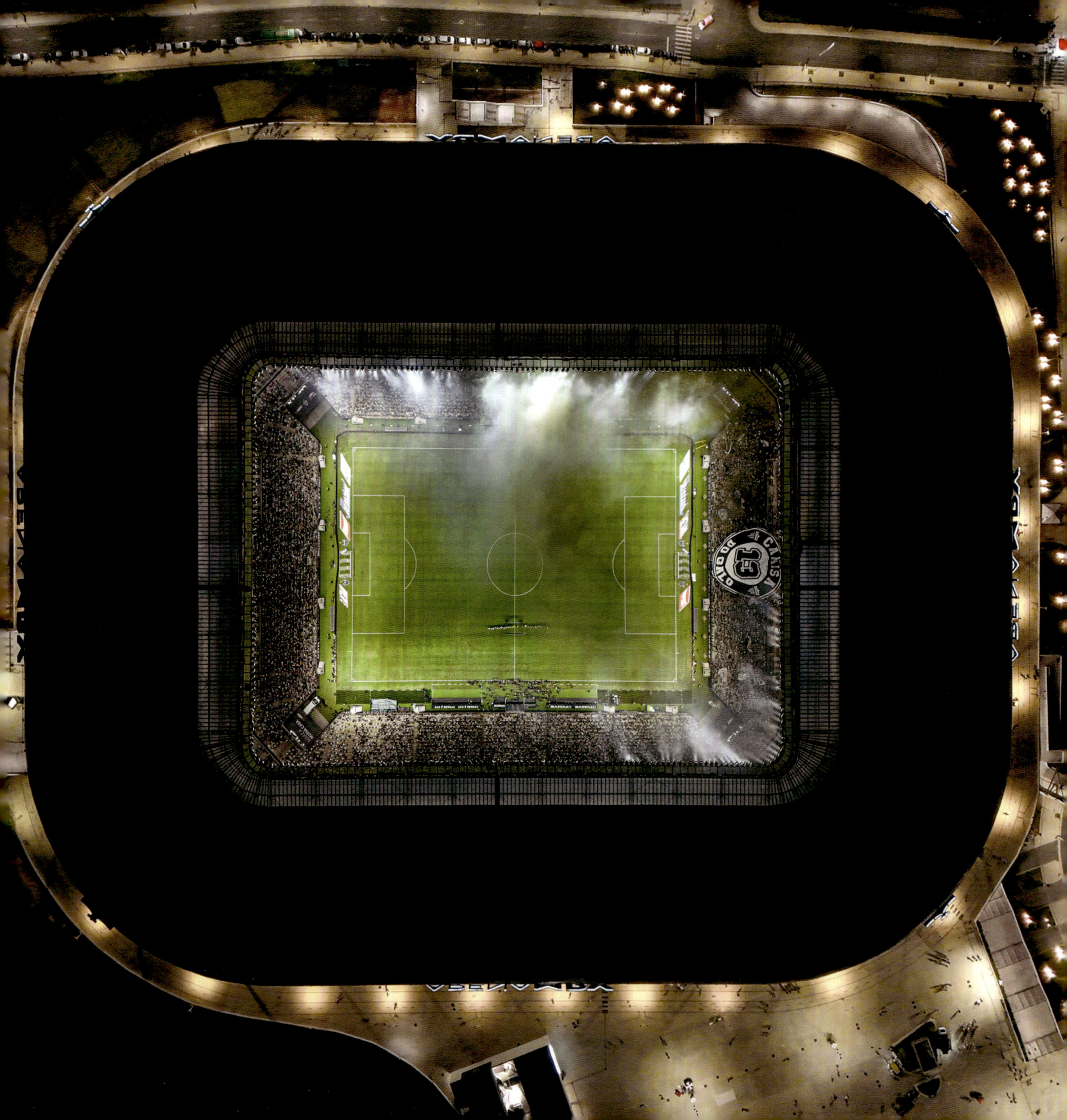

A nossa Arena II

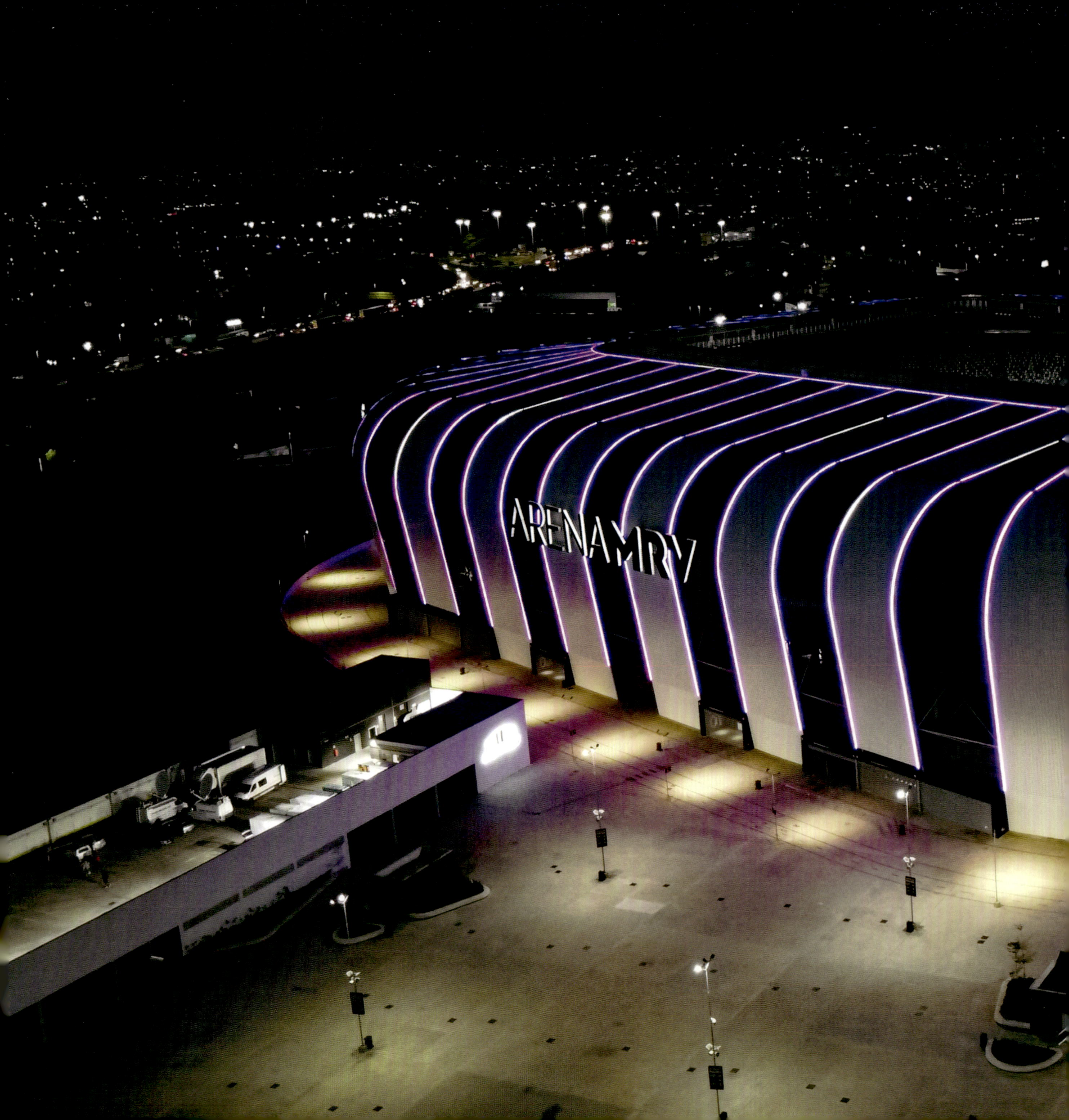
ARENA MRV

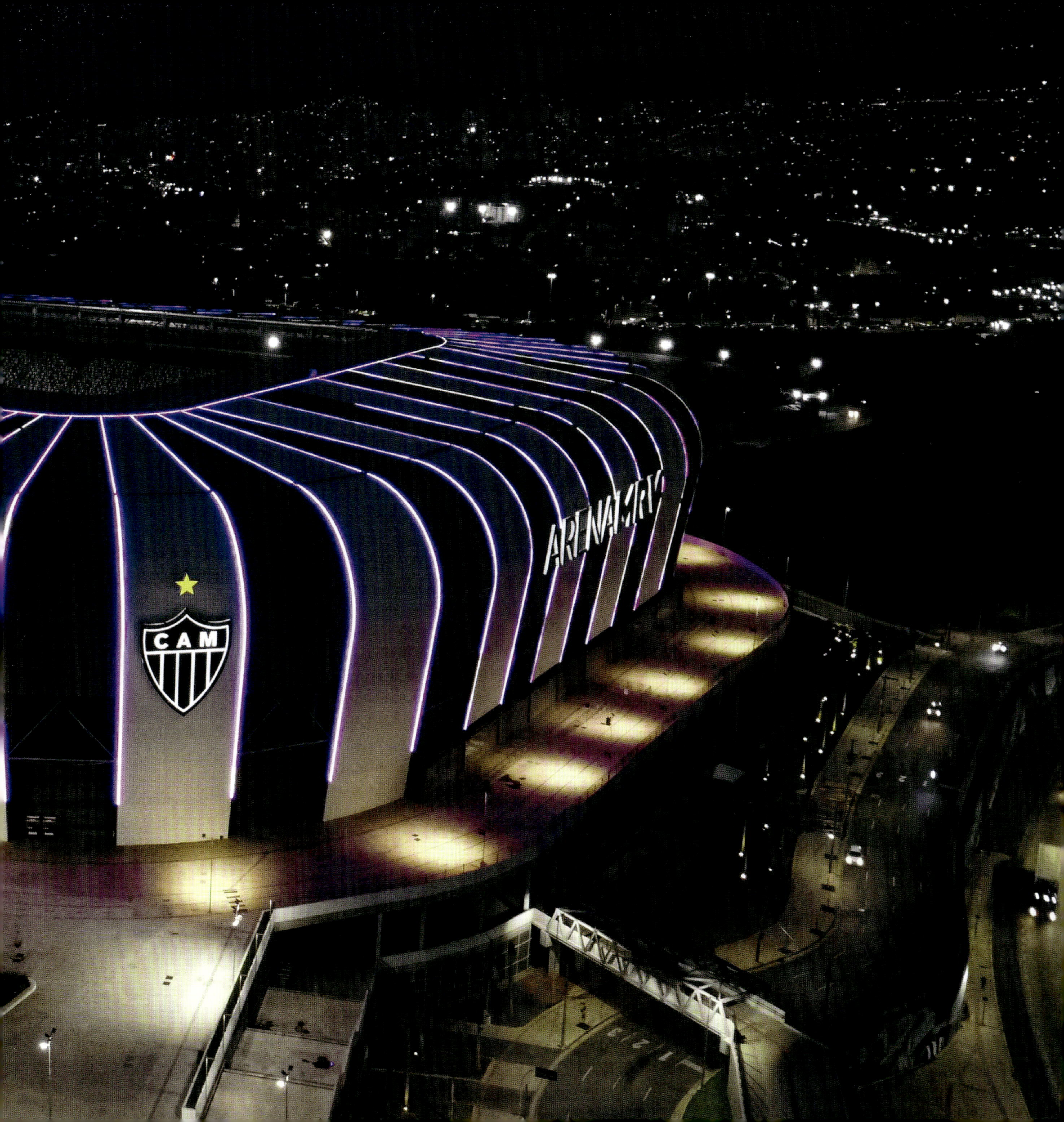
ARENA MRV
CAM

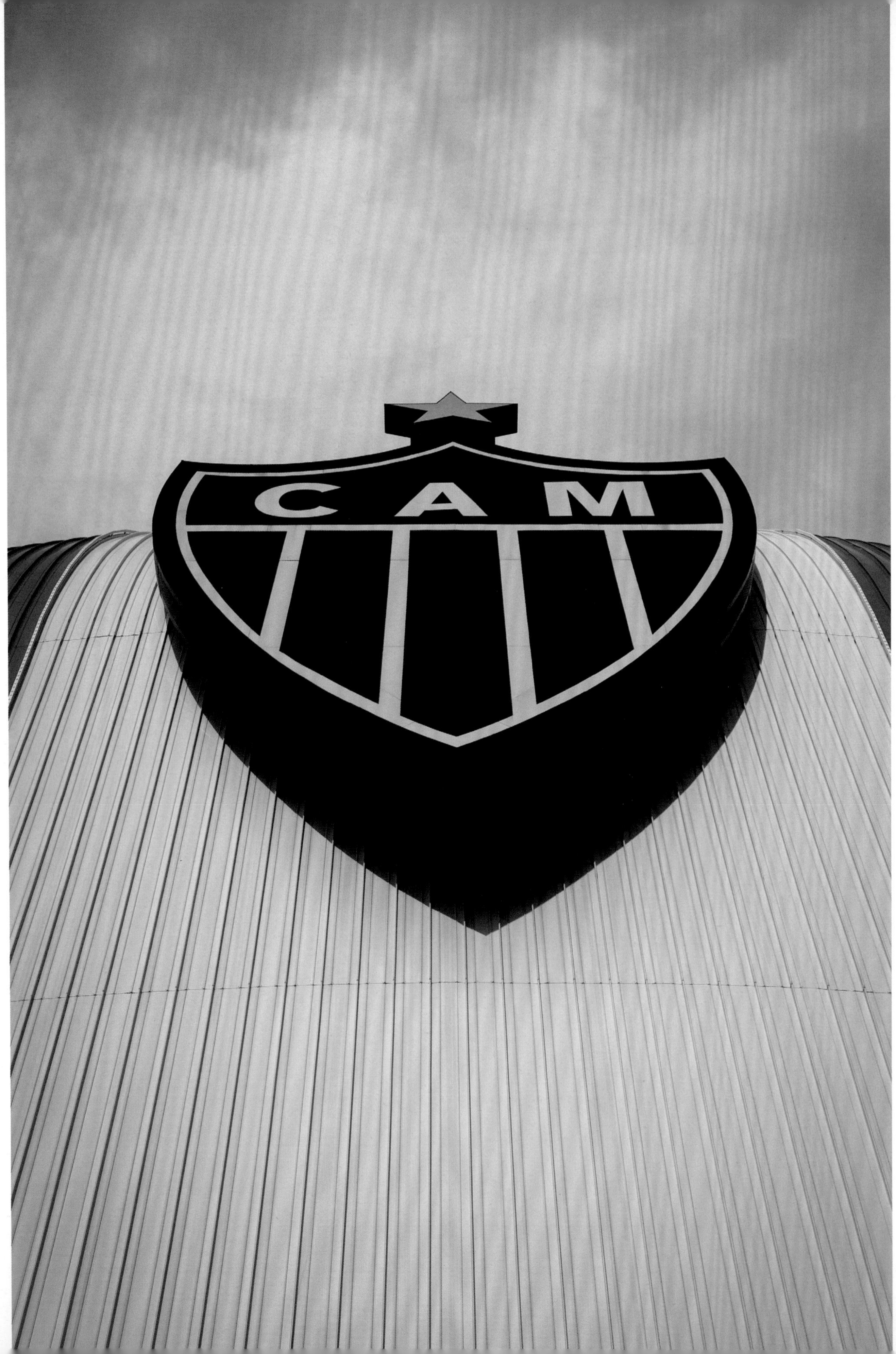
CAM

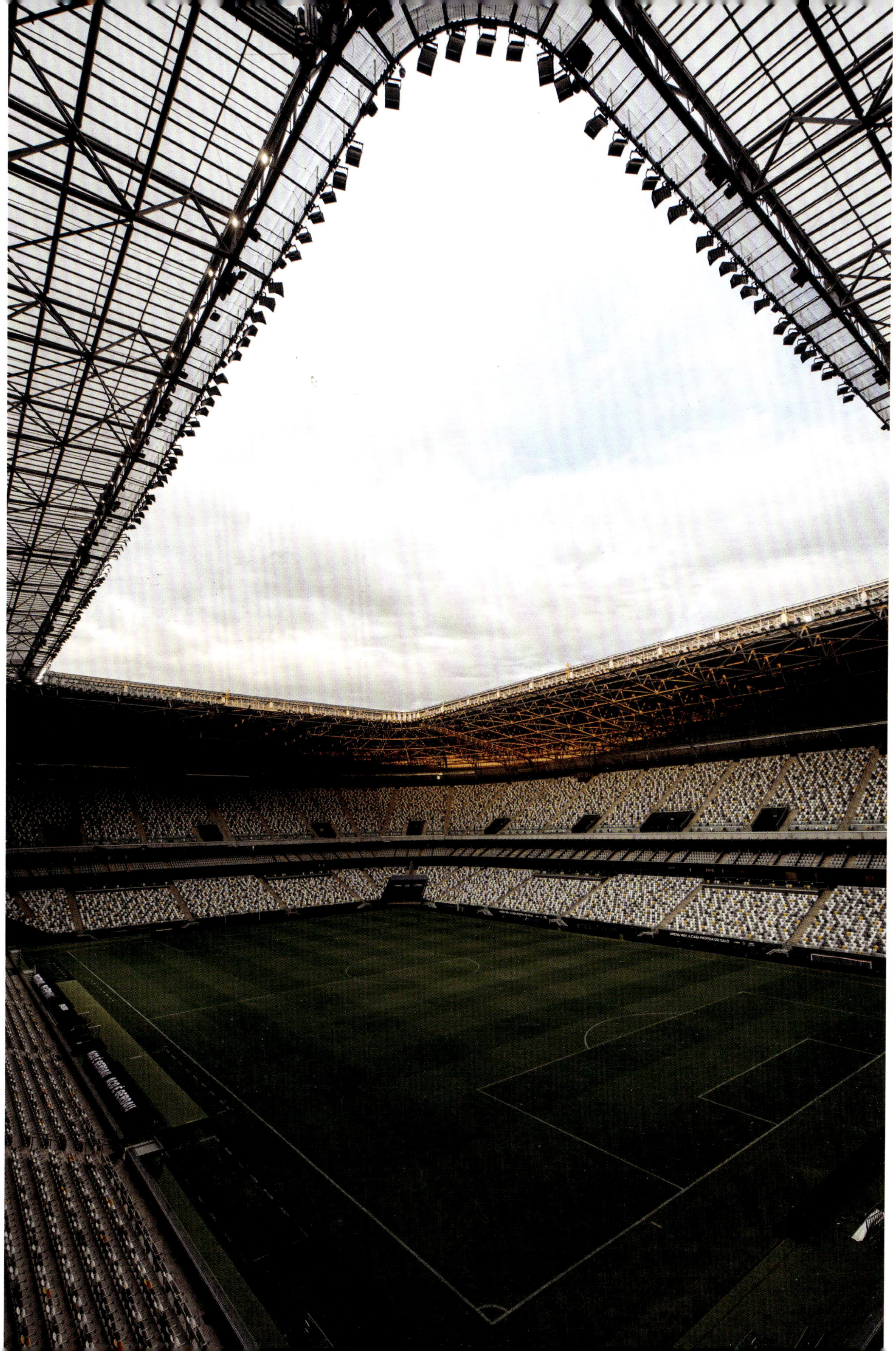

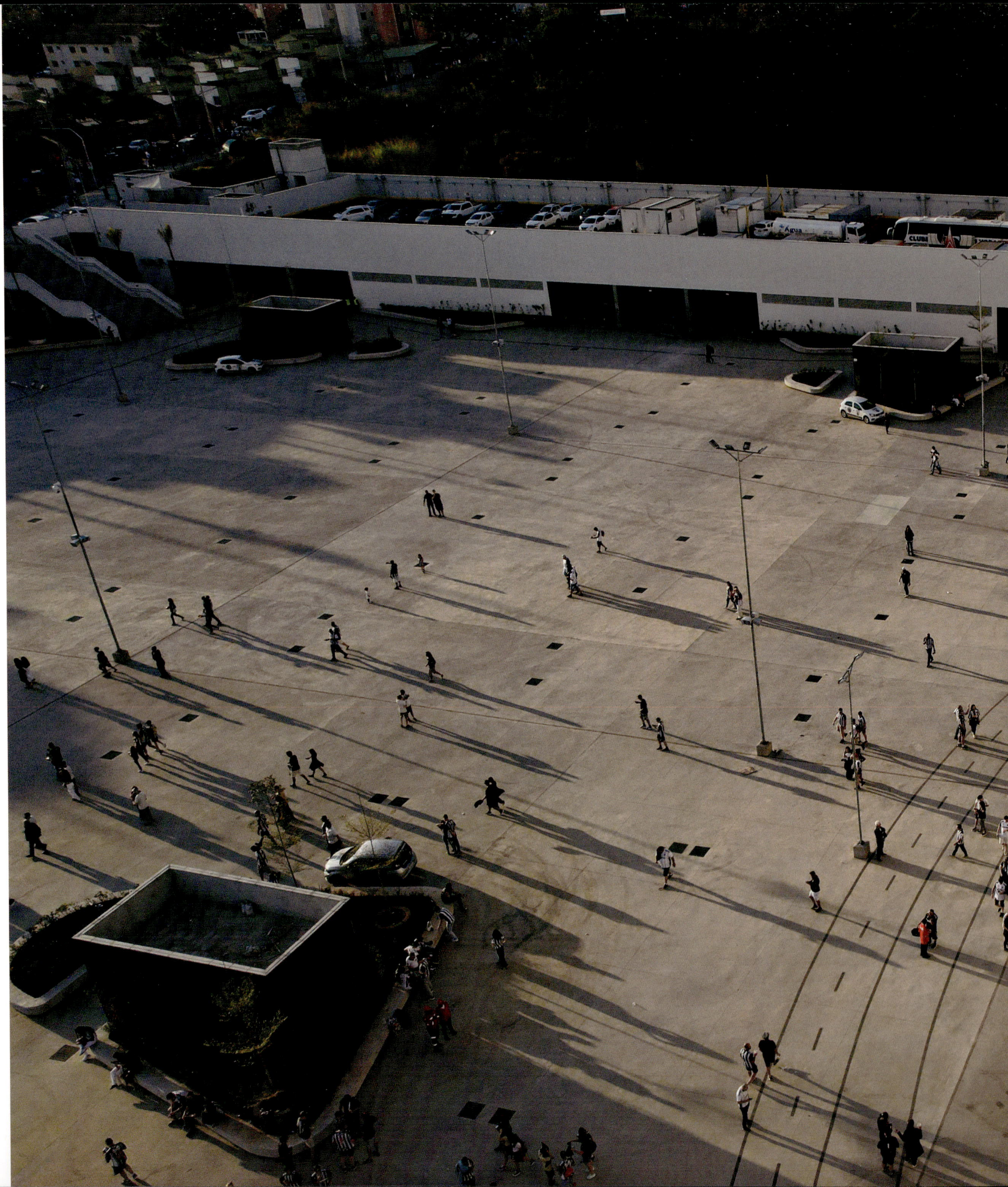

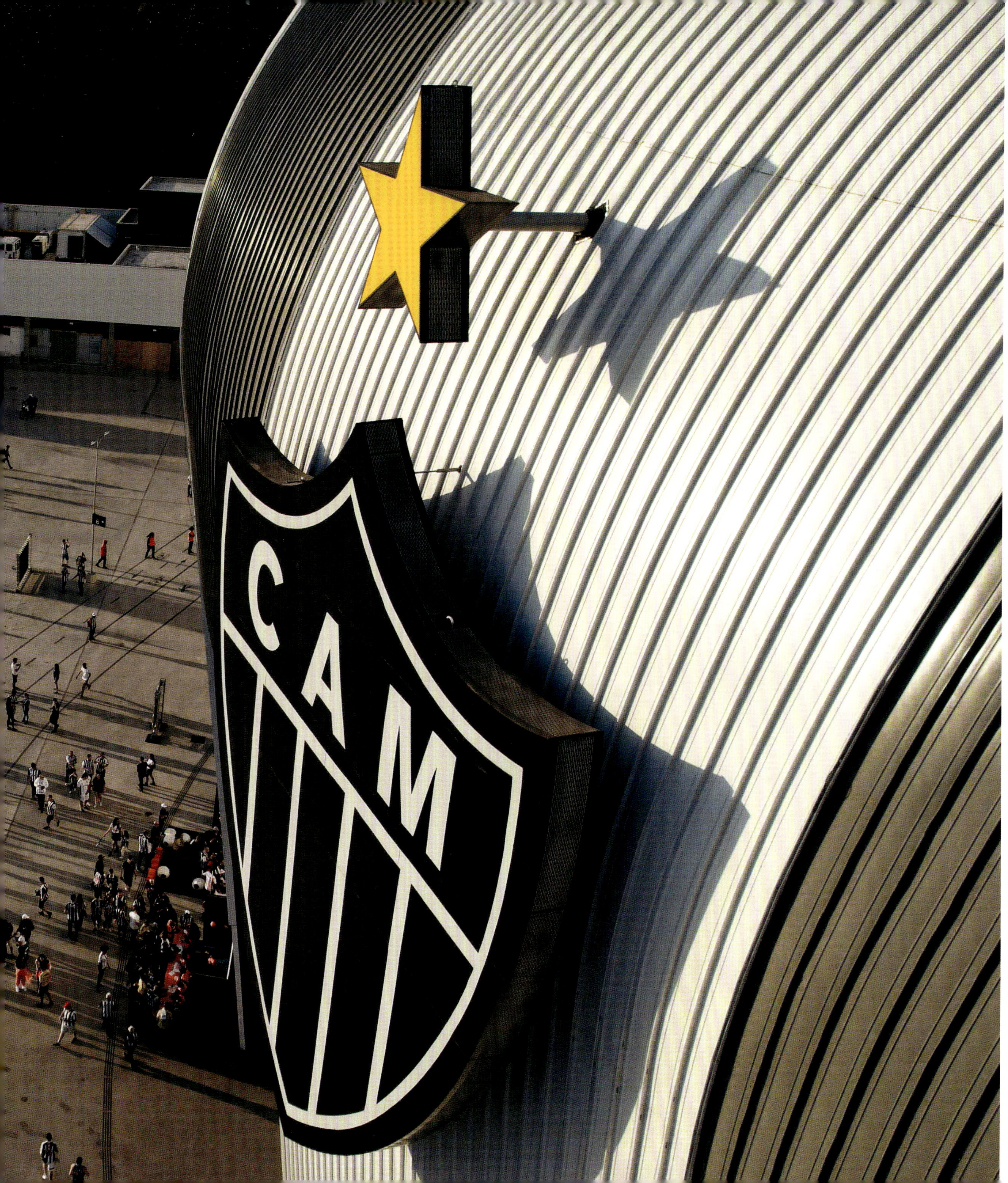
CAM

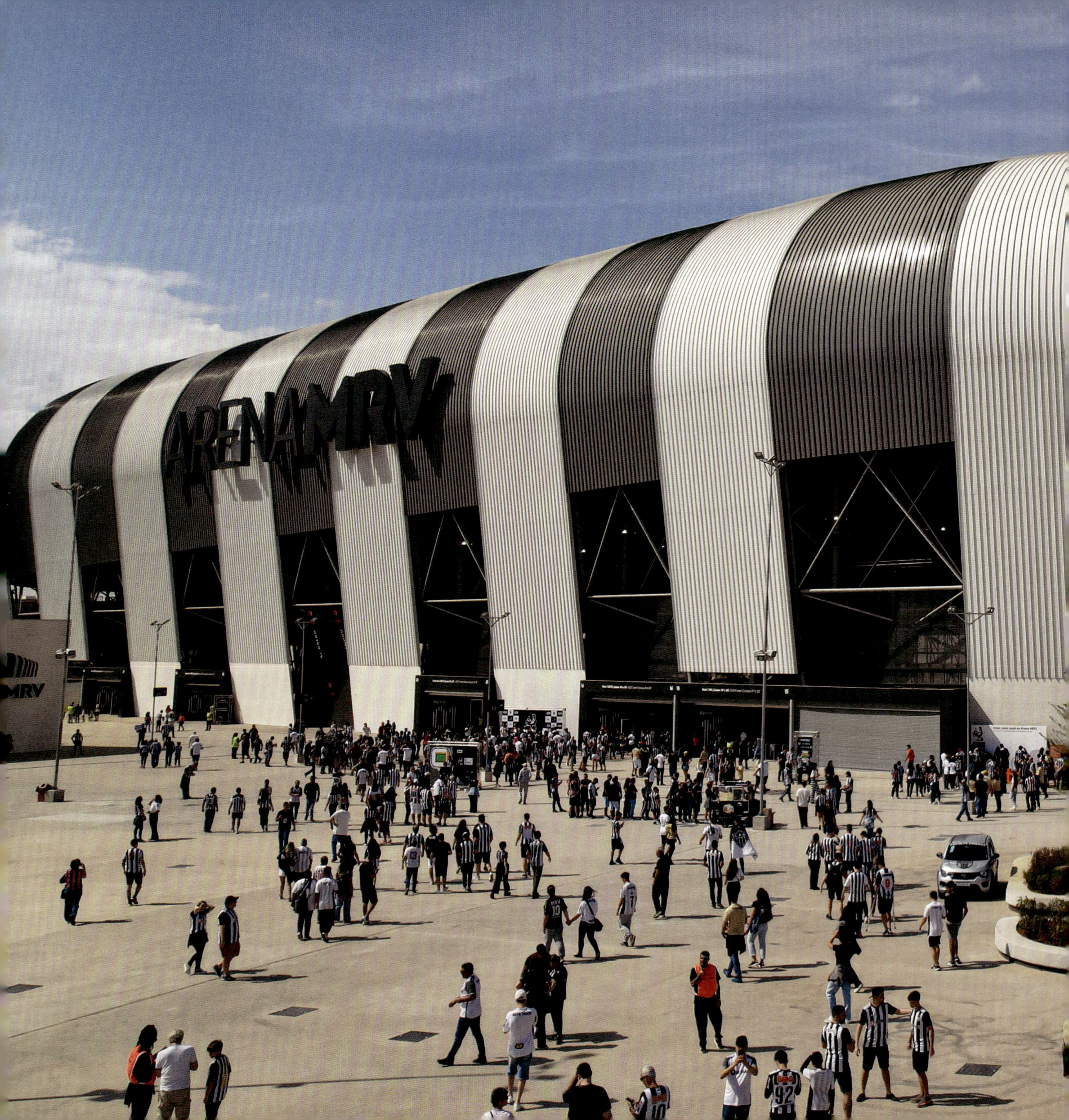
ARENAMRV
MRV

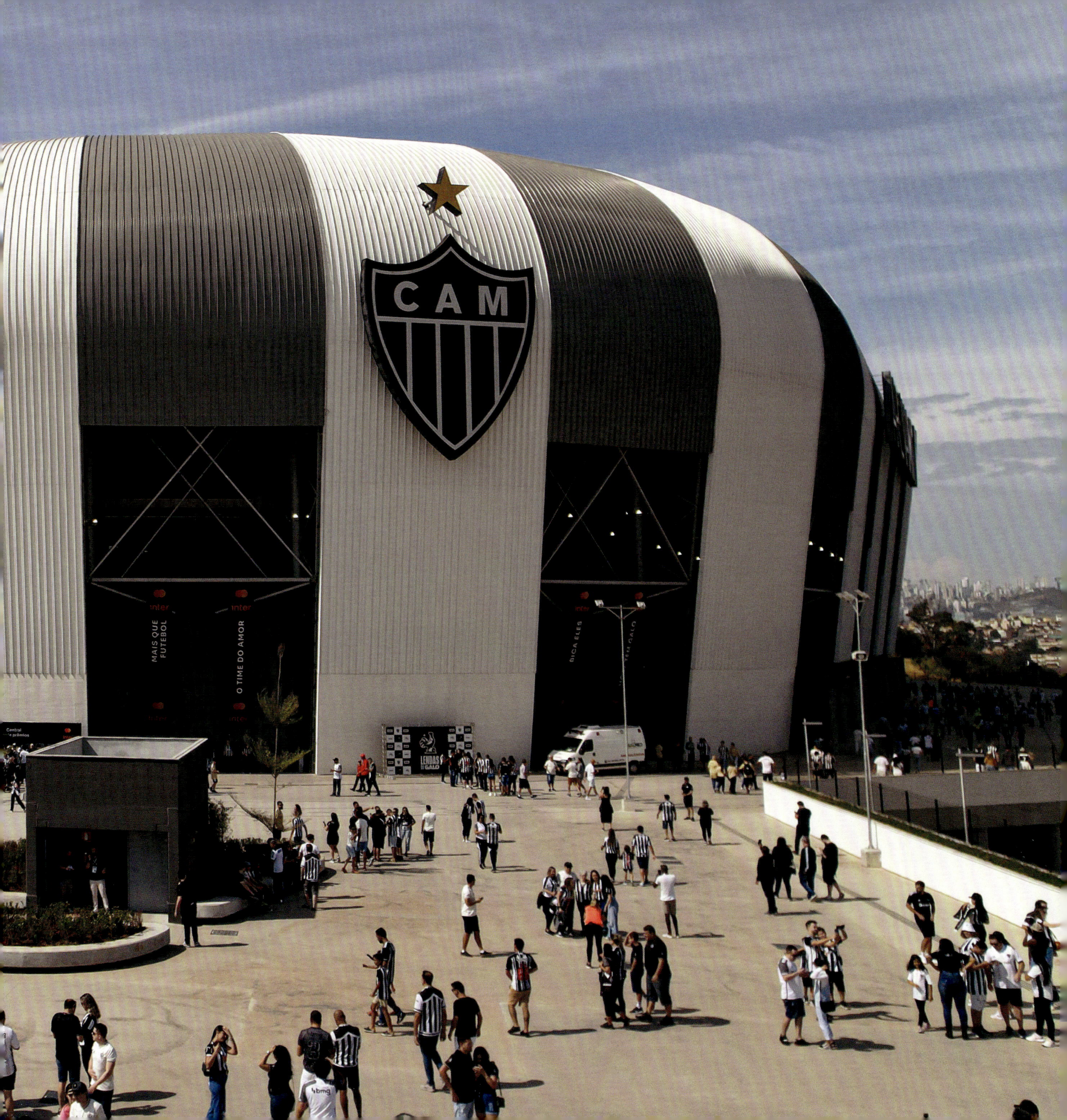
CAM
MAIS QUE FUTEBOL
O TIME DO AMOR

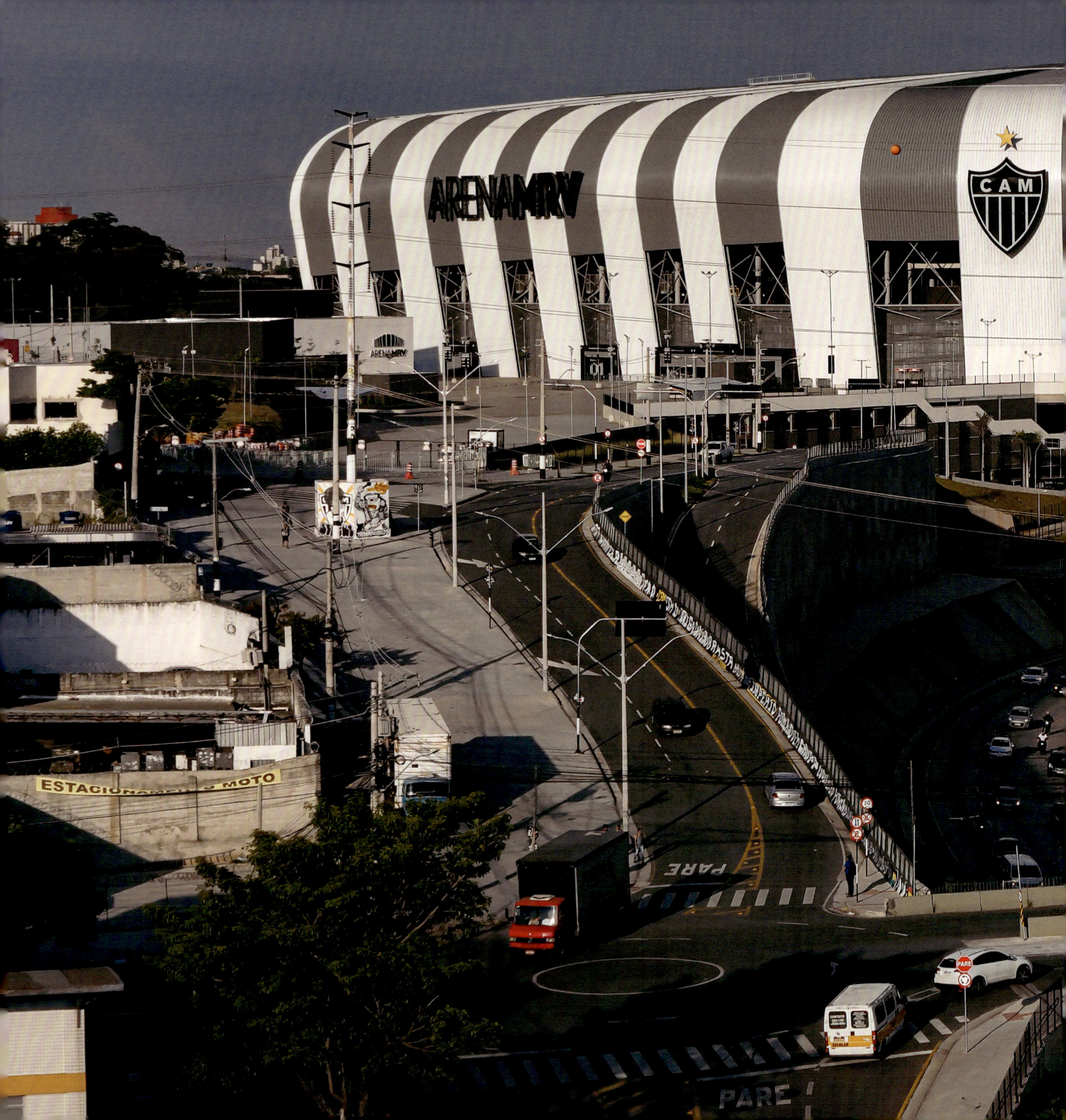
ARENAMRV
CAM
PARE
PARE

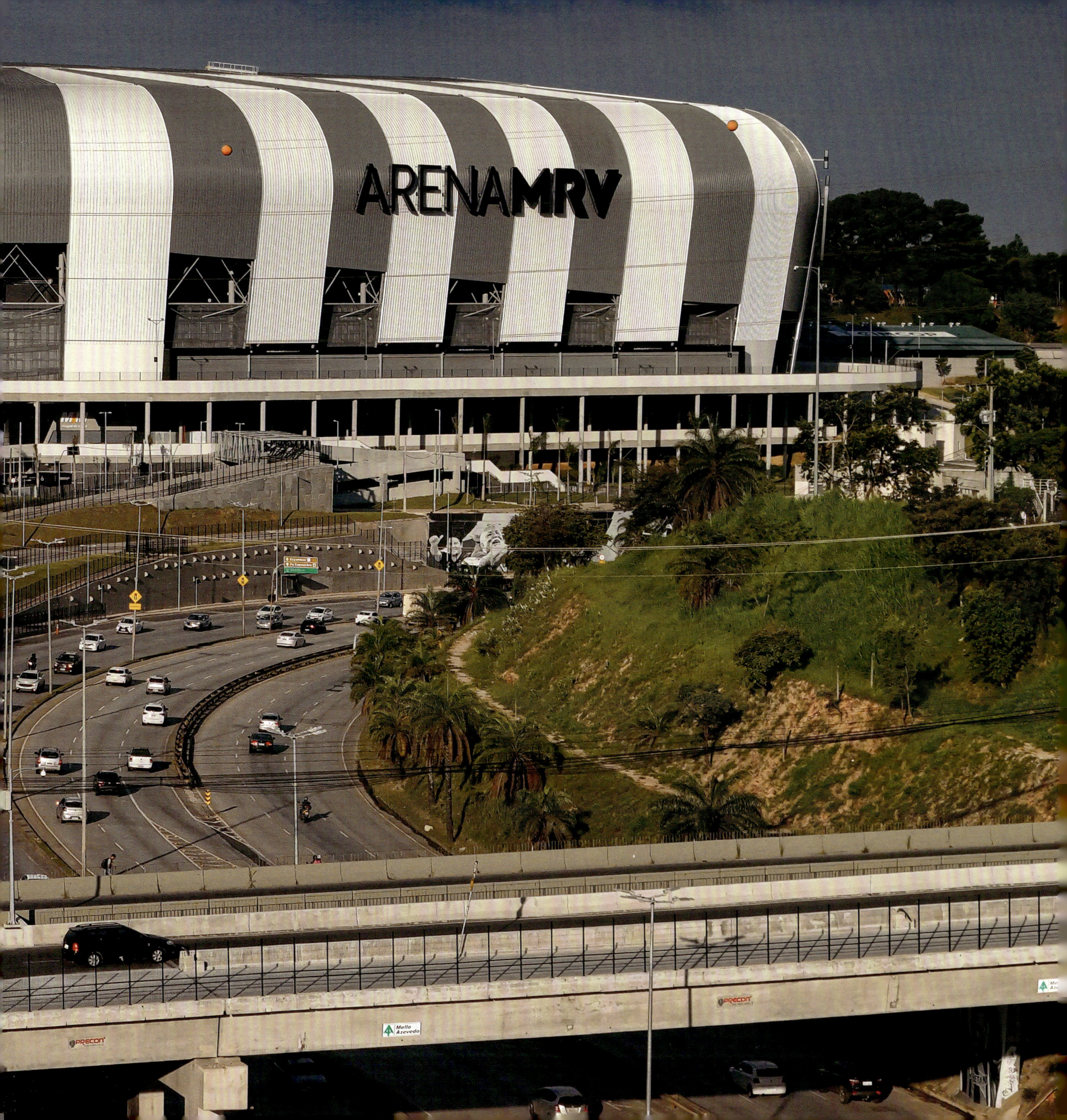
ARENAMRV
PRECON
Mello Azevedo
PRECON

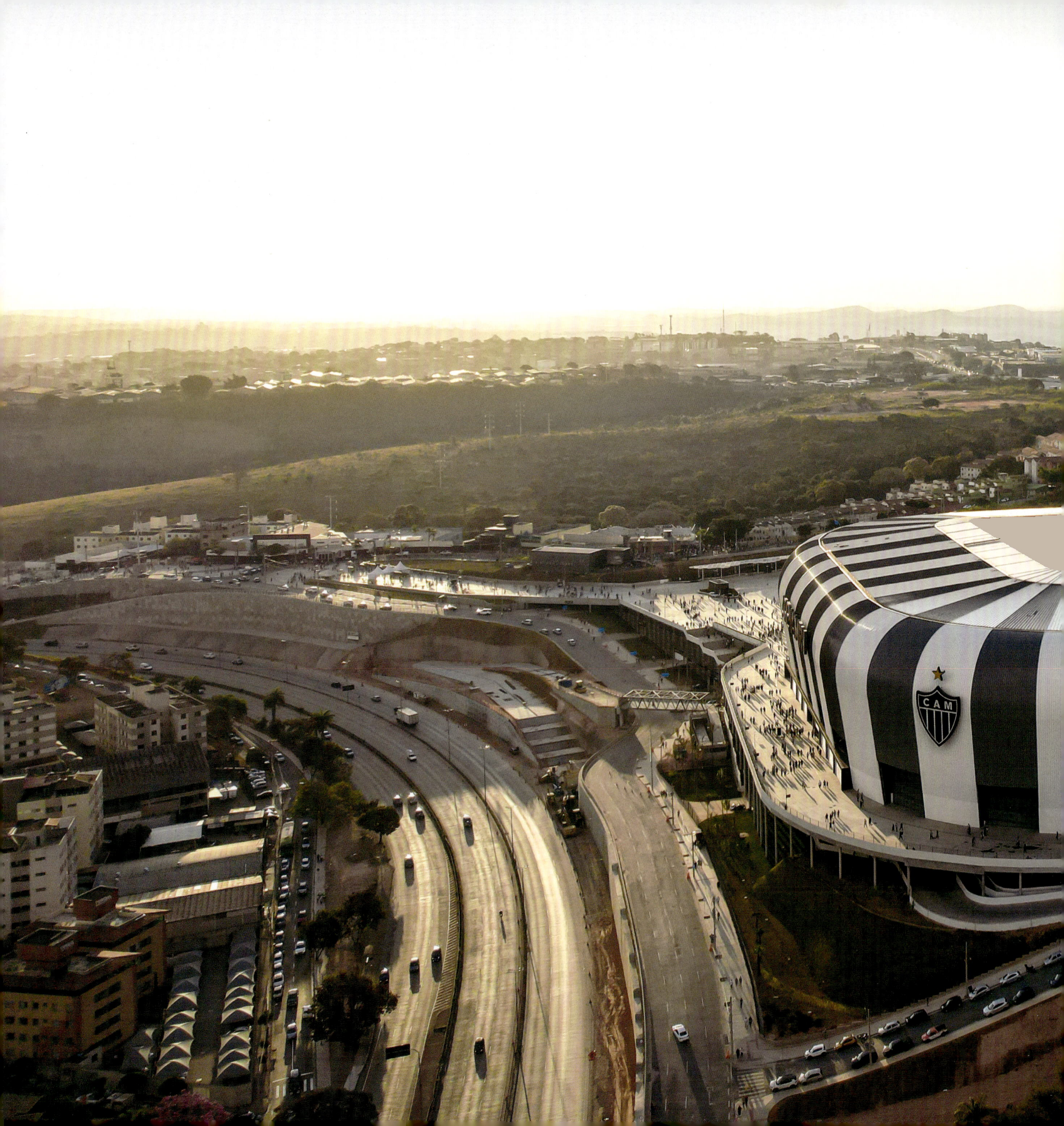
CAM

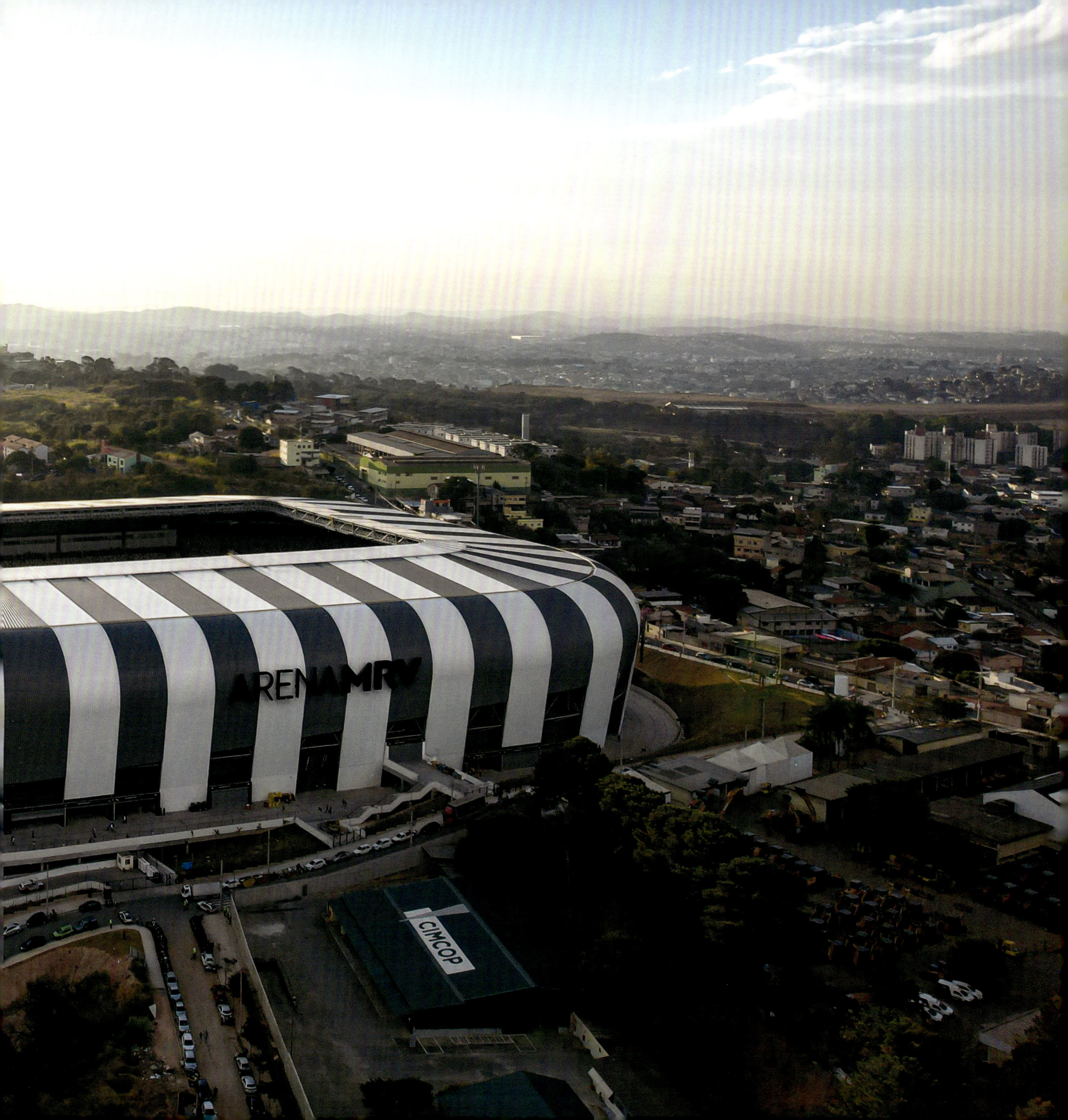
ARENAMRV
CIMCOP

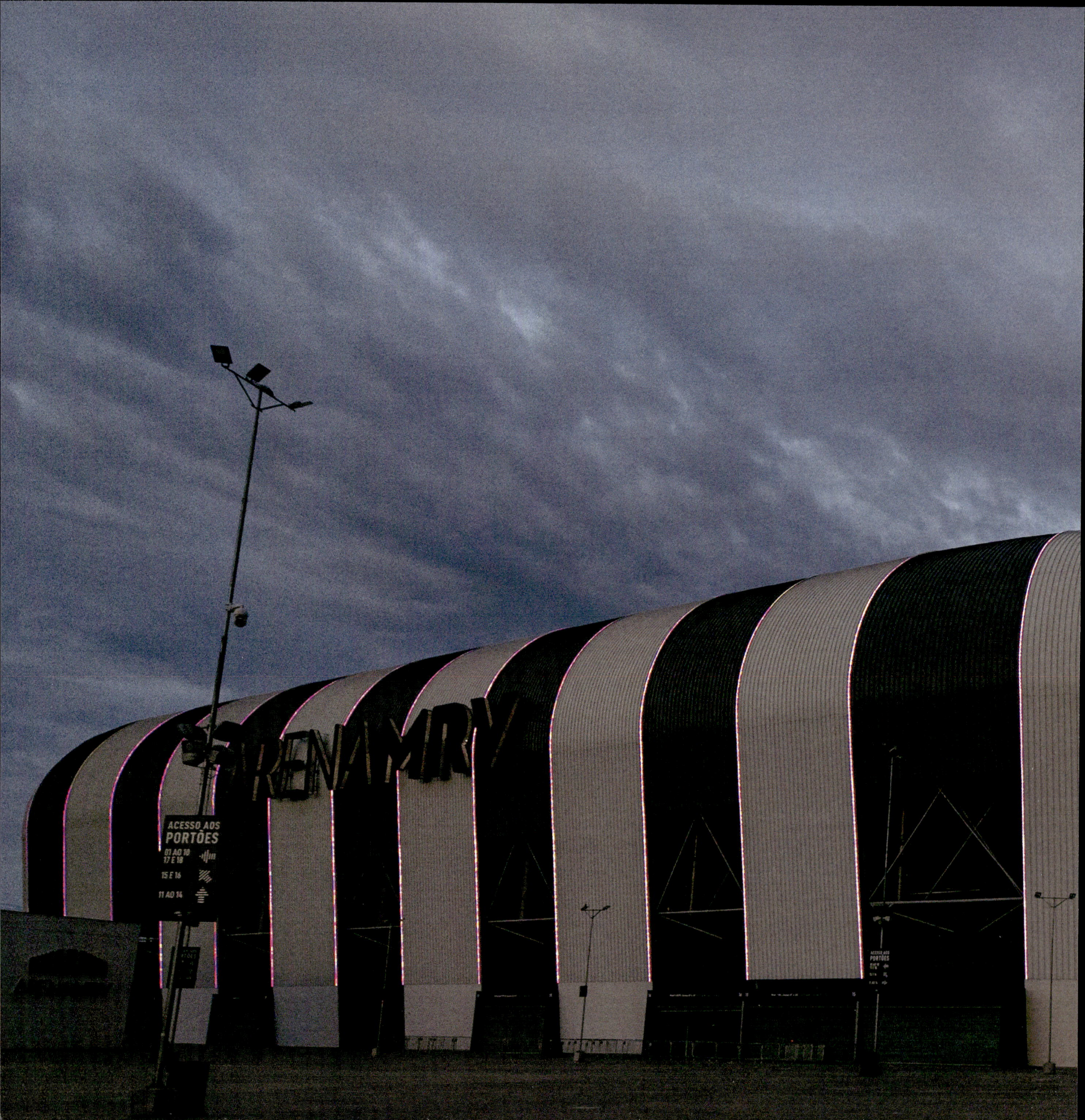
ARENA MRV
ACESSO AOS PORTÕES
01 AO 10
17 E 18
15 E 16
11 AO 14

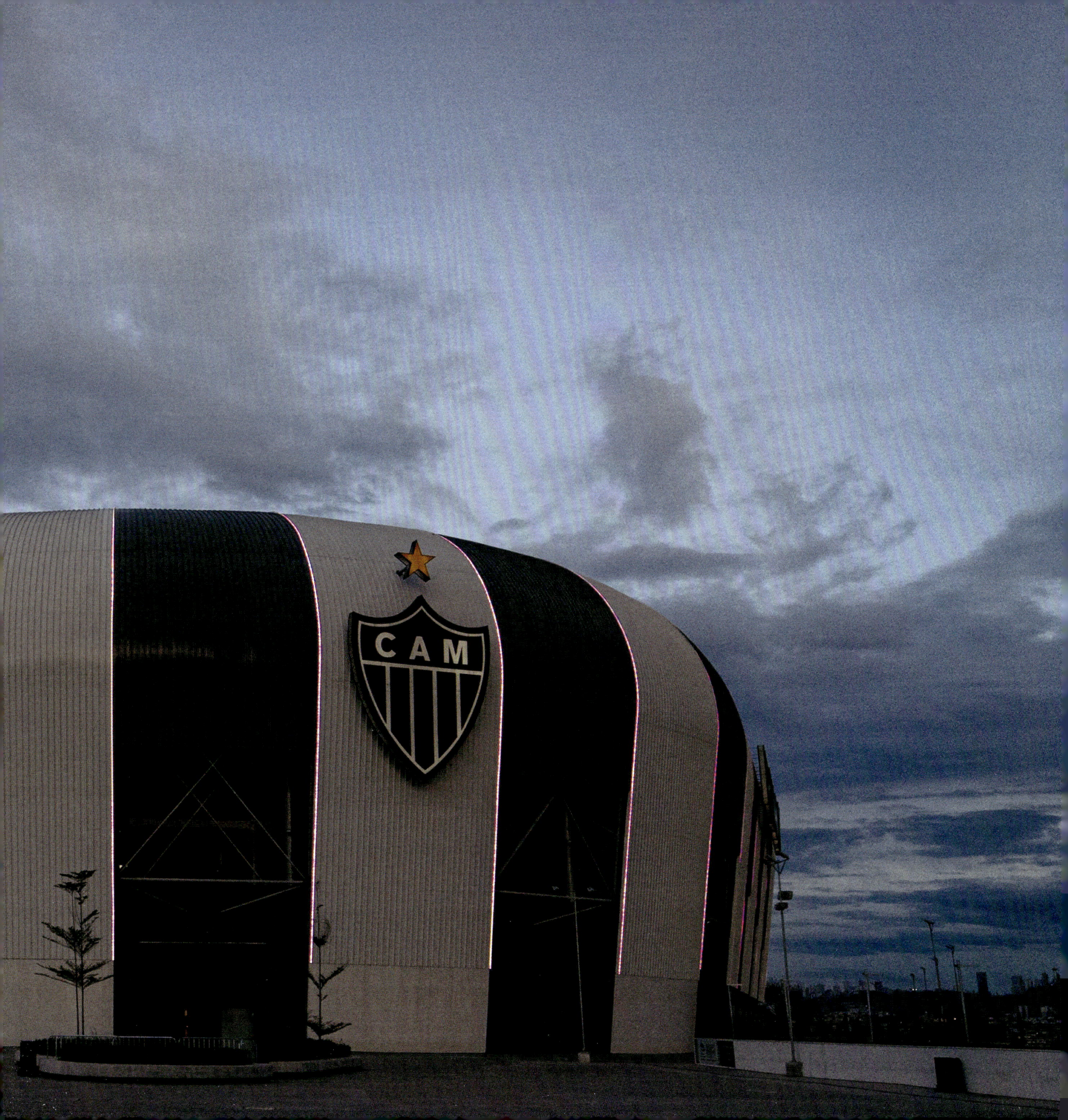
CAM

VAI PRA CIMA DELES, GALO!

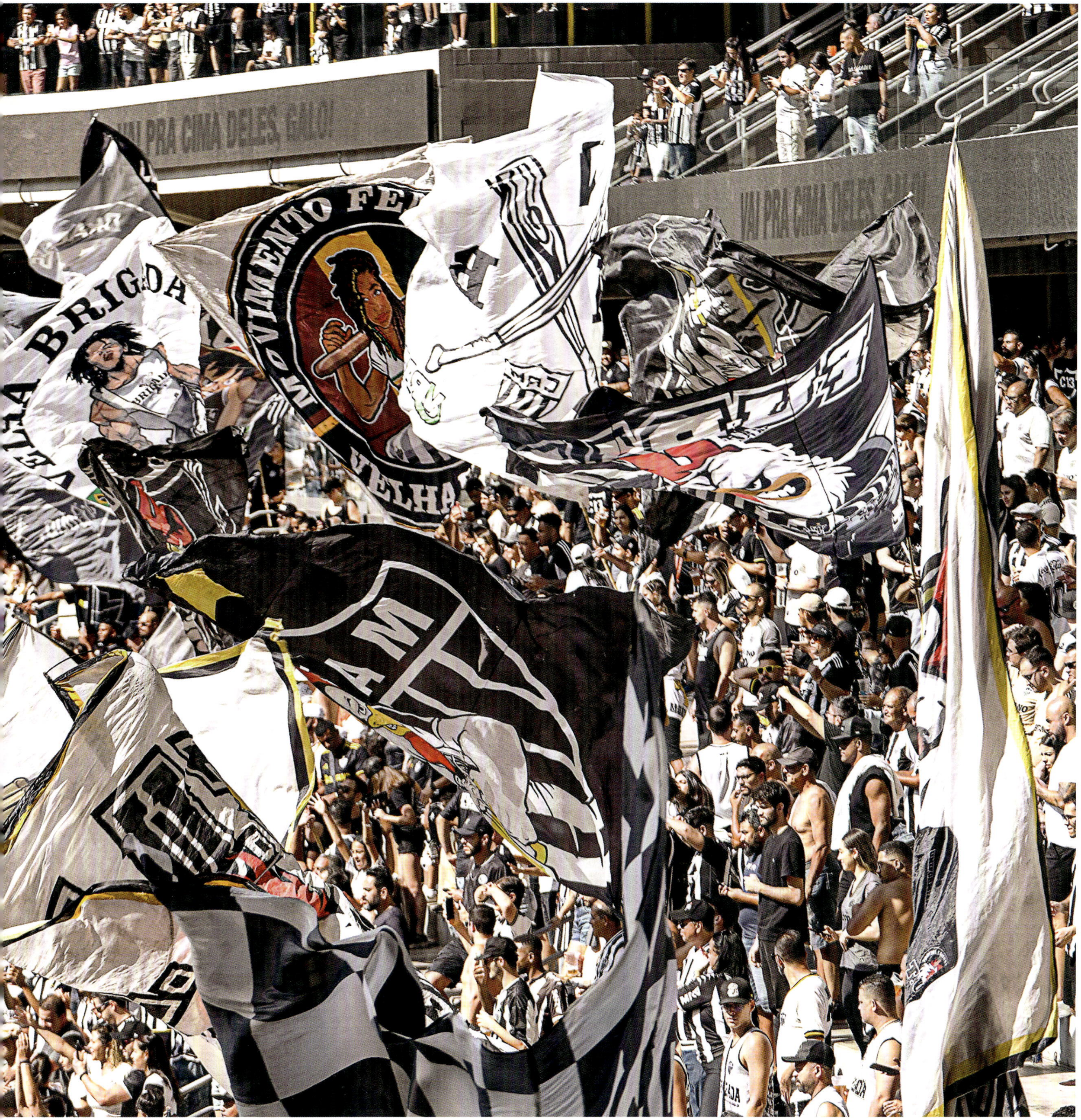
VAI PRA CIMA DELES, GALO!

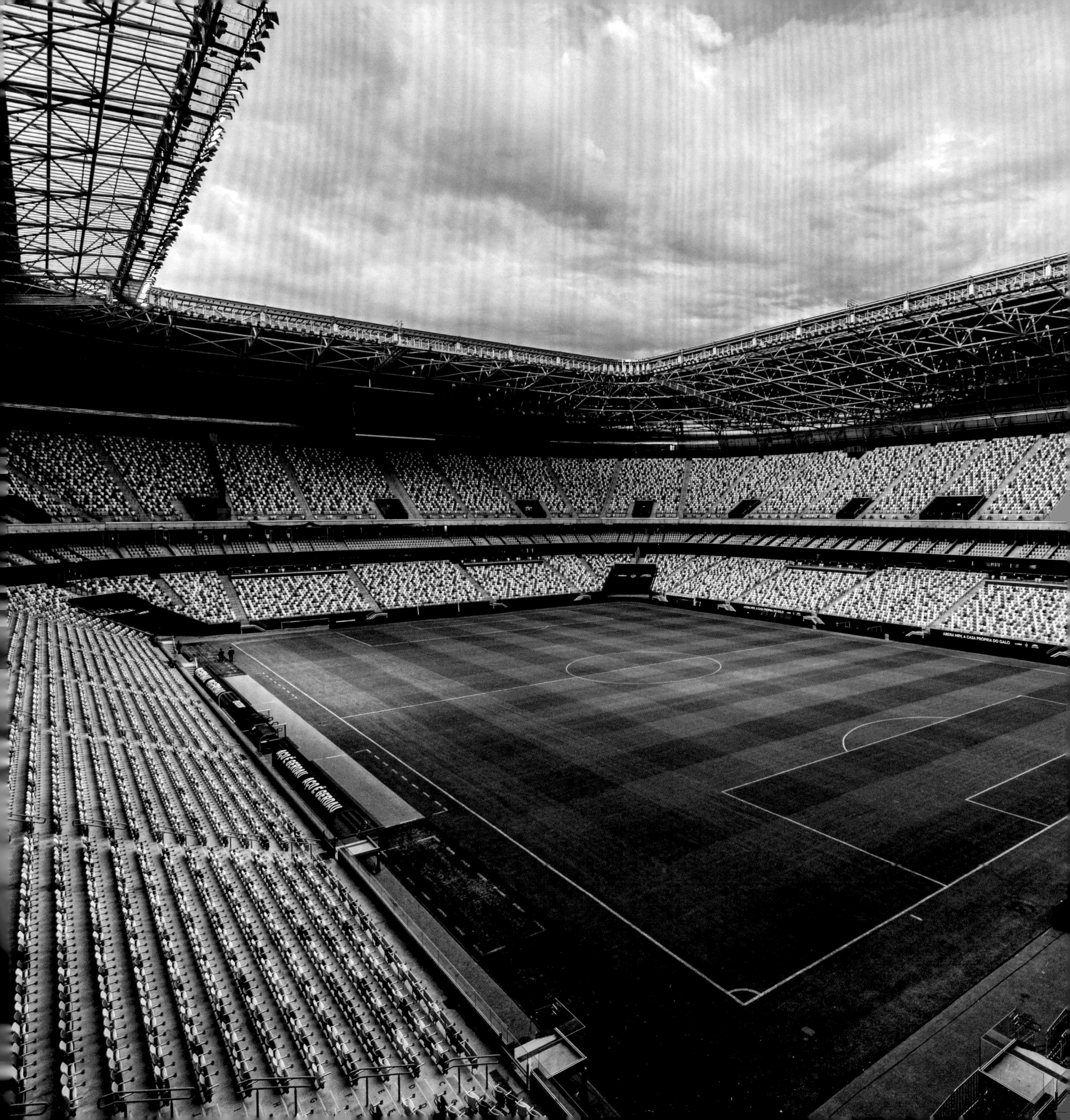
ARENA MRV, A CASA PRÓPRIA DO GALO
AÇO É GERDAU
AÇO É GERDAU

Depoim

▶ "CONTAGIANDO MULTIDÕES, DE GERAÇÕES EM GERAÇÕES"

Nada descreve melhor nosso sentimento (de amor sincero ao Alvinegro) que este canto da torcida.

Como pode uma estrutura de concreto simbolizar tanto nossas relações humanas? No estádio de futebol, vivemos momentos que eternizam memórias com nossos familiares, amigos, as pessoas que amamos.

Quando penso no meu avô, que tinha cativas no Mineirão, penso na primeira vez que subi as escadas com ele. A imensidão do verde do gramado, as bandeiras tremulando, o agudo dos sopros da charanga.

O vendedor de picolé. "Chocolate, coco, limão!" Um antes do jogo, um no intervalo. A pipoca na saída.

Depois da família, os amigos. Aqueles formados na arquibancada e capazes de ficar na sua vida para sempre, porque podem não ser irmãos de sangue, mas são irmãos na fé; porque, como diria Roberto Drummond, a gente muda de tudo na vida, menos de time.

Foi impossível não pensar que minha filha terá comigo lembranças parecidas, quando subimos juntos a rampa para aquele Atlético x Santos. Quando os times entraram no campo, estouraram os fogos e a imagem do Galo subiu na frente da Massa, vivemos um momento daqueles em que nenhuma palavra é necessária. Só o olhar, o abraço e as lágrimas de cumplicidade. Eu sabia, ela sabia: as gerações futuras vão ouvir de nós exatamente o que sentimos naquele instante e, ao contarmos sobre ele, será como vivê-lo outra vez.

Quantos gols festejaremos por lá? Quantos títulos? Quantas vezes sairemos frustrados, prometendo não voltar, e obviamente nos arrependendo amargamente da promessa logo em seguida?

É apenas a primeira página de um livro de memórias afetivas que não têm limite de espaço. Temos sorte de ser da primeira geração. Que as lembranças que construiremos por lá sejam felizes!

Leonardo Bertozzi

Leonardo Bertozzi é mineiro, jornalista desde 2002, comentarista dos canais ESPN desde 2009 e atleticano desde sempre.

▶ ERA TUDO TERRA

Os tempos eram difíceis. Mas não falo do momento do Atlético. Era o mundo que sofria com a pandemia da Covid-19. De casa, eu trabalhava em *home office*, sem colocar os pés para fora. Foram oito meses assim.

Certo dia, recebi o convite para conhecer o terreno onde nasceria a "Casa do Galo". Não fui. Apesar da frustração, nem o uso da máscara, o distanciamento social ou o frasquinho de álcool tirava o medo da contaminação.

Mas, no ano seguinte, em 2021, pude entrar de cabeça nas obras, que ainda mostravam o esqueleto da Arena. Era tudo terra. As visitas se tornaram constantes, sempre com colete e capacete de segurança. A bota, que entrava limpinha, voltava cheia de barro. A minha cabeça, por sua vez, cheia de expectativas e memórias.

Uma semana era tempo suficiente para me impressionar com a evolução daquele "projeto de estádio". Este livro, inclusive, também começava a ser construído ali, pelas mãos de um cara que viveu intensamente tudo aquilo. E eu já sabia que se tornaria realidade.

Hoje, quando vejo a bola rolando e aquela grama, verdinha, verdinha, fecho os olhos e lembro que era tudo, tudo terra. Lembro a primeira vez que os portões foram abertos, do choro de pais e mães, filhos e filhas, avôs e avós naquele primeiro encontro. Por dentro, eu chorava junto.

A primeira vez que a bola rolou foi com ídolos do passado; depois vieram os atuais. O primeiro canto da torcida, empolgada, extasiada. A primeira entrada na cabine para transmissão, o primeiro grito de gol do Mário Henrique "Caixa".

A cada dia, mais lembranças são construídas; vários registros são feitos. É um orgulho gigantesco saber que acompanhei os passos iniciais e que sigo escrevendo capítulos na Arena. Mas, sem querer ser repetitivo, já sendo, nunca me esqueço de que, quando cheguei, era tudo terra.

Assim como meu pai me contou sobre a construção do Mineirão, em 1965, vou poder contar aos meus filhos e netos que vi, bem de perto, o surgimento do tão sonhado estádio do Atlético. E, com certeza, eles se cansarão de ouvir que, quando tudo começou, era tudo terra.

Henrique André

Repórter multimídia e setorista do Atlético na emissora Itatiaia. Com passagens por *Uol Esporte*, jornal *Hoje em Dia* e outros veículos. Participou da cobertura de grandes eventos, como Copas do Mundo (2014-2018) e Olimpíadas (2016-2021), além de acompanhar de perto, desde 2018, o dia a dia do Galo, estando *in loco* nos principais confrontos, dentro e fora do país.

▶ A CASA DA CACHORRADA QUE VENCEU

Poderia falar das flores, do início no campo onde está o atual Minascentro, poderia também falar da gênese da primeira casa, o Antônio Carlos, que foi inaugurada em um épico 30 de maio de 1929, mas falaremos de tudo com uma intertextualidade singular.

No meio do povo nasceu o Estadinho da Colina. Ali, um ano depois, o primeiro "palco" com iluminação para jogos noturnos em Minas. O Atlético, sempre pioneiro, cresceu e o Independência foi edificado em 1950 para a Copa. Mas a Massa não coube, mais uma vez. Após 15 anos, o Mineirão foi construído para abrigar o povo preto e branco, mas nunca foi administrado com autonomia econômica necessária para seu protagonista principal, o Galo, instalar-se.

Diante do mundo moderno, recorremos a Lavoisier e tudo se transformou novamente. Da casa antiga para a nova casa! No meio de inúmeras dificuldades de espaço, de legislação, de viabilidade, da pandemia da Covid-19 e de todo o aumento exponencial de tudo que se refere ao Atlético, inclusive de custos de obra, no dia 20 de abril de 2020, entrou o primeiro trator no terreno. De lá até o dia 27 de agosto de 2023 – data da primeira peleja oficial –, foram 1.224 dias de um verdadeiro *reality show* no bairro Califórnia, berço da nova casa atleticana.

Com o olhar de um novo tempo, com o sentimento de pertencimento, de fé, de perdão, de cuidado extremo, desde antes de "vingar", noticiamos com verdade momentos lindos, de medos, de dúvidas, de possíveis melhorias, sem exagerar, sem esconder, mas sem expor.

Houve o cuidado jornalístico de reportar o sonho, de não deixar quaisquer egos sobrepujarem o objetivo principal que era informar e fazer todos saberem sobre: como a obra está?

A "cachorrada venceu" e quer celebrar. Poderia te falar das flores e de como a cidade mudou, mas quando passamos pela Via Expressa brilha tudo, muda tudo em nós naquele olhar. Já dizia o filhote Bernardo: "Pai, parece que quando olhamos, o símbolo do Galo sorri pra gente". A Arena MRV, o terreiro da Massa, tem cheiro de tinta nova e que todo atleticano possa entrar e comungar o Galo, a Coca-Cola das nossas vidas.

A casa é sua, o pulso pulsou e a cachorrada venceu!

Betinho Marques
Engenheiro Civil, filho do CEFET. MBA em Jornalismo Esportivo. É Administrador e membro do @FalaGalo13. Colunista *J10*.

▶ A FICHA NÃO CAIU

Nas minhas pilhas de documentos digitais a respeito do Atlético, há uma pasta especial dedicada à Arena MRV. O mais antigo deles a respeito da casa do Galo data de novembro de 2016. Fiquei curioso para saber quando esse sonho entrou pela primeira vez em minha mente. Essa foi a referência mais antiga que encontrei. Trata-se de um "projeto preliminar", enviado à Secretaria de Regulação Urbana da Prefeitura, com o desenho do estádio.

O documento é antigo, mas tenho certeza de que tive acesso a outros ainda mais distantes na linha do tempo. Não tem problema. Fato é que ele registra um mapa/maquete da Arena MRV, ainda em uma versão que sofreria modificações, e simboliza bem aquilo que era: apenas uma folha de papel até se tornar real e virar o maior feito concreto da história do Galo.

Desde a aprovação no Conselho Deliberativo do Atlético, em 2017; os trâmites no COMAM e na Câmara Municipal de BH; até os licenciamentos e as contrapartidas; e o 20 de abril de 2020, início da terraplanagem, a saga da construção enxurrou o noticiário esportivo.

Como repórter da cobertura do Galo pelos jornais *Hoje em Dia* e *O Tempo*, além do portal *GE* do Grupo Globo, eu tive o privilégio de acompanhar o nascimento do campo, de visitar o canteiro de obras em meia dúzia de vezes. Também pude conversar e entrevistar figuras importantes da construção, como o CEO Bruno Muzzi e o engenheiro-chefe Carlos Antônio Pinheiro.

No ofício profissional, procurei manter a sobriedade e evitar o "oba-oba". Entretanto, em um domingo qualquer de folga, antes de agosto de 2023 (data do 1º jogo da Arena MRV), visitei o Mirante do Mangabeiras e, na luneta, vi que o horizonte da cidade havia se transformado. Mais à esquerda, havia um "monstro" branco e cinza. Um impacto inevitável.

Agora, "do outro lado do balcão", trabalhando na equipe de comunicação do Atlético, sempre aprendo alguma coisa nova a respeito da Arena MRV, um universo infinito de assuntos e curiosidades.

Um estádio próprio muda qualquer time de patamar. Para o Atlético, a magnitude da Arena MRV é perceptível dentro e fora. Mas confesso que, apesar de ser impressionante pisar lá nos jogos do Galo, a ficha não caiu para mensurar o real significado do verdadeiro templo Alvinegro. Essa impossibilidade, talvez, seja o real peso da nossa casa.

Fred Ribeiro

Jornalista, foi setorista do Atlético entre 2011 e 2023 pelos jornais *Lance!*, *Hoje em Dia* e *O Tempo*, além do portal *GE* da TV Globo. Desde fevereiro de 2024, integra o Departamento de Comunicação do Atlético.

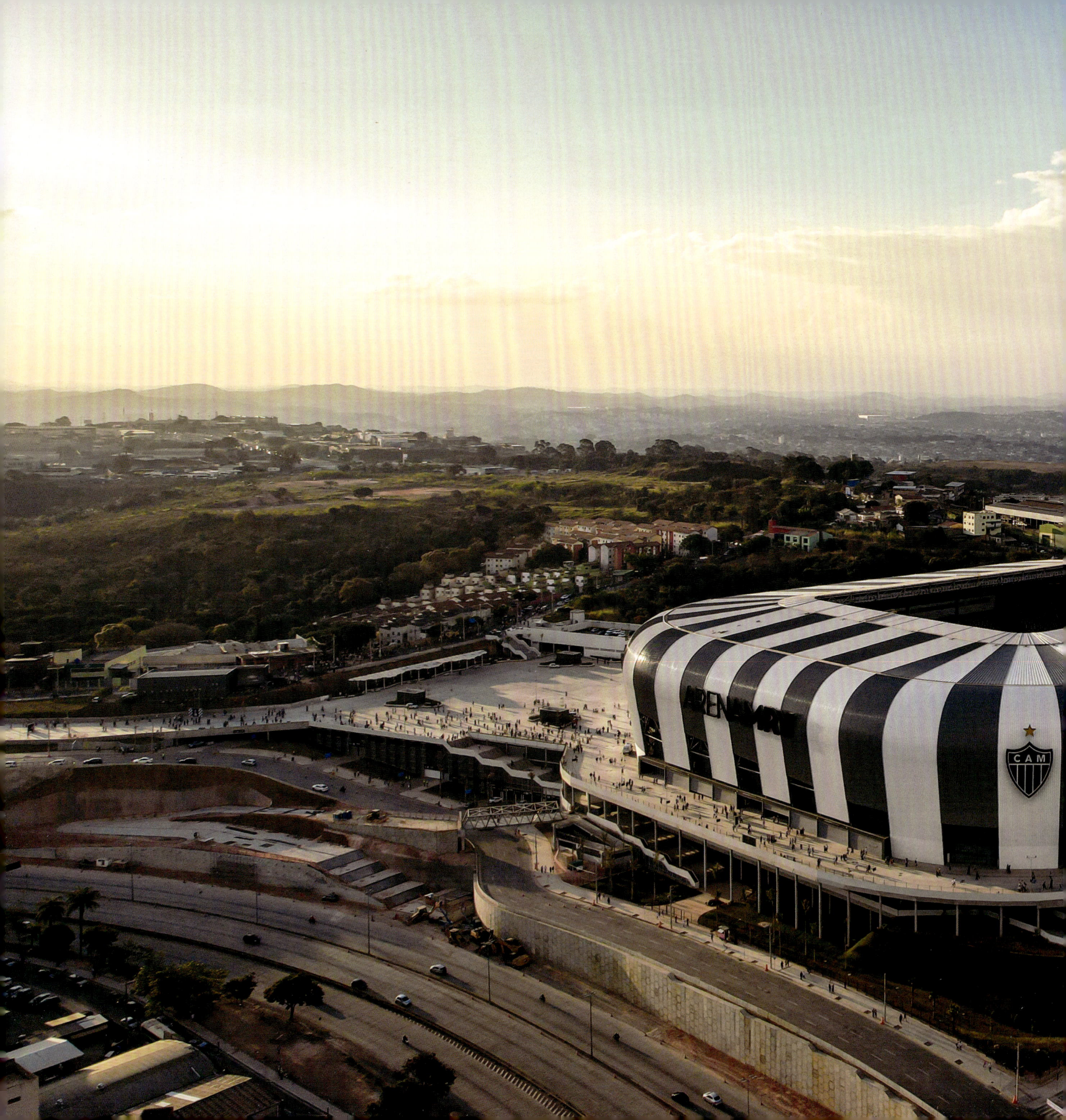
CAM

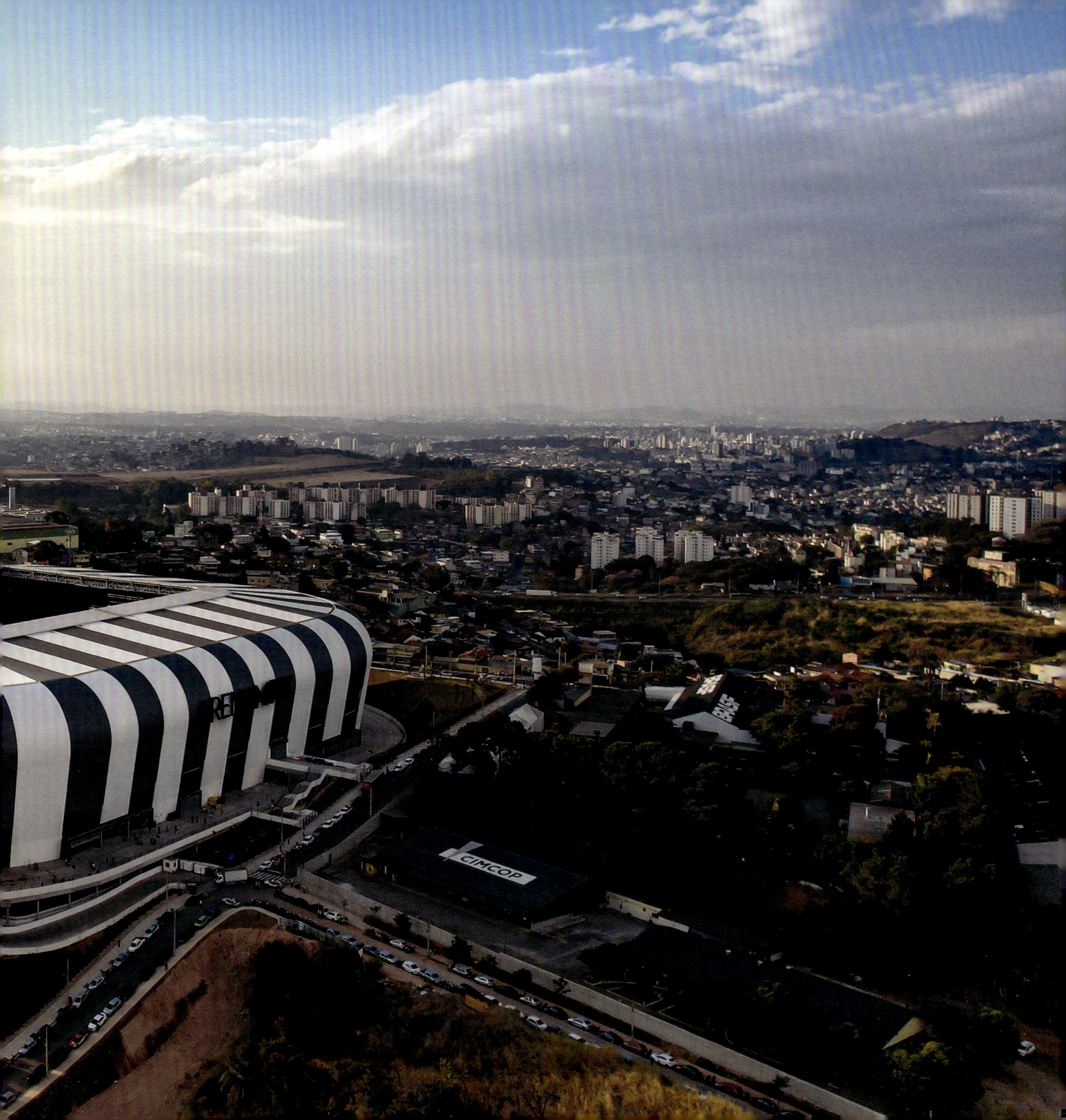
CIMCOP

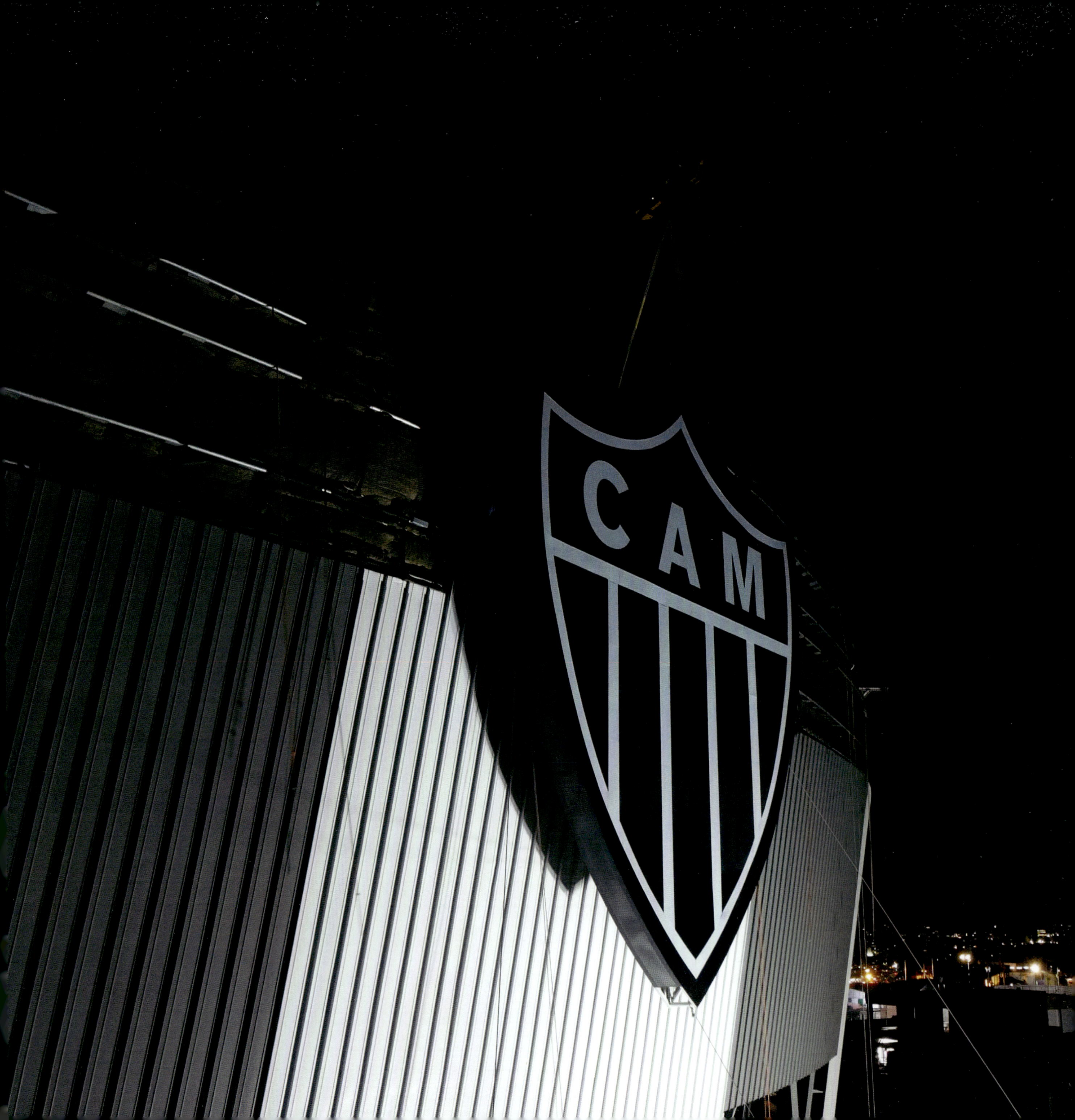
CAM

Belo Horizonte, 8 de março de 2024.

Cara Sra. Alice Neves,

Creio que a senhora possa estar achando estranho uma senhorita desconhecida lhe enviando uma carta de um futuro tão distante, mas acho que seria importante contar o que aconteceu com o Athletico Mineiro Football Club, o nosso Atlético Mineiro, ou como popularmente o conhecemos: GALO.

Serei sincera, tivemos momentos em que o medo do que aconteceria a seguir pairava sobre a mente de cada um dos 9 milhões de Atleticanos. Mas o mundo é uma bola, para nós uma bola de futebol, e ela gira e nos dá alegrias. Hoje, em 2023, temos um tricampeonato Brasileiro, duas Copas do Brasil, uma Libertadores da América e somos o maior de Minas, 48 campeonatos Mineiros conquistados.

A senhora deve se lembrar dos campos que nossos meninos começaram a jogar e da inovação que foi ter o primeiro campo da capital com iluminação noturna, lá em 9 de agosto. Até onde fiquei sabendo, ganhamos do Sport-MG de 10 a 2 e tinha até a presença do Jules Rimet.

Hoje, 116 anos após o nascimento do nosso Galo, queria contar à senhora que participei do nascimento da nossa casa. Sim, temos hoje um novo estádio, a Arena MRV! Graças à vontade do destino e fruto dos meus estudos, pude trabalhar no setor de comunicação da nossa Casa. Foram quatro anos e sinto que foi uma gestação. Pude sentir o terreno fértil para o sonho, ver a criação se desenvolvendo e agora recebendo o time e a torcida. É uma arena belíssima, com as nossas cores, tem até uma iluminação que a senhora pensaria ser coisa de outro mundo.

O motivo do meu contato é em contar-lhe tudo que aconteceu com o Galo e, agora, comigo. Que a senhora perdoe a minha prepotência, mas me sinto um pouco Alice Neves, assim como a senhora apoiou os nossos jogadores e ajudou a realizar o sonho deles. Eu fiz um pouco disso durante a construção da Arena MRV, pude ser uma torcedora dentro da obra e fazer mirabolâncias, o que estivesse ao meu alcance para que cada Atleticano se sentisse representado e pudesse viver um pouco daquilo. Levei pais e filhos, meninas que nunca haviam ido ao estádio, senhoras que acompanham o time antes mesmo de eu ter nascido, pessoas com deficiência para poder sentir que a Arena MRV realmente é inclusiva. E oh, cá entre nós, o nome oficial é Arena MRV, mas, no meu coração, a Arena MRV será sempre um pouco de Alice Neves.

Com enorme carinho e respeito,

Jéssica Meireles Santana

Jéssica Meireles chegou à Arena MRV quando tudo ainda era terra. Como ex-funcionária do Galo, viu cada metro quadrado ser erguido. É eternamente Atleticana.

Acesse as fotos do tour na Arena MRV

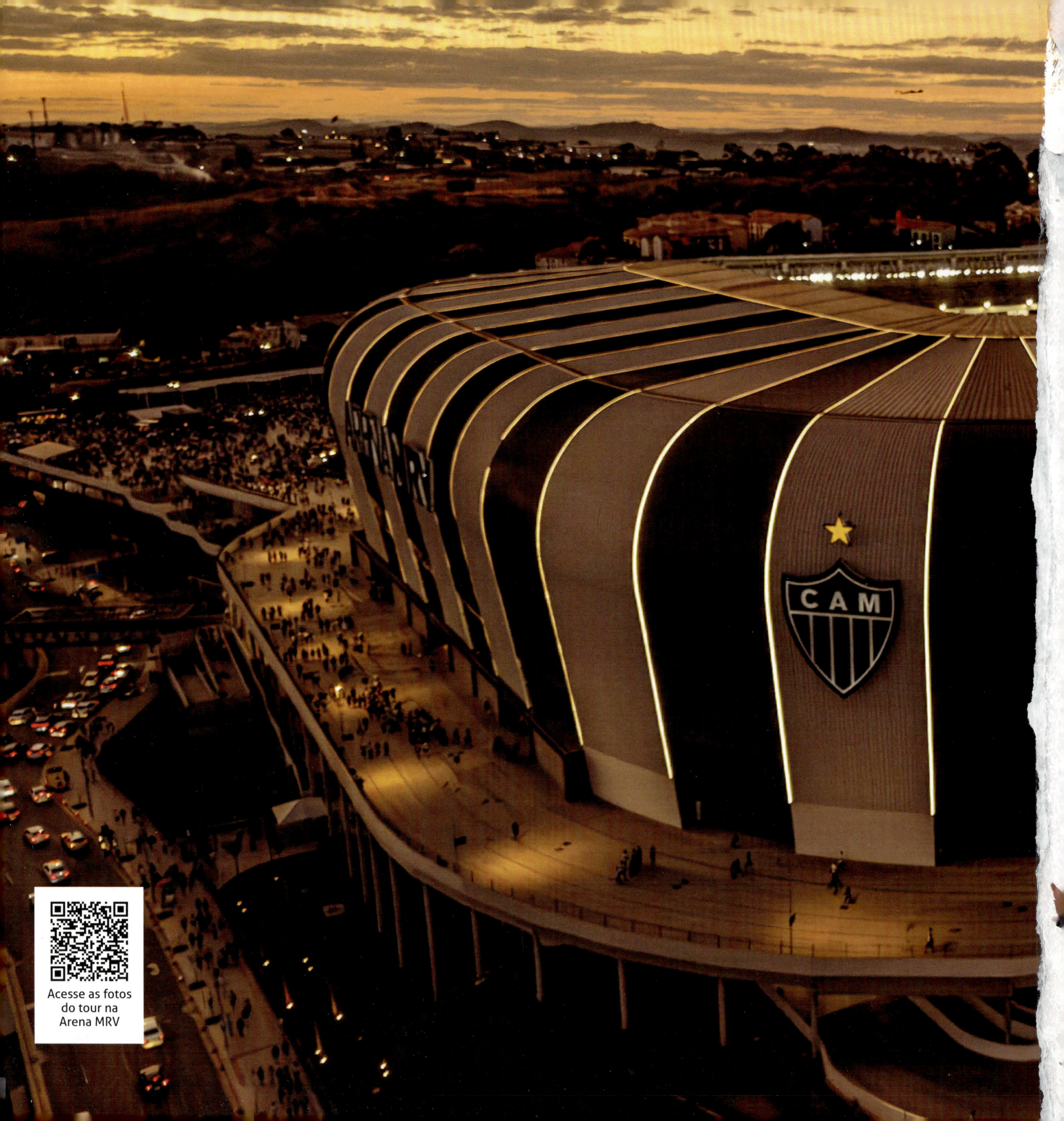

ARENA MRV